Diogenes Taschenbuch 20629

D1928307

# *Liebesgeschichten aus Irland*

*Herausgegeben und übersetzt von Elisabeth Schnack*

Diogenes

Die Erstausgabe dieser Sammlung erschien 1969
im Diogenes Verlag
Umschlagzeichnung von Tomi Ungerer

Veröffentlicht als Diogenes Taschenbuch, 1979
Alle Rechte vorbehalten
Copyright © 1969 by
Diogenes Verlag AG Zürich
40/84/29/2
ISBN 3 257 20629 1

# *Inhalt*


*Frank O'Connor* Die Zukunft vor Augen 7
*Maurice Kennedy* Wladiwostok 26
*Julia O'Faolain* Mein kleines Kapital 52
*Brian Cleeve* Cait und ich 72
*Brian Friel* Margo ist wunderbar 87
*Michael McLaverty* Sechs Wochen fort und zwei an Land 99
*Edna O'Brien* Irische Lustbarkeit 113
*Liam O'Flaherty* Die Rote Barbara 139
*Edward Sheehy* Hochzeitsgesang 150
*Norah Hoult* Neun Jahr ist eine lange Zeit 162
*Elizabeth Bowen* Das Nadelkästchen 177
*James Stephens* Pferde 190
*Bryan MacMahon* Die Heimkehr des Landfremden 197
*John Montague* Anlaß zur Sünde 212
*Seumas O'Kelly* Die goldene Barke 230
*Lord Dunsany* Es ist zu lange her! 236
*George Moore* Heimweh 241
*G. B. Shaw* Die Serenade 255
*James Plunkett* Individualisten 265
*Sean O'Faolain* Liebe und Pilgerfahrt 283
*Nachweis* 318

# Frank O'Connor
## *Die Zukunft vor Augen*

### I

Als Shiela Hennessey sich mit Jim Gaffney verheiratete – mit einem Mann, der zwanzig Jahre älter als sie war –, freuten wir uns alle und waren ziemlich überrascht. Bis dahin hatten wir fest geglaubt, daß sie niemals heiraten würde. Ihr Vater war ein kleiner Baumeister gewesen, und daher sprach ein Witzbold unseres Städtchens von einer erblichen Abneigung gegen Kontrakte.

Außerdem war sie ja – mit Unterbrechungen – seit zehn Jahren mit Matt Sheridan befreundet. Matt, ein ruhiger Mensch, tat so, als interessiere er sich nur für das bißchen Geld, das ihr Vater ihr vermacht hatte, doch im Grunde war er sehr in sie verliebt, und um ihr Gerechtigkeit widerfahren zu lassen: auch sie war in ihn verliebt, soweit die Zeit und andere Männer es zuließen. Shiela war in sehr hohem Maße mit der weiblichen Schwäche für Nebengeleise behaftet. Plötzlich konnte sie beim Gedanken, ein ganzes langes Leben mit einem netten, ruhigen Mann verbringen zu müssen, Angst bekommen, und dann haute sie mal ein halbes Jahr mit einem jungen Burschen vom College ab. Anfangs nahm Matt es ihr übel, doch später ergab er sich entweder in sein Schicksal, oder er erlernte die einzige Methode, damit fertigzuwerden, indem er es nämlich als großen Jux hinstellte und den jungen Mann, der gerade an der Reihe war, den ›Ersatzreifen‹ nannte.

Und sie hatte sogar Vorteile von ihren Abenteuern. Ein Bursche namens Magennis brachte ihr ein solides Urteil über Jane Austen und Bach bei, während ein andrer, Jack Mortimer, der sich zu Hause nicht wohl fühlte, sie Henry James bewundern lehrte und ihr einredete, sie habe eine Vater-Bindung. Doch alle waren ziemlich ungeeignet, und Matt mit seiner ruhigen und entschiedenen Art meinte, wenn er nur durchhielte, sich seine Eifersucht nicht anmerken ließe und Shiela ermutigte, die Charaktere ihrer Freier zu analysieren, daß sie sich dann zu guter Letzt aus ihrer eigenen Verliebtheit herausanalysieren müsse. Bis zum nächstenmal natürlich; doch er gab die Hoffnung nicht auf, daß sie ihre Experimente eines Tages satt bekäme und sich dann endgültig ihm zuwenden würde. Andrerseits begriff er wie wir alle, daß sie sich vielleicht überhaupt nicht verheiraten könnte. Sie war so recht der Typ eines frommen, umworbenen, unzufriedenen Mädchens, das häufig in einem Kloster landet, doch ihm war es nicht so eilig, und er war bereit, es darauf ankommen zu lassen.

Und zweifellos hätte sie ihn auch schließlich geheiratet, wenn sie sich nicht bis über die Ohren in Jim Gaffney verliebt hätte. Jim war ein Mann Anfang der Fünfziger, klein und untersetzt und gutmütig. Er war ein Witwer mit einem erwachsenen Sohn in Dublin; er hatte ein kleines Geschäft an der Grand Parade und ein wunderliches altes Haus in Fair Hill oben, und als wären das nicht schon genug Nachteile gewesen, war er auch noch ein Mann ohne nennenswerte religiöse Überzeugung.

Wie Shiela die Geschichte hinstellte (und es konnte sehr gut der Wahrheit entsprechen), war sie es, die um ihn hatte werben und ihm einen Antrag hatte machen müssen. Jim hatte die Lebensdauer von drei Generationen seiner Familie berechnet und herausgefunden, daß er nur noch acht Jahre zu leben hatte, und deshalb schlug er ihren Antrag zunächst aus.

»Und was willst du anfangen, wenn die acht Jahre um sind?« fragte Matt, als sie ihm die Neuigkeit beibrachte.

»Darüber habe ich noch nicht nachgedacht, Matt«, antwortete sie. »Ich weiß nur, daß mir acht Jahre mit Jim mehr bedeuten als ein ganzes langes Leben mit irgend jemand anders.«

»Ach so«, erwiderte er mit einem bitteren Lachen, »dann werden wir beide uns, scheint's, Lebwohl sagen müssen?«

»Aber du wirst doch mein Freund bleiben, Matt?« fragte sie ängstlich.

»Nein, das will ich gar nicht!« entgegnete er und wurde plötzlich heftig. »Je weniger ich von jetzt an von dir sehe, um so wohler wird's mir sein.«

»Du bist doch nicht im Ernst böse auf mich?« fragte sie betrübt.

»Ich weiß nicht, ob ich's bin«, erklärte er knapp. »Ich will bloß von jetzt an nichts mehr mit dir zu tun haben. Und wenn ich ehrlich sein soll: ich glaube, du machst dir keinen Pfifferling aus ihm!«

»O doch, Matt! Weshalb sollte ich ihn denn sonst heiraten wollen?«

»Weil du hoffnungslos verwöhnt und übergeschnappt bist und auf jedes dumme Abenteuer einsteigst. Was sagt denn deine Mutter dazu?«

»Mutter wird sich mit der Zeit schon an Jim gewöhnen.«

»Entschuldige, wenn ich widerspreche, Shiela, aber das wird sie gar nicht tun! Wenn dein Vater noch lebte, würde er dir die Hölle heiß machen, ehe er das erlaubte! Im gleichen Alter wie er! Nimm doch Vernunft an! Wenn du mal vierzig bist, ist er'n alter Wackelgreis! Das kann doch nur schlimm ausgehen!«

»Matt, mir ist's egal, wie es ausgeht. Das ist meine Ansicht. Ich möchte nur, daß ihr beide Freunde seid, du und Jim.«

Shiela wollte jedoch nicht so sehr, daß sie sich anfreundeten, sondern vor allem wollte sie Matt am Bändel behalten. Frauen sind nun mal so. Selbst wenn sie dem einen Mann ewige Treue geschworen haben, wollen sie den andern nicht um die Welt preisgeben.

»Ich hab' keine Lust, mich mit ihm anzufreunden!« erwiderte Matt zornig. »Hab' ohnehin schon genug Jahre meines Lebens an dich vergeudet!«

»Ich wünschte, du würdest so was nicht sagen, Matt«, begann Shiela zu wimmern. »Ich weiß, daß ich eigenartig bin. Wahrscheinlich bin ich nicht normal. Jack Mortimer hat immer behauptet, ich hätte eine Vater-Bindung; und das kann ich doch nicht ändern! Ich weiß schon, daß du glaubst, ich hätte dich all die Jahre an der Nase herumgeführt, aber da täuschst du dich. Ich hab' dich lieber gemocht als alle andern, das weißt du! Und wenn's nicht wegen Jim wäre, würde ich dich jetzt auf der Stelle heiraten.«

»Oh, so, wenn's nicht wegen Jim wäre!« spottete er. »Und wenn's nicht Jim wäre, wär's jemand anders, und ich hab's einfach satt! 's ist ja gut und schön, geduldig zu sein, aber mal kommt man an einen Punkt, da muß man sich beschützen, auch wenn's einem selber oder jemand anders Schmerzen bereitet. Und den Punkt habe ich erreicht.«

Sie wußte, daß es so war und daß keine Hoffnung bestand, ihn noch länger an sich zu fesseln. Ein Mann, der all die Jahre und trotz all ihrer Launen zu ihr gehalten hatte, ließ sich nicht durch eine Laune wieder einfangen. Der Abschied von ihm schmerzte mehr, als sie es erwartet hatte.

## 2

Während der kurzen Hochzeitsreise in Frankreich war sie strahlend glücklich. Sex hatte sie immer fasziniert und abgestoßen, und in der ersten Nacht auf dem Schiff saß Jim, anstatt sie so leidenschaftlich zu überfallen, wie es ein jüngerer Mann getan haben würde, auf dem Rand seiner Schlafkoje und hielt ihr eine lange Vorlesung über das Thema, die sie interessanter als jede Liebesnacht fand; ehe sie eine Woche verheiratet waren, hatte sie die schwierige Anpassung ohne Schock hinter sich gebracht.

Als Reisekamerad war Jim großartig, denn er war bereit, alles zu bewundern, von den Kathedralen bis zu den Pissoirs; er konnte sich an kleinen Dingen ebenso freuen wie an großen, und sie wurde schon guter Laune, wenn sie sah, wie er alles genoß. Er konnte im Sonnenschein vor einem Café sitzen, ein Klotz von einem Mann mit rotem Gesicht und weißem Haar, und sich für den Kaffee und Kuchen und den Anblick der hübschen, gutgekleideten Passanten begeistern. Wenn sich sein Gesicht einmal verdüsterte, war es einzig, weil er an die Leute dachte, die sich weigerten, glücklich zu sein, obwohl sie es hätten sein können.

»Und die Weiber zu Hause, die nicht mal lernen wollen, wie man guten Kaffee kocht!« schnaufte er ärgerlich.

Wütend wurde er nur, wenn Shiela, die langbeinig und ein Irrwisch war, für ihn zu schnell weitersauste, so daß er mit seinen empfindlichen Füßen hinter ihr dreinschusseln mußte, oder wenn sie sich plötzlich an einer Kreuzung anders besann und er erschrocken und fluchend mitten im ärgsten Gewühl hin und her laufen konnte. In seinem Zorn brüllte er die Taxifahrer an und drohte ihnen mit der Faust, und sie brüllten zurück, ohne daß er sie verstand. Bei solchen Gelegenheiten schrie er sogar Shiela an, und sie versprach, in Zukunft auf ihn zu warten, aber sie tat es nicht. Sie war die geborene Unruhe, und wenn er sie irgendwo stehenließ, um selber in einem seiner geliebten Pissoirs einzukehren, dann schlenderte sie gedankenlos zum nächsten Schaufenster, und er verlor sie. Weil alles Französisch, das er konnte, aus seiner Schulzeit im Kloster stammte und die französischen Polizisten nur erstaunt dreinblickten, wenn sie es hörten, und weil er sich nie den Namen des Hotels merken konnte, geriet er mindestens einmal am Tage in helle Verzweiflung.

Es war für ihn eine große Erleichterung, nach Fair Hill zurückzukehren, die Füße auf den Kaminvorsetzer zu stellen und in den Büchern über die Orte nachzulesen, in denen sie gewesen waren. Auch Shiela sah allmählich ein, wie angenehm eine Ehe sein konnte: die Tabus eines ganzen Lebens stürzen ein, und dafür werden neue, kompliziertere aufgerichtet. Ihr Leben verlief äußerst ruhig. Jeden Abend kam Jim unter unzähligen Schichten von Pullovern, Halstüchern und Jacken den Hügel heraufgekeucht und versicherte, die verdammte Steigung sei ihm bald zuviel und sie müßten – müßten – sich ein Haus unten in der Stadt suchen. Dann fuhr er in seine alte Hose und seine Pantoffeln und schenkte sich liebevoll ein Glas Whisky ein, wobei er den Whisky achtsam gegen das Licht abmaß, wie er es seit zwanzig Jahren Abend für Abend getan hatte. Er wußte bis auf den Tropfen genau, wieviel Alkohol nötig war, damit der Drink ein Genuß blieb und ihn nicht träge machte. Nur ein Mann mit einer sicheren

Hand konnte wissen, wieviel für ihn gut war. Mäßigkeit war das Geheimnis! Nach dem Abendbrot stemmte er die Füße auf den Kaminvorsetzer und berichtete ihr, was es in der Stadt Neues gab. Gegen neun Uhr tranken sie eine Tasse Tee und unternahmen, wenn der Abend schön war, einen kurzen Lauf über den Hügel, um einen Blick auf die von Lichtern erhellte Stadt zu werfen. Wie Shiela bald merkte, war Jim um diese Stunde glänzend in Form, und es wäre riskant gewesen, hätte ihm jemand ein Haus in der Stadt anpreisen wollen. Fair Hill war wieder das ideale Wohnviertel. Wenn die Anstrengungen des Tages gänzlich von ihm abgefallen waren, nahm er ein Bad und pusselte dann noch im Pyjama in dem häßlichen alten Haus herum, kratzte sich unter Verrenkungen und brüllte vor Lachen über seine eigenen Witze.

›Wer, zum Teufel, will mir einreden, ich hätte eine Vater-Bindung?‹ dachte Shiela unwillig. ›Ich habe nicht meinen Vater geheiratet – ich bin mit einem Baby verheiratet!‹

Trotzdem lagen die Dinge nicht ganz so einfach, das wußte sie wohl. Sein Sohn Paddy lebte in Dublin, und obwohl Shiela vermutete, daß er für Jim so etwas wie eine Enttäuschung war, konnte sie Jim doch nie eine richtig zusammenhängende Schilderung über ihn entlocken. Genauso war es mit seiner ersten Ehe. Er sprach selten darüber, ausgenommen, wenn er hin und wieder mal sagte: »Margaret fand immer« oder »Eine Freundin von Margaret« – Luftbläschen, die an die Oberfläche eines Teiches stiegen, dessen Tiefe sie nicht sehen konnte, wenn sie auch die Schatten ahnte, die ihn bedeckten. Auch über weniger private Dinge war er nicht viel mitteilsamer. Wenn er Leute nicht gern hatte, mochte er nur Redensarten zu ihrem Lob von sich geben. Als Verehrerin von Jane Austen und Henry James wollte Shiela den Dingen auf den Grund gehen, und manchmal machte es sie sehr ärgerlich, wenn er nicht mit ihr diskutieren wollte. Es legte nahe, daß er sie nicht ernst nahm.

»Was hat Kitty O'Malley an sich, daß sie immer auf so merkwürdige Männer hereinfällt?« konnte sie zum Beispiel fragen. »Ob es eine Reaktion gegen ihre Mutter ist?«

»Meine Güte, das weiß ich nicht, Kind«, antwortete er und starrte sie über die Lesebrille hinweg an, als wäre er ein einfältiger Mensch, dem so schwierige Probleme nie in den Sinn kamen.

»Und wahrscheinlich hast du dich auch nie bequemt, darüber nachzudenken?« entgegnete sie ärgerlich. »Dir genügt es, wenn du die Leute oberflächlich kennst!«

»Ach, ich bin eben ein oberflächlicher Mensch«, antwortete er darauf milde lächelnd, doch in ihr rumorte der Argwohn, daß er sich nur über sie lustig machte. Denn einmal, als sie ihn absichtlich hatte hochbringen wollen, indem sie über seine konventionelle Art spottete, hatte er die Beherrschung verloren und sie angeschnauzt: »Es ist verdammt praktisch, die Leute nur oberflächlich zu kennen!« Doch auch das meinte er nicht wörtlich, wie sie sehr gut begriff. Während ihre Tiefenauslotung bedeutete, daß sie in ihrem Verhältnis zu andern dauernd den Standort wechselte, rasch von Reserviertheit zu Vertraulichkeit überging und, mal schwärmerisch begeistert, mal mißtrauisch, wieder zurückgeworfen wurde, berücksichtigte er nur die Wesenszüge, mit denen er sich konsequent auf einer einzigen Ebene befassen konnte. Und obwohl seine Art der Betrachtung naturgemäß ungenau war, mußte sie zugeben, daß es funktionierte, denn im Installationsgeschäft wußte man wirklich nie, woran man mit den Leuten war.

Auch über andere Fragen waren sie nicht der gleichen Meinung, obwohl es anfangs eher komisch als beunruhigend war. So war die Religion bei Shiela fast eine fixe Idee, doch das eine Mal, als sie ihn in die Messe schleppte, seufzte er, wie er es auch tat, wenn sie ihn ins Kino mitnahm, und als sie die Kirche verließen, sagte er trübselig: »In den dreißig Jahren haben die Burschen auch nichts dazugelernt!« Er schien zu glauben, daß die Religion von der allgemeinen Verbesserung der Lebensbedingungen abhängig sein müsse. Als sie ihn aushorchen wollte, was er als Verbesserung betrachtet hätte, stellte es sich heraus, daß er fand, die Kirchen sollten für Vorlesungen und Konzerte benutzt werden. Sie gab die Hoffnung nicht auf, ihn zu bekehren, selbst wenn es auf dem Sterbebett wäre, obwohl sie einsah, daß es einzig und allein durch die Kraft des Gebets bewerkstelligt werden könnte, da Unterweisung und Beispiel bei ihm gleichermaßen vergeudet waren.

Außerdem war da noch das Problem mit seiner Gesundheit. Sie war überzeugt, daß er trotz seines Umfangs und Gewichts nicht kräftig war. Ihr schien, daß ihm der tägliche Anstieg von der City herauf zuviel wurde. Er schnaufte zu sehr, und morgens hatte er einen bellenden Husten, den er zu einer richtigen Vorführung gestaltete. Sie drängelte ihn dauernd, Pfeife und Whisky aufzugeben oder einen Arzt aufzusuchen, aber er wollte keins von beidem. Bei einem seiner Bronchialkatarrhe überrumpelte sie ihn und holte den Doktor, und der Doktor stand ihr bei und riet ihm, er solle das Rauchen und Trinken unterlassen und alles etwas leichter nehmen. Jim lachte, als wäre es ein guter Witz, und verhielt sich genauso wie vorher. »Mäßigkeit, darauf kommt es an!« sagte er, hielt sein Glas gegen das Licht und zählte sich den letzten Tropfen ab. »Eine ruhige Hand!« Sie begriff allmählich, daß er ein Mann von ungewöhnlicher Dickköpfigkeit war, und Zweifel stiegen in ihr auf, ob er ihr wenigstens für die acht Jahre erhalten bliebe, die ihm die Gaffneysche Lebenserwartung versprach.

Außerdem war er in Geldsachen unordentlich und gleichgültig, doch gerade in der Beziehung war Shiela peinlich gewissenhaft.

»Es geht gar nicht darum, daß ich etwas für mich selbst beanspruche«, erklärte ihm Shiela im Vollgefühl ihrer Rechtschaffenheit. »Ich möchte einfach wissen, wo ich stehe, wenn dir mal was zustößt. Paddy hätte es dann bald herausgefunden, das könnt' ich wetten!«

»Hach, da könntest du verflixt recht haben«, sagte er und brach in schallendes Gelächter aus.

Und doch unternahm er keine Schritte. Abgesehen von der Tatsache, daß ihm Schulden verhaßt waren, schien es ihm einerlei zu sein, was mit seinem Geld geschah, und so lag es auf der Bank und nützte keinem Menschen. Er hatte kein Testament gemacht, und als sie versuchte, ihn dazu zu überreden, schob er es mit einem Scherz beiseite.

Sie wollte sich noch immer nicht geschlagen geben und lud seinen Rechtsanwalt zum Abendessen ein, aber was die beiden Männer nun auch vereinbart haben mochten, jedenfalls stimmten sie, als Shiela das Gespräch darauf brachte, ein albernes Gekicher an, und alles, was sie dann noch sagte, löste nur neue Lachsalven bei ihnen aus. Jim hatte sogar Lachtränen in den Augen, und sonst war es eigentlich nicht seine Gewohnheit, übermäßig zu lachen.

Ebenso war es mit der Versicherung. Es ging wieder nicht darum, daß sie unbedingt für sich vorsorgen wollte, doch einer Frau, die für den Fall, daß ihr etwas zustieß, seit jeher eine Kennkarte in der Handtasche trug, schien es der Gipfel an Unklugheit, wenn man überhaupt nicht versichert war – nicht einmal für die Begräbniskosten. Außerdem – und das war ein Punkt, der ihr ziemlich viel Sorgen machte – gab es im Erbbegräbnis der Gaffneys keinen Platz mehr, und für sie und Jim müßte eine neue Parzelle gekauft werden. Er erhob keine Einwände gegen die Kennkarte, die sie ihm in seine Brieftasche geschmuggelt hatte und die den Finder der Leiche anwies, sich sofort mit Mrs. Gaffney in Verbindung zu setzen. Sie wußte allerdings, daß er die Karte zum Ergötzen seiner Freunde regelmäßig im Laden hervorholte. Von einer Versicherung wollte er jedoch nichts wissen. Er war dagegen, weil das Geld ständig an Wert verlor, und eine Versicherung bedeutete nur gutes Geld für schlechtes herzugeben. Er erzählte ihr von einem Grabstein, den er auf einem Friedhof in Cork gesehen hatte und dessen Inschrift lautete: *»Hier liegt die sterbliche Hülle der Elizabeth Martin, die«*. Und er lachte: »Arme *›Elizabeth Martin, die‹*! Um sich zu versichern, daß sie einen rechten Grabstein bekam, ließ sie ihn selbst anfertigen, und die Schafsköpfe, die sie überlebten, konnten mit der Inschrift nichts anfangen. Das hat man vom Versichern! Und warum, zum Teufel«, brummte er gutmütig, »willst du mich dauernd begraben, du kleiner Satansbraten? Abwechslungshalber könnte ja mal ich dich begraben?«

»Wenn du das tun mußt, würdest du jedenfalls meine Sachen in geordnetem Zustand vorfinden«, antwortete sie stolz.

## 3

Aus Frankreich hatte sie Matt Postkarten geschrieben – in der Hoffnung, er würde sich wieder mit ihr aussöhnen, doch als sie nach Cork zurückkehrten, hörte sie, daß er in den Midlands eine Stelle angenommen hatte, und später, daß er sich um die Tochter eines Ladenbesitzers bewerbe, die ein stattliches Vermögen habe. Ein Jahr darauf erfuhr sie von seiner Verlobung und sandte ihm ihre Glückwünsche. Er antwortete umgehend und ohne Feindseligkeit und schrieb ihr, die Nachricht sei verfrüht gewesen, und er nähme eine neue Stelle in Cork an. Anscheinend hatte es zwischen ihm und der Ladenbesitzerstochter nicht geklappt.

Shiela freute sich unbändig, als er ihnen endlich in Fair Hill einen Besuch machte, noch ganz der gute alte Matt: bedächtig und gesetzt, bescheiden und klug und voll heimlicher Ironie. Offenbar freute er sich, wieder in Cork zu sein, so mies es auch sein mochte. Die Midlands waren zu still, sogar für einen Mann wie ihn.

Dann hatte Shiela einen glänzenden Einfall. Jims beste Freundin war Kitty O'Malley, deren wechselvolle Schicksale Shiela einmal zu analysieren versucht hatte. Kitty war ein sanftes Mädchen mit einem erstaunlichen Talent, an die verkehrten Männer zu geraten. Einmal war es ein verheirateter Mann gewesen, der ihr, um ihre Gefühle zu schonen, nicht hatte sagen wollen, daß er nicht mehr frei war, und dann war es ein Psychopath und krankhafter Lügner, der mit zwei andern Mädchen verlobt war, weil er immer neue Persönlichkeiten für sich erfinden mußte. Infolgedessen ging Kitty mit einer verdutzten Miene durchs Leben, weil sie glaubte (wie übrigens auch Shiela), sie müsse etwas an sich haben, das solche Männer anzog, obwohl sie sich nicht vorstellen konnte, was es war.

Shiela sah es alles ganz klar, das Problem und die Lösung, schon am ersten Abend, als Matt da war.

»Weißt du, daß ich die ideale Frau für dich habe?« fragte sie ihn.

»Tatsächlich?« erwiderte Matt amüsiert. »Wer ist es denn?«

»Ein Mädchen namens Kitty O'Malley, eine gute Freundin von Jim. Sie ist ein prächtiges Ding, nicht wahr, Jim?«

»Ja, ein prächtiges Ding«, gab Jim zu.

»Aber kann sie mich auch ernähren – so wie ich's gewohnt bin?« fragte Matt, der durchaus als gewinnsüchtig gelten wollte.

»Leider nicht so üppig wie deine Ladenbesitzerstochter.«

»Und du meinst, sie würde mich nehmen?«

»Oh, natürlich, falls ich mich damit befassen darf. Wenn man Kitty sich selbst überläßt, nimmt sie sich einen Säufer oder sonst wen. Sie ist schüchtern, und schüchterne Mädchen werden nur von so dynamischen Typen umworben, wie es Psychopathen sind.«

Es machte Shiela riesigen Spaß, ein Zusammentreffen der beiden ruhigen Leutchen zu bewerkstelligen, doch zu ihrer größten Verwunderung bekam Jim die ganze Sache rasch satt und ärgerte sich darüber. Nachdem Matt und Kitty dreimal in Fair Hill gewesen waren und er zweimal mit ihnen gegessen hatte, platzte Jim los. Shiela hatte abgemacht, daß sie alle zusammen ins Kino gehen sollten, und Jim verlor die Geduld. Wie alle gutmütigen Menschen wurde er im Zorn maßlos und ungerecht.

»Kannst alleine mit ihnen gehen!« schrie er sie an. »Was mußt du dich überhaupt einmischen, zum Teufel? Wenn sie sich nicht ohne deine Hilfe verlieben können, sollen sie unverheiratet bleiben!«

Sie war niedergeschlagen, ging ins Schlafzimmer und weinte. Bald danach schlich er sich ins Zimmer, nahm ihre Hand und sprach von allem möglichen, nur nicht von dem, was ihr am Herzen lag. Nach zehn Minuten stand er auf und blickte aus dem niedrigen Fenster auf die Stadt hinunter – eine Aussicht, die er schon als Junge geliebt hatte. »Warum zum Kuckuck stellen sie hier Häuser hin, wo man doch keine schöne Aussicht hat?« fragte er gekränkt. Sie wußte aber, daß er wußte, wie eifersüchtig sie war. Es war alles gut und recht, eine Verlobung zwischen Matt und Kitty in die Wege zu leiten – aber der Gedanke, daß die beiden zusammen ausgingen und über sie redeten, wie sie in ihrer Abwesenheit von ihnen sprach, war ihr schrecklich. Wenn Jim ebenso alt wie sie selbst gewesen wäre, hätte sie sich nicht soviel daraus gemacht, was die beiden über sie redeten, doch Jim war, mit Matt verglichen, ein alter Mann, der jeden Tag sterben und sie allein zurücklassen konnte – allein und ohne ›Ersatzreifen‹! Sie konnte sich sogar ausmalen, was passieren würde, denn sie hatte eine tolle Phantasie. Es war ihr schon aufgefallen, wie Jims Gesicht mitten in der Nacht so faltenlos und glatt wie das eines hübschen Knaben wurde, und so würde sein Gesicht auch aussehen, wenn er gestorben war, das wußte sie. Genauso würde er in eben dem Zimmer hier liegen, in den Händen einen Rosenkranz, gegen den er sich nun nicht mehr wehren konnte, und Matt würde ihr auf seine ruhige Art alle Formalitäten abnehmen. Er würde sie in die Arme schließen und trösten, und dann würden sie beide wissen, daß Jim zu spät gestorben war. Obwohl sie ihn also Kitty gönnte, wenn sie ihn schon nicht selbst haben konnte, mochte sie es doch nicht, daß sie in ihrer Abwesenheit zu häufig zusammen waren, und sie hoffte nur, daß sie nichts überstürzten. Jim konnte alles mögliche zustoßen, und sie waren beide noch jung – erst dreißig oder so –, und es würde ihnen nichts schaden, noch zu warten.

Als sie nach einem halben Jahr heirateten, ahnten weder Matt noch Kitty etwas von ihrer Großherzigkeit – und von ihrem Schmerz. Sie vermutete, daß Jim es wußte, obwohl er sich ebensowenig darüber ausließ wie über all die andern Dinge, die ihn zu nah betrafen. Doch durch sein greuliches Unvermögen, Ordnung in seine Angelegenheiten zu bringen, machte er ihr alles noch schwerer. Den ganzen Winter war er krank, schleppte sich ins Geschäft und zurück und lag drei Wochen fest im Bett, wie üblich nach Atem ringend, aber die Pfeife rauchend, wovon er schreckliche Hustenanfälle bekam. Er war nicht nur schwach auf der Brust – er hatte auch ein schwaches Herz, und eines Tages würde die Bronchitis sein zu stark beanspruchtes Herz überanstrengen. Doch statt sich zu schonen oder ein Testament zu machen oder eine Versicherung abzuschließen oder sonst etwas zu tun, wie man es von einem kranken alten Mann mit einer jungen Frau erwarten durfte, vertrödelte er, in Decken und Schals eingemummt, die Wochen im Bett mit dem Studium von Grundrissen. Er hatte seines Vaters unpraktisches Haus in Fair Hill zwanzig Jahre lang bewohnt, ohne sich je mit Änderungsplänen zu tragen, aber jetzt schien er von neuer Lebenserwartung beseelt. Er wollte die Räume im Kellergeschoß ganz aufgeben und dafür ein Hinterzimmer in eine moderne Küche umbauen lassen, die dann mit dem Eßzimmer in Verbindung stand.

Shiela war entsetzt beim Gedanken an derartige Ausgaben für ein Haus, das sie nach ihres Mannes Tod gar nicht bewohnen wollte. Es war beschwerlich genug, zu zweit darin zu hausen, und für eine alleinstehende Frau war es viel zu einsam. Sie wußte auch, daß kein Mann je daran denken würde, dort einzuziehen, es sei denn, er hätte den gleichen kauzigen Geschmack wie Jim. Außerdem konnte sie sich nicht vorstellen, wie sie in einem Haus weiterleben sollte, das sie an ihren Verlust erinnerte. Auch das malte sie sich in ihrer lebhaften Phantasie aus: sein Sessel, sein Pfeifengestell, seine Lieblingsaussicht – alles ohne ihn! Nein, sie würde es nie ertragen können!

»Aber du hast selbst gesagt, es sei eine Qual, in der alten Küche zu wirtschaften«, widersprach er. »Und unten zu essen, ist scheußlich. Wenn man im Dunkeln hinunter muß, bekommt man die reinste Gänsehaut.«

»Aber das Geld, Jim, das Geld!« wandte sie gereizt ein.

»Das Geld haben wir, Kind«, antwortete er. »Du sagst ja selber dauernd, es läge in der Bank und nütze keinem Menschen!«

»Aber eines Tages wären wir vielleicht froh über das Geld!«

entgegnete Shiela. »Und wenn wir das Haus verkaufen müssen, würden wir nie zurückerhalten, was wir hineingesteckt haben. Es ist zu unpraktisch.«

»Wer hat denn gesagt, ich wollte das Geld wiederhaben, zum Teufel!« schalt er. »Ich will ein Haus mit etwas Komfort haben. Und weshalb sollten wir's überhaupt verkaufen wollen?«

Das war etwas, worauf sie nicht gern antwortete, aber Jim wußte ohnehin, was sie dachte, und nach einem Weilchen lächelte er ihr ein wenig boshaft zu und drohte mit dem Finger.

»Es wäre *ein* Abwaschen«, flüsterte er. »Wir bauen die Küche ein und kaufen gleichzeitig die Grabstätte.«

»O Jim, darüber kann man doch nicht Witze reißen!«

Doch er warf nur den Kopf in den Nacken und lachte auf seine kindische Art laut heraus.

»Und wir kaufen den verdammten Grabstein und lassen eine Inschrift anbringen: ›Gewidmet dem Andenken von Jim Gaffney, dem geliebten Ehemann der Shiela Gaffney, die‹.«

Sie versuchte, ihn zu einem Kompromiß zu bewegen: die billigste Küche mit einem Gasherd, im oberen Stock, und abgeteilt durch einen Vorhang. Doch er wollte sich nicht einmal ihre Vorschläge anhören.

»Eins laß dir gesagt sein, mein Kind«, begann er ihr einen Vortrag zu halten, ähnlich dem in ihrer Hochzeitsnacht. »In allen Iren steckt ein Geizwurm. Sie könnten die halbe Arbeit und die doppelte Freude haben, aber sie tragen's lieber auf die Bank. Sie würden sich, weiß Gott, noch selber in den Tresor legen, wenn sie bloß haltbar wären. Jeden Winter ihres Lebens kommen sie fast um vor Kälte, laufen nachts beim widerlichsten Wetter zum Abtritt auf dem Hinterhof und sterben zu Hunderten – alles lieber, anstatt das Geld in die einzige Sache zu stecken, bei der man wirklich auf Zinsen zählen kann: sich das Leben bequemer zu machen. Sieh dir doch die verdammte Stadt da unten an, wie sie randvoll ist mit krepierenden alten Geizhälsen!«

»Aber Jim«, rief sie bestürzt, »du hast doch hoffentlich nicht im Sinn, eine Zentralheizung einbauen zu lassen?«

»Warum zum Teufel sollte ich keine Zentralheizung einbauen lassen? Wer beklagt sich denn immerfort über die Kälte?«

»Und einen Eisschrank?«

»Warum denn nicht? Du bist doch immer so scharf auf Eiscreme!«

»Ach, Jim, mach bloß nicht so was! Du weißt genau, daß wir allein für die Küche nicht genug Geld haben.«

»Wir müssen sie aber haben. Du brauchst nur zu bestimmen, was für eine du willst, und für das Geld werde ich sorgen.«

Im nächsten Sommer wollte Jim, der sich benahm, als würde er nie sterben, das alte behelfsmäßige Badezimmer im Kellergeschoß aufgeben und ein neues von der teuersten Sorte gleich hinter dem Schlafzimmer einbauen lassen.

»Jim«, rief sie verzweifelt, »ich sage dir, wir können's uns nicht leisten!«

»Dann müssen wir uns das Geld leihen«, erklärte er heiter. »Wir können's uns erst recht nicht leisten, uns in dem verdammten alten Loch eine Lungenentzündung zu holen. Sieh dir doch die Wände an! Immer tropfnaß! Und jedenfalls haben wir jetzt Kreditsicherheit.«

Aber der Gedanke, Schulden zu machen, war ihr furchtbar. Es war nicht etwa so, als hätte sie die schöne neue Küche mit dem Eckfenster, das über den Hügel talaufwärts blickte, nicht zu schätzen gewußt, oder als hätte sie sich nicht über den Eisschrank und die Zentralheizung gefreut, und es war bestimmt nicht so, daß sie Jims Tod herbeisehnte, denn sie machte sich seinetwegen die größten Sorgen und war immer darauf bedacht, daß er sich schonte und die Pillen einnahm, die sein Herz entlasten sollten. Wenn jemand ihr hätte versprechen können, daß Jim die Achtzig erreichte, dann hätte sie sich damit abgefunden, wegen eines neuen Badezimmers in Schulden zu geraten. Doch das nagende Gefühl, daß er nur noch so kurze Zeit zu leben hatte und sterben und ihr ein Durcheinander an Schulden und Luxus hinterlassen würde, brachte sie um die Freude, mit der sie sonst alles hätte genießen können.

Ob sie es wollte oder nicht, sie mußte ihr Leben mit dem der Sheridans vergleichen. Bei Matt war alles in Ordnung. Allerdings trug auch er keine richtige Kennkarte bei sich, aber das war bei ihm eher auf seine Bescheidenheit als auf Verantwortungslosigkeit zurückzuführen. Matt hätte es verlegen gemacht, einer wildfremden Person vorzuschreiben, was mit seiner Leiche zu geschehen habe. Doch er hatte seine Versicherung, und sie war so hoch, wie er sich's nur leisten konnte. Für alles Wichtige hatte er Vorkehrungen getroffen. Shiela fand, daß Kitty ihr sehr viel zu verdanken hätte, und Kitty fand es auch. Ein Mädchen mit einem so fragwürdigen Vorleben mußte heilfroh sein, daß sie mit einem normalen Menschen wie Matt verheiratet war.

Dabei hatte Shiela gar nicht soviel an Jim auszusetzen – bis auf die eine greuliche Tatsache, daß er zu feste Gewohnheiten hatte. Sie begriff, daß, wie sehr man einen so alten Mann lieben oder wie klug und gut er sein mochte, die Ehe mit ihm doch ein Fehler war, denn man konnte rein gar nichts mit ihm anfangen und konnte nichts an ihm auch nur ein wenig ändern. Sie merkte nicht, daß Jims Freunde ihn für verändert hielten, oder wenn sie es merkte, dann schrieb sie es nicht ihrem eigenen Einfluß zu. Eine Frau, die ihren Mann nicht mal zu etwas so Einfachem wie dem Verzicht aufs Rauchen bewegen konnte, vermochte nicht einzusehen, daß sie ihn in Dingen geändert hatte, die für ihn selbst wichtiger waren. Denn wir ändern an den Leuten nicht das, was wir an ihnen ändern möchten. Obwohl sie es nicht erkannte, hatte sie Jim gerade das gegeben, dessen Folgen sie beklagte: den Wunsch, zu leben und glücklich zu sein!

Dann kam das Trauerspiel mit Kittys Tod und der Geburt ihres zweiten Kindes. Matt und die Kinder wohnten bei ihnen in Fair Hill, bis Matts Mutter ihre eigene Wohnung aufgegeben hatte und zu ihm ziehen und ihm den Haushalt führen konnte. Jim war tief erschüttert. Er hatte Kitty immer furchtbar gern gehabt, nun aber ging er so weit, Matt zu raten, keine endgültige Abmachung mit seiner Mutter zu treffen, sondern sich, sobald er konnte, wieder zu verheiraten. Doch Matt hatte, wie er Shiela anvertraute, nicht die Absicht, noch einmal zu heiraten. Obwohl er es nicht sagte, wußte sie genau, daß er sich nicht wieder verheiraten würde – wenigstens nicht, bevor sie selbst frei war. Und sofort packte sie die Ungeduld, denn alles im Leben schien sich in verkehrter Reihenfolge abzuspielen, wie wenn ein Verrückter einen Film vorführte: junge und unentbehrliche Menschen wie Kitty mußten sterben, während alte Männer wie Jim mit schwachem Herzen und schwacher Brust ewig weitermachten, tranken und rauchten, schnauften und Gott und ihren Ärzten Trotz boten, indem sie sich gar noch neue Häuser einrichteten.

Manchmal war sie richtig entsetzt über die Gedanken, die ihr durch den Kopf flogen. Es gab Tage, da sie Jim haßte und ihn anschrie oder verspottete, bis sie merkte, daß ihr Verhalten ungeheuerlich wurde. Dann ging sie in die Kirche und kniete in einer dunklen Ecke nieder, bedeckte das Gesicht mit den Händen und betete. Selbst wenn Jim an nichts glaubte – sie tat es, und sie flehte um Einsicht in die Ursachen ihres Ärgers und ihrer Unzufriedenheit. Denn so sehr sie auch nachforschte, sie fand nirgends in ihrem Herzen wahre Feindseligkeit gegen Jim. Sie wußte, daß sie, wenn es von ihr verlangt würde, alles für ihn ertragen könnte. Doch gleichzeitig quälte sie der Anblick Matts und seine ganze Art zu sprechen und sich zu geben, obwohl er geduldig war und niemals klagte und sie dabei doch so schrecklich nötig hatte. Dann war sie geradezu maßlos ungeduldig mit Jim, der älter und derber wurde, ihr aber noch immer zärtlich zulächelte, als verstünde er die Qualen, die sie erduldete. Und vielleicht hatte er tatsächlich eine leise Ahnung. Eines Tages, als er ins Schlafzimmer kam und sie weinend auf dem Bett liegen sah, packte er ihre Hand und fuhr sie zornig an: »Warum willst du nicht versuchen, mehr in der Gegenwart zu leben?«

Sie war so verblüfft, daß sie zu weinen aufhörte und sogar versuchte, ihn um eine Erklärung seiner Worte zu bitten. Aber bei Fragen, die ihn und sie betrafen, drückte Jim sich selten klar oder auch nur zusammenhängend aus, und es blieb ihr überlassen, den Sinn selber herauszufinden. Es war ein Gedanke, den sie nicht erfassen konnte. Sie lebte doch gerade in der Gegenwart und haßte die Gegenwart! Er aber lebte in der Zukunft, in einer Zukunft, die er nicht mehr erleben würde. Er versuchte sich zu zügeln, weil er endlich einsah, wie sehr seine Pläne sie erbitterten, doch sie drängten sich übermächtig vor, und weil er fand, das Vorderzimmer sei zu dunkel und trübselig, ließ er ein großes Aussichtsfenster einsetzen, damit sie den wunderbaren Blick auf die Stadt genießen konnten, und draußen ließ er eine kleine Terrasse anlegen, wo sie sitzen und an schönen Sommerabenden ihren Kaffee trinken konnten. Sie sah sich alles teilnahmslos mit an, denn sie wußte, daß es nur für ein oder zwei Jahre war, und inzwischen saß Matt in seinem kleinen Haus am Fluß unten, verzehrte sich vor Kummer und wartete darauf, daß Jim stürbe, damit er den Traum seines Lebens verwirklichen konnte.

Dann wurde sie zu ihrer größten Verwunderung krank und von Argwohn erfaßt, es könnte etwas Ernstes sein. Es wurde ihr sogar klar, daß sie vielleicht nicht mehr am Leben bliebe. Sie fürchtete sich nicht, denn sie hatte sich seit Jahren vorbereitet, in Gottes Gegenwart zu leben, doch sie war betroffen und entsetzt über die Art, wie jetzt ihr und Matts Leben zum Gespött zu werden drohten. Wieder war es der verrückte Filmvorführer, und wieder schien er die Filmstreifen so vertauscht zu haben, daß die Geschichte sinnlos wurde. Wer war die tapfere kleine Frau mit dem bleichen Gesicht, die mit den Ärzten scherzte, wenn sie versuchten, ihr wegen der Zukunft Mut zuzusprechen? Nein, das Drehbuch hatte keine Rolle für sie!

Sie kam ins Krankenhaus in der College Road, und Jim besuchte sie täglich, saß bei ihr und sprach über Belangloses, bis eine Nonne kam und ihn verscheuchte. Er hatte das Haus in Fair Hill zugesperrt und sich ein Zimmer in der Nähe des Krankenhauses genommen, um in ihrer Nähe zu sein. Noch nie hatte sie einen Mann gesehen, der so besorgt und unglücklich war, und es lenkte sie von ihren Schmerzen ab, ihn zu necken. Sie flirtete sogar mit ihm, wie sie es seit ihrer Verlobungszeit nicht mehr getan hatte, und gab vor, sie hätte ihn sich damals gekapert. Und als

Matt kam, wurde ihr schon von seinem bloßen Anblick übel. Wie konnte sie nur je daran gedacht haben, einen so sanften, ergebenen, intelligenten Mann zu heiraten? Jetzt ersehnte sie nichts weiter, als nach Fair Hill zurückzukehren und all die kleinen Verbesserungen zu genießen, die Jim zu ihrer beider Glück hatte ausführen lassen. Wie glücklich würde sie sein, wenn sie auf der Terrasse oder am Aussichtsfenster saß und auf die Stadt mit all ihren Türmchen und Türmen und Brücken niederblickte, die ein so seltsames, abgerissenes Gewirr von Lauten zu ihnen emporsandte! Doch als die Tage sich aneinanderreihten, erkannte sie mit ihrem klaren Scharfsinn, daß es ein Glück war, das sie mit Füßen getreten hatte und das sie nie würde genießen dürfen. Nur seinen Wert hatte sie schätzengelernt.

»Jim«, sagte sie, am Tage bevor sie starb, und legte ihre Hand in die seine, »du sollst wissen, daß es für mich niemanden außer dir gegeben hat.«

»Warum?« fragte er und versuchte, die Angst in seiner Miene zu vertuschen. »Hast du gedacht, daß ich das Gegenteil glaubte?«

»Ich habe dir genügend Grund dazu gegeben«, erwiderte sie reuig. »Ich konnte mich nie recht entschließen, nur ein einziges Mal, und dann habe ich nicht durchgehalten. Du mußt mir versprechen, daß du dich wieder verheiratest, wenn ich nicht durchkomme. Du bist so ein Mensch, der nicht glücklich sein kann, ohne jemand zu haben, für den er Pläne schmiedet.«

»Wirst du's nie lassen, in der Zukunft zu leben?« fragte er mit vorwurfsvollem Lächeln. Und dann hob er ihre Hand auf und küßte sie.

Es war ihr letztes Gespräch. Er verheiratete sich nicht wieder, auch nicht ihr zuliebe, obwohl er vor der Öffentlichkeit nicht den Eindruck eines Mannes erweckte, dem der Kummer das Herz gebrochen hatte. Im Gegenteil, bis ans Ende seiner Tage blieb er fröhlich und in bester Verfassung. Matt, der anders veranlagt war, verzieh ihm seine Gefühllosigkeit nicht so leicht.

# Maurice Kennedy
## *Wladiwostok*

1

Der Mai kündet stets den Sommer an, wenn auch der Juni oft noch eine treulose Trulle ist. *Denn* (wie es Sir Thomas Malory in alten Zeiten niederschrieb) *wie Bäume und Kräuter im Maien Frucht und Blust hervorbringen, gleichermaßen muß jedes lusterfüllte Herz, das nur irgendwie lieben kann, in lusterfülltem Tun knospen und blühen . . . Derhalben möget ihr alle, die ihr lieben könnt, euch den Maien ins Gedächtnis rufen, wie's auch die Königin Ginevra tat.* Um ihretwillen machen auch wir, gleich dem unfreundlichen Ritter, eine kleine Anmerkung, daß sie zeit ihres Lebens wahrhaft liebte und deshalb auch ein gutes Ende nahm: doch folgt das eine nicht notwendig aus dem andern.

2

Es war ein Tag im Mai – mit einer frischen Brise und einer kalten, bewegten See. Joe Walsh trabte munter den Strand hinauf, schlug die Arme kräftig um die Brust und nickte mit dem Kopf, um das Wasser aus den Ohren zu schütteln. Trabte über nassen Sand, über den Saum aus Seegras, über trocknen, pulverigen Sand und hinan zum Kieselstrand am Fuß der Ufermauer, hinter der die Seepromenade verlief. Dort hatte er unter einem alten Regenmantel seine Sachen gelassen. Er bückte sich, um aus dem Kleiderhaufen sein Hemd hervorzuziehen.

»Hallo, Tarzan!« rief eine Stimme hoch über ihm. »Wie war's im Wasser?«

Joe blickte erschrocken zu einem Mädchen auf, das auf der Mauer saß und in einem schweren Mantel mit engem Gürtel steckte. Wie lange mochte sie schon dort gesessen haben? Sie hatte ein merkwürdig kleines weißes Gesicht, das von dunklen Sommersprossen übersät und von einem unordentlichen Schopf kohlschwarzen Haares gekrönt war, an dem nicht nur die Farbe, sondern offenbar auch die Struktur an geteerten Stacheldraht erinnerte. Ein leises boshaftes Lächeln verzerrte die Lippen, die mit zu hellem Lippenstift über den Rand hinaus beschmiert waren. Joes neunzehn Jahre hatten ihm noch nicht viel Erfahrung im Umgang mit Mädchen beschert, besonders nicht mit Mädchen, die ein leises, boshaftes Lächeln und zu hellen Lippenstift anwandten. Er stand stumm da, und sein Hemd schleifte neben ihm über die Kieselsteine.

»Na, und?« fragte sie, und das Lächeln wurde breiter.

»Oh«, erwiderte er, »großartig! Großartig! Jedenfalls großartig, wenn man erst mal drin ist. Falls Sie aber schwimmen wollen, passen Sie bloß auf den Sog auf! Heut ist er verflixt gemein!«

»Ich?« fragte sie entsetzt. »Ich soll ins Wasser gehn? Glauben Sie, ich bin ebenso unvernünftig wie Sie?«

Joe spürte plötzlich, daß er über und über rot wurde. Zappelnd und feucht mühte er sich in das Hemd hinein und tauchte naßkalt und außer Atem wieder auf, wobei ihm die Haare wie Stacheln vom Kopf abstanden. Er stieg aus der Badehose, schlängelte sich in die Hose hinein, klebte das Haar mit beiden Handflächen flach an den Schädel und bohrte die Füße in die schon zugeschnürten Schuhe. Die nasse Badehose schlug er klatschend gegen seine Schienbeine, um den Sand herauszuschütteln, stopfte sie in die Regenmanteltasche und warf sich den Mantel über den Arm. Er war angezogen und bereit, nach Hause zu gehen.

»Meine Güte, nein«, rief das Mädchen, »was für abgehärtete Leute seid ihr hier in diesem scheußlichen Ort! Erkältet ihr euch denn niemals?«

»Nein«, erwiderte Joe und schurrte mit dem Fuß in den Kieseln herum, als hätte er ein Geldstück verloren und suche es jetzt, »warum sollten wir denn? Nichts ist so gesund wie Seewasser.«

Er warf noch einen letzten Blick über den Strand und begann

dann, die steile Schrägung der Ufermauer hinaufzuklimmen. Sie beugte sich vornüber und packte sein Handgelenk, als er beinah oben war, und hißte ihn mit erstaunlicher Kraft hinauf. Er sprang über die Mauer und auf die Promenade, und es schien ihm, als bliebe ihre Hand einen kurzen Augenblick länger als nötig auf seinem Handgelenk.

»Komische Zeit, Ferien zu machen«, sagte Joe. »Ich nehme an, daß Sie Ihre Ferien hier verleben? Ich kenne jeden Sünder in unserem Städtchen, aber Sie hab' ich noch nie gesehen.«

»Glaub' ich gern«, entgegnete sie, blickte über die verlassene Seepromenade, den öden Strand und die zugesperrten Häuser mit den noch nicht gejäteten Gärten. »'n fröhlicher kleiner Friedhof ist das hier! In der Stadt hab' ich über einer Haustür ein Datum gelesen: vierhundertundnochwas. Komisch: es sah wie das neueste Haus der ganzen Straße aus. Was kann man hier bloß anfangen?«

»Ach«, sagte Joe, »zweimal die Woche ist Tanz im Pavillon, und die Studenten vom Technikum führen im Rathaus ein Schauspiel auf. Und Kinos gibt's natürlich auch.«

»Stimmt«, erwiderte sie, »Kinos. Eine Wiederholung von *Ben Hur* und einen Wildwestfilm, den ich schon viermal gesehen habe. Und bis zum nächsten Tanz sind's noch drei Tage. Ein toller Vergnügungstaumel! Was gäb' ich jetzt nicht für ein gutes Jazzorchester!« Ihre Zehenspitzen klopften einen Rhythmus auf den Beton.

Ein Windstoß blies ihnen scharfen Sand und Papierfetzen ins Gesicht. Sie drehten sich um, versteckten das Gesicht im Mantelkragen und blickten nun über die lange Kurve gelben Sandstrands, der sich bis zu einem in Nebeln liegenden Vorgebirge erstreckte. Auf dem ganzen meilenlangen Strand rührte sich nichts, ausgenommen hier und da ein kleiner Hexenwind, der den Sand in die Höhe kreiseln ließ.

»Was machen Sie, um die Zeit totzuschlagen?« fragte sie.

»Darüber hab' ich noch nicht nachgedacht«, sagte er, »ich lass' sie einfach leben, scheint mir.« Er lachte plötzlich. »Ich schwimme sehr viel, von April bis November. Mal hab' ich's das ganze Jahr durchgehalten, aber im Winter wird's ein bißchen gefährlich. Sehn Sie die Felsbrocken da drüben?« Ihr Blick folgte seinem Zeigefinger. Sie sah eine Reihe mächtiger, gezackter Felsklötze, die sich in einiger Entfernung vom Fuß der Kaimauer hinzogen. »Das sind die Überreste von der alten Mauer«, sagte er. »Klötze, die über eine halbe Tonne wiegen. Aber ein einziger starker Sturm, und schon . . .« Er schnippte bezeichnend mit den Fingern.

»Aha«, sagte sie schaudernd.

»Im Winter spiele ich sehr viel Billard. Und natürlich geh' ich fast jeden Tag fischen.«

»Fischen . . .« sagte sie. Sie stand auf. »Jedenfalls . . . hat der Ort hier für mich *ein* Gutes an sich: daß ich ihn nur noch einen Tag sehe. Wir hatten ein kleines Unglück in der Fabrik: die Gefrieranlage ist in die Luft geflogen. Eine gräßliche Explosion war's und alles voll Ammoniakgase. Ein paar von unsern Mädchen sind im Krankenhaus, Gasvergiftung und Schock, und die Fabrik ist sowieso nicht mehr in Betrieb, deshalb hat uns der Boss netterweise ein paar Tage freigegeben. Und da bin ich auf den verrückten Einfall gekommen, hierherzugehn, weil ich so viel darüber gehört hab'! Gott steh' uns bei! Im Krankenhaus wär' ich besser dran gewesen!«

»Nein, wissen Sie«, wandte Joe ein, »nach so einem Tag wie heute dürfen Sie's auch nicht beurteilen. An einem Feiertag können Sie nicht über die Straße hier, so voll ist's von Autos, und auf dem Strand ist kein Quadratmeter ohne Menschen. Und jedes Haus steht offen und ist beleuchtet, und die Lautsprecher sind angestellt, und die beiden Tanzkapellen sind in vollem Schwung, und unten beim Bahnhof ist ein Rummelplatz, und überall sind bunte Lampen. Die halbe Nacht durch wird getanzt, und die Restaurants sind gestopft voll, und die Leute mit ihrem offenen Sonnenbrand essen um Mitternacht noch Eiscreme. Sie müssen nicht glauben, daß mir so was gefällt, aber den Fremden schon. Nein, mir ist der Herbst tausendmal lieber.«

»Den Herbst schenk' ich Ihnen, wenn Sie mir dafür einen Sommersonntag geben«, sagte sie betrübt. »Jetzt muß ich zum Essen gehn. Für mein Geld will ich was haben, und wenn ich platze!«

»Wo wohnen Sie eigentlich?« fragte Joe. »Ich hätte nicht gedacht, daß die Hotels schon offen sind.«

»Sind sie auch nicht. Können Sie den Kasten da hinten sehn?« Sie deutete über die Wiesen und die Bahnstrecke auf ein plumpes Gebäude mit häßlichen Eisenbalkonen und blaurötlichem Dach. »In der Bude da! Zuerst haben sie gesagt, sie hätten noch nicht auf, aber dann waren sie wohl doch zu scharf auf Einnahmen. Allmählich werden sie wohl begriffen haben, daß sie Geld verlieren, wenn sie für einen einzigen Gast aufmachen, und sie zeigen's mir auch.« Sie blickte auf ihre Uhr. »O je, ich komm' zu spät zum Essen, und sie werden froh sein, wenn ich ihnen eine Ausrede liefere.«

»Nein, Sie kommen nicht zu spät«, erwiderte Joe. »Sie haben noch zehn Minuten Zeit, und ich kenne eine Abkürzung quer durch die Wiesen, aber allein würden Sie bloß in den Sumpf geraten. Kommen Sie mit!«

Er führte sie den Weg: über die Straße, eine schmale Gasse zwischen zwei Häusern entlang, durch eine Lücke im Zaun und eine Böschung hinunter auf freies, sumpfiges Gelände, das mit hohen Binsenschöpfen bestanden war. Sie folgte ihm vorsichtig, stolperte hin und wieder und schimpfte leise. »Die blöden Schuhe mit den offenen Zehen«, schalt sie. »Jedes Sandkorn und jedes Steinchen kriecht rein und kommt nie wieder raus.«

»Jetzt müssen Sie aufpassen«, sagte er, »und nur dort hintreten, wo ich gegangen bin. Sonst geraten Sie bis zum Hals in den Schlamm.« Er begann langsam im Zickzack auf die Eisenbahntrasse loszusteuern und hielt sich dabei an die Überreste eines alten Weges, dessen Steine schon unter die Oberfläche gesunken waren, jedoch einen moosigen und etwas festeren Halt boten. Am Schienenstrang blieben sie stehen, um einen Güterzug langsam vorbeifahren zu lassen; eine Rauchwolke wehte erstickend auf sie nieder und verflatterte über den Sumpfwiesen. Sie überquerten die Trasse, und der spitze Schotter zwischen den Schwellen tat ihr weh.

»Jetzt kommt das schlimmste Stück«, sagte er, »weil überhaupt kein Weg mehr da ist, aber wenn Sie sich an meinem Rockzipfel festhalten, kann Ihnen nichts passieren.« Sie tat es, ohne ein Wort zu sagen, und sie gingen weiter und hopsten vorsichtig von einem Grasschopf zum nächsten. Einmal stieß sie einen erstickten Schrei aus, und ein andermal zog sie so fest an seiner Jakke, daß er fast das Gleichgewicht verloren hätte. Endlich kamen sie an die Landstraße.

Er sprang über den Zaunübertritt und drehte sich um, weil er ihr helfen wollte. Sie stand oben auf der niedrigen Mauer; ihre Schuhe waren voll Schlamm, die Wangen gerötet, das Haar hing ihr zerzaust in die Stirn, und ihr Gesicht strahlte. Triumphierend schwenkte sie ein meterlanges, schwertförmiges Blatt, an dem noch die schwarzen, verschlammten Wurzeln hingen. »Bravo«, sagte sie, »das hätten wir geschafft!«

»Ja«, sagte Joe. »Wo haben Sie denn das Felestrum her?«

»Felestrum?« fragte sie.

»Das da«, sagte er. »Das Schwertlilienblatt. Wilde Iris heißt es ja wohl auch.«

»Oh«, rief sie, »heißt es so? Ich hab's aus dem Sumpf gerissen, als ich Sie beinah umgekippt hätte. Ich dachte, es wäre schade, an einem schönen Ferientag ohne Souvenir zu sterben.« Sie kräuselte die Nase und schwenkte das Blatt hoch über ihrem Kopf. »Wilde Iris, so, so. Wilde Iris: das bin ich! Ich wachse wild im Freien!«

Wiederum schwenkte sie ihr grünes Schwert und sprang dann plötzlich von der Mauer. Unwillkürlich fing er sie auf und taumelte ein paar Schritte zurück; sie war schwerer, als er geglaubt hatte. Er blieb stehen und hielt sie töricht im Arm, bis sie ihn sachte zurückstieß.

»Ich muß zum Essen«, sagte sie. »Übrigens heiße ich Iris, falls Sie es noch nicht gemerkt haben.«

»Ich heiße Joe«, sagte er. »Alles Gute!« Und verwirrt ging er weg. Einmal drehte er sich um und sah, daß sie am Straßenrand stehengeblieben war. Die wilde Iris schleifte im Staub. Er winkte. Sie winkte zurück: das grüne Schwert war durchgeknickt und flatterte wie ein gebrochener Flügel. Dann ging er heimwärts.

## 3

Das alte Städtchen träumte zufrieden in der Nachmittagsstille, denn aus der scharfen Morgenbrise war ein sanfter Windhauch geworden. Die Ebbe hatte am Fuß der Hafenmauern einen graubraunen Schlick zurückgelassen, der das Sonnenlicht widerspiegelte. Kleine Boote lagen schief auf dem Schlick, und winzige grüne Krabben huschten im Schatten der schrägen Bordwände umher. Tiefe schwarze Löcher im Schlamm zeigten an, wo Joe beim Ausgraben von Pierwürmern ein paar emsige Stunden verbracht hatte. Langsam kam er die Helling herauf, in der einen Hand die Schaufel, in der anderen einen Eimer, der bis zur Hälfte mit klumpigen, stachligen leberbraunen Geschöpfen angefüllt war. Im Gesicht hatte er Schlammspritzer, und das Knie in seiner Hose war aufgerissen.

»Ju-huuu!« rief eine helle Stimme. Er blickte auf und sah Iris die Straße entlangkommen: sie stieß mit den Absätzen aufs Pflaster wie die kleinen Mädchen, wenn sie Himmel und Hölle spielen. Er wartete, bis sie in seiner Nähe war. »Haha, der Schwerarbeiter! Was haben Sie da in Ihrem Eimer?«

»Würmer«, erwiderte er. »Da!«

Sie spähte vorsichtig in den Eimer und faßte sich dann an die Kehle. »I gitt, wie ekelhaft! Nehmen Sie ihn weg! Was wollen Sie mit dem Zeugs machen? Es essen?«

»Gott bewahre, nein!« rief Joe. »Die brauch' ich natürlich als Köder. Vielleicht fange ich ein paar Schollen oder sogar einen Barsch!«

»Ich hab' noch nie so etwas Widerliches gesehn«, sagte sie.

»Als Sie von Würmern sprachen, dacht' ich, Sie meinten die kleinen rosa Regenwürmer. Sind schlimm genug, die kleinen Zappeldinger – aber die hier – von denen werde ich nächtelang schlechte Träume haben!«

›Vielleicht sollt' ich ihr erzählen, daß sie gelbgrünes Blut haben‹, dachte Joe ein bißchen hämisch, ›dann wäre sie erledigt.‹ Sie standen am Hafendamm und musterten sich argwöhnisch.

»Und was wollen Sie mit dem restlichen Nachmittag anfangen?« fragte sie. »Noch mehr Würmer ausgraben?«

»Nein«, antwortete Joe. »Ich geh' jetzt bis zur Brücke am Ufer entlang und suche Kugelkrabben.«

»Kann ich mitkommen? Ich weiß nicht, was ich mit mir anfangen soll.«

»Klar«, sagte er. »An einem schönen Abend ist's ein hübscher Spaziergang.« Er stellte den Eimer mit den Würmern an die Mauer und legte die Schaufel oben drüber.

»Sind sie da sicher?« fragte sie.

»Natürlich«, erwiderte er überrascht. »Wer sollte sie mir wohl stehlen? Wir sind hier alle furchtbar ehrlich – wenigstens in kleinen Dingen.«

Lachend gingen sie die breite, verlassene, staubige Straße entlang, wo nur ein paar Hunde auf dem Bürgersteig schliefen. Sie gingen im Schatten eines hohen Lagerhauses, dessen Mauern zerbröckelten und dessen Fenster mit rostigen Wellblechplatten abgedichtet waren. Sie überquerten den mit Kopfsteinen gepflasterten Marktplatz, von dem eine Gasse abzweigte und unter einem alten normannischen Wassertor hindurchführte, und schließlich standen sie auf dem Rummelplatz, einem unebenen Stück Land mit spärlichem Gras und hohen Disteln. Ein großer rostiger Anker lag wie ein gestrandeter Walfisch da. Links von ihnen zankten sich Krähen und Möwen über einem Abladeplatz. Sonst rührte sich nichts.

Sie kletterten eine sanfte Böschung bis zur Dammkrone hinan. Links von ihnen dehnte sich die weite Bucht aus; die Strömung kräuselte die bleifarbene Oberfläche wie eine Schlange, und ein gelber Schaumstreifen bezeichnete die Trennungslinie zwischen dem schieferblauen Meerwasser und der verschlammten Flußrinne. Am äußersten Rand des Stauwassers hüpfte ein Lachs auf. Ein Kormoran mit nickendem schwarzem Kopf zockelte in der Flußrinne weiter. Der sanfte Wind trug den Geruch von Schlamm und Seegras her. Iris hob das Kinn und schob sich das Haar aus den Augen. »Oh«, sagte sie leise, »das ist aber schön!«

Joe sah sie erstaunt an. Dann blickte er wieder auf das vertraute Bild und versuchte, es wie mit den Augen eines Neulings zu betrachten. Es blieb sich gleich. »Kommen Sie«, sagte er schließlich, »woll'n zur Brücke gehen!«

Sie sprang munter voraus und hüpfte gewandt über die aufgetürmten Steine, zwischen denen Kletten wuchsen. Dann kamen sie an einen Stacheldrahtzaun, der vom Rand eines Tümpels über die Böschung und ihren Weg lief.

»Wie tief ist der Teich?« fragte sie.

»Etwa einen Meter oder ein bißchen tiefer, aber er hat tiefe Löcher. Als wir kleine Jungen waren, haben wir dort immer geschwommen, unzählige Quellchen entspringen aus dem Schlamm, und wo eine Quelle ist, da ist auch Triebsand, darum unterließen wir's lieber, als wir mehr Vernunft hatten. Schauen Sie mal dort hin!«

»Wo?«

»Genau zwischen uns und dem kleinen Busch drüben. Sehen Sie die aufgerauhte Stelle auf der Wasseroberfläche?«

»Oh – ja, ja, jetzt seh' ich sie. Was ist denn so Besonderes dran?«

»Es ist ein Schwarm Meeräschen. Der Tümpel ist voll von ihnen. Der lustigste Fisch, den es gibt. Man kann sie nicht fangen. Wenn man sie in einem Netz fangen will, springen sie übers Netz. Man kann zwei Netze benutzen, eins hinter dem andern, und sie regelrecht überfallen, aber dazu braucht man viele Boote, und wer will sich schon die Mühe machen?«

»Aber warum nicht?«

»Um die Wahrheit zu sagen: sie schmecken wie nasser Flanell.

Aber ich wünschte, Sie könnten eine Baby-Meeräsche sehen. Es sind kleine silberne Dinger, etwa so lang wie Ihr Daumennagel, aber schon richtige kleine Fische, und sie schwimmen wunderbar ausgerichtet in kleinen Geschwadern von fünf oder sechs Fischlein auf einer Fläche, die nicht größer ist als Ihre Hand, und ihre kleinen Schwänze schnellen so geschwind, daß man sie kaum sehen kann, und sie schwimmen alle wie der Teufel und kommen doch nicht recht voran. Die würden Ihnen gefallen! Aber dafür sind Sie ein paar Monate zu früh gekommen.« Er brach ab, weil ihn seine eigene Begeisterung und das leise Grinsen in ihrem Gesicht etwas verlegen machten.

»Ja«, sagte sie, »und morgen früh muß ich abfahren. Glauben Sie, daß es sich lohnen würde, wieder herzukommen – wegen der Baby-Fischlein?« In der schrägen Haltung ihres schwarzen Kopfes lag etwas, das ihn plötzlich an einen schlanken, dunklen Kormoran erinnerte, der gespannt eine Sprotte beobachtete und bereit war, auf sie einzuhacken.

Er packte den Zaunpfosten auf der Böschung und schwang sich behende über den Zaun, dann öffnete er mit seinen Händen und Füßen eine Lücke für sie, so daß sie zwischen den Drähten hindurchkrabbeln konnte. Am liebsten hätte er sie geschüttelt. Sie streifte seine Schulter, als sie sich aufrichtete, und der Draht schwirrte ihm heftig aus den Händen. Aber da war sie schon ein paar Meter voraus.

## 4

Er ging ein, zwei Schritte und blieb dann stehen, um nachdenklich auf ein großes Büschel olivgrünes Seegras an den Felsblöcken unten zu starren. »Heh«, rief er Iris nach, »warten Sie ein bißchen auf mich!« Er kletterte die Böschung hinab, dem grauen, wogenden Wasser entgegen. Sie drehte sich um, blieb stehen und schlenderte langsam, mit gesenktem Kopf und die Hände in den Taschen vergraben, zu ihm zurück.

»Hallo, kleiner Mann, was nun?« rief sie.

»Kugelkrabben«, antwortete er, blickte auf und scharrte dann wieder zwischen dem Seegras und in Felsspalten herum.

»Das muß ich sehen!« rief sie aufgeregt. Er blickte erschrocken auf, weil ihre Absätze auf den schlüpfrigen, vom Wasser rundgeschliffenen Steinen ausgerutscht waren; dann errötete er und sah weg. Sie fing sich wieder, strich gleichgültig ihr Kleid glatt und stellte sich neben ihn zwischen das Seegras.

Er packte einen Strang glitschigen Blasentangs und zog ihn zusammen mit dem faustgroßen Stein beiseite, auf dem die Wurzeln hafteten. Die Höhlung war mit einer Pfütze dunklen Wassers angefüllt, in dem etwas herumsauste. Er tauchte die Hand ein und holte zwei Krabben hervor: eine große, dunkle Krabbe mit großen Scheren, deren eine sich um eine kleine, grüngelbe Krabbe klammerte. Er warf die große Krabbe weg und zeigte ihr die kleinere.

»Sehn Sie, das ist eine Kugelkrabbe!« rief er. Dann zwirbelte er eins von den spitzen Laufbeinen der Krabbe herum. Es krachte und ließ sich wie ein zerrissener Ärmel ablösen, und darunter befand sich, wie eine optische Täuschung, ein genaues Abbild der Schale, nur war es weich und schlaff. »Es ist genau das gleiche: die neue Schale ist unter der alten gewachsen, die nach ein paar Tagen abgestoßen worden wäre. Und während der paar Tage, in denen sich dann die neue Schale verhärtet, ist die Krabbe völlig wehrlos und kann sich nicht mal von der Stelle rühren. Deshalb versteckt sie sich in der Felsspalte. Der beste Köder für Barsche!«

»Aber die andere Krabbe?« fragte Iris. »Die größere? Wollte sie die kleinere beschützen?«

»Das bezweifle ich«, sagte Joe. »Bestimmt hat sie bloß darauf gewartet, daß die kleine ihre Schale abstößt, damit sie sie auffressen kann.«

»Mein Gott«, sagte Iris. »Wie scheußlich!«

Er hörte kaum, was sie sagte, soviel Lärm machte er, als er große Klumpen Seegras ausrodete und Steine beiseite rollte. Er hatte einen fest zusammengerollten Sack aus der Tasche geholt, tauchte ihn ins Wasser und legte ihn zwischen das Seegras. Wenn er auf eine Krabbe stieß, stopfte er sie in den Sack. Endlich hob er den Sack zufrieden in die Höhe. »Das genügt«, sagte er und richtete sich auf.

Sie klomm nach oben, aber angewidert, da ihre Füße im Seegras schmatzten. »Aufgepaßt«, warnte er. »Hier ist's furchtbar schlüpfrig.« Sie grinste ihn über die Schulter hinweg an und kletterte sicheren Fußes weiter. Er wollte ihr folgen und trat auf einen losen Stein, der seitlich fortschnellte, so daß er auf den Rükken fiel und den verkrauteten Hang hinunterschlitterte, bis er knietief im Wasser steckte. Sie kreischte auf, doch als er kopfschüttelnd sitzen blieb, ließ sie sich oben auf den Rand des Dammes niederfallen und brüllte vor Lachen. Er krabbelte über die Steine nach oben und hielt in der Hand den Sack, aus dem das Wasser auf seine durchnäßte Hose niederrieselte. Sie schüttelte sich vor Lachen und hielt sich die Seiten, während ihr das Haar ins Gesicht fiel. Da mußte er auch lachen. Er packte ihren Arm und riß sie hoch; sie hielten sich umschlungen, bis der Lachanfall vorbei war. Dann gingen sie Arm in Arm zur Brücke.

Der Pfad erweiterte sich zu einer ebenen, mit Kieseln und Unkraut übersäten Fläche, und dort stießen die Böschung, die Landstraße und die Brücke zusammen. Sie gingen auf der glatten, geteerten Oberfläche der Brücke bis zum freischwebenden Mittelteil, der mit ungleichmäßigem Holzpflaster belegt war. Sie lehnten sich über das eiserne Geländer und blickten auf die tiefe Wasserrinne, die unter ihnen wogte und gurgelte und sich auseinanderfächerte. Seemöwen mit schwarzem oder braunem Rücken hüpften auf den Wellchen und flatterten plötzlich in die Lüfte. Wenn man auf das glatt dahinschießende Wasser starrte, glaubte man, daß die Brücke langsam hintenüber kippte. Es war eine Erleichterung, aufzublicken und zur Einmündung des Meeresarmes und zu den beiden Bergen zu schauen, die ihn bewachten.

Auf der einen Seite des weiten Meeresarmes dehnte sich Schlick- und Sumpfgelände, und auf der andern Seite erstreckte sich der lange Damm, auf dem sie hergekommen waren. Zwei

Vorgebirge hielten den Hafen umfangen: das eine war kahl und felsig und mit vereinzelten Kiefernpflanzungen überzogen, während über das andere die Häuser der kleinen Stadt kletterten und ein Leuchtturm schmal und weiß vor dem Himmel aufragte.

Stromaufwärts mündete unter einer niedrigen Steinbrücke mit zwei Bögen ein Flüßchen in die Bucht. Rinder standen bis zu den Knien in seinem seichten Wasser. Ein Reiher schwang sich langsam von seinem einbeinigen Stand dicht am Ufer auf und flog, schwerfällig mit den Flügeln klatschend, davon. Den Winkel zwischen dem Fluß und Nebenflüßchen füllte ein struppiger Kiefernhügel aus, über den die Hochspannungsmasten bis in weite Fernen stelzten. Der schaumfleckige Fluß schlängelte sich um den Hügel und geriet außer Sicht. Über ihnen seufzte leise die Brise.

Iris lehnte sich zurück, hatte die Ellbogen auf die Brüstung gestützt und blickte stromauf. »Es ist wunderbar«, sagte sie und holte tief Atem. »Es erinnert mich an einen Reisefilm vom Rhein, den ich mal gesehen habe. Da sah es genauso aus.«

»Das habe ich auch schon gehört«, erwiderte Joe. »Etwa zwanzig Meilen weit schlängelt er sich dauernd so weiter, und stets ist er von Wäldern begleitet. Wenn man in einem Boot stromauf fährt, muß man ständig von einer Seite auf die andre rüber, um nicht in die Strömung zu geraten, und manchmal kommt man so nah ans Ufer, daß man es fast berühren kann und einem die niederhängenden Zweige über das Gesicht streifen. Es ist wirklich sehr schön. Im Hochsommer veranstaltet die Gemeinde ein paarmal wöchentlich Motorbootfahrten. Das würde Ihnen gefallen. Aber jetzt ist's dafür noch zu früh im Jahr.«

»Tja«, sagte sie verdrießlich, »zu früh. Alles ist entweder zu spät oder zu früh in dieser elenden Stadt!« Sie hob ein Steinchen auf und schleuderte es wütend ins Wasser. »Warum kann denn nicht *jetzt* etwas passieren? Ich kann doch nicht mein ganzes Leben lang warten! Warum unternimmt denn keiner was?« Sie blickte ihn an, und ihr Mund war ein schmaler, blasser Strich. Vom Krabbenbeutel tröpfelte es hörbar auf seine Schienbeine.

Die Stille wurde durch das Gerassel eines sich abmühenden Motors unterbrochen. Ein alter Lastwagen ratterte auf die Brücke hinauf und blieb röchelnd vor ihnen stehen. Der Fahrer steckte seinen Kopf durch den leeren Fensterrahmen und wischte sich mit dem Rücken seiner bemehlten Hand den Schweiß vom Gesicht. »Heh, Joe«, rief er ihnen zu, »wieviel Uhr ist's denn?«

»Keine blasse Ahnung, Steve«, antwortete Joe. Kaum hatte er es gesagt, da tönte jenseits des Wassers leises Glockengeläut. »Das ist das Angelus«, sagte er. »Hätt' nicht gedacht, daß es schon so spät ist.«

»Lieber Himmel, meine Uhr muß stehengeblieben sein«, rief Iris.

»Soll ich Sie bis zur Stadt mitnehmen?« fragte Steve.

»Ja, unbedingt«, rief Iris. »Ich komme sonst um vor Hunger!« Sie lief auf die andre Seite und kletterte auf den Mitfahrersitz.

»Wie steht's mit dir, Joe?« fragte Steve. »Mußt dich aber mit einem Rücksitz begnügen.«

»Gut genug für mich«, erwiderte Joe. »Hauptsache, daß die schöne Dame es bequem hat.« Er schwang sich auf den Lastwagen, setzte sich auf einen Stoß staubiger Säcke und lehnte sich mit dem Rücken an die Fahrerkabine an. Der Krabbensack neben ihm hob und senkte sich zappelnd. Der Lastwagen setzte sich zitternd in Bewegung. Bei der kleinsten Unebenheit hüpfte man hinten wie toll in die Höhe. Über dem Lärm des Motors konnte er ihre Stimmen kaum hören, doch schienen sie fröhlicher Laune. ›Sieh mal einer den Steve‹, dachte er halb verärgert, halb belustigt. Er hörte, wie Iris zu singen begann. Er fing ein Bruchstück des volkstümlichen Liedes auf. Dann übertönte der Lärm des Motors den Gesang.

Da war also einer, der schnell genug etwas unternahm, dachte er. ›Und ich bin ein trauriger Held, ich mit meinem Krabbensack!‹ Dann torkelte und sprang der Wagen über die Schlaglöcher, die man vor den Toren jedes kleinen Seestädtchens antreffen kann, und er konnte seinen Krabbensack gerade noch rechtzeitig erwischen, bevor er auf die Straße rutschte.

Sie fuhren durch ein altes Sandsteintor, das die Hauptstraße überspannte, und der Motorenlärm dröhnte ihnen betäubend ins Ohr. Sie hielten an einer Stelle, wo eine schmale Seitenstraße zwischen windschiefen Häusern zum Hafen hinunterführte. »Ist's dir so recht, Joe?« fragte Steve.

»Danke«, rief Joe und sprang aufs Pflaster. »Komm gut heim! Ich seh' dich am Samstag!«

Iris schaute aus dem Fensterchen und winkte obenhin, während der Lastwagen weiterfuhr. Joe blieb einen Augenblick stehen und bog dann in die Seitenstraße ein. ›Ich möchte bloß mal wissen‹, dachte er bei sich, ›wie es ihr passen wird, wenn sie entdeckt, daß Steve zwanzig Meilen weit weg wohnt? Armes Ding, da hat sie also doch noch einen einsamen letzten Abend!‹ Er lachte – ein bißchen verkrampft – und schlenkerte den tröpfelnden Sack mit den todgeweihten Krabben.

## 5

Der Abend war klar und ohne einen Lufthauch. Ein Nebelschleier zog sich über die glasklare See und bildete vor dem zitronengelben Himmel am Horizont einen bräunlichen Streifen. Die Schwalben flogen sehr hoch. Das Licht zauderte noch, aber schon verwischte ein matter blauer Dunst die Umrisse des alten Lagerhauses und den zerbröckelnden Torweg und die vor Anker tänzelnden Boote. In dem häßlichen Gebäude, das den Gemeindeklub beherbergte, verdichtete sich das Dunkel. Joe wanderte rastlos durch den menschenleeren Billardsaal und mochte das Licht nicht anschalten, weil es das Ende dieses Tages bedeutet hätte. Mit Schutzdecken bezogene Billardtische ragten formlos aus dem Dämmerdunkel.

Er schaltete das Radio an und schaltete es wieder ab, noch ehe es mehr als ein paar atmosphärische Störungen herausgeknattert hatte. Er nahm eine Zeitschrift in die Hand und ging damit ans Fenster, sie schräg haltend, wie um das verlöschende Licht aufzufangen, aber der Druck verschwamm ihm vor den Augen, und er warf das Heft auf einen Stuhl. Er trat an den leeren Kaminplatz und starrte auf die verstaubten Trophäen in ihren Glaskästen. Er stieß mit dem Fuß gegen das Kamingitter und lauschte auf das dumpfe metallische Klingen. Nichts konnte seinen umherschweifenden Geist fesseln.

Er ging zur Tür, hatte die Hand schon auf dem Lichtschalter und blieb dann einen Augenblick unentschlossen stehen. Die Uhr tickte laut durch die Stille, dann ächzte und piepste sie und schlug neunmal. Die Klänge versanken in den Schatten. Unvermittelt riß er die Tür auf und ging die Stufen hinunter, hinaus in die kühle Abendluft, wo der Kies unter seinen Tritten knirschte.

Ein Stern zitterte im Osten, und in den Ecken lauerte wartend die Nacht. Auf der Promenade schlug ihm die Seebrise entgegen, voller Salz und Seetang. Tief unten am Strand tuschelten und wisperten die Wellen. Die Luft über den Klippen roch nach glühendem Ginster. Seltsame Färbungen wogten unten über dem flachen Marschland, wo sich der Schienenstrang in der Ferne verlor und der grüne Edelstein eines Signallichts der einzige Anhaltspunkt in einer formlosen Landschaft war. Form und Entfernung waren gleichermaßen trügerisch. Die Fabrik an der oberen Straße schien nicht größer als eine Streichholzschachtel, während kleine Büsche riesenhafte, unbestimmte Wesenheiten waren.

Er ging schweigend über den grasbewachsenen Saum der Klippen und warf hin und wieder einen Blick auf den Kiesstreifen in der Tiefe. Dann schrie jemand dicht vor seinen Füßen auf, und so überraschend, daß er fast stolperte und fiel. Eine Gestalt erhob sich vom Klippenrand, und ein weißes Gesicht glomm ihm entgegen.

»Wer ist da?« fragte eine erschrockene Stimme. »Verdammt, warum gehen Sie auch so leise?« Da erkannte er sie.

»Ach, Sie sind's? Sie müssen ja erstarrt sein vor Kälte.«

»Ja«, entgegnete sie. »Ich hab' dagesessen und einfach nachgedacht und gar nicht gemerkt, wie kalt es wurde.« Sie klomm steifbeinig über den Rasen, und planlos gingen sie weiter, die Böschung hinunter.

»Wie haben Sie sich mit Steve verstanden?« fragte er.

»Steve?« sagte sie. »Ach so, ja. O ja. Er wollte sich am Freitag mit mir treffen.« Sie lachte rauh. »Am Freitag«, wiederholte sie. »Leider ist morgen vor dem Freitag da.«

Der Boden unter ihren Füßen wurde eben. Sie kletterten über einen Wellenbrecher und waren nun in den Sanddünen hinter dem Strand. Ihre Schuhe rutschten auf dem zähen Sandgras aus, und ihre Füße strauchelten in den weichen Sandmulden. Hier wehte die Brise nur hoch über ihre Köpfe hinweg. Nach ein paar Metern kamen sie zu einer Mulde, in deren Sand einzelne Grasstreifen wuchsen – wie die letzten Haare auf einer Glatze. »Ich bin müde«, sagte sie, setzte sich hin und zog die Füße unter sich. »Woll'n uns ein bißchen ausruhen!«

»Zigarette?« fragte Joe und holte ein zerdrücktes Päckchen hervor.

»Danke«, sagte sie. Das Streichholz flammte unerwartet laut auf, und sie schloß die Augen vor dem grellen Glanz. Die Zigarette schwankte und brannte ungleichmäßig an. Dann zitterte die Streichholzflamme und erlosch, und nun waren nur die beiden Glutpunkte in der zunehmenden Dunkelheit zu sehen. Sie blickte zu ihm auf: sein Gesicht wurde von dem warmen, zukkenden Lichtschein erhellt. Dann lehnte sie sich zurück, auf einen Arm gestützt, und schrie plötzlich auf. »Mich hat was gebissen«, rief sie entsetzt. Joe sprang vor, stützte seine Hand auf ihre Schulter und untersuchte die Stelle, wo sie sich aufgestützt hatte.

»Es ist nur eine Stranddistel«, erklärte er lachend. Er zündete ein neues Streichholz an, und im hüpfenden gelben Licht sah sie den blaßgrün gestreiften Stiel und die weinrote wilde Blüte, die zerbrechlich wie Porzellan aussah und doch hart wie Stahl war. »Oh«, rief sie, »sie ist schön!« Sie berührte die Blüte, ohne vorsichtig zu sein, und schrie wieder auf, denn jedes scheinbar weiche rosa Blütenröhrchen war ein nadelscharfer Stachel. »Schön, aber unfreundlich«, sagte sie traurig und sah wieder zu Joe auf.

Er stand da, blickte auf sie nieder und ließ die Zigarette zwischen seinen Fingern verglimmen. Ein kleiner Windstoß, mit prickelnden Sandkörnern bewehrt, tänzelte über die Dünen, und er spürte, wie sie zusammenschauerte. »Sie frieren«, sagte er. »Warten Sie ein bißchen!« Er erinnerte sich, daß er beim Schein des Streichhölzchens etwas gesehen hatte. Er suchte den Fuß der Sanddüne ab und grub ein paar Stücke Treibholz aus. Er ballte ein herumflatterndes Zeitungsblatt zusammen, zerbrach das Treibholz über dem Knie und baute ein Feuer, das rasch aufloderte. Aus der nächsten Mulde holte er noch mehr Holz herbei und legte es über die Flammen. Der Sand erwärmte sich, und sie lehnten sich gegen den Hang der Düne, kaum einen Arm breit voneinander getrennt. Irgendwo in der Ferne murrten die Wellen über den Kieseln, und hoch über ihnen zischelte der Nachtwind. Das Dunkel hing wartend über der Schale aus Feuerschein.

»Ich erinnere mich noch, wie wir das immer als kleine Jungen gemacht haben«, erzählte Joe. »Wir rauchten heimlich, und eines Abends kamen wir mit einem Päckchen Zigaretten her und entdeckten, daß wir nur ein einziges Zündholz hatten, daher mußten wir ein Feuer machen, das uns die ganze Nacht diente. Und das war gut so. Es war nämlich im Januar.«

»Was für eine abenteuerreiche Jugend Sie hatten«, sagte Iris lachend. »Lauter Jungen beieinander, mit einem Päckchen Zigaretten – und mehr brauchten Sie nicht. Wahrscheinlich haben Sie das Lager von den Pfadfinderinnen mit Steinen beworfen.«

»Ja«, sagte Joe überrascht, »das machten wir tatsächlich, und hinterher war der Teufel los. Woher wußten Sie das?«

»Ich habe wahrscheinlich das Zweite Gesicht. Ich kann auch in die Zukunft sehen. Jungen bleiben Jungen, und Mädchen bleiben . . .«, sie brach ab. Sie beugte sich vor und warf ihren Zigarettenstummel ins Feuer. Ein Stück Holz kippte um, und die Flammen loderten auf. Ihre Augen glänzten, und ihre Zähne schimmerten sehr weiß. »Ach verdammt, ich wünschte . . .« Sie nahm eine Handvoll Sand und siebte ihn langsam durch die Finger. Sie blickte ihn an, und im ungewissen Flackerlicht konnte er ihren Gesichtsausdruck nicht genau erkennen. »Es tut mir leid, daß ich herkam, und es tut mir leid, daß ich wieder weg muß. Ich weiß nicht, was ich will.« Sie starrte wieder ins Feuer.

Joe grub seine Absätze in den Sand und bohrte sich mit der Schulter in die Düne hinein, bis ihm der Sand in den Kragen lief. Er blickte auf seine Hand, die so still neben ihm lag. Er blickte auf Iris' feuerhelles Profil, das ihm so nah war. Langsam hob er die Hand, als wären Schulter und Ellbogen steif gefroren. Sie starrte bewegungslos in die Flammen. Er streckte die Hand nach ihrer Schulter aus, aber es fehlten genau ein paar Zentimeter, eine Schranke, die zu überwinden er nicht den Mut hatte. Die Sekunden krochen weiter, und seine Hand sank wieder langsam und still neben ihn. Sie nahm ihre Ellbogen in die Handmuscheln und krümmte die Schultern. Das Feuer prasselte, und er blickte in die goldenen Höhlen, bis seine Augen ermüdeten.

Plötzlich sackte ihm der Kopf vornüber und rüttelte ihn wach. Iris wiegte sich hin und her und summte eine Melodie, die wie ein schottisches Wiegenlied klang. Sie blickte ihn von der Seite her spöttisch an. »Bist müde, armer Kleiner?« fragte sie.

»Nein«, erwiderte Joe. »Nein. Nur schwindlig, weil ich so lange in die Flammen gestiert habe.« Er beugte sich vor und schob noch mehr Holz nach. Der Flammenschein hüpfte auf. Ihre Augen lächelten ihn an, ihr Mund öffnete sich ein wenig. ›Jetzt‹, dachte er; ›was hindert mich denn; was schadet denn ein bißchen Spaß; küß sie doch, du Esel!‹ Dann lachte sie ihn plötzlich aus, wie er dasaß, mit verrenktem Hals, und die Stirn vor Willensanstrengung in lauter Falten gelegt.

»Nimm eine von meinen«, sagte sie und hielt ihm ein Päckchen Zigaretten hin. »Du weißt doch, was der Bauer sagte, als er seinen Sohn in den Armen der Magd entdeckte: ›Nächstens wirst du noch zu rauchen anfangen!‹ Mach nicht solch betrübtes Gesicht! *Du* brauchst ja morgen nicht abzureisen.«

Der Augenblick war verpaßt. Er zog ein Stückchen Glut aus dem Feuer, verbrannte sich die Finger und zündete die Zigaretten an. Er hatte ein kühles Gefühl, das auch vor der Wärme des Feuers nicht weichen wollte. Nach einem Weilchen stieß sie ein kleines Hüsteln aus, als hätte sie sich am Rauch verschluckt, und dann begann sie wieder zu summen. Sie stand auf und schüttelte sich den Sand aus dem Rock; er wälzte sich auf die Seite, um ihr zuzuschauen.

»Willst du nach Hause gehen?« fragte er.

»O nein«, sagte sie, »doch nicht an meinem letzten Abend! Nicht um die Welt, mein Junge. Nein, steh nicht auf«, rief sie, als er sich auf die Füße rappeln wollte, »bleib nur hier, ich bin gleich wieder da.« Sie schleuderte den Zigarettenstummel in die Flammen und blieb noch einen Augenblick stehen und blickte auf ihn nieder. Die roten Schatten vom Feuerschein huschten über ihr Gesicht, so daß ihr Mienenspiel ihm verborgen blieb.

»Wohin . . .« begann Joe.

»Sei nicht unhöflich, mein Kleiner«, sagte sie fröhlich. »Warte nur hier, bis ich wiederkomme!« Sie öffnete langsam die Hand und ließ Stückchen von der Stranddistel, die sie ausgerupft hatte, neben ihm auf den Sand fallen. An den scharfen Stacheln klebte Blut. Er blickte es an und wußte nicht, was er sagen sollte, und als er dann wieder den Kopf hob, war sie schon außerhalb des Lichtkreises. Ein paar Augenblicke hörte er noch die stumpfen Schritte im Sand, dann das Knirschen und Prasseln vom Kies, und schließlich nichts als den kalten Nachtwind im Schilf. Gegen den Horizont zu konnte er den matten, milchigen Schimmer von Wellen sehen, die sich auf dem Strand überschlugen, sonst aber hatte die Dunkelheit alles verschluckt. Er wühlte sich wieder in seine Sandmulde ein, wartete geduldig und stützte sich auf den Ellbogen. Er starrte so lange ins Feuer, bis es ihm wie ein endloser Fackelzug vorkam, der zwischen hohen dunklen Gebäuden dahinzog. Die Gebäude schwankten in der leisen Luft wie Flaggen und türmten sich langsam, langsam höher und kamen näher und näher, bis sie sich endlich, endlich schwankend über ihm auftürmten.

Sehr viel später erwachte er, steif und völlig durchfroren. Der Mond war aufgegangen, und an seiner Höhe konnte er erkennen, daß es weit über Mitternacht war. Aus der letzten Glut des Holzfeuers stieg ein Rauchfaden in die Nachtluft. Er war ganz allein. Langsam und unter Schmerzen rollte er auf die Seite, und etwas stach ihn durchs Hemd und in die Brust. Es waren die zerdrückten Reste der Stranddistel. Er stand auf und blickte rückwärts über die öde, leere Weite des langen Strandes, und dann begann er über die mondhellen Dünen steif nach Hause zu torkeln. Er nahm die gedankenlos in der Handmuschel zerquetschte Distel mit.

## 6

Sein Schlaf war kurz und unruhig. Seltsame Träume von galoppierenden weißen Pferden mit schwarzen Mähnen bedrängten ihn, die drohend auf ihn zurasten, enge Straßen mit hohen Häusern entlang, und erst im letzten Moment wandten sie sich aufbäumend von ihm ab. Er erwachte halb erstickt und fand das Kopfkissen über seinem Gesicht und die Leintücher auf dem Fußboden verstreut. Das Fenster stand offen, und Vogelsang drang herein und grüßte ihn. Er trat ans Fenster und blickte über die Bucht und den Meeresarm.

Es war kurz nach Tagesanbruch. Der westliche Himmel war noch grau. Nichts rührte sich, ausgenommen die langsamen, öligen Rippelwellen der kommenden Flut kurz vor ihrem Höhepunkt. Ein kaltes grüngoldnes Licht umhüllte alles, dicht wie eine Lage venezianischen Glases. Zuoberst auf der elfenbeinfarbenen Barkasse des Strompolizisten thronte eine Möwe kühn auf einem Bein und putzte sich das Gefieder. Weit drüben auf der andern Seite der Fahrtrinne fuhr ein Lachs schwungvoll zitternd aus dem Wasser, einem riesigen elektrischen Funken gleich. Die Kreise auf dem Wasser erweiterten sich und zerrissen die Spiegelbilder von Sand und Felsen, Bäumen und Bojen und Booten zu zitternden grünen, goldenen und braunen Leitern. Joe schöpfte tief und friedlich Atem, stieß die Finger durch das wirre Haar und wandte sich um.

Er hob seine Sachen auf, die er in einem unordentlichen Haufen an den Fuß seiner Bettstelle geworfen hatte, stieg hinein und ging barfuß und auf Zehenspitzen die Treppe hinunter. Er nahm seinen Krabbenbeutel und eine Handleine und zog die Haustür leise hinter sich ins Schloß. Dann überquerte er die Straße, kletterte über den Hafendamm und ließ sich aufs Ufer niederfallen.

Nach einer Stunde stand er noch immer knietief in den eiskalten Wellchen und spürte, wie der Sand wegen des Sogs unter seinen Füßen nachgab und wegsickerte. Ein paarmal hintereinander spürte er ein leises Ziehen an der Leine. Er ließ die Angelschnur allmählich zwischen Zeigefinger und Daumen fortgleiten, bis er etwa einen Meter Schnur langsam und nur zentimeterweise ausgegeben hatte. Dann kniff er die Finger zusammen, spürte noch immer die lebendige Regung und riß sein Handgelenk zurück. Die Angelschnur sprang und zickzackte durch die Luft, als er sie einholte, doch ihm war es jetzt einerlei, in welchem Durcheinander die Schlingen niederfallen mochten. Eine Stange wie aus zitternd olivgrünem Silber kam herangedroschen, mit klaffenden Kiemen, die stachlige Rückenfinne aufrecht und bereit, zuzuschlagen. Joe lief ins Wasser, daß es klatschte, und riß den Barsch ein paar Meter weit auf den Strand hinauf. Dort ließ er ihn einen Augenblick liegen und kam dann mit einem Stein an. Während er die Flossenstacheln vorsichtig mit dem einen Fuß niederhielt, maß er genau die Entfernung ab und schlug den Fisch auf den kleinen dunklen Fleck hinten auf dem Kopf. Die Kiemen öffneten und schlossen sich, der Fisch zuckte heftig, die olivgrüne Tönung an den Seiten wurde blau und dann ein kühles Silber, und er lag still.

Joe drehte den Haken heraus und hob den Barsch an den Kiemen voller Stolz in die Höhe. Er tunkte ihn in einen Wellenkamm, um den Sand abzuspülen, und betrachtete ihn glücklich. Acht Pfund! Solche Augenblicke waren eines Mannes ganzes Leben und ausschließliche Hingabe wert.

Zärtlich stellte er die große Rückenfinne auf, die sich wie eine Feder aufrichten ließ; durchsichtig und wie gerippt von all ihren nadelscharfen Stacheln, glänzte sie im Sonnenschein. Er berührte vorsichtig die Stacheln, doch das Seewasser hatte seine Finger taub gemacht, und er drückte zu stark, ehe er den stechenden Schmerz spürte. Ein winziges Blutströpfchen glitzerte wie ein Rubinsplitter auf dem Stachel. Eine Wolke zog an der Sonne vorbei, und das verspritzte Wasser auf seinem Hemd ließ ihn frösteln. Der Morgen hatte sein Gold verloren, und die See war grau.

Er zog die Stirn kraus und blinzelte zwischen fast geschlossenen Lidern zur Sonne hin, um die Zeit abzuschätzen. Beinahe acht Uhr. Noch eine Viertelstunde blieb ihm – im besten Falle. Er holte die Schlingen seiner Handleine ein und stopfte sie irgendwie, verworren und mit Seegras behängt, in den Krabbensack und rannte den Strand entlang. Die Flut hatte die Ecke am Tennisplatz schon erreicht, aber er planschte rücksichtslos durch knietiefes Wasser. Er riß seine Haustür auf, warf den Krabbensack in einen Winkel, packte hastig eine alte Zeitung, in die er den Barsch einwickelte, und raste wieder hinaus, so daß die Tür knallend hinter ihm zuschlug. Er jagte durch die Straßen der Altstadt, und seine feuchten Tennisschuhe und die durchnäßte Hose hinterließen Wasserspuren auf dem grauen Bürgersteig.

Als er beim Leuchtturm oben auf dem Hügel angelangt war, schlug ihm das Herz gegen die Rippen, und er hatte Seitenstechen. Dampf stieg in großen Wolken hinter dem Bahnhofsgebäude auf. Kein verspäteter Fahrgast war zu sehen. Er rannte unsicher weiter. Die Bahnsteiguhr zeigte seltsamerweise noch vier Minuten vor acht. Er wartete eine Sekunde, bis er nicht mehr so wild atmete, und dann ging er neben dem Zug einher.

Sie saß in einem leeren Abteil auf einem Eckplatz und las in einer Zeitschrift. Er klopfte an die Scheibe. Sie blickte auf, lächelte matt und öffnete das Fenster.

»Hallo«, sagte sie, »der kleine Herr Pfadfinder persönlich! Als ich Sie zuletzt sah, schnarchten Sie kräftig und laut.« Joe zuckte ungläubig zusammen und starrte sie an. War es Spaß oder Ernst? Doch einerlei. Sie lachte plötzlich. »Ein Glück, daß keiner in der

Nähe ist und es mit anhört. Ihr Ruf würde Schaden nehmen. Und alles für die Katz!«

»Ich habe was für Sie«, sagte Joe. »Das Paket ist leider nicht schön, aber ich hatte keine Zeit mehr . . .«

»So, so«, sagte sie. Sie hob einen Zipfel der Zeitung in die Höhe und spähte ins Paket. Sie riß die Augen auf und ließ einen unterdrückten Laut hören, der ebensogut ein Auflachen wie ein Schluchzen hätte sein können. »So, nun hab' ich wirklich alles gesehn! Fisch! Ein reizender Gedanke! Vielen Dank! Jetzt habe ich ein Andenken an Sie!«

Sie blickten einander wortlos an. Sie stützte ihre Ellbogen auf den Fensterrahmen und strich über die roten Kratzer ihrer Handflächen, und Joe lehnte sich mit seiner nassen, an den Schienbeinen klebenden Flanellhose gegen den Wagen. Vereinzelte Dampfwölkchen kräuselten sich unter dem Trittbrett hervor und stiegen zwischen ihren Gesichtern hoch. Der Bahnhofsvorsteher kam aus dem Dienstraum, blickte auf die Uhr und ging wieder hinein.

»Kommen Sie wieder?« fragte Joe. »Ich meine, wann kommen Sie wieder?«

»Haben Sie schon mal die Geschichte von der transsibirischen Eisenbahn gehört?« fragte sie. »Nein, noch nicht?« Sie schöpfte tief Atem, blickte den Schienenstrang entlang und begann, am Fensterrahmen ein Farbbläschen abzuklauben. »Es waren also mal ein russischer Soldat und ein russisches Mädchen, die stiegen in Moskau in die Bahn, und sie hatten das Abteil ganz für sich allein. Und nach vierzehn Tagen, als sie mitten im Irgendwo-Land waren, sagte der Soldat: ›Es ist kalt.‹ Und vierzehn Tage danach, als sie durch Omsk fuhren, erwiderte das Mädchen: ›Ja, es ist kalt.‹ Nach einer Woche, als der Zug Tomsk hinter sich ließ, fragte der Soldat: ›Möchten Sie, daß ich das Fenster schließe?‹ Und nach einer Woche, als sie nach Irkutsk kamen, antwortete das Mädchen: ›Ja, schließen Sie bitte das Fenster.‹ Und nach vierzehn Tagen, als sie immer noch drei Wochen von Wladiwostok entfernt waren, stand der Soldat langsam auf und sagte: ›Jetzt haben wir genug geflirtet: zieh dich endlich aus!‹« Iris blickte Joe an, ohne zu lächeln. »Als sie nach Wladiwostok kamen, heirateten sie und lebten unglücklich bis an ihr Lebensende. Ist das nicht eine hübsche Geschichte?«

Joe sagte etwas, aber seine Worte gingen in dem ohrenbetäubenden Lärm entweichenden Dampfes unter. Der Bahnhofsvorsteher erschien wieder und hielt die zusammengerollte grüne Fahne in der Hand. Er blickte von seiner Taschenuhr auf die Bahnsteiguhr. Joe legte seine Hand, deren Finger vom Seewasser noch bleich und klebrig waren, auf den Fensterrahmen. »Und jetzt?« fragte er und brachte ein Lächeln zustande.

»Genug geflirtet«, sagte sie. »Ich komme nicht wieder. Ich fahre nach Wladiwostok, und Sie haben den Zug verpaßt.«

Der Bahnhofsvorsteher winkte mit der grünen Fahne, der Zug setzte sich ächzend in Bewegung. Eine große Dampfwolke bauschte sich zwischen ihnen auf und verbarg ihm ihr Gesicht. Er trat zurück. Als der Dampf sich verzogen hatte, sah er ihr Gesicht, schon nicht mehr erreichbar, aber noch am Fenster: schwarze, zerzauste Haare rahmten die blassen Gesichtszüge ein. Ihre Hand winkte fröhlich. Er hob seinen Arm bis zur Schulterhöhe, und dann, nach ein paar Sekunden, ließ er ihn schlaff fallen. Der Zug fuhr um die Biegung, und sie war seinen Blicken entzogen.

Er wandte sich ab und ging über den Bahnhofsplatz, wobei er die Füße durch den Sand schleifte. Dann trat er durchs Tor und blickte auf die graue, aufgewühlte See und den grauen Himmel. Es waren noch mehr gute Fische drin, hieß es. Ein stämmiger Mann kam angetrabt, in der Hand einen Koffer und den Regenmantel: er war außer Atem, und sein rotes Gesicht sah sorgenvoll aus. Er fuchtelte wild mit den Armen. »Tut mir leid«, sagte Joe höflich, »Sie haben leider den Zug verpaßt.« Er ließ den Dicken am Tor stehen und ging langsam, mit trübselig schmatzenden Schuhen, nach Hause.

7

*Heutzutage* (wie Sir Thomas Malory niederschrieb) *können die Menschen nicht sieben Tage lang lieben, gleich wollen sie all ihr Gelüste erfüllt haben; solcher Art Liebe kann füglich nicht bestehen, denn wo die Paare bald vereint und rasch entflammt in Brunst, da kühlt die Liebe balde ab. Das ist keine Beständigkeit; doch ehmals war die Liebe anders. Männer und Frauen konnten sich lieben lange sieben Jahre, und kein unzüchtiges Gelüst war zwischen ihnen, und die Liebe war einst Treue und Beständigkeit. Und sehet, gleichermaßen war's mit der Liebe an König Arthurs Hof bestellt.*

Heutzutage werden einem leider keine sieben Jahre Zeit gelassen.

# Julia O'Faolain
## *Mein kleines Kapital*

Ich möchte mich gern kurz fassen, aber ich bezweifle, ob ich's kann. Ich rede sehr viel, genau wie meine Freundinnen. Weshalb – das wird wahrscheinlich aus diesem Brief hervorgehen. (Ist es ein Brief? Auch das wird sich zeigen.) Was unser Gerede so deprimierend macht: daß es nicht von Erlebnissen handelt. Bloß vom Gerede. Die Iren sollen ja immer so gewesen sein: seit dem sechsten Jahrhundert sind sie schnattersüchtig. Das ist auch bezeichnend für uns, daß wir ›die Iren‹ sagen, anstatt ›ich‹. Es ist nur ein Ausweg, sich in die Tarnung zu flüchten, die der Volksstamm bietet. Ich versuche hier, ehrlich zu sein, aber das gewohnte Ritual kann ich nicht ablegen. Das wäre irgendwie noch unehrlicher. Es würde bedeuten, daß ich wie jemand anders zu reden versuchte – wie einige meiner Freundinnen, Schafe im Affenkostüm, die den ganzen Tag zynisch in Kneipen herumschwatzen und die wohlklingende Widerspenstigkeit eines Brendan Behan nachäffen und dabei verdammt gut wissen, daß sie jeden anprangern würden, der die bequemen heiligen Werte der irisch-republikanischen Mittelklasse bedrohte. Nicht etwa, daß auch nur einer es wirklich tun würde. Wir sind eine vernünftige, solide kleine Oligarchie. Die geröteten Augen unsrer Betrunkenen sind das Roteste, was wir aufzuweisen haben. Daher können wir überheblich sein. Und sind's auch irgendwie. Und sind's irgendwie doch nicht. Das kollektive Gedächtnis flattert wie eine nasse, sehnsüchtige Fahne an unserm Himmel. Eine rote Fahne.

Unsre Eltern haben sich nicht dadurch raufgearbeitet, daß sie Unterwäsche verkauften oder ihre Phantasie kaputtschwitzten, um nur ja ein Stipendium herauszuschuften. Sie kämpften – so glaubten sie wenigstens – für eine soziale Revolution. Selbst heute noch können sie aus der Neige ihres dritten Doppelwhiskys eine Frondeurwut herausdestillieren! Meiner Mutter Erinnerungen an ihre Studienzeit handeln von Überfällen, von polizeilichen Sperrstunden und von Tanzereien in Bergbauernhäusern mit Irregulären, die manchmal schon ein paar Stunden nach dem Gutenachtkuß erschossen wurden. Einmal hat sie ein ganzes Rind zersäbelt und auf Brotschnitten an sich zurückziehende Trupps von Rebellen verteilt. Auf ihrem Oberschenkel ist die Spur einer englischen Kugel zu sehen, und sie hat sogar einige Zeit im Gefängnis gesessen. Mein Vater und alle Freunde meines Vaters haben die gleichen Erinnerungen. Wenn unsre Eltern ihre alten Marschlieder singen und sich an Szenen ergötzen, über die sie uns nichts verraten (Szenen auf dem Heuboden zum Beispiel, wo die jungen Revolutionäre sich versteckt hielten und ihre Kuriere, die Mädchen, sich nach langen, auf dem Fahrrad zurückgelegten Strecken ausruhten), dann sitzen wir, unser Herz erfüllt von ihren Melodien, wohlgeborgen und schüchtern und anständig in ihren hohen Großvaterstühlen und fummeln mit unsern Cocktailgläsern herum und fühlen uns ein bißchen dümmlich. Sie verspotten uns: »Ach je, was ihr versäumt habt! Die Jugend von heute kann ich bloß bedauern!« Und dann kehren sie ins Paradies ihrer Erinnerungen zurück. Es scheint gerade so, als wäre Sex in Irland das Monopol der Mehr-als-Fünfzigjährigen.

Und warum muß das so sein? könnte ein Außenseiter fragen. Warum sitzen wir denn da und hören ihnen zu wie neiderfüllte Paralytiker? Warum habe ich so lange gebraucht, um zum Thema Sex zu kommen, wenn ich doch gerade darüber schreiben will? Wenn ich das wüßte, brauchte ich diese lächerliche Geschichte nicht zu erzählen. Vor allem wäre sie überhaupt nicht passiert. Wenn ich jetzt spräche, statt zu schreiben, würde mein Atem so laut gehen, daß es auffiele. Dann würde es vermutlich jedermann klar sein, daß ich noch Jungfrau bin, eine einundzwanzigjährige Jungfrau (was ich im allgemeinen vor Ausländern zu verheimlichen trachte. Vor den Iren könnt' ich's nicht, und außerdem ist es nicht etwas, was man hier verheimlichen würde.) *Mon petit capital* (wie es Robert, mein enttäuschter Verehrer vom vorigen Sommer, genannt hat) ist wirklich genau das in unserm Heiligen Katholischen Irland. Es ist übrigens nicht so, als würde ich's gern insgeheim verschleudern, meinen Kuchen den Tauben verfüttern und ihn doch behalten. Aber? Och, eine Menge kaum greifbarer Abers! Vor allem bin ich ganz unerfahren. Ich habe den *Ulysses* aufmerksam gelesen, auch den ungekürzten *Rabelais* und *Fanny Hill* und eine große Zahl anderer vielversprechender und enttäuschender Bücher, doch ich weiß trotzdem nicht so recht, wie sich die Menschen im Bett verhalten. Biologie haben wir im Kloster nicht gehabt, und Mutters Erklärungen (als mein Bruder geboren wurde) waren sehr dunkel. Wenn ich hinzufüge, daß *Contraceptives* (weiß der Himmel, was *das* ist!) in Irland nicht erhältlich sind und daß drei von unsern Dienstmädchen mit ihren außerehelichen Babies in Besserungsanstalten landeten, dann habe ich, scheint mir, die handgreiflichsten Gründe für meine Unentschlossenheit gegeben.

Ich glaube, daß die Mädchen aus meiner Gruppe noch unerfahrener sind als ich. Aber es ist schwer zu sagen, denn wenn eine sich über alles hinweggesetzt hätte, würde sie natürlich nicht darüber sprechen. Maeve ist vielleicht mit ihrem französischen Freund vom vorigen Sommer »ziemlich weit gegangen« (unser Lieblingsausdruck), und ich bin mit meinem Verehrer weiter gegangen, als ich's jemals getan habe, das ist mal sicher. Ich hätte mich wahrscheinlich auf seine Vorsichtsmaßnahmen verlassen und mit ihm geschlafen, wenn er mir besser gefallen hätte. Doch da meldet sich dann der Restbestand an heimatlicher Romantik – meine Theatermoral – und behindert mich so niederträchtig wie eine Nabelschnur. Was ich abscheulich finde!

Für mein Abschlußexamen habe ich mir absichtlich solche Zeiten und Dichter ausgesucht, die für jenes Thema bekannt sind: fidele französische *gaillards* des sechzehnten Jahrhunderts, späte lateinische Sensualisten, deren straffe Rhythmen kein leeres Geschwätz zulassen, Typen aus dem achtzehnten Jahrhundert wie

N. de Lenclos und Ch. de Laclos, deren *Liaisons* ich so eifrig studiert habe wie ein Schachspieler alte Schachprobleme. Und dann, trotz alledem, und nachdem ich Mme. de Merteuil vor Maeve in Schutz genommen habe, weil sie absolut nicht einsehen will, daß deren Antwort die einzig richtige in einer verlogenen Gesellschaft wie der unsrigen war, wehre ich Robert ab, wenn er das Boot unter einem Busch im *Bois* festmacht (könnte ich mir wohl einen besseren Rahmen wünschen?) und mich fragt: *»Eh bien, tu as envie ou pas?«*, und sage: *»Non!«* Robert war das herrlichste Geschöpf, das ich je gesehen habe: überlegen, gut angezogen und amüsant. *»Menteuse!«* Der Bootsboden schaukelte unter uns, während seine Hände über meinen Körper glitten, und ich spürte, wie es mir in den Adern bibberte und das Rückgrat runterzitterte und auf den Fußsohlen prickelte, und ich überlegte, wann ich ihn stoppen müßte, ehe er zu aufgeregt würde, um noch stoppen zu können. Das ist eins unsrer größten Probleme, das ich immer wieder mit Maeve durchkaue: können sie – die Männer – sich wirklich nicht beherrschen? Ich meine nicht etwa irische Männer, denn die haben, scheint's, überhaupt keine Gelüste. Oder sie sind schwul. Aidan ist schwul. Ich brauche wohl kaum hinzuzufügen, daß ich auch nicht genau weiß, was das bedeutet. Aber kommt's überhaupt auf Genauigkeit an? Ich meine, auf anatomisch genaue Einzelheiten? Es ist nämlich merkwürdig, wie abstrakt selbst die anerkannt obszönen französischen Schriftsteller sind, wenn man mal ernstlich versucht, Einzelheiten aus ihnen herauszubekommen! Hätte ich statt ihrer die Klassiker studiert, hätte ich vielleicht mittlerweile mehr herausgekriegt. Denn fragen kann ich ja niemanden. Ich bin einundzwanzig, daher scheint es lächerlich. Vielleicht lerne ich's nur durch die Praxis, wenn jemand, den ich so gern habe, daß er meinem widerlichen romantischen Ideal genügt, jemals versuchen sollte, mit mir zu schlafen. Ich gehe in einer ewigen Erregung herum. Möchte wohl wissen, ob es allen so ergeht? Maeve behauptet, ihr nicht, aber ich glaube, sie lügt. Wenn ich in einer Menschenmenge bin, zum Beispiel im Bus, und etwas berührt mich – häufig ist's dann bloß eine Markttasche oder ein Hund –, dann überläuft es mich auch ganz gruselig – überall: in den Kniekehlen und in den Brüsten! Manchmal kann ich kaum aufstehen. Und wenn ich Aidan sehe, ist's fast nicht auszuhalten. Meistens sehe ich ihn vom Bus aus, und oft (sogar während der Stoßzeit, wenn ich vierzig Minuten hab' anstehn müssen, um überhaupt mitzukommen), steige ich wieder aus und sause um den nächsten Häuserblock, bloß, damit ich nachlässig an ihm vorbeigehen und »Oh, Aidan!« sagen kann. »Hallo!« antwortet er mit seinem schiefen Grinsen und stürmt mit gesenktem Kopf davon. Er hat ein schmales, blasses Gesicht und weder die Ausgeglichenheit noch das Selbstbewußtsein, weder das gute Aussehen noch den Geschmack Roberts. Er ist unsicher, reizbar und streitsüchtig. Ja, das alles! Ich genieße es geradezu, so etwas von ihm zu sagen. Es ist wahr, und ich sage es nicht, weil ich die Leute über meine Einstellung zu ihm täuschen möchte – Maeve hat's vermutlich ohnehin allen erzählt, also hätt's nicht viel Sinn –, sondern einfach, weil ich gern von ihm spreche. Er scheint zu leiden, und das genieße ich leider (wieder die Romantische!). Ich weiß, daß sein Kummer von etwas ganz Alltäglichem herrührt, vielleicht von der Tatsache, daß seine Familie im Elendsviertel wohnt. Wir schließen es daraus, daß er immer unbedingt am Merrion Square abgesetzt werden will, wenn man ihn spät abends ein Stückchen mitnimmt, und der Square ist ungefähr eine Meile von seiner Postanschrift entfernt.

Wenn ich die Bestandteile meiner Liebe hier auf dem Papier niedergeschrieben sehe, kommt mir der Gedanke, daß sie eher auf Haß hindeuten, oder als wäre ich unaufrichtig und wollte gar keinen Sex und hätte es deshalb vorgezogen, mich in einen Schwulen zu verlieben, oder als wäre ich masochistisch oder handelte aus Aufsässigkeit gegen meine Gesellschaftsschicht oder aus sonst einer Verschrobenheit heraus. Für einen Sachverständigen wäre es bestimmt einfach, ähnliche Hypothesen aufzustellen, die ich nicht ohne weiteres widerlegen könnte. So etwas kann man überhaupt nie beweisen, und deshalb ist es auch ziemlich langweilig. Ich weiß nur, daß ich mich hingezogen fühle, wo ich Spannung und Unzufriedenheit spüre – der dicke, keuchende Hamlet ist mir lieber als der Hotspur –, und gerade Roberts Ungezwungenheit und Überlegenheit veranlaßten mich, ihm den Rücken zu kehren. Das mag in scheinbarem Widerspruch zu dem stehen, was ich weiter oben sagte (daß ich das achtzehnte Jahrhundert liebe), doch darauf kann ich entgegnen, daß man sich wohl seinen intellektuellen Leitstern wählen kann, aber nicht die Art, wie das Herz reagiert.

Meistens bin ich grob zu Aidan. Es ist die einzige Vertraulichkeit, die mir ihm gegenüber gestattet ist. Ich glaube, daß er es weiß. Ich glaube auch, daß er mich gern hat und daß der Grund, weshalb er mich nie einlädt, einfach der ist, daß er kein Geld hat. Einmal hat er mich allerdings eingeladen. Wir begegneten uns auf der Kanalbrücke, wo sich unsre Bus-Linien kreuzen; es war feucht, und wir gingen zusammen den Treidelpfad entlang. Er sprach in Zitaten von Rimbaud, und ich fragte mich, ob das ein verblümtes Geständnis sein sollte, daß er ein Schwuler ist. Wenn er das für notwendig hält, dann unterschätzt er den Stadtklatsch. Die ganze Zeit sprach er Französisch, sagte immerzu: »*C'est difficile! C'est difficile!*« und redete mich mit *vous* an. Dann drängte er mich völlig überraschend in Mooneys Bar hinein. »Barmherziger! Rasch einen Drink!« Er bezahlte, und ich werde wohl zu den seltenen Ausnahmen gehören, denen er einen Drink gestiftet hat – wenn's auch weiter keine trostreiche Auszeichnung ist. Immerhin war ich dann auf meinem Heimweg weniger unglücklich, als es jemand, der Dublin nicht kennt, vermuten würde. Irische Verabredungen kenne ich nämlich. Aber vor allem hatte er durchblicken lassen, daß er nicht mehr Jungfrau war, und darauf setzte ich damals meine Hoffnung – bis zum letzten Samstag.

Ich wünschte, es gäbe einen Menschen, den ich deswegen um Rat fragen könnte. Nicht Maeve. Und die Priester mit ihrer Hausfrauenmoral machen mich bloß traurig. (Zum Thema Verheiratung sagt unser Gemeindepfarrer: »Wenn du jemand ein Geschenk machen willst, möchtest du doch wohl nicht, daß es angestoßen oder gesprungen ist?«) Deshalb schreibe ich es also auf, und vielleicht schicke ich's Aidan. Warum nicht? Oder Robert, den ich wahrscheinlich zu Ostern wiedersehe. (Im Grunde weiß ich genau, daß ich beides nicht tun werde, aber wenn man sich mit dem Schreiben Luft machen will, muß man wenigstens so tun, als ob . . . Außerdem könnt' ich's.)

Samstag also! Maeve und ich gingen zu Enda O'Hooey. Er gab eine Party, zusammen mit Simon FitzSimons, und hatte uns beide gebeten, früher zu kommen und zu helfen. Wir sagten zu. Eine Party ist eine Party, und ich wußte, daß nachher auch Aidan kommen würde. Wie üblich. Während wir die Sandwiches machten, schwatzten die Männer, und wir kicherten, wenn's gerade so paßte, oder wir sagten: »Du bist gräßlich!« oder: »Da lachen ja die Hühner!« Halb gedankenlos und halb ironisch. Sie erzählten von ihren Familien (Endas Eltern waren übers Wochenende verreist) und taten aus purer Prahlerei so, als machten sie sich über sie lustig. Simon stammt aus einer vornehmen katholischen Familie, und Endas Vater hat sein Vermögen mit Kindergebetbüchern in pastellfarbenen Plastikeinbänden gemacht. Die O'Hooeys besitzen ein riesiges Haus aus dem achtzehnten Jahrhundert mit einem reichlich anstößigen modernen Badezimmer im Erdgeschoß, in dem alles, sogar die Kloschüssel, leuchtend rosa ist. Und während Enda uns im Wohnzimmer eine Knüttelvers-Ballade über seines Großvaters Tod vortrug (er war Revolutionär gewesen, den die Engländer gehenkt hatten), zerbrach Maeve die Kloschüssel. Es ist mir ein Rätsel, wie sie das fertigbrachte (falls nicht alles aus Überresten von den Plastikeinbänden bestand). Aber daß sie nun mal kaputt war, versetzte uns in die peinlichste Lage und bedrückte uns den ganzen Abend. Es war eben ein Vergehen, das Mädchen aus unsern Kreisen nicht gerne eingestehen. Wenn Maeve eine Karaffe oder dergleichen zerbrochen hätte, würde sie sie unbedingt bezahlt haben. Wenn es um Geld geht, sind wir pedantisch korrekt. Dummerweise sind wir auch pedantisch korrekt, wenn es sich um verpönte Wörter handelt, und Klosett steht zuoberst auf der Liste. Daher saß Maeve, weil ihr kein annehmbarer Euphemismus einfiel, richtig in der Patsche. Ein Weilchen blieb sie erst mal im Badezimmer, trank Whisky und kicherte im Spiegel über sich selbst, dann stürzte sie ins Wohnzimmer und fing an, mir auf französisch ins Ohr zu tuscheln: *»Ecoute, Sheila, j'ai cassé le cabinet, le water, le machin, le . . . enfin tu me comprends!«* Das stürzte mich in Verlegenheit. Ich überlegte rasch, daß sie es 1. nicht gestehen würde, daß 2. Enda mich im Verdacht haben könnte und daß ich sie 3. in ihrer Nervosität bestärken müßte, in der Hoffnung, den Männern dadurch einen Hinweis zu geben, wo die wahre Schuldige zu suchen sei. Ich neckte sie also und hetzte sie (und auch mich selbst, übrigens) in einen Zustand alberner Blödelei hinein. *»N'y touchez pas«*, kreischte Maeve, *»elle est brisée!«* Und dabei gackerte sie höchst unmelodisch und verärgerte Simon, der vor der Ankunft der andern Gäste ein wenig Stimmung für eine harmlose Flirterei machen wollte. Als er versuchte, Maeve an sich zu drücken (sie kann ihn sowieso nicht leiden), schrie sie auf: »Ich bin beleidigt!« und begann herumzuhopsen und ein Bierglas voll Whisky zu schwenken. »Bin ich ihr wirklich so unsympathisch?« fragte mich Simon ernst und bekümmert.

Bis endlich Aidan eintraf, waren wir so durchgedreht, daß ich ihn mit ganz unnatürlicher Sicherheit auf die Backe küßte und ihm erzählte, was passiert war. Er schien begeistert, denn er kann Enda nicht leiden. »Komm mit in die Küche!« bat er. Aidan strebt immer zur Küche. Ich fühlte mich geehrt und war ruhig, was oft der Fall ist, wenn ich mit jemand zusammen bin, der mir gefällt.

Wir sprachen auch Französisch, was uns sehr zustatten kam. Man fühlt sich irgendwie freier. Wir lachten mächtig und kamen uns näher und näher – ich hatte ja schon immer gewußt, daß er mich gern hat, denn weshalb hätte ich ihn sonst gern? Eine halbe Stunde drauf, als wir überlegten, wohin wir gehen könnten, flog die Hoftür auf und ließ einen Schwall kalter Luft herein, und mit ihr eine Bande von Party-Eindringlingen. »Seht bloß mal, wer da ist! Aidan ist da!« Mit Gesichtern, die vom Wind und vom Alkohol gerötet waren, sahen sie wie Dämonen aus. »Da – ein freundliches Gesicht!« fuhr der gleiche Bursche fort, obwohl Aidan besonders kühl und gouvernantenhaft unbeteiligt dreinsah, und auch sein schiefes Grinsen klebte ihm wieder im Gesicht. Als Schwuler hat er noch in andern als unsern Uni-Kreisen ganze Scharen von Bekannten und ist stets bemüht, die beiden Gruppen auseinanderzuhalten. Außerdem flog's mir durch den Kopf, daß er es vielleicht nicht gern hat, wenn gewisse Kreise glauben, er interessiere sich für Frauen. »Wer gibt die verdammte Party überhaupt?« röhrten die Eindringlinge und stellten sich betrunkener als sie waren. Da sie älter waren als wir, hielten sie es für überflüssig, die übliche Alkoholspende mitzubringen. Aidan schien noch immer über einen heimlichen Witz zu grinsen. Mich hatte wieder das alte, leere Gefühl überfallen. Ich bin schon so darin geübt, meine Enttäuschung zu verbergen, daß ich sie abdrosseln kann, ehe sie durchbricht, und ich erkenne sie nur an meinem leeren Lächeln. »Nichts zu trinken da?« fragte einer den geistesabwesenden Aidan. »Du weißt doch, was Whistler sagte? Ich trinke, damit mir mein Gastgeber geistreich erscheint.« Weil ich annahm, ich hätte Aidan verlegen gemacht, zog ich mich zurück. Dabei bemerkte ich, daß sich unter den neuen Gästen auch Claudia Rain befand, allerdings in ihrer Zurückhaltung sehr für sich. Sie ist eine große, bienenblonde Schönheit mit schlankem Hals und feinen Handgelenken und riesigen, geschminkten Mandelaugen – eine von jenen leicht unnatürlichen Frauen, deren Schönheit nicht jedermanns Geschmack ist, die aber jeden überwältigt, der Sinn dafür hat. Mir hatte sie stets großen Eindruck gemacht, obwohl ich sie bisher nur auf der andern Straßenseite oder in verqualmten Bars gesehen hatte, wo der Dunst sie unheimlicher erscheinen ließ, als sie in Wirklichkeit war. In Dublin ist sie Stadtgespräch, weil sie von der Art ist, die von den Müttern junger Mädchen als ›Allerweltsliebchen‹ bezeichnet und von den Töchtern als ein tolles, gerissenes und wagemutiges Wesen bewundert wird. Sie ist Engländerin, soll aber ›weit herumgekommen‹ sein, wie man das nennt. In Dublin erschien sie zuerst mit

Rory MacMourragh, der sie in Wien kennenlernte, wo er als Bildhauer tätig war – und offiziell lebt sie noch mit ihm, obwohl sie in den achtzehn Monaten, seit sie hier ist, die Hälfte aller Dubliner High-brows aufgegriffen und wieder abgewimmelt hat.

»Aidan, mein lieber Junge!« In ihrer teuren, überspannten Aufmachung segelte sie auf ihn zu. »Dein gräßlicher kleiner Freund Enda hat gedroht, uns alle rauszuwerfen! Komm und beruhige ihn, ja? Er ruft die *gardái* an!« Sie benutzte das gälische Wort *gardái* für die Polizei, was wir nie tun würden; bei Engländern klingt es entweder ironisch oder beflissen. Ihr affektiertes Gezwitscher verblüffte mich, jedoch nur zuerst; dann fand ich es nicht gemacht, sondern nur fremdartig. Aidan stammelte eine Entschuldigung und grinste mich dabei niederträchtig an; dann trabte er hinter ihr her. Er hatte mich nicht vorgestellt. Ich war wütend. Dachte er etwa, ich wäre zu babyhaft für sie? Ich stand da, nippte an meinem Drink und starrte verdrießlich auf die beduselten Männer, mit denen sie gekommen war. Was wollte so ein herrliches Geschöpf schon mit denen? Nach ein oder zwei Minuten war sie wieder da. Sie hatte angefangen, ihren üppigen Haarknoten, der wie ein Riesenbrioche auf ihrem Kopf thronte, abzustecken, und plötzlich ließ sie die ganze Haarflut über das Gesicht von einem ihrer betrunkenen Begleiter fallen, der in einem Sessel saß und Bier trank – übrigens nicht Rory MacMourragh. Er lachte und grapschte nach ihr. Sie wich ihm aus.

»Sieh dir bloß mal die an!« zischelte Maeve, die hereingestolpert kam, ohne daß ich sie bemerkt hatte, obwohl sie in ihrem königsblauen Taftkleid und mit den korallroten Lippen nicht zu übersehen war. Sie sah jetzt so zerzaust und gewöhnlich aus, wie ich es mir von der Engländerin nie hätte vorstellen können.

»Du hast zuviel getrunken!« sagte ich. Ein schweißiger Flaum lag über ihrem Make-up, so daß sich ihr Gesicht in pointillistischem Glühen aufzulösen schien. ›Mon Dieu!‹ dachte ich gereizt, als ich sie betrachtete. ›Was für ’ne beschwipste, rattenschwänzige Jungfrau!‹

Maeve beachtete meinen Ausruf nicht. Sie stierte Claudia mit wissenden Blicken an. »Die Leute sagen, sie wär' mannstoll«, tuschelte sie.

»Sollten lieber froh sein, wenn sie's wäre!« fauchte ich los. »Im Vergleich zu dem, was die andern sind!«

Maeve kicherte und schwankte auf ihren spitzen Stöckeln. »Du, Enda hat das Gewehr seines Großvaters von der Wand runtergeholt!« vertraute sie mir aufgeregt an. »Das über dem Spiegel! Er bedroht Aidan und die andern damit!«

»Sind Gewehre nach drei Generationen noch gefährlich?« fragte ich. »Ist doch nicht mehr geladen!« Aber ich war ärgerlich über mich selbst, weil ich mir angehört hatte, was sie sagte. Sie ist wie ein Dienstmädchen und will sich mit solchen Geschichten gruseln machen. Ich blickte auf die Sonnenfalten im Rock der Engländerin. Sie gaben ihm so viel Leben, daß er wie ein Ballettröckchen um sie herumwirbelte. Sie ging jetzt wieder weg, biegsam und aufrecht.

»Ich hab' gehört, daß Rory MacMourragh deinen Aidan liebt«, stotterte Maeve. Mit einer Stimme, die einem ganzen Zimmer voll Menschen verrät, daß man sich etwas Bedenkliches erzählt, raunte sie weiter: »Sie soll ihn so gequält haben, daß er deshalb nur noch für Männer ist!« Maeves schlechter Mundgeruch kam mir so widerlich nah, daß ich die Wärme auf meiner Wange und auf der Oberlippe spürte. »Es heißt« (und mit einer derben Bewegung, die von ihren Provinzgroßeltern herstammte, stieß sie mir ihren spitzigen Ellbogen in die Seite), »ihre Mutter wäre 'ne ausgehaltene Frau gewesen, bis der Vater sie dann heiratete – er ist von hohem Adel, verstehst du?«

Ich war allmählich zum Umfallen müde geworden. Das Herumstehen und die vergebliche Freude zu Beginn des Abends hatten mich ganz kaputt gemacht. »Ich will mal sehn, was vorne los ist«, erklärte ich.

»Ja, ist recht! Gib du nur acht auf deinen Aidan!« sagte Maeve.

»Kommst du mit?« fragte ich angewidert.

»Nein«, antwortete Maeve laut. »Ich darf Enda nicht unter die Augen kommen.« Sie trank mir mit ihrem Glas zu, als ich ging.

»Ist mir zu peinlich!« rief sie und zwinkerte aufreizend zu den Männern hinüber.

Im vorderen Wohnzimmer, in dem üblichen Dubliner Mischmasch aus wahllos zusammengekauften Antiquitäten und Schaumgummi-Polstermöbeln, posierte Enda noch immer mit dem Gewehr. »Damit hat mein Großvater sechzehn Mann erschossen«, rief er. »Stammt das nicht aus einem Gedicht von Willy Yeats?« erkundigte sich jemand. Endas Mundwinkel sanken herab, seine Bewegungen wurden schwerfällig. »Reizt mich jetzt nicht«, bat er mit übertriebener Höflichkeit. »Ich könnte es für meine Pflicht halten, loszuballern!«

In einer Gruppe gelangweilter Zuschauer, die Endas Whisky tranken, sah ich Aidan stehen. Ich schlenderte in die Bibliothek hinüber. Dort lag Rory MacMourragh auf einer Couch. Er stand auf.

»Eine Geistererscheinung!« sagte er.

»Ja«, bestätigte ich, »eine, die sich rasch verflüchtigt.« Und ich wandte mich zum Gehen.

»Finden Sie die Party auch so scheußlich?« fragte er. »Wollen Sie zu mir in mein Atelier kommen?«

»Nein«, sagte ich. »Ich warte auf Aidan.«

»Lieben Sie ihn?«

»Ja.«

»Er taugt nicht für Sie«, sagte MacMourragh, der, wie ich noch erwähnen muß, beunruhigend gut aussieht: wie ein Ire aus dem achtzehnten Jahrhundert, mit schwarzen Locken, kantigen Bakkenknochen und einer statuenschönen Figur.

»Das weiß ich vermutlich«, entgegnete ich.

MacMourragh packte mich beim Arm und sah mich lange mit seinen schwarzen Augen an. Das ist ein Trick, den schon andre Männer bei mir ausprobiert haben, und er bringt mich immer aus dem Gleichgewicht. Seine Überlegenheit war andrer Art als die von Robert. Ich bildete mir ein, seine verhaltene Leidenschaft zu spüren, aber das kam wohl daher, weil ich von seinen Raufereien mit Claudia gehört hatte. »Sie denken wahrscheinlich, daß Claudia mit dem besoffenen Hennessey abgezogen ist«, fuhr Rory fort. »Und jetzt stellen Sie Berechnungen an! Aber das lassen Sie lieber sein, denn ich biete Ihnen keine Bruchstücke.« Er fixierte mich noch immer. Ich wollte nicht zurückzucken, aber ich dachte, wenn jemand ins Zimmer käme, müßten wir ziemlich komisch aussehen, und deshalb lachte ich, um gefaßt zu erscheinen. Ich wollte mich auch gar nicht frei machen, und nun überlief es mich wieder heiß und kalt und hämmerte in den Schläfen und behinderte meinen üblichen Redeschwall. Ich versuchte, so ablehnend wie möglich zu lächeln. »Kommen Sie!« drängte Rory. Ich hörte auf zu lächeln. Ein paar Sekunden sahen wir uns stumm an. Da erst fiel mir auf, daß uns jemand beobachtete. Aidan lehnte schlaff am Türpfosten, in der Hand sein Whiskyglas, und blickte uns mit lächerlich tadelnder Miene an. Mir wurde fast schlecht, weil es mich so furchtbar überlief. »Aidan!« rief Rory leichthin. »Du versteckst deine Freundinnen vor mir! Aber du kommst noch zurecht, um es wiedergutzumachen: ich kenne den Namen der jungen Dame nicht!«

»Ich werde dich *nicht* vorstellen!« sagte Aidan und schusselte auf uns zu. »Ich möchte, daß du die Finger von ihr läßt!« Er lehnte sich gegen den Kaminsims und blickte an seiner Nase entlang auf uns herunter. Seine Albernheit tat mir wohl und trieb mich zu ihm, doch dann fiel mir ein, was Maeve von ihm erzählt hatte: er liebe Rory – oder Rory liebe ihn. Wie war es nur? In beiden Fällen machte mich diese wesentliche Tatsache zu einer Art Tarnung in unserm Dreieck, zu einem Feigenblatt, einem *cache-sexe*! Unglücklich ließ ich mich in einen Sessel fallen. Wut, Verzweiflung und meine verheerende Ahnungslosigkeit schnürten mir wieder die Kehle zu. Was für ein Abend!

Ich war nicht weiter überrascht und jedenfalls gleichgültig, als Enda mit seinem Gewehr hereingestürmt kam und schrie, er gäbe nie wieder Parties. »Nichts als Undank hat man davon!« Er war die andern Gäste losgeworden, ehe sie noch mehr Schaden anrichten konnten, erzählte er uns. »Sie haben das verdammte Klo kaputtgemacht! Bauerntölpel! Weiß der Himmel, an was die zu

Hause gewöhnt sind! Was bloß meine Mutter dazu sagen wird?« Er schien dem Weinen nahe.

»Es würde mich nicht wundern, wenn es der versoffene Hennessey getan hat«, meinte Rory.

»Er 's ein Schwein!« erklärte Enda. »Ihr seid allesamt ordinäre Schweine! Schert euch aus unserm Haus!« Ich stand auf. »Du bleibst hier, Sheila!« befahl Enda. »Ich habe dich eingeladen, und ich habe die Verantwortung gegenüber deinem Vater!«

»Och, hör bloß auf, Enda!«

»Ich lass' dich nicht aus den Augen!« spielte er sich auf. »Die beiden Schweine da könnten dich reinlegen! Du weißt nicht, was dir blühen kann! Du bist ein unschuldiges Mädchen!«

Das war eine Gemeinheit, die mich hochbrachte. »Ich gehe!« sagte ich. »Ich will hier weg!«

Ich sah mich nach meinem Mantel um. Bis auf Maeves Mantel war er der letzte, der noch im Schlafzimmer lag. Maeve war offensichtlich erledigt, denn sie hing quer über dem Bett, das Gesicht noch glühender als vorhin, und den Rock voller Puder. Doch selbst jetzt lag sie wie eine brave Klosterschülerin da, mit gefalteten Händen und übereinandergeschlagenen Füßen.

Als ich aus dem Schlafzimmer trat, standen die Männer noch immer im Flur und ereiferten sich. Ich wußte nicht, ob es Enda ernst war mit der Drohung, oder ob er nur betrunken war, deshalb sauste ich die Treppe hinunter ins Souterrain und durch eine Seitentür in den Garten hinaus. Als ich das Tor knapp erreicht hatte, holte mich Aidan ein. Dann tauchten die beiden andern auf, und es hatte den Anschein, als wollte Enda uns nicht ziehen lassen. Er stellte sich mit dem Rücken vors Tor, fuchtelte wieder mit dem Gewehr und redete von seiner Verantwortung.

»Ich schieße!« drohte er. »Ich rufe deinen Vater an, Sheila!«

»Enda, wenn du *das* tust . . .«

»Sie übertölpeln dich!« flehte er. »Ich kann's nicht dulden . . . Sheila, *ich* hab' dich für heute abend eingeladen . . .«

Nach dem Drohen und Poltern hätte mich jetzt sein kläglicher kleiner Einwand umstimmen können, wenn er weniger betrunken gewesen wäre. Aber er war ein so unappetitlicher Anblick: die Lippen verkrustet vom dunklen Guinness-Bier, auf dem Kinn schon spärliche blasse Stoppeln. Außerdem hatte ich Enda nie Grund zu der Annahme gegeben, ich wäre in ihn verliebt. »Sei nicht so kindisch, Enda!« sagte ich.

Er hob das Gewehr, als wollte er mich schlagen. Rory riß es weg. »Ruhig jetzt, junger Mann! Ruhig! Denk an den alten Helden Cuchulain, dessen Gewehr stets so rabiat wurde, daß es in einen Topf mit beruhigenden Kräutern gesteckt werden mußte!« Und er stieß das Gewehr mit dem Lauf nach unten in einen Geranientopf von Endas Mutter. »Ich glaube, so was brauchen wir jetzt auch! Und nun sei ein guter Junge und laß uns vorbei!« Er schob Enda sachte und mühelos beiseite, und dann gingen wir drei zum Tor hinaus. Durchs Gitter warf ich einen letzten Blick auf Enda: er saß weinend auf dem Boden und brummelte etwas von Gefühlsroheit und von seinem Großvater.

Es war ein trübseliger kleiner Vorfall, doch seltsamerweise stimmte er uns etwas freundlicher, und das war ein Glück, denn es stellte sich heraus, daß weder Aidan noch ich genug Geld hatten, um ein Taxi bis zu unsern weit auseinanderliegenden Vororten bezahlen zu können. Auch Rory hatte kein Geld, und Claudia hatte den Wagen genommen.

»Ihr solltet in meinem Atelier übernachten«, schlug Rory vor. »Das scheint mir die beste Lösung!«

»Und was wird aus Claudia?«

»Die kommt heute nacht nicht nach Hause.«

Wir gingen also durch die Pembroke Road und die Leeson Street und übers Green und sangen das Lied von Endas Großvater. Wir hatten uns nicht mehr viel zu sagen, und es ist eine hübsche Melodie. Als wir ins Atelier wollten, stieß Rory eine Milchflasche um und fing an zu fluchen, und dadurch verflog alle Verlegenheit, die ich vielleicht hätte empfinden können. Wer jedoch verlegen schien, das war Aidan. Er flüsterte mir hinter der vorgehaltenen Hand zu, er trage die Schuld und würde sich's nie verzeihen, und ich brauche keine Angst zu haben. Als Rory vorschlug, wir sollten uns alle drei in das große (und einzige) Bett legen, war Aidan so aufgeregt wie eine Nonne.

»Keine Angst, keine Angst!« flüsterte er dauernd.

»Ich hab' keine Angst!« erwiderte ich bitterböse.

Rory gähnte: »Ich bin müde! Ich leg' mich auf die Außenseite.« Er zog seine Hose aus und stieg ins Bett. Aidan fing an, Kissen zusammenzusuchen, bis er in der ganzen Längsrichtung eine Barrikade aus Kissen errichtet hatte. Dann kletterte er völlig bekleidet ins Bett und wies mir die kleine Kuhle zwischen den Kissen und der Wand zu.

Ich zog mein Kleid aus und kletterte im Unterrock über die andern weg. Im Dunkeln versuchte ich, mir ein paar Lockenwikkel ins Haar zu stecken, damit es am Morgen nicht wie Schnittlauch aussähe. Dann lag ich da und starrte in das durchs Atelierfenster schimmernde Licht und auf das Muster aus Papierstreifen, die über die zerbrochenen Scheiben geklebt waren. Eine Gummipflanze, die ich auf Rorys Skizzen von Claudia in der Grafton-Galerie gesehen hatte, machte das Muster kompliziert, verlieh ihm einen tierhaft lebendigen, fremden Reiz und erinnerte mich daran, daß ich in einem Atelier war, in einem Raum, der gesättigt war von Freiheit und geheimen Eingebungen und magischer Verwandlungskraft. Ich hoffte fast, daß die Luft mich infizieren würde, während ich so dalag und sie einsog. Die Männer waren verstummt; nur einmal kam ein Lebenszeichen von Rory, als er uns in einem Eierkochtopf Wasser anbot. »Nehmt einen Schluck«, sagte er. »Das Bier trocknet einem die Kehle aus.« Dann wieder die isolierende Stille. Als Aidans Hand sich unter der Kissenbarrikade hindurchgrub, gab er mir einen so eindeutig brüderlichen Händedruck, daß ich daraufhin nichts zu tun wagte. Und außerdem – wenn ich seine Hand umklammert oder hineingebissen hätte, würde er vielleicht gedacht haben, ich hätte Angst. Und war ich überhaupt sicher, daß ich's nicht doch mit der Angst bekäme, wenn einer von ihnen sich etwas herausnehmen würde?

Mitten in meine Überlegungen hinein flammte das Licht auf.

Aidan zog das Bettlaken über meinen Kopf, und die affektierte Zwitscherstimme Claudia Rains äußerte ein nicht wiederzugebendes Wort. »So was vorzufinden, wenn man nach Hause kommt!« legte sie los. »Du hast 'ne Jungfrau im Bett! Eine betrunkene kleine Jungfrau! Und ich hätte mit Louie Hennessey 'ne tolle Nacht haben können! Hab' ihn im Stich gelassen, um wieder zu dir zu kommen. Nach Hause!« schrie sie Rory an, während Aidans Hand sich fest über meinen Mund legte. »Du Vollidiot! Schmeiß die Jungfrau aus meinem Bett! Ich will keine Jungfrauen in meinem Bett haben! Blöde unperforierte Jungfrauen!«

»Halt's Maul, Claudia!« knurrte Aidan. Rory sagte nichts, und ich war vor Verlegenheit wie gelähmt und hätte mich nicht unter dem Laken hervorgewagt, selbst wenn Aidans Hände nicht wie Metallklammern auf mir gelegen hätten.

Ich hörte, wie Claudia wütend im Atelier herumrumorte, und erwartete entsetzt, daß sie über mich herfallen würde. »Ich hätte eine tolle Nacht haben können«, wiederholte sie.

»Dann komm und leg dich zu mir!« bat Rory schmeichelnd. »Komm, Liebste!«

»Dich will ich nicht!« Claudias Tonfall wurde immer affektierter, britischer, musikalischer. »Ich will Aidan! Ich will mit Aidan schlafen! Seine Jungfrau hat sicher nichts dagegen, wie?«

»Halt's Maul!« schrie Aidan. »Kannst du ihr nicht das Maul stopfen, Rory?«

»Komm doch, Liebste!« bat Rory. »Komm in meine Arme, kannst alles von mir haben, was du willst.«

»Ich will Aidan! Letzte und einzige Chance, Aidan!«

»Halt deine dreckige Schnauze, Claudia!« rief Aidan, und vor Wut verkrampften sich seine Hände über meinem Gesicht.

»Dann schlaf wenigstens mit deiner Jungfrau!« empfahl ihm Claudia. »Ich dulde es nicht, daß du dich in meinem Bett mit deiner ungesunden Onaniererei begnügst!«

Ich erstickte fast unter Aidans zornigen Händen. Doch anscheinend gelang es Rory, Claudia zu erwischen. Das Licht ging aus, und statt des Wortwechsels hörte ich nur noch das Quietschen der Matratze. Nach einer Weile war auch das nicht mehr zu hören, und nun erst nahm Aidan seine Hände von meinem Gesicht und schlug das Laken etwas zurück, so daß ich wieder Luft bekam und das Fenster sehen konnte, das jetzt bleicher schimmerte. Die Gummipflanze nahm bereits dreidimensionale Form an: es mußte drei oder vier Uhr früh sein. Erstaunlicherweise schlief ich ein.

Als ich aufwachte, fielen mir die Sonnenstrahlen schräg ins Gesicht, und ich sah auf meiner Uhr, daß es elf war. Die andern schliefen noch. Ich stahl mich aus dem Bett und zog mich leise und hastig an. Ich wollte mich ihnen so überlegen wie möglich präsentieren. Im Badezimmer fand ich Dosen mit Make-up, mit dem ich mir ein vornehmes, unauffälliges Gesicht schminkte. Dann strolchte ich im Atelier herum und verspürte die seltsame Hilflosigkeit all der Dinge, die nicht länger ihren ursprünglichen Zwecken dienten. Ich entdeckte Essensreste, verstrickt in einem wirren Haufen Alteisen und einem Schafsskelett. Weil ich nichts anderes zu tun hatte, bereitete ich das Frühstück und brachte es auf einem Tablett ins Atelier. Claudia war von meinem Geklapper wach geworden und hatte sich zu meiner Erleichterung mit einem sehr schicken Morgenrock bekleidet.

»Guten Morgen!« rief sie. »Wie reizend von Ihnen! Wir könnten im Bett frühstücken! Auf dem Tisch liegt soviel Gips und Kram herum.«

Über die Teetassen und die gekochten Eier hinweg lächelten wir einander an, und als die Männer sich aufrichteten, saßen wir so gesittet und förmlich beim Frühstück wie alte Gutsbesitzerpaare im Speisesaal des Shelbourne. Als Rory fertig war, drückte er sich wieder in sein Kissen hinein.

»Woll'n aufs Land rausfahren!« schlug er vor. »Zum Verrückten Shaugnessy, dem Vogelmann von Glencree! Er wird Ihnen gefallen«, sagte er zu mir, »und Sie werden ihm gefallen. Ich will eine Büste von Sheila machen«, erzählte er Claudia. »Sie hat einen schönen Halsansatz.« Claudia gab ihm recht.

Waren sie etwa *zu* nett, fragte ich mich. Doch es wirkte spontan, und ich war entspannter als gewöhnlich – beinahe, als hätte ich mich mit meinem elenden Zustand abgefunden oder als wäre er dadurch, daß ich ihn ehrlich zugab, verscheucht worden. »Furchtbar gern«, sagte ich. »Aber zuerst muß ich meine Eltern anrufen. Sie glauben, ich hätte bei Maeve übernachtet, und sowieso würden sie mich jetzt zu Hause erwarten.«

»Das Telefon ist kaputt«, erwiderte Rory. »Wir können ja auf der Fahrt nach Glencree dort haltmachen. Nur keine Sorge! Wir sind im Nu fertig!«

Doch es dauerte noch zwei Stunden, ehe wir uns in Rorys antikem und vornehmem Wagen verstauen konnten. Es war eine hohe, schwarze, viereckige Arche, und Claudia in ihrem altmodisch langen Rock und den spitzen Ferragamo-Schuhen betonte noch das Altmodische des Wagens. Ich fragte mich, ob sie eine solche Wirkung wohl beabsichtigt hatte. Die Fahrt war lustig. Die Männer sangen, erzählten und machten Witze. Claudia rauchte, und ich war glücklich – auf eine Art wie noch nie, kann sie auch nicht beschreiben. Es war, wie wenn die Ungezwungenheit und Freiheit der andern übertragbar wäre, so daß von jetzt an alles sehr leicht für mich würde. Ich war noch sorglos wie der Wind, als wir in unsre Zufahrt einbogen und ich meine Eltern in ihrer Sonntagskleidung auf der Treppe stehen sah, in der Hand das Gesangbuch. »Einen Augenblick, bitte«, rief ich den andern zu. »Ich sag' ihnen bloß Bescheid, daß ich nicht zum Mittagessen da bin!«

Die empörten Schimpfworte meiner Mutter erschienen mir zuerst wie eine Fremdsprache. Ich verstand sie nicht. Als ich's dann begriff, drehte ich mich zu den andern um und bat sie, weiterzufahren. »Ich kann nicht mitkommen«, sagte ich. Als sie wegfuhren, wurden die Worte meiner Mutter noch heftiger.

»Mit einer schmutzigen kleinen Hure verkehrst du also? Und bringst sie uns ins Haus? Wo hast du überhaupt die Nacht zugebracht? Maeves Mutter hat uns angerufen! Sie ist außer sich. Maeve ist die ganze Nacht nicht heimgekommen. Kannst dir ja vorstellen, wie uns zumute war. Hast du denn gar keine Selbstachtung? Kein Gefühl für Würde?« Und so weiter . . .

Ich schrie sie an, was natürlich dumm war, denn ich habe sie wirklich gern, und vielleicht meint sie's ehrlich. Da bin ich nicht ganz sicher. Ich seh's ein, daß ich sie überhaupt nicht verstehe, aber gekränkt ist sie tatsächlich. Wenn ich an die wilde Jugend denke, die sie hatte, und an die erotischen Bücher, die sie liest und mich lesen läßt, dann weiß ich nicht, was ich sagen soll. Denn natürlich möchte ich nicht von meinen Eltern glauben, daß sie bewußte Heuchler sind. Was aber am schlimmsten ist: ich spüre, daß die bequemen gewohnten Geleise schon wieder auf mich warten, und da letzte Nacht nichts Richtiges passiert ist (der Teufel hol' mich, weil ich genauso ordinär körperlich empfinde wie die andern!), stehe ich vielleicht wieder dort, wo ich anfing. Vielleicht hat sich nichts geändert und wird sich nie ändern. Vielleicht bin ich so unfrei wie eh und je. Vielleicht hat mir auch das Zusammensein mit Rory und Claudia geschadet, oder vielleicht sind sie bloß Phantasiegebilde, und wenn ich sie das nächstemal wiedersehe, wirkt Claudia vielleicht auch auf mich wie ein ›Allerweltsliebchen‹? Oder aber, das alles gehört gar nicht zur Sache, und ich leide bloß an zu niedrigem Blutdruck oder so was – wenn ich auch, weiß Gott, körperlich und seelisch in Hochspannung bin und der verdammte Brief mir nicht die Bohne geholfen hat!

# Brian Cleeve
## *Cait und ich*

». . . und neun Haselbüsche standen dort«, erzählte mein Vater, »die neigten ihre schlanken Zweige über den Silberspiegel des Teiches – wie badende Mädchen. Und der Knabe Finn dachte, daß er noch nie etwas so Schönes gesehen habe, und der Wind flüsterte in den Zweigen von großen Schlachten und von den Helden vergangener Zeit.«

»Hat Glück gehabt, der Herzenssohn, daß er die Haselbüsche gesehen hat«, sagte meine Mutter. Sie bückte sich über den schwarzen, eisernen Topf und rührte darin herum, und ihr Schatten kroch über die weißgetünchte Wand unsrer Küche.

»Gott schenke dir Kraft, Paud Raftery!« sagte Caits Vater, und er und die andern Männer und Frauen, die zuhörten – Nachbarn aus dem Dorf, die immer zu uns kamen, wenn Vater Geschichten erzählte, blickten gespannt, und Lampenschimmer und Flammenschein fielen rot und golden auf ihre Gesichter. Cait und ich aber knieten ganz hinten in der Küche, wo es dunkel war und heimlich und voller Schatten. Mein Vater räusperte sich und spuckte ins Torffeuer, daß es zischte.

»Und die Nüsse von den Haselbüschen glichen braunen Tränen, die ins Wasser fielen . . .«

Doch ich hörte nicht mehr zu. Ich kannte die Geschichte zu gut: Finn fing den Lachs der Allwissenheit für den Zauberer, kostete aber vorher selbst davon, und alle Weisheit, die der Zauberer begehrt hatte, wurde ihm zuteil: die Sprache der Vögel und Tiere und das Wissen um Frauenherzen und männliche Kühnheit. Ich hatte einen andern Lachs im Sinn: den nämlich, den Cait und ich heute früh eingebüßt hatten. Als ich noch an ihn dachte, knarrte die Tür unsrer Hütte, und Larry Dooley stahl sich herein. Seine Augen glitten wie nasse Steine hierhin und dorthin, bis er mich sah. Da lächelte er und wollte sich zu mir durchzwängen, doch ich lächelte nicht und wünschte, daß unsre Hütte noch eine zweite Tür gehabt hätte, durch die ich hinausschlüpfen konnte, um vor Larry auszureißen.

»Hast du gesehen, wer's ist?« sagte Cait und stieß mir ihren Ellbogen in die Rippen. Das dumme Ding traf genau die Stelle, die mir nach der Prügelsuppe am meisten weh tat. Ich hätte laut aufschreien können.

»Natürlich seh' ich ihn«, stieß ich hervor. »Was denn?«

»Sagst du's ihm? Daß er sich für seine fünf Schilling zum Teufel scheren soll?«

»Ach, halt den Mund«, murrte ich, denn Larry war schon in Hörweite, und der Ausdruck in seinen Augen gefiel mir nicht. Larry war fünf Jahre älter als Cait und ich, ungefähr zwanzig, und so stark, daß er uns alle Knochen im Leib zerbrechen konnte, wenn er wollte – und oft genug wollte er's, der große Schlaks. Die Zähne in seinem schlaffen Mund zeigten in alle Himmelsrichtungen, und auf seinem dicken, häßlichen Kopf wuchsen ihm Haare, so schwarz wie ein verbrannter Ginsterbusch. Aber Grips hatte er für zwei. Die andern Männer, mein Vater und Caits Vater, arbeiteten Sommer und Winter auf dem Feld oder als Fischer in den Booten. Larry Dooley dagegen lag den ganzen Winter im Bett, und seine Mutter brachte ihm Braunbier und stärkende Leckerbissen. Und im Sommer ging er ins große Hotel und fuhr die Touristen im Einspänner in die Berge, oder er ruderte sie in einem kleinen Curragh umher. Mit dem Geld, das er ihnen abgaunerte, hätte man eine Küche einrichten können. Und zwischendurch verschaffte er Mussjeh Charles, dem Manager vom Hotel, selbst während der Schonzeit ein paar Fasanen oder Lachse. Und dafür brauchte er Cait und mich. Denn obwohl Larry das Maulwerk hatte, sogar einem Priester 'ne Pfundnote aus der Tasche zu luchsen, hatte er weder die Hände noch den Mut, einen Fisch oder Vogel zu fangen.

Ich aber hatte beides. So bin ich, scheint's, schon auf die Welt gekommen. Und ich hatte es Cait beigebracht, daß sie ihre nackten Arme vor den Augen eines Fisches bis zu den Schultern in den Teich stecken konnte, ohne ihn zu verscheuchen. Sie half mir besser, als ein Junge es hätte tun können. Und sie wäre auch beinah wie ein Junge gewesen, nur daß ihre dunklen Haare zu lang und die Knochen in ihrem Gesicht zu fein waren. Aber Beine hatte sie, die wie ein Hase laufen konnten, und Fäuste, so hart wie Stein! Allerdings hatten uns diesmal weder ihre noch meine Beine gerettet.

Wir hatten für Larry einen Lachs aus dem Lough Rinn gehoben, als Con Doyle, der Fischerei-Aufseher, und einer von seinen Leuten uns erwischten. Sie waren gar nicht begeistert, als sie den Fünfzehnpfünder mit einer Weidenrute in den Kiemen auf dem Uferkies liegen sahen, und sie hatten fünf Minuten drauf verwandt, um uns zu beweisen, wie erbost sie waren.

Cait war es besser ergangen als mir, weil sie ein Mädchen war: bei ihr hatten sie bloß eine Haselgerte benutzt anstatt einen Ledergürtel wie bei mir. Trotzdem hatte sie seitdem genauso wenig Lust, sich hinzusetzen, wie ich, und deshalb knieten wir hier.

»Wo 's der Lachs?« tuschelte Larry und kniete sich neben uns hin.

Ich schluckte. »'s kein Lachs da. Sie haben uns geschnappt!«

Er zog zischend die Luft ein. »Dann will ich erst mal meine fünf Schilling wiederhaben!«

Ich schluckte und vermied es, Cait anzusehen. Den ganzen Rückweg hatte ich ihr versichert, was ich mit Larry anstellen würde, wenn er mir die fünf Schilling wieder abverlangte. Doch jetzt, wo seine dicke Tatze auf meiner Schulter lag, blieben mir einfach die Worte weg.

»Ich kann sie dir nicht wiedergeben«, flüsterte ich. »Meine Mutter hat sie. Hat das Geldstück in meiner Hand gesehn und sich genommen!«

»Was?« sagte Larry, und seine Hand griff um meine Schulter, als wollte er sie zerbrechen. »Zum Teufel, das ist das letztemal, daß ich euch auch nur Sixpence Vorschuß zahle! Paß jetzt gut auf! Ich habe Mussjeh Charles für morgen mittag einen Lachs versprochen, und wenn er ihn nicht bekommt, dann setzt es was! Hast du verstanden?« Er knetete mir die Schulter bis auf die Knochen.

»Con Doyle hat gesagt, er sperrt uns ins Kittchen, wenn er uns noch mal erwischt!« erwiderte ich.

»Dann laßt euch nicht erwischen!« sagte Larry. »Was Con Doyle und seine Polypen mit euch tun, das ist nicht halb oder viertels so schlimm wie das, was ich mit euch mache, wenn ihr mir nicht bis morgen früh einen Lachs bringt.« Er kniff mir nochmal in die Schulter und ziepte Cait am Haar. Dann war er fort, war zwischen all den Beinen und Bierseideln hinausgeschlüpft.

»Du bist mir ja ein schöner Held!« höhnte Cait.

Mein Vetter Padraic sang jetzt, und meine Mutter drehte sich zu uns um, damit wir nicht mehr flüsterten. Ich saß also da und brütete, bis das Lied zu Ende war. Es war schon spät, und alle gingen auseinander: die kalte Nachtluft strömte herein und zerfetzte den Rauch des Torffeuers.

»Was willst du jetzt tun?« fragte Cait.

»Was kann ich denn tun?« antwortete ich und sah keinen Ausweg.

Wenn ich eine Stelle gekannt hätte, wo ich mich hätte verstekken können, wäre ich hingelaufen. Aber ich kannte keine. Ich hätte am liebsten geweint – wenn Cait nicht dagewesen wäre! Ich glaubte, sie würde mich verspotten, aber sie packte meine Hand.

»Ich komme mit«, sagte sie, als könnte sie meine Gedanken lesen. Es blieb uns nichts andres übrig, als Larry einen Lachs zu verschaffen, und alleine konnte ich's nicht. Ich hätte mir jedoch lieber die Zunge ausgerissen, als Cait um Hilfe gebeten.

»Also dann an Brigids Teich«, sagte ich. »Eine Stunde vor Tag.«

Sie drehte sich um und rannte hinter ihrem Vater her, bergab, und ich ging ins Haus. Aber es dauerte lange, bis ich einschlafen konnte.

Als der Morgen kam, war's fast eine Erlösung. Ich zog mich im Dunkeln an, steckte mir Brot aus dem Spind in die Tasche und trank einen Schluck Milch aus der Kanne auf dem Fensterbrett. Nichts als das Atmen war in der Hütte zu hören, und sogar meine Mutter würde sich erst nach einer Stunde rühren. Aber draußen war die Nacht fast vorbei und schon ein bißchen grau, und die Sterne wurden blaß. Am Hügelhang konnte man bald die Steine unterscheiden.

Ich ging zur Landstraße hinunter und quer drüber und auf der andern Talseite bergauf zu der Stelle, wo St. Brigids Quell versteckt lag, und es war, wie wenn ein riesiger Lichtfächer sich hinter und über den Bergen öffnete und die fliehende Finsternis fortfächelte. Ich hatte mich verspätet, fing an zu rennen und keuchte den Hang hinauf, die Hand auf dem Herzen.

Cait war schon da. Sie lag mit dem Gesicht nach unten auf der Felsenbank, die über den Teich hinausragt. Er wird ›Quell‹ genannt, weil der Fluß dort entspringt und weil sein Wasser so rein wie schwarzer Kristall ist und kalt wie eine Winternacht. Doch eigentlich ist es ein Teich, vielleicht zehn Meter breit, und unter der Felsenbank ist er am tiefsten. Auf drei Seiten ist er dicht umsäumt von Haselgebüsch und Weiden und Weißdorn, die über den kleinen Bach hängen, der von hier bis zum Lough Rinn hinunter bergabhüpft. Ich wußte, daß ein Lachs da war, ein Männchen, ein großer Bursche, der fünf Winter im Meer verbracht haben mußte, ehe er an seinen Laichplatz zurückkehrte. Ich hatte nur einen flüchtigen Blick von ihm erhascht, doch ich schätzte ihn auf vierzig Pfund.

Das war der Grund, weshalb ich nicht schon früher versucht hatte, ihn für Larry zu fangen. Dort kann man einen Fisch nur bekommen, wenn man sich auf die Felsenbank legt, und ein vierzig Pfund schwerer Lachs könnte Cait und mich ohne weiteres von der Kante ins Wasser zerren, wenn wir ihn heraushoben, und uns dabei ertränken. Aber jetzt hatten wir keine Wahl.

Cait blickte sich nach mir um und legte den Finger auf die Lippen. Ich zog mir im Gras die Schuhe aus und kroch neben sie.

Wir wußten genau, was wir zu tun hatten, deshalb brauchten wir nicht zu sprechen. Der Himmel war jetzt bleich, und das Wasser lag wie grauer Stahl unter uns. Die Bäume jenseits des Wassers zeichneten sich schwarz gegen den Himmel ab. Der Lachs schlief wahrscheinlich noch, rührte sich aber wohl schon im Traum und dachte an die schöne Lachsfrau, die der Tag ihm bringen mochte: mit Flanken, so glatt wie Silber, und einem Schwanz, der über die Steine ihrer Hochzeitskammer fächeln würde.

Ich glitt Zoll um Zoll weiter vor, bis mein Kinn auf der Kante der Felsbank lag. Ich spürte Caits Schulter neben meiner, und es war gut, sie neben mir zu wissen, wie wir da beide in der ersten Morgenfrühe allein vor dem Teich lagen und den Tag noch vor uns hatten. Con Doyle hatte ich inzwischen vergessen, und Larry Dooley auch. Ein leichter Morgenwind streifte uns, und ich legte meine Hand über Caits kleinere Hand. Dann sah ich den Lachs, der sich unter uns aus der Tiefe hob. Im dunklen Wasser war er zuerst nur ein Schatten – wie blauer Stahl. Höher und immer höher stieg er aus der Tiefe, bis ich die grimmigen Bögen seiner Kinnbacken sah und das leise Fächeln seines seidenen Schwanzes. Wie ein König des Lachsvolkes stieg er in seiner mitternächtlichen Rüstung höher und höher, bis ich den silbernen Bauch und die roten Hochzeitsflecken auf seinen mächtigen Flanken erkennen konnte.

Ich zog die Drahtschlinge aus meiner Tasche, einen feinen Stahldraht mit einem hölzernen Griff. Um den Draht war ein Baumwollfetzen gewickelt, um zu verhüten, daß der Stahl in den Fischschwanz einschnitte. Cait hielt ihre Hände bereit. Ihre nackten Arme waren braun und glatt wie Haselnußgerten. So leise wie ein Vogel bewegte ich die Schlinge hinter dem Gesichtskreis des Lachses, der noch halb schlafend auf den Sonnenschein wartete. Die mit Baumwolle umwickelte Schlinge berührte die stählerne Wasseroberfläche knapp einen Zoll hinter dem leise fächelnden Schwanz. Dann tauchte sie, ohne ein Wellchen zu bilden, tiefer ins Wasser, und Caits Hände warteten mit gekrümmten Fingern wie Otter auf dem Felsen.

Ich zog den Draht vor, über den Schwanz hinweg, bis ihn die Schlinge rings umgab, und weiter, bis zu seinem Bauch vor. Noch immer stand der herrliche stahlblaue Bogen seines Rükkens unbeweglich, und nur die Rückenflosse nippte am Wasserspiegel. Der Himmel loderte im Morgenglanz, und der rosige Widerschein lag auf dem Teich. Caits rechte Hand schlich sich geduckt weiter vor.

»Jetzt!« flüsterte ich, und wir schlugen beide beim gleichen Atemzug zu: die Schlinge zog sich wie eine Falle über dem torpedoartigen Schwanz zusammen, und Caits Hände lagen über und unter der wuchtigen Wölbung seines Bauches. Heraus mit ihm und hinauf, als wäre er freiwillig auf die Felsenbank gesprungen! Cait nahm einen flachen Stein und schlug ihm mit der Kante hinter den Schädel, und er lag still und war tot. In der gleichen Sekunde hörten wir einen Schuß. Ein eintöniger Knall war's, der in der Stille von Berg zu Berg widerhallte. Der Aufseher war unterwegs! Und wir saßen selbst in der Falle, denn St. Brigids Quell liegt in einer Senke, und man kann nur heraus, wenn man einen Hügelkamm überquert, wo man sich gegen den Horizont abhebt.

Ich fühlte, wie Cait neben mir zitterte, und ich wußte, daß sie an gestern früh dachte. »Sie können dir nichts tun«, sagte ich. »Sie können uns nicht erwischen.« Ich war überrascht, wie sicher meine Stimme klang. »Wir müssen eben schwimmen!« sagte ich. »Zu den Bäumen hinüber. Da hinterlassen wir keine Spur. Geh du zuerst, und ich bringe den Lachs mit!«

Sie glitt ins Wasser und schwamm zu der Stelle, die ich ihr gezeigt hatte. Dort standen die Bäume dichter beisammen und ließen die Zweige weit übers Wasser hängen. Ich glitt mit dem Fisch ins Wasser hinunter und schwamm langsam zu Cait hinüber.

Dann lagen wir im Schatten der Bäume, wo es noch dunkel war. Wir krochen die Uferböschung hinauf und tief ins Dickicht hinein. Mitten drin war eine kleine Kuhle, wie ein Nest, kaum anderthalb Meter breit. Moos und welkes Laub bedeckten den Boden, und die Weißdornzweige und Haselruten waren wie der Deckel eines Weidenkorbes über uns verflochten.

Ich grub ein Bett für den Lachs, bis ich unter dem Laub auf Feuchtigkeit stieß, und deckte ihn zu. »Hier finden sie uns nicht«, sagte ich.

Unsre Augen hatten sich mittlerweile an das Dunkel gewöhnt, und ich sah Cait an, und sie sah mich an, und auf einmal war etwas Merkwürdiges zwischen uns, fast, als wären wir Fremde. Wenigstens schien es mir so. Als hätte ich Cait vorher nie richtig gesehen. Ihren Mund und die Augen, warm und weich. Es schnürte mir die Kehle zu, als ich sie ansah.

»Cait . . .«, begann ich, aber sie gab keine Antwort. Sie steckte nur ihre Hand in meine, und so kauerten wir beide und schauten uns an, bis sie den Kopf senkte und ich merkte, daß sie zitterte.

»Du wirst dich erkälten«, sagte ich.

»Ich friere nicht«, flüsterte sie und hob den Kopf wieder.

»Och, Cait, es ist so seltsam«, sagte ich. Und ohne es zu wollen, ja ohne zu wissen, was ich tun wollte, beugte ich mich vor und küßte sie auf den Mund. Dann fuhren wir auseinander.

»Verzeih, Cait!« sagte ich. »Es tut mir leid!« Sie hatte den Blick gesenkt und wrang ihren nassen Rocksaum aus.

»Wirklich?« fragte sie, ohne aufzublicken.

Ich sah sie an und wunderte mich, daß sie mir je wie ein Junge vorgekommen war. »Nein«, antwortete ich. »Nein, eigentlich tut's mir gar nicht leid!« Da sah sie auf und lächelte. Und nun küßten wir uns wieder, und diesmal war es ganz anders als das erstemal. Ich achtete kaum auf die Stimmen, die über den Teich herdrangen, als Con Doyle und sein Wildhüter sich dem Teich näherten. Doch bald hörten wir einen so zornigen Ruf, daß wir entsetzt hochfuhren. Einen Augenblick glaubte ich, sie hätten uns in unserm Versteck entdeckt. Aber dann fielen mir meine Schuhe ein. Con Doyle hatte sie gefunden.

»Das Lumpenpack!« schrie er. »Die niederträchtigen, gemeinen Diebsgesichter! Sie sind hiergewesen! Ich werd' sie versohlen! Ich lass' sie einlochen! Und du, du unnützer Dummkopf, warum hast du sie nicht entdeckt, zum Donnerwetter? Sie sind bestimmt ausgerissen, als du den Schuß losgelassen hast, du Esel! Mußt Hasen abknallen, wenn direkt vor deiner Nase gewildert wird!«

Dann brummelte eine andere Stimme, und der Wildhüter versuchte sich zu verteidigen. Cait und ich aber knieten in unserm Versteck, keine zehn Meter von ihnen entfernt, und hielten uns umschlungen.

»Halt's Maul!« brüllte Con Doyle. »Such sie! Lauf ihnen nach, du Lümmel! Wo können sie sein? Wo sind sie hingerannt? Natürlich zu Larry Dooley, in seine Hütte an der Landstraße, falls sie Zeit genug hatten, was zu fangen! Soll ich dich etwa hintragen? Ich geh' jetzt zu Paud Raftery und nehm' die Schuhe mit – vielleicht sind sie ja auch dort. Und wenn Pauds Junge, dieser Halunke, mir nicht noch ein Paar Schuhe vorweisen kann, dann blüht ihm was, das verspreche ich!«

Ich hörte, wie sie zwei Schritte auf der Felsenbank machten, und dann trat Stille ein. Drei Minuten später, als ich ans Ufer kroch und durch die Zweige spähte, waren sie verschwunden. Aber sie hatten nicht nur meine Schuhe, sondern die ganze Helle und Schönheit des Tages mitgenommen. Wie jedermann besaß ich nur ein Paar Schuhe, und meine bloßen Füße waren Beweis genug, daß es meine Schuhe waren – viel mehr noch, als daß sie mir paßten, denn ursprünglich waren es die Schuhe meines Vaters gewesen, und sie schlappten an meinen Füßen wie Fischerstiefel. Doch ohne Schuhe war ich verloren.

Ich kroch zurück und holte mechanisch den Lachs aus dem Laub. Was nützte er uns jetzt noch, wo der Wildhüter vor Larrys Hütte lauerte und Con Doyle vor unsrer? Ich könnte ihn ebensogut wieder in den Teich werfen. Für zehn Schilling Lachs – soviel bekommt man als Tagelohn. Und ich fragte mich, wieviel Larry wohl von Mussjeh Charles bekommen hätte.

»Was grübelst du denn?« fragte Cait. Als ich's ihr erzählte, tupfte sie mit dem Finger auf den Lachs und rief: »Ins Wasser werfen? Lieber spring' ich auch rein!« Und plötzlich leuchtete es in ihrem Gesicht auf. »Wofür brauchen wir denn Larry überhaupt?

Können wir den Lachs nicht selber an Mussjeh Charles verkaufen? Ja, du, das machen wir! Wir wissen, wo Con Doyle und der andre sind, weil sie's gerade verraten haben. Warum sollen wir nicht am Strand entlanggehen? Da sieht uns kein Mensch. 's ist weiter, aber wir können den Fisch im Meer naßmachen. Und Mussjeh Charles ist's doch einerlei, wer ihm den Lachs bringt, Hauptsache, daß er einen bekommt!«

»Aber nachher zu Hause . . .«, sagte ich.

»Pah!« rief Cait. »Wer weiß, was passiert ist, bis wir wieder zu Haus sind? Zuerst werden wir mal unsern freien Tag genießen! Wir nehmen den Bus nach Killymeen und gehn ins Kino und kaufen uns Schokolade . . . Oh, wir wollen's so genießen, daß es egal ist, wenn hinterher der Himmel einfällt!«

Doch als wir zum Hotel kamen, erhielten wir nicht etwa zehn Schilling – bewahre! Wir kamen vom Strand herauf und trugen den Lachs, den ich in meine nasse Jacke eingewickelt hatte, und mußten über den Rasen und durch den Garten, und all die feinen Leute, die in ihren schönen Kleidern auf den Balkons saßen, starrten uns an.

»Laß sie nur!« sagte Cait. »Schließlich bringen wir ihnen ihr Mittagessen!«

Und wie die Inhaber einer Fischhandlung gingen wir quer über das samtgrüne Gras, und hundert Fenster blickten uns in die Augen, und dann kam uns ein Kellner in einem schwarzen Anzug nachgelaufen und fuchtelte mit seiner Serviette.

»Wir müssen zu Mussjeh Charles«, sagte ich und ließ den Kellner ein bißchen in meine Jacke linsen, wo der Lachs wie in einer Wiege lag. »Heben Sie 'n mal!« sagte ich, und der Kellner legte beide Hände unter den Fischschwanz.

»Verflixt!« rief er und schob uns in eine Art eingezäunten Hof, wo wir warten sollten. Eine Minute drauf kam ein Mann mit einem kleinen schwarzen Schnurrbart und einer seidigen grauen Krawatte.

»Wo ist Larry?« fragte er – sprach's aber ›Lahri‹ aus.

»Er ist verhindert«, sagte ich. »Wir mußten selber kommen.«

»Und mitten über den Rasen!« sagte Mussjeh Charles und schlug sich an die Stirn. »Wenn jemand den Fisch gesehen hätte, o weh! Macht rasch, Kinder, nehmt euer Geld und geht schnell fort!« Und damit drückte er mir das Geld in die Hand – nicht zehn Schilling, sondern fünf Pfund.

Draußen auf der Landstraße betrachteten wir die fünf Pfundnoten, eine nach der andern: sie knisterten, als wir sie abzählten. Fünf Pfund! Und Larry hatte mir immer vorerzählt, daß er überhaupt nichts dran verdiente, wenn er uns zehn Schilling gäbe! Fünf Pfund! Es dauerte lange, bevor wir wußten, wieviel Geld das war. Doch als wir's begriffen, wurde es ein herrlicher Tag. Vom Hotel aus fuhren wir mit dem Bus nach Killymeen, und zwar auf der vordersten Bank, das Geld fest in der Hand, und die Straße sauste unter uns weg, als wären wir Millionäre im eigenen Wagen.

Aber das war noch gar nichts, verglichen mit den Einkäufen! In die Geschäfte gehen und fünf Pfund ausgeben können! Ich kaufte Cait ein Halstuch mit großen roten Blumen drauf, und meiner Mutter eine Schürze, auf die mit gelber Seide ›Mutter‹ gestickt war; für meinen Vater eine neue Pfeife, eine Schachtel Bonbons für meine Brüder und ein Paar Pantoffeln aus Wolle für Caits Mutter. Cait dagegen behielt ihren Anteil am Geld in der Hand und wollte überhaupt nichts ausgeben, bis wir fast am Ende der Straße waren.

»Da ist es!« rief sie plötzlich. »Da ist der Laden, den ich gesucht habe!« Und ehe ich wußte, was sie wollte, zog sie mich quer über die Straße und in einen Laden, dessen Türpfosten mit Girlanden von Schuhen verziert waren – Schuhen und Stiefeln, schwarzen und braunen und zweifarbigen, Fischerstiefeln und Lederschuhen. Und der Geruch nach frischem Leder stieg einem in die Nase, daß man kaum schnaufen konnte.

»Wir möchten ein Paar Schuhe für ihn«, sagte Cait zum Verkäufer. Und im Nu hatte er mir einen Stuhl angeboten und zog mir Schuhe an. Ein Paar. Zwei Paar. Drei Paar. Bis mir einer über den Fuß glitt, wie eine Hand über die andre, und da wußte ich, daß kein Schuh in der ganzen Welt mir so gut passen könnte und so weich und bequem wäre.

»Sie sind nicht so solide wie die andern«, sagte der Verkäufer, aber das war mir einerlei.

Ich hätte am liebsten in ihnen getanzt, als Cait mit ihrem eigenen Geld dafür bezahlt hatte, und hinterher im Kino mußte ich die ganze Zeit meine Zehen darin befühlen und sie aneinanderreiben, daß es quietschte, bis die Frau mit der Taschenlampe kam und sagte, ich müßte es lassen. Und nach dem Kino saßen wir im Café und tranken Limonade und aßen rosa Kuchen, und von Zeit zu Zeit streckte ich meine Füße von mir, um sie in ihren neuen Schuhen zu betrachten, und dann sah ich Cait an, und wir dachten an Con Doyle, wie er mit den alten Schuhen zu meinem Vater tobte, und was für ein Gesicht er wohl machen würde, wenn er die neuen Schuhe an meinen Füßen sah. Und dann wurde es dunkel, und unsre Taschen waren leer – bis auf die Geschenke –, und uns blieb nichts weiter zu tun, als nach Hause zu gehen.

Aber wir brauchten uns nicht zu beeilen. Wir gingen langsam auf der Landstraße bis zum Hotel und dann an den schlafenden Gärten entlang zum Strandweg hinunter und ans Meer.

Ich legte meinen Arm um Cait, und das kam mir jetzt ganz natürlich vor, auch, daß ihr Kopf an meiner Schulter lehnte. Der schmale Sichelmond steckte dem Nachthimmel wie eine silberne Brosche auf der Brust, und das Meer lag schwarz und silbern da. Die Schuhe hatten wir ausgezogen, so daß wir den kühlen Sand unter den Füßen spürten, und hin und wieder einen glatten Stein, der noch warm war von der Sonne. Doch was mir vor allem in Erinnerung geblieben ist, das war die Stille. Ich hätte ewig so weitergehen können. Dann aber erkannte ich die Klippen, die unsre Bucht beschützen, und als wir näher kamen, sah ich einen Mann dort stehen.

Ich wußte, wer es war, noch ehe er aus dem Schatten der Klippen ins helle Mondlicht getreten war. Es war Larry. Ich fühlte, wie Caits Finger sich fester um meinen Arm legten, und ich konnte kaum atmen, so schwer wurde mir auf der Brust. Ich wäre am liebsten fortgelaufen, aber ich konnte mich nicht rühren. Er kam ganz nah heran. Seine langen Arme baumelten an ihm herunter.

»Schöner Abend«, sagte er. »Ich hab' gehört, ihr seid im Hotel gewesen, und Mussjeh Charles hat euch das Geld für mich gegeben. Hoffentlich habt ihr's gut verwahrt?«

»Es war nicht für dich«, flüsterte ich. »Es war für den Lachs. Wir haben ihn gefangen. Warum sollen wir dir Geld geben?«

Meine Lippen waren so trocken, daß ich kaum sprechen konnte.

»Gib das Geld her!« sagte Larry und packte mich bei der Schulter.

»Laß ihn in Ruhe!« rief Cait. »Warum haust du mich nicht?«

»Meinetwegen«, erwiderte Larry, »wenn du's durchaus willst!« Und er schlug mit seiner freien Hand zu und gab ihr eine Ohrfeige, die wie ein Pistolenschuß knallte.

Sie hatte einige von den Paketen getragen, und jetzt flogen sie umher, weil sie taumelte und hinfiel. In dem Augenblick, als ich die kleinen Geschenke herumfliegen sah, die Cait und ich zusammen gekauft hatten, ging plötzlich etwas in mir vor, und ich war nicht länger ein Kind, das einem Mann gegenüberstand. Ich war auch ein Mann.

Larry hatte sich wieder zu mir umgedreht, und seine Hand wollte mich in die Knie zwingen. Ich hatte aber die Schuhe in der Hand, und fast bevor ich denken konnte, hatte ich sie ihm von unten her gegen sein Kinn geschlagen.

Der Absatz traf ihn unters Kinn; seine Zähne schlugen wie eine Mausefalle gegeneinander, und sein Kopf schnellte hintenüber, als hätte ich ihm das Genick gebrochen. Dann ließ er mich los und torkelte über die Klippen. Ich warf die Schuhe weg, sprang ihm nach und verprügelte ihn mit beiden Fäusten, und er hielt sich das Kinn und jaulte, ohne sich zu verteidigen. Auf einmal standen wir wieder auf weichem Sand, und er drehte sich um und rannte und rannte jaulend weg, während ich wie ein Sieger stehen blieb, stolz und doch überrascht.

Ich hörte Schritte hinter mir, und Cait rief ungläubig: »Er ist ausgerissen!«

»Was dachtest du denn«, erwiderte ich, »wo ich's ihm doch gegeben habe?« Und dann lachten wir beide und tanzten, bis wir müde waren und die hingefallenen Pakete einsammelten und über den Sandstrand der kleinen Bucht nach Hause schlenderten.

Wir haben nie wieder einen Lachs für Mussjeh Charles geholt. Seit wir wußten, wieviel Geld es einbrachte, kam's uns unrecht vor, fast wie Diebstahl. Es war alles anders, und wir waren auch anders. Wir waren keine Kinder mehr. Aber das Herz wird mir noch heute warm, wenn ich an Con Doyles Gesicht denke, als wir in unsre Küche traten und ich die neuen Schuhe an den Füßen hatte.

Er hatte den ganzen Tag da gesessen, erzählte mir Vater nachher; meine alten Schuhe hielt er fest auf dem Schoß und versuchte immer wieder, eins von den jüngeren Kindern dahin zu bringen, daß sie zugaben, es wären meine Schuhe. Doch anscheinend hatte keine Menschenseele in der Hütte jemals die Schuhe gesehen.

Und dann kamen wir. »Ah!« sagte Con Doyle. »Der junge Herr persönlich!« Er fing an, es zu genießen. »Würden Sie mir wohl einen großen Gefallen tun und mir die Schuhe zeigen, die Sie zu tragen geruhen, wenn Sie welche tragen . . .« Und im gleichen Augenblick fielen seine Blicke auf meine Füße. Da wußte er, daß er verloren hatte, aber er nahm's wie ein Mann, das mußte man ihm lassen.

»Aha«, sagte er. »Ich wollt' sie bloß gern mal sehn. Und wem die hier gehören, das wissen Sie wohl nicht, was?« Und er hielt mir meine alten Schuhe unter die Nase, jedoch ohne sich etwas davon zu versprechen.

»Nein, ich kenne sie nicht«, antwortete ich. »Vielleicht fragen Sie Larry Dooley. Der trägt gern so abgelatschte alte Dinger!«

»Werd' ihn fragen«, sagte Con und ging schweren Schrittes aus der Hütte. Kaum war er draußen, da hörten wir, wie er die Schuhe wütend gegen die Außenwand pfefferte.

»Und jetzt«, sagte meine Mutter und stemmte die Hände auf

die Hüften, »erzählt ihr mir, was alles dahintersteckt, eh' ich euch die Antwort mit dem Lederriemen herausholen muß!«

Mein Vater, der am Kamin saß, lehnte sich so weit vor, daß der Flammenschein seltsame Schatten in sein Gesicht grub. »Sei still, Frau!« sagte er und zog Cait und mich näher zu sich heran. Er nahm Caits Kinn in seine verarbeiteten braunen Finger und drehte es hin und her. Der Lampenschimmer und die Lichter vom Feuer spielten darüber hin. »Sie waren beim Brunnen mit den neun Haselbüschen, wo der Lachs der Allwissenheit haust.«

»Wir waren am St. Brigids Quell«, erwiderte Cait.

»'s ist das gleiche«, sagte mein Vater. »Ganz genau das gleiche.«

# Brian Friel
## *Margo ist wunderbar*

Margo war einfach wunderbar, da gab's nichts dran zu rütteln, dachte Joe, als er im Wagen saß und darauf wartete, daß seine Frau und die Kinder zu ihm einsteigen sollten. Sie hatte das Mittagessen besonders früh bereit, und den Kindern – die im allgemeinen solche von ihren Eltern geplanten Ausflüge verabscheuten – hatte sie klugerweise das Ziel der Fahrt noch nicht verraten, so daß sie gespannt waren und es kaum abwarten konnten, bis die Reise losging. Selbst der Einfall, nach Corradinna zu fahren, stammte ganz allein von ihr, und obwohl es Frühsommer war und das Wetter wahrscheinlich ohnehin gut gewesen wäre, hatte sie Glück gehabt und den bisher schönsten Sonntag des Jahres gewählt. Ja, Margo war einfach wunderbar.

Als sie am vorigen Freitagabend zum erstenmal von ihrem Plan gesprochen hatte, war er seltsam widerspenstig gewesen. »Nach Corradinna? Weshalb zum Kuckuck sollen wir dorthin fahren? 's liegt ja doch alles in Trümmern!«

»Immerhin wirst du wohl ein bißchen neugierig sein«, hatte sie ihm zugeredet, »und wenn's auch nur deshalb wäre, um festzustellen, ob du noch eine Beziehung zu eurem alten Haus hast!«

»Pah – Beziehung!« hatte er erwidert und es absichtlich falsch ausgelegt, »du weißt doch, daß ich nicht sentimental bin!«

»Es ist auch wegen der Kinder. Ich möchte gern, daß sie sehen, wo du gelebt hast, als du so alt warst wie sie. Es wäre gut für sie.«

»Das seh' ich nicht ein«, hatte er entgegnet. »Das seh' ich ganz und gar nicht ein!«

Doch sie hatte darauf bestanden, und schon am gleichen Abend und während des folgenden Tages war seine Widersetzlichkeit gewichen, und an ihrer Stelle begann sich die Erinnerung zu rühren und dann – überraschenderweise – eine Erregung, die sich darin äußerte, daß er verstummte und nur noch dümmlich grinste. Und jetzt waren sie im Begriff, loszufahren, und ein Gefühl inniger Dankbarkeit überflutete ihn, weil Margo einen längst vergessenen Freudenquell wieder freigelegt hatte. Sie kannte ihn so gut und verstand ihn!

Mary und Peter saßen ungeduldig auf der äußersten Kante vom Rücksitz. Mary war die Miniaturausgabe ihrer Mutter.

»Jetzt, Mammi! Sag's jetzt, wohin wir fahren!« bettelte sie. »Du hast uns versprochen, daß du's uns jetzt sagen willst.«

Weil Margo ihre Gesichter beobachten wollte, drehte sie sich zu ihnen um: »Wir fahren nach Corradinna, um . . .«

»Ich möcht' aber ans Meer!« unterbrach Peter sie.

». . . um zu sehen, wo euer Pappi gewohnt und gespielt hat, als er so alt war wie ihr.«

»Wirklich, Pappi? Ist's wahr?« fragte Mary.

»Scheint so«, antwortete Joe und lächelte etwas hilflos.

»Ich will aber doch ans Meer«, schmollte Peter dickköpfig.

Mary faßte ihn beim Arm. »Hörst du denn nicht, Schaf? Wir fahren zu dem Haus, wo Pappi als kleiner Junge gespielt hat!«

»Wo is'n das?« fragte Peter argwöhnisch.

»Ganz weit von hier – in Donegal«, erwiderte Margo. »Und wenn du dich weiter so benimmst, Peter, verdirbst du uns allen den schönen Tag!«

»Hör also auf zu flennen, Peter!« sagte Mary streng und verfiel unbewußt in den gleichen Ton wie ihre Mutter.

»Ich flenne gar nicht!«

»Hast's ja eben noch getan!«

»Also Schluß jetzt ihr beiden! Wollt ihr eurem Pappi wirklich den Tag verderben?«

»Wie heißt der Ort?« fragte Mary.

»Corradinna«, antwortete Joe.

»Corradinna«, wiederholte Peter probierend. »Das is'n komischer Name!« Er blickte seine Schwester an, verzog das Gesicht und sagte mit Männerstimme: »Corradinna!«

»Corradinna«, piepste sie nun auch.

Beide wollten sich ausschütten vor Lachen, so lustig erschien es ihnen.

Nachdem sie eine Stunde gefahren waren, wurden sie unruhig. Sie wechselten den Platz: jetzt saß Mary hinter Margo und Peter hinter Joe. Nach einiger Zeit vertauschten sie von neuem die Plätze. Dann zankten sie sich wegen der genauen Mittellinie auf dem Rücksitz. Danach wollte Peter, daß die Fenster offenblieben, und Mary wollte sie schließen, da sie friere, wie sie erklärte. Dann bat Margo, ob Joe einen Augenblick an den Straßenrand fahren könne, weil Peter verschwinden mußte. Nach weiteren fünf Meilen mußte Mary verschwinden. Es war das übliche Theater der Sonntagnachmittags-Ausflüge, doch heute ärgerte sich Joe nicht darüber, denn Margo hatte die beiden Kinder gut in der Hand, beruhigte und versprach, tadelte oder stiftete Frieden, so daß die Quengeleien der Kinder seine Aufmerksamkeit nicht allzusehr ablenkten. Daher konnte er sich ungestört dem Schwelgen in Erinnerungen überlassen, und er hörte Geräusche und Stimmen und Rufe, die er fast vergessen zu haben glaubte.

Corradinna lag am Fuße des Errigal-Berges, eines Granitkegels, der tausend Meter hoch aus der schwarzen Moorerde aufragt. Weil er das Ziel ihrer Fahrt bezeichnete und schon zwanzig Meilen vorher zu sehen war, beugte Joe sich über das Steuer, als könnte er so über das wellige Hügelland hinwegblicken, das sie noch von dem Bergkegel trennte.

»Langsam!« bat Margo. »Du fährst zu schnell!«

»Wirklich?« wunderte sich Joe.

»Wir haben Zeit genug! Oder möchtest du, daß den Kindern übel wird?«

Das ist mir in diesem Augenblick ganz egal, dachte er, meinte es aber nicht böse. Jetzt, in diesem Augenblick, wenn Meenalaragan und Pigeon Top links von mir aufragen und Glenmakennif und Altanure rechts von mir! Schließlich sind es *meine* Berge, und ich habe sie gekannt, ehe ich meine Frau und die Kinder kannte.

»Joe! Hörst du denn nicht?«

»Ach so«, sagte er und fuhr langsamer. »Verzeih!«

An jedem Samstagnachmittag war er hier mit den beiden Lakeland-Terriern herumgestrolcht; hatte auf der Hügelkuppe gestanden, hatte mit ausgebreiteten Armen den Wind einfangen wollen und den Hunden zugeschaut, die eine Fuchswitterung aufgenommen hatten und wie verrückt vor ihm den Abhang hinunterpurzelten, und er hinter ihnen drein, dann den nächsten Hügel hinan und wieder hinunter, und immer weiter bergauf und bergab und bergauf und bergab, und wenn er dann gerade noch rechtzeitig zum Mittagessen heimkam, waren die Hunde so erschöpft, daß sie nicht schlafen konnten, sondern unruhig auf dem kalten Steinboden in der Küche lagen, und von ihrem heißen Atem wurden unter ihrer Nase die Fliesen feucht. Alles kommt mir wieder in den Sinn, dachte er.

Sie ließen den Wagen am Straßenrand stehen und stiegen auf der grasbewachsenen Wagenspur zur Hausruine hinan. Das Dach war eingefallen, und anstelle der Fenster waren nur noch leere Löcher in den Mauern. Jemand hatte seinen Namen in den Türpfosten geschnitzt: »J. M. . . . Nov. 1941.« Mary war überzeugt, daß am Ende einer so langen Fahrt irgendwo eine Sehenswürdigkeit auf sie wartete, und sie begann ungeduldig zu betteln: »Zeig's uns jetzt, Mammi! Zeig's uns jetzt!«

»Das hier ist alles«, erwiderte Margo. »Hier hat euer Pappi immer gespielt.«

»Was für Spiele? Und mit wem hat er immer gespielt?«

»Er hat hier ums Haus herum gespielt. Und überall im Freien. Geht doch mal auf Entdeckungsreisen! Seht euch alles an!«

»Ich hab' mir alles angesehn«, erklärte Peter.

»Das ist ja unmöglich«, sagte Margo. »Geht ab, ihr zwei beiden! Pappi und ich bleiben hier beim Haus. Wenn ihr müde seid vom Laufen, setzt euch in den Wagen!«

Als die Kinder gegangen waren, fragte sie Joe: »War das hier der Garten?«

»Ja«, erwiderte er und entfernte sich von ihr.

Der Garten, der Gartenweg, das Stachelbeerbäumchen. Und die Kastanie. Da ist unsre Schaukel. Vater verknotet die Schaukelseile an dem Ast da, und wir schwingen uns hoch in die Luft und über den Fahrweg hinaus. Und Mutter ruft: »Vorsicht, Joe! Vorsicht!«, und Susan, meine Schwester, juchzt: »Höher, Joe! Höher!«, und Vater taucht hinter der Hausecke auf und fragt: »Ist die Kuh noch nicht im Stall, Junge?«, und Susan sagt: »Ich geh' sie holen. Joe schaukelt so schön!« Und sie hüpft davon wie eine kleine Elfe, und weil sie weg ist, springt der Junge (der ich bin) von der Schaukel herunter und läuft ihr nach, und als er sie eingeholt hat, trödeln sie am Flußufer herum. Fluß? Was für ein Fluß? Der kleine Graben hier? Wo ist denn der Fluß geblieben? Und er sagt: »Woll'n wir wetten, daß du nicht über den Fluß springen kannst?« – »Um wieviel?« – »Um die Hälfte von den Haselnüssen unter meinem Bett!« – »Abgemacht!« Und sie kneift die Lippen ein und setzt zu einem ungestümen, schlenkernden Sprung an – und landet mitten im Wasser. Sie lachen, sie zieht sich die Schuhe aus und wringt die Strümpfe trocken, und plötzlich ist der Sprung ins Wasser vergessen, und sie schlendern querfeldein zum Wald – aber wo ist der Wald? Es kann doch unmöglich die klägliche kleine Eichengruppe sein? Und dann sind sie bei der Stelle mit den Hasenglöckchen. »Wir woll'n Mutter viele Hasenglöckchen mitbringen!« Susan hat schon beide Arme voll blauer Blumen. »Noch mehr«, sagt sie, »noch mehr« – »Nein, das ist genug!« – »Noch mehr! Noch mehr!« – »Denk doch an die Kuh!« – »Oh, die Kuh! Rasch, die Kuh!« Ein Wettrennen quer über die Wiese, durch die Lücke in der Hecke, glatt über den Graben, weil diesmal keine Wette die Beine unsicher macht, und heim, heim, an der Scheune vorbei. Die Scheune mit all ihren Schätzen: Fahrradzubehör, Bienenkörbe, eine Teekiste mit alten Kleidern, zwei Trommelstöcke. Susan singt, und er schlägt auf einer leeren Zigarrenkiste mit seinen Trommelstöcken den Takt dazu. Sie verkleidet sich: zieht ein langes tabakbraunes Seidengewand und Schnallenschuhe an, setzt einen riesigen Federhut auf – alte Sachen von ihrer Mutter. Sie singt: »Rote

Segel im Abendschein . . .«, wieder und immer wieder, denn sie kann sich nur an die erste Reihe erinnern.

»Susan! Joe! Zum Essen!«

Rasch versteckt! Rasch! Hinunter zur Laube am unteren Ende des Gartens. Oh, das Gekicher in der Laube unten! Gelacht, bis wir nicht mehr können. Und dann, kaum haben wir uns beruhigt, schneidet einer eine Fratze, und schon geht's von neuem los. O Gott, wir haben Bauchweh vor Lachen! »Worüber lacht ihr eigentlich?« fragt Vater. »Wenn man euch so ansieht, könnte man glauben, ihr seid nicht ganz bei Troste! Worüber lacht ihr bloß?« Und dadurch wird's noch schlimmer, weil Susan die Augen aufreißt oder mit den Achseln zuckt, und nun können sie nicht mehr aufhören, auch wenn man sie deswegen umbrächte . . .

»Joe?« fragt Margo an seiner Seite. »Worüber lachst du, Joe?«

Plötzlich war er bei Besinnung und auf der Hut. »Ach, ich erinnere mich . . .«

»Woran?«

»An die Laube. Und wie Susan und ich in der Laube waren.«

»Wie sah sie aus?«

»Ach, ein Gartenhäuschen . . . eine Art Versteck ganz unten im Garten. Es steht nicht mehr da. Ich hab' schon nachgesehen.«

»Was habt ihr dort gemacht?«

»Gelacht. Ja, vor allem gelacht.«

Im Westen zogen Wolken herauf und verhüllten die Sonne, und die Luft wurde kühl.

»Worüber habt ihr gelacht?«

»Weiß ich nicht mehr. Wir haben eben gelacht. Haben's die Lachlaube getauft.«

»Aber ihr müßt doch *über* etwas gelacht haben«, fuhr sie beharrlich fort. »Habt ihr euch gegenseitig Witze ausgedacht?«

»Nein, nein, nein. Es ging nicht um Witze. So ein Lachen war es nicht. Eben einfach – einfach ein albernes Lachen.«

»Trotzdem müßt ihr über etwas Bestimmtes gelacht haben, selbst wenn's ein albernes Lachen war, wie du es nennst. Über was für Albernheiten habt ihr denn gelacht?«

»Worüber wir gelacht haben?« Eine Erklärung schien notwendig. Wir müssen über etwas gelacht haben. Irgend etwas, das die Sache auslöste.

»Willst du's mir nicht erzählen?« Margos Gesichtszüge waren scharf geworden. Sie stand vor ihm und beharrte auf einer Erklärung.

»Susan und ich«, murmelte er, ». . .«

»Ja, weiß ich«, fiel sie ihm ins Wort. »Susan und du in der Laube. Und sowie ihr beide dort wart, habt ihr euch krankgelacht. Und ich möchte wissen, worüber ihr gelacht habt!«

»Sie dachte sich ein Wort aus – irgendein Wort, das komisch klang –, und dann platzten wir los«, erwiderte er und klammerte sich an die erste beste Erinnerung, die ihm gerade durch den Kopf flog. »Irgendein komisches Wort wie – wie ›aligalog‹ oder ›skukaluk‹. Oder was ähnliches.«

»›Skukaluk‹? Was soll denn daran komisch sein?«

»Ich weiß nicht, ob's gerade das war. Ich meinte einfach, überhaupt irgendein ausgedachtes Wort. Da unten – ich meine, in der Laube unten – schien es so . . . ja, eben so komisch zu klingen . . .«

»Und das war alles?«

»Das war alles«, antwortete er unsicher.

Nachdem er ihr den Zugang zu seinen Heimlichkeiten gestattet hatte, war sie weicher gestimmt, steckte ihren Arm durch den seinen und rieb ihre Wange an seinem Ärmel. »Armer Joe«, sagte sie. »Armer, dummer kleiner Joe! Komm, woll'n jetzt spazierengehn! Bald müssen wir wieder heimfahren.«

Als sie dann später zum Wagen zurückkehrten, entdeckten sie dort Mary, die allein auf dem Rücksitz saß. »Wo habt ihr beiden nur gesteckt?« fragte das Kind mit seiner strengen Stimme, über die sie noch vor ein paar Jahren oft gelacht hatten.

»Wo ist Peter?« fragte Margo.

»Weiß ich nicht. Ich spreche nicht mit ihm!« erklärte Mary hochmütig. »Er ist schon mindestens 'ne halbe Stunde weg.«

»Ich hole ihn«, erbot sich Joe. »Er muß in der Nähe sein.«

»Soll ich mitkommen?«

»Nein. Allein kann ich schneller gehen«, erwiderte Joe. Er spürte, daß Margo um seine Freude wußte, ganz allein einen letzten Blick auf das alte Anwesen werfen zu können.

Er suchte den Jungen nicht. Langsam ging er den Fußweg zu dem zerfallenden Haus hinauf und dann ringsherum, einmal, zweimal, dreimal. Er bemühte sich, nicht den leisesten Laut hervorzurufen, damit die Stille in ihm nicht zerstört würde. Er wußte, daß er auf etwas wartete. Doch es kam nichts aus der Vergangenheit auf ihn zu, keine Stimme, kein Ruf, kein Lachen, nicht einmal das Bellen eines Hundes. Plötzlich ärgerte er sich. Er lief den Garten hinunter und durch die Hecke. »Peter!« rief er laut. »Peter! Peter!«

Das Echo verspottete ihn.

»Peter! Peter!«

Jetzt packte ihn die Angst. Dem Jungen mußte etwas zugestoßen sein! Er stürmte weiter, rannte quer über die untere Wiese, sprang über den Graben und lief zu der Baumgruppe am Hang. »Peter? Peter?«

Peter war so in sein Spiel versunken, daß er seinen Vater erst bemerkte, als Joe ihn derb an der Schulter rüttelte. Er kniete vor dem Eingang zu einem Kaninchenbau und steckte kleine Stöckchen in die weiche Erde.

»Peter! Was zum Teufel fällt dir ein?«

»Sieh mal, Pappi! Sieh mal her! Ich wummere den Turm!«

»Hast du mich nicht rufen gehört? Bist wohl taub, ja?«

»Ach, laß mich doch bleiben, Pappi! In fünf Minuten hab' ich den Turm fertig gewummert.«

»Komm jetzt!« Joe zerrte ihn weg. »Mutter wird glauben, wir hätten uns verirrt. Hast mir richtig Angst eingejagt! Überall hab' ich dich gerufen. Rasch!«

»Ach, Pappi, laß mich doch noch . . .«

»Nein, hab' ich dir gesagt! Bis wir zu Hause sind, hättet ihr längst im Bett liegen sollen!«

Den ganzen Weg bis zur Landstraße hinunter mußte Peter hinter ihm hertraben, um mit ihm Schritt zu halten. »Hier ist er!« rief Joe. »Hat ganz allein im Wald gespielt.« Margo und Mary hatten das Radio angestellt. »Woll'n fahren«, bat Margo. »Ich bin müde.«

»Ich hab' gerufen und gerufen, und der kleine Schlingel hat mir nicht mal geantwortet.«

»Du hast nasse Füße«, sagte Margo.

»Daran sterb' ich nicht«, erwiderte er mürrisch.

Margo entgegnete etwas, aber er drückte auf den Anlasser und ließ den Motor aufheulen, so daß ihre Stimme in dem Lärm unterging.

Während der Heimfahrt beschlich ihn ein Gefühl von Verlassenheit. Einmal gab er der Versuchung nach und blickte in den Spiegel, aber es war schon dunkel, und Errigal war nur noch ein Teil der Finsternis hinter ihnen. Er hätte nie hierher zurückkehren sollen, dachte er; oder vielmehr: er hätte nie mit Margo und den Kindern hierher zurückkehren sollen. Denn die Vergangenheit ist eine Fata Morgana, eine holde Täuschung, der man sich überläßt, um der Gegenwart zu entfliehen. Wie das Verstecken in der Laube. Wie hätte er Margo erzählen können, daß die Laube ihr Zufluchtswinkel gewesen war, seiner und Susans, ihre Lachlaube? Das dumpfe kleine Gartenhäuschen, das nach Moder und Feuchtigkeit roch und keinen Sonnenstrahl hereinließ und den Regen nicht abhielt – war das ihr Zufluchtswinkel? Und wenn er es recht bedachte – wie oft hatten sie denn dort gelacht? Hatten sie sich nicht vielmehr die ganze Zeit gezankt und gestritten – genau wie Peter und Mary? »Ich sag's Mammi! Bestimmt sag' ich's Mammi weiter!« Jetzt erinnerte er sich an Susans weinerliche Stimme, und sie war deutlicher und greller als alle andern Erinnerungen.

»Geh doch und sag's ihr, alte Klatschbase!«

»Ich geh' jetzt! Ich geh' jetzt! Und dann verprügelt sie dich, wenn du zum Essen kommst!«

»Klatschbase!«

»Altes Ekel!«

Wie scharf die Erinnerung jetzt wurde: er ging allein und verlassen durch den Wiesengrund und stellte sich vor, was für Geschichten Susan den Eltern aufbinden würde, und wußte dabei, daß er schließlich doch nach Hause gehen mußte und daß seines Vaters harte Augen und seiner Mutter harter Mund ihn beschuldigen würden, und wie er seine Meinung über den Vorfall hervorstammeln würde und dann seine Prügel bezog und zu Bett geschickt wurde. War das seine Kindheit gewesen? Weshalb – fragte sich Joe – hatte er sich dann am Vormittag so auf die Fahrt gefreut? Was hatte er in Corradinna zu finden gehofft? Die Wiederherstellung der Unschuld? Die Bestätigung eines Traums? Er wußte es nicht mehr. Er wußte nur noch, daß die Fahrt hierher ein Mißgriff gewesen war. Sie hatte ihn um etwas Kostbares gebracht, hatte ihm die Illusion seiner Vergangenheit geraubt, und an ihrer Stelle war nichts mehr – nichts mehr als die Wahrheit.

»Au! Au! Peter kneift mich! Peter kneift mich!« Marys Geschrei zerriß die schläfrige Stille im Wagen.

»Was habt ihr denn?« fragte Margo.

»Der Peter, Mammi! Er hat mich in den Arm gekniffen. Huh, mein Arm! Mein Arm!« Sie ließ ihren Tränen freien Lauf.

»Sie hat mich mit dem Fuß gestoßen!« sagte Peter. »Sie hat angefangen!«

»Hab' ich nicht getan, Mammi! Huh-hu-hu-hu! Es blutet! Ich fühl's, es blutet!«

»Joe, halte bitte!« sagte Margo.

Joe fuhr mit dem Wagen an den Straßenrand, und Margo schaltete das Licht an. »So«, sagte sie energisch. »Was ist passiert? Zeig mal deinen Arm her!«

»Hier, Mammi! Über dem Ellbogen! 's ist ganz rot!«

»Das ist kein Blut!« erklärte Margo. »Aber rot ist es. Weshalb hast du das getan, Peter?«

»Ich hab' sie nicht angerührt, bis sie mich getreten hat.«

»Ich hab' geschlafen, Mammi. Wie kann ich ihn denn da getreten haben?«

»Mary hat geschlafen, Peter. Weshalb hast du sie gekniffen?«

»Sie lügt«, erklärte Peter verzweifelt.

Der heftige Knall, der die Backpfeife begleitete, die sie Peter versetzte, ließ alle zusammenzucken. »Untersteh dich!« schrie Margo. »Du weißt genau, daß ich dir verboten habe, so etwas von deiner Schwester zu sagen! Das ist abscheulich! Ich dulde es nicht, und ich hab's dir unzählige Male gesagt!« Sie warf einen hastigen Blick auf Joe und wandte sich wieder um. »Laß mich nie wieder hören, daß du so etwas sagst! Nie wieder!«

Die letzten Worte mußte sie schreien, um Peters Geheul zu übertönen. Er heulte so, daß er sich verschluckte und keine Luft mehr bekam und sein Gesicht keuchend gegen die Rücklehne preßte. Mary saß scheu in ihrer Ecke. Margo wußte nicht, was sie tun sollte, und blickte starr in die Windschutzscheibe.

»Aber, aber, aber!« begann Joe. »Ist ja nicht so schlimm, Peter!«

»Ich – ich – ich –« stotterte Peter und holte keuchend Luft.

»Ja, ja, ich weiß. 's ist ja gut. 's ist ja jetzt vorbei!«

Er versuchte, an Margos Augen die Erlaubnis abzulesen, ob er den Jungen trösten und sich zu ihm hinüberlehnen dürfe. Daß sie ihn nicht anblickte, sagte ihm genug. Er reckte sich über die Lehne, hob den zitternden Jungen zu sich hinüber und nahm ihn sanft auf den Schoß. »So«, sagte er leise. »So ist's schon besser, nicht wahr? Viel besser! Es ist gut, wenn man sich mal richtig ausweinen kann.«

Das Weinen hörte auf, doch der kleine Körper zuckte noch, sooft er aufschluchzte.

»Du darfst auf meinem Schoß bleiben und einschlafen, und eh' du's merkst, sind wir zu Hause!« Er schaltete das Licht aus und ließ den Motor an. Der Junge lehnte sich warm gegen ihn. Bald schlief er.

Im Wagen herrschte Schweigen. Durch das Summen des Motors, die vorbeifliegenden Hecken und die Schatten, die vor den Scheinwerfern aufzuckten, schwebten drei Worte heran. »Den Turm wummern!« Was konnte Peter nur damit gemeint haben? fragte sich Joe träumerisch. Was für ein Spiel war das: den Turm wummern? Er erinnerte sich an das Gesicht des Jungen, wie versunken es war, wie ernst vor stillem Glück, als er vor dem Kaninchenbau auf der Erde hockte. Ein selbsterfundenes Spiel, nahm Joe an. Vielleicht schon wieder vergessen. Er wollte ihn morgen früh danach fragen, aber Peter wußte es bestimmt nicht mehr. Nur aus Neugierde wollte er ihn fragen – sonst war es ja unwichtig . . . Und dann rührte sich plötzlich etwas in ihm, und er wurde ganz erregt. Doch, es war wichtig, war sehr wichtig. Nicht die Worte, nicht das Spiel, aber die Tatsache, daß er seinen Sohn an diesem ersten schönen Sommertag gesehen hatte, wie er emsig und in seiner Einsamkeit unendlich glücklich ›den Turm wummerte‹. Daß Peter sich nicht mehr daran erinnern würde, war unwesentlich. Aber das Wissen um eines Kindes heimliche Freude – das war jetzt sein eigenster Besitz, sein eigenstes Glück.

Dann, als er mit dem Wagen in die Straße einbog, die zu ihrem Haus führte, stieg ein seltsamer, ein phantastischer Gedanke in ihm auf. Er mußte selbst solche Erlebnisse wie Peter gehabt haben, damals in Corradinna, als er allein spielte, allein Türme wummerte. Und ganz bestimmt war auch einmal sein Vater zufällig hergekommen und hatte sich in seinem Sohn wiedererkannt. Und seines Vaters Vater vor ihm, und dessen Vater davor. Generationen von Vätern reichten weit in die Vergangenheit zurück, und alle fanden in dem flüchtigen, rasch zerstörten Glück ihrer Kinder einen eigenen Zauber und Trost. Die Vergangenheit hatte also doch einen Sinn. Sie war weder Wirklichkeit noch Traum, weder spärliches Eichengehölz der Gegenwart noch herrlicher Wald der Kinderzeit. Sie war einfach ein Fortbestehen: das sich ewig wiederholende, unbesiegbare Leben.

# Michael McLaverty
## *Sechs Wochen fort und zwei an Land*

Nach Mitternacht hatte es geregnet. Der Wind hatte das eiserne Tor aufgerissen, das zu den Wohnungen der Leuchtturmwärter führte, und nun klappte und quietschte es und störte Mrs. O'Briens kleinen Spaniel, der im dunklen, zugigen Flur auf der Fußmatte schlief. Von Zeit zu Zeit ließ er ein dumpfes Knurren hören, trottete über den Flur und scharrte an der Tür. Seine Unruhe und der launische Wind hatten Mrs. O'Brien, die oben in ihrem Bett lag, aufgeweckt. Sie überlegte, ob sie nach unten gehen und den Hund in die behagliche Wärme der Küche schicken sollte. Ihr Mann lag neben ihr; er schlief und schnarchte laut, ohne zu merken, daß sie wach war oder daß die Fenster unter den Böen erzitterten. Der Regen prasselte wie Hagel gegen die Scheiben und stürzte sintflutartig in die Zinkwanne neben dem Haus. Gott im Himmel, dachte sie, wie konnte man bei dem Lärm nur schlafen! Da mußten ja selbst die Toten erwachen, und doch lag er in tiefem Schlaf, als wäre es die stillste Sommernacht. Eigentlich hätte man annehmen sollen, daß die Fahrt zur Leuchtturminsel morgen früh und die sechs Wochen Abwesenheit und Trennung von ihr ihn bedrückt hätten. Er wurde eben alt, daran ließ sich nicht rütteln. Sie kam aus Versehen an seine Füße – sie waren kalt, kalt wie ein Stein, den man im Winter am Strand aufhebt.

Der Hund knurrte wieder, und sie stieß das Bettzeug fort und stand auf und tastete nach der Streichholzschachtel auf dem Tischchen. Sie strich ein Zündholz ab, doch es war schon abgebrannt, und sie schnalzte mißbilligend mit der Zunge. Ewig mußte sie Tom predigen, er solle die benutzten Streichhölzer nicht wieder in die Schachtel zurücklegen, aber er hörte ja nicht auf sie. Das sei ordentlicher, sagte er; aber es war wirklich zum

Verrücktwerden, fand sie. Sie strich drei Hölzchen ab, ehe sie ein unbenutztes erwischte, und beim Aufflackern der Flamme warf sie einen Blick auf die Weckeruhr und sah, daß es zwei Uhr nachts war. Sie glitt nach unten, zündete die Lampe an und ließ den Hund in die Küche. Sie tätschelte ihm den Kopf, und er sprang aufs Sofa, wedelte freudig mit dem Schwanz und rollte sich auf einem Kissen zusammen. Auf dem Fußboden standen Toms Reisekörbe schon bereit, denn am Morgen würde er abgeholt und zum Leuchtturm hinausgerudert werden, um den jungen Frank Coady abzulösen. Sie faßte die Körbe scharf ins Auge und fragte sich, ob sie alles eingepackt hatte, was er brauchte. Immer mußte sie etwas vergessen – Stiefelwichse oder einen Pullover oder Seife oder den Korkenzieher –, und immer mußte er's ihr vorhalten, sobald er an Land kam, um seinen vierzehntägigen Urlaub anzutreten. Sie konnte sich nicht erinnern, daß er jemals ohne die eine oder die andre Beschwerde heimgekehrt war. Doch diesmal glaubte sie felsenfest, nichts vergessen zu haben, denn sie hatte sich eine Liste gemacht und jedes Stück abgehakt, ehe sie es in die Körbe packte. Nein, diesmal würde er seine schlechte Laune nicht an ihr auslassen können!

Sie löschte die Lampe aus und kehrte ins Schlafzimmer zurück. Einen Augenblick blieb sie am Fenster stehen und beobachtete, wie der Scheinwerferstrahl vom Leuchtturm die Wolken erhellte und durch das feine Netz des niederfallenden Regens fegte. Tom schlief noch, unbekümmert um seinen bevorstehenden Aufenthalt auf dem windumtosten Felsklotz. Doch wenn der Wind die Nacht hindurch anhielt, würden ihn die Bootsleute nicht hinausrudern können. Aber selbst das wäre kein Trost – warten und warten und nach den Bootsleuten Ausschau halten, die den ganzen Tag über im Windschatten des Bootshauses Schutz suchten und hofften, daß sich das Meer beruhigte. Eigentlich wäre es doch besser, wenn sie ihn gleich hinausfahren könnten. Sie stieg ins Bett und drehte ihm den Rücken zu, und während sie dem Regen zuhörte, dachte sie, daß er ihr die lehmigen Hundepfotenspuren von den Zementwegen waschen und ihr die Mühe abnehmen würde, sich am Vormittag scheuernd davor hinzuknien.

Sie erwachte noch vor dem Läuten des Weckers, und vom Bett aus sah sie die frisch gewaschene Himmelsbläue und hörte in der Morgenstille das hohle Getöse der aufgeregten See. Er würde heute morgen ausfahren müssen, das war nun mal sicher! Wollte Gott, daß er in besserer Laune als letztesmal wieder zu ihr kam. Sie stand leise auf, und während sie sich den Morgenrock zuknöpfte, spähte sie auf Coadys Haus hinunter. Die kalte Sonne strömte schon zur offenen Haustür hinein, und Delia Coady lag auf den Knien und weißelte die Türschwelle, die vom Nachtregen streifig geworden war. Ihre sämtlichen Fenster standen offen, und die Gardinen bauschten sich im Durchzug. Delia hob den Kopf und schaute sich um, aber Mrs. O'Brien verzog sich hinter den Fensterrahmen und beobachtete sie von dort aus weiter. Delia sang jetzt und ging zur Zinkwanne neben dem Haus, um ihren Eimer mit Wasser zu füllen.

Tom regte sich und warf den einen Arm quer übers Kopfkissen.

»Hörst du sie?« fragte seine Frau.

»Wen?« murrte er verdrießlich und zog sich die Bettdecken fester um die Brust.

»Delia Coady singt schon wie 'ne Lerche.«

»Warum auch nicht? Wir leben in 'nem freien Land!«

Der Wecker auf dem Tisch surrte los, und sie ließ ihn bis zu Ende schnurren.

Tom hob den Kopf ein wenig in die Höhe und blickte sie an.

»Ich muß mich aber sehr wundern, daß du das verdammte Ding nicht eher abgestellt hast, wo du doch schon vorher auf warst!«

»Steh nur lieber auf, Tom! Sonst denkt Delia noch, du beeilst dich nicht genug, ihren Frank vom Felsen herunterzulassen.«

»Ich gehe, wann's mir paßt, und keine Sekunde eher. Wenn der junge Coady erst mal so lange bei den Lampen ist wie ich, beeilt er sich auch nicht mehr. Wenn man auf so einem Posten tüchtig sein will, muß man's langsam machen, langsam, langsamer, am langsamsten, und nie anders als langsam. Weißt du noch, was mir der Inspektor damals auf dem Leuchtturm vor Rathlin gesagt hatte? ›Mister O'Brien‹, hat er gesagt, ›auf dem ganzen Leuchtturm ist nicht soviel Staub, um eine Streichholzschachtel damit vollzumachen.‹ Und das Geheimnis? Langsam!«

»Kein Inspektor würde das Wort ›vollmachen‹ gebrauchen!«

»Hör mal, glaubst du etwa, ich hätte die Geschichte erfunden? Was würdest du ihn denn sagen lassen?« Er äffte eine säuselnde, weibische Stimme nach: »›Leuchtturmwärter O'Brien, die geheiligten Hallen dieses Leuchtturms weisen nicht soviel vom staubigen Element auf, um eine silberne Tabakdose damit anzufüllen.‹ So hättest du ihn wohl reden lassen, was?« fragte er verärgert.

»Ich glaube nicht, daß er eine Bemerkung über Staub oder Schmutz fallenlassen würde.«

»Du glaubst nicht! Du glaubst nicht! Hättest lieber glauben sollen, daß du den verdammten Wecker abstellen mußt, wo du doch weißt, ich kann das Gerassel nicht ausstehen!«

Sie schwieg. Ihre Wortwechsel schienen stets den harmlosesten Bemerkungen zu entspringen – eine Bemerkung ergab sich aus der andern, schwoll an und verwickelte sie, ehe sie sich's versahen, in einen grausam lieblosen Streit. Sie hatte sich oft selbst die Schuld zuzuschreiben. Sie hätte ihn in Ruhe lassen sollen mit seiner kleinen Geschichte von der Streichholzschachtel. Was war denn bloß in sie gefahren, daß sie ihm ausgerechnet heute widersprechen mußte, wenn sie ihn ganze sechs Wochen nicht mehr sehen würde? Sie unterdrückte einen tiefen Seufzer, räumte leise die Sachen im Zimmer auf und dachte dauernd darüber nach, was sie ihm sagen könnte, um ihren letzten Worten die Spitze zu nehmen. Sie trat ans Fenster, um es aufzustoßen. Delia sang noch immer und stand jetzt im Freien, von wo aus sie die frisch geweißelten Fenstersimse und die Türschwelle besser betrachten konnte.

»Sie hat ein hübsches Kleid an«, rief sie nach rückwärts. »Ich hab' sie noch nie in dem Kleid gesehen! Es steht ihr gut!«

»Ich hab' dir schon immer gesagt, sie hat in einem blauen Kleid geheiratet. Es ist bestimmt das gleiche.«

»Sie hat eine nette Stimme.«

»Bist wohl eifersüchtig?«

»Pah, ich hab' früher sehr gut singen können.«

»Da hab' ich verflixt wenig von gehört, muß ich schon sagen!«

»Du bestimmt nicht! Aber vielleicht interessiert's dich, daß ich mein Singen vor etwa zwölf Jahren aufgegeben habe – und zwar bald nach unsrer Heirat.«

»Und wer ist daran schuld?«

»Das weiß ich nicht«, sagte sie und nahm sich zusammen.

Er zog sich die Leintücher bis über die Schulter hinauf, und sie flehte ihn an, lieber aufzustehen und nicht einen andern Mann um auch nur eine Stunde Landurlaub zu berauben.

»Wegen Frank Coady soll ich mich eilen? Tu' ich nicht. Ich lass' mir Zeit. Ich bin über dreißig Jahre bei den Lampen, und er noch keine sechs. Er eilt sich ja auch nicht, wenn er mich ablösen soll.«

»Das kannst du ihm doch nicht vorwerfen, wenn er erst so kurze Zeit verheiratet ist«, erwiderte sie, ohne recht zu wissen, was sie sagte, und bürstete sich vor dem Spiegel ihr Haar.

»Als er letztesmal nach draußen kam, um mich abzulösen, mußt' ich den ganzen Vormittag auf sein Boot warten, und erst am Nachmittag ist's gekommen. Und was hat er gesagt, als er ausstieg? ›Ach je, Tom, 's tut mir leid, daß es so spät geworden ist! Ich hatte plötzlich elende Leibschmerzen und mußte mich ein paar Stunden ins Bett legen!‹ Das hat der kleine Taugenichts mir gesagt, anstatt daß er sich angeboten hätte, mir wegen seiner elenden Leibschmerzen einen Tag mehr zu geben! Jedenfalls fühl' ich mich heute zu müde und denk' nicht dran, mich so bald zu erheben.«

Sie blickte nicht mehr in den Spiegel, sondern drehte sich auf ihrem Hocker herum: »Und ich bin's allmählich müde, mir ewig dein ›müde‹ mit anzuhören. Gestern abend warst du müde, vorgestern warst du müde, ewig bist du müde! Du hast kaum ein andres Wort in den Mund genommen, seit du vor zwei Wochen an Land gekommen bist. Müde! Ohne ein bißchen Rücksicht auf mich zu nehmen! Gehst einfach abends ins Wirtshaus und bleibst da, bis dich einer in seinem Auto mitnimmt.«

»Und was willst du eigentlich von mir? Was soll ich denn machen?«

»Ach, gar nichts!« Sie schrie es fast hinaus. »Gar nichts! Ich hab' mich jetzt ans Alleinsein gewöhnt. An mein Witwendasein mit Ehemann! Du denkst nicht dran, abends mal zum Bridge mitzukommen. Weil du müde bist, wie du mir ewig vorerzählst. Und wenn ich alleine geh', dann wartest du nicht, bis ich heimkomme. Du schraubst die Lampe runter und legst dich ins Bett. Kein Wunder, daß ich schon graue Haare an den Schläfen habe!«

»Und ich hab' den ganzen Kopf voll weißer Haare!«

»Was verlangst du denn, wo du bald sechzig bist?«

»Wie nett du einen unterhalten kannst!«

»Unterhalten! Wenn ich nicht das Hündchen als Unterhaltung hätte, könnt' ich glatt verrückt werden.«

»Wenn du endlich aus dem Zimmer gehen würdest, könnt' ich allmählich aufstehn!«

»Oh, wenn ich gewußt hätte, daß ich dich dran hindere, wär' ich schon längst unten«, entgegnete sie und nahm den Wecker und die Streichholzschachtel und lief hastig aus dem Zimmer.

Er streckte die Arme aus, reckte sich und betrachtete das Glas Wasser auf dem Nachttisch. Nein, das trank er jetzt nicht! Von dem faden Geschmack würde ihm übel werden, und mit Übelkeit im Magen aufs Meer hinaus – da hätte er eine schlimme Überfahrt! Lieber wollte er eine Zigarette rauchen. Er beugte sich zum Stuhl vor, auf dem seine Jacke hing, und zündete sich eine Zigarette an. Dann ließ er sich aufs Kissen zurückfallen und zog nur manchmal die Brauen zusammen, wenn ein kalter Windstoß durchs offene Fenster hereinblies. Er konnte Delia singen hören und fragte sich, ob Mag wohl singen mochte, wenn sie ihn erwartete. Er glaubte es nicht! Sie hing mehr an dem verdammten alten Hund als an ihm, und es machte ihr gar nichts aus, wegen eines

Kartenspiels abends fünf Meilen weit zu laufen, und den Hund nahm sie natürlich mit. Wenn sie ein Weilchen auf dem Leuchtturmfelsen sein müßte, das würde sie zähmen. Dann wäre sie nicht mehr so quicklebendig! Ach, hätte er doch nur eine geheiratet, die nicht so lebhaft war! Eine etwas Ältere, Gesetztere, eine, die abends gern mal ein Glas Bier mit ihm getrunken hätte, anstatt ihn durch die ganze verdammte Gegend zu schleppen, und bloß wegen ein bißchen Bridge!

Er hörte, wie Mag unten die Haustür öffnete und den Hund hinausließ, und dann hörte er, wie sie mit Delia sprach und ihr zurief, sie sei froh, daß sich das Wetter für Franks Heimkehr noch rechtzeitig aufgeklärt hätte. Hah, dachte er, wie sie sich um ihre Nachbarn sorgt! Er blickte auf die Zigarette in seiner Hand und versuchte, sie vom Bett aus durchs offene Fenster zu werfen, doch sie flog gegen den Fensterrahmen und fiel auf den Fußboden, und er mußte aufstehen und den glühenden Stummel austreten.

Seine Sachen lagen ordentlich zusammengelegt auf der Kommode: ein sauberes weißes Hemd, die frisch gebügelte Hose und die Uniformjacke mit blank geputzten Messingknöpfen. Er zog das kalte, steif gestärkte Hemd an und schnaufte verächtlich durch die Nase. Er wünschte, sie wäre nicht so sorgfältig: man könnte meinen, er erwartete Inspektionsbesuch draußen auf seinem Felsen. Verdammt noch eins, wenn man da draußen je was andres sah als höchstens eine müde Taube oder einen toten Kormoran, den man mit dem Fuß ins Meer stoßen mußte, damit ihn nicht die Schmeißfliegen umschwärmten! Erstaunlich, was für einen Riecher die Schmeißfliegen für verwesendes Fleisch hatten! Flogen zwei, drei Meilen aufs offene Meer raus, um ihre Eier in einem toten Seevogel abzulegen! Die Natur ist erstaunlich, wenn man sich's recht überlegt, ganz erstaunlich!

Mag klopfte mit den Knöcheln ihrer Hand gegen die Treppe unten und rief ihm zu, sein Frühstück sei bereit, und als er nach unten kam, blickte sie ihn verstohlen an und versuchte ihm vom Gesicht abzulesen, ob er ihr die Bemerkung wegen des weißen

Haares übelgenommen hatte. Wenn sie ihm nur sagen könnte, daß es ihr leid tat! Aber lieber nicht – lieber es ruhen lassen und mit ihm sprechen, als wäre nichts gewesen.

»O Tom«, rief sie munter, »Delia war hier, um zu fragen, wann du fahren möchtest?«

»Wie zum Teufel soll ich denn wissen, wann ich fahre? Ich wart's ab, bis die Bootsleute kommen – und lass' mir Zeit dabei.«

»Sie ist heut' früh in den Farbtopf gefallen«, fuhr sie fort, um den heiteren Ton beizubehalten.

»Wer?«

»Das alte Boot«, gab sie schnippisch zur Antwort.

Da hatten sie's wieder mal geschafft! Sie waren wieder da, wo sie angefangen hatten: ärgerten sich gegenseitig mit stummer Feindseligkeit oder mit Worten, die sie in bitterem Zorn hervorstießen. Ach, dachte sie, wenn er sich während der vergangenen zwei Wochen doch nur ein bißchen von seiner alten Liebe zu ihr hätte leiten lassen, dann würden sie sich jetzt nicht so ankläffen, und sie könnten freundlich und zufrieden und sehnsüchtig voneinander Abschied nehmen.

Sie holte einen heißen Teller mit Eiern und Speck vom Herd und goß ihm Tee ein.

»Tom, ich laufe flink zu Delia rüber und sag' ihr, daß du bereit bist, sobald die Bootsleute kommen. Ich möcht' mich auch gern gründlich bei ihr umschauen, so wie sie's hier bei uns macht. Ich finde immer, daß es in ihrer Küche furchtbar nach Petroleum riecht. Hast du's auch schon gemerkt, Tom?«

»Petroleumgeruch hab' ich in der Nase, seit ich Leuchtturmwärter bin. Und soll ich dir mal was verraten?« Er hob die Hand mit der Gabel, während sie sich gegenüber von ihm hinsetzte. »Es gibt nichts, was so durchdringend und ausdauernd ist wie Petroleumgeruch. 's ist erstaunlich. Er dringt in die Wände ein und stinkt noch durch zwei Anstriche mit neuer Farbe. Ich hab' ihn in der Nase und kann keinen Unterschied zwischen Petroleum und Blumenduft spüren.«

Sie lächelte, denn im gleichen Augenblick bemerkte sie zwei

Kisten Guinness-Bier auf dem Fußboden, und sie hätte ihn fürs Leben gern damit geneckt, daß er ja für was anderes einen sehr guten Riecher habe. Aber sie verkniff es sich und wandte sich dem Hund zu, der ihr die Schnauze aufs Knie legte. Sie warf ihm ein paar Bröckchen vom Eßtisch hin, und er schnappte sie gierig auf. Sie tätschelte ihm den Kopf und spielte mit seinem Ohr, das sie umkrempelte.

»Ich muß mich sehr wundern, daß du den Hund nicht nach draußen schickst, damit ich mein Frühstück wenigstens halbwegs anständig zu mir nehmen kann. Er stinkt nämlich.«

»Und dabei hast du noch eben gesagt, du könntest nichts andres riechen als Petroleum!«

»Den Hund kann ich jedenfalls riechen – und das will was heißen!«

Der Hund unter dem Tisch kam auf seine Seite hinüber, und er versetzte ihm einen Fußtritt, daß er jaulte und sich unters Sofa verkroch.

»Komm her, Brian«, rief sie schmeichelnd, und der Hund kroch hervor und lief scheu auf sie zu.

»Entweder geht er raus, oder ich frühstücke nicht weiter.«

Ohne ein Wort stand sie auf und ließ den Hund hinaus.

»Vielleicht bist du jetzt zufrieden?« sagte sie und kam an den Tisch zurück. »Alles, was ich gern hab', kannst du nicht leiden!«

»Das ist eine gemeine Lüge!«

»Es ist wahr – und weil du glaubst, ich sei eifersüchtig auf Delia, hast du von ihr geschwärmt.«

»Das ist auch eine verdammte Lüge!«

»Es ist wahr, Tom! Nichts paßt dir – und früher warst du so anders. Du warst immer so fröhlich – man konnte lachen und lustig sein mit dir. Aber in der letzten Zeit hast du dich so verändert!«

»Du hast dich verändert!«

Sie nahm ihr Taschentuch und putzte sich die Nase. Sie spürte, wie ihr die Tränen in die Augen stiegen, und sie ließ den Kopf hängen und versuchte, wieder ruhig zu werden.

Ein Schatten zog am Fenster vorbei. Es klopfte an die Tür, und als sie öffnete, erschienen die drei Bootsleute.

»Wir möchten gern die Flut abpassen, Mister O'Brien«, sagten sie, hoben die Reisekörbe auf und schlurrten aus dem Haus.

Tom beendete gemächlich sein Frühstück und ging nach oben. Er kam bald wieder nach unten, vollständig angekleidet und reisefertig. Im Nu sah sie, daß er kein Taschentuch in der Brusttasche hatte, und rief ihm zu, eine Sekunde zu warten. Sie huschte nach oben, um eins zu holen, und als sie wieder unten anlangte, mußte sie entdecken, daß er fort war. Sie eilte ihm nach und holte ihn am eisernen Tor ein.

»Halt mich nicht auf«, rief er. »Du hast genauso gut wie ich gehört, daß wir die Flut abpassen müssen.« Aber sie hielt ihn fest, und als er sich loszureißen versuchte, steckte sie ihm das schön gefaltete Tuch in die Brusttasche.

»Tom, lauf doch nicht so von mir weg!« bat sie und sah mit ängstlich flehendem Blick zu ihm auf.

»Du willst wohl, daß mich die Leute auslachen?« sagte er, steckte das Taschentuch in eine andere Tasche, wo es nicht zu sehen war, und ging weg.

Sie blieb am Tor stehen und hoffte, daß er sich umdrehen und ihr winken würde, aber er ging stur und mit erhobenem Kopf den sandigen Weg entlang, der zum Strand führte, und rauchte seine Pfeife. Der Weg senkte sich und war an manchen Stellen weiß von den Füßen der Bootsleute, und an den andern Stellen, die ohne Fußspur waren, lag er noch regendunkel da.

Die Männer waren schon im Boot und schöpften das Regenwasser aus. Als Tom sich über den glitschigen Abfall am Ufer seinen Weg suchte, riefen sie ihm zu, er solle vorsichtig sein. Sie halfen ihm ins Boot, und er saß im Heck, hatte die Beine gespreizt und ließ die Hände zwischen den Knien niederbaumeln. Die Bootsleute spuckten sich in die Hand und packten die Riemen; nach wenigen Minuten hatten sie die schützende Bucht hinter sich und sahen voraus den schwarzen Felsklotz und auf ihm, wie ein brütender Seevogel, den stummelkurzen Leuchtturm. Die

Männer ruderten mit kurzen, verläßlichen Schlägen, und das Boot stieg und fiel und mähte weiße Schwaden aus der grünen See.

»Laßt euch Zeit«, sagte Tom, »laßt euch Zeit! Ihr bekommt's nicht extra bezahlt, wenn ihr euch zu Tode rackert! Wir kommen noch früh genug hin.«

Sie antworteten nicht, und als sie sich dem Felseneiland näherten, sahen sie den weißen Fußweg, der sich von oben bis zum Saum des Wassers niederschlängelte, und sie sahen die Wellen, die gegeneinander stießen und sich in wildem Wirrwarr überschlugen. Die Männer zogen die Ruder jetzt knapp und kurz durch und hatten die Augen auf die drei Leuchtturmwärter geheftet, die auf sie warteten.

»Sie müssen springen, Mr. O'Brien«, sagten sie, »aber erst, wenn wir's Ihnen zurufen. Zuerst müssen wir die Sachen an Land schaffen.« Während der eine das Boot mit einem Bootshaken vom Land fernhielt, standen die beiden andern mit einem Gepäckstück im Heck und warteten auf eine Gelegenheit, um es den ausgestreckten Händen der Männer an Land zuzureichen. Als alle Kisten und Körbe drüben waren, sprang Frank Coady zu und landete auf dem Dollbord, wo er so leicht wie ein Ballettänzer auf einem Bein balancierte. »Die holde Fee!« rief er, verschränkte die Arme, kreiselte mit übertriebener Geziertheit auf den Zehen herum und warf dann den am Ufer Stehenden unter Verbeugungen Kußhände zu.

Tom O'Brien stopfte die Pfeife in die Tasche und mühte sich schwerfällig zu ihm hinauf.

»Na, Tom, mein Junge, laß dir mal helfen!« rief Coady und streckte ihm die Hand entgegen.

»Scher dich weg, du verdammter Esel!« murrte Tom O'Brien und setzte den einen Fuß fester aufs Dollbord.

»Vorsicht, Mr. O'Brien, Vorsicht jetzt!« riefen die Bootsleute. »Warten Sie noch, bis die Dicke vorüber ist. Lassen Sie sich von ihr hochtragen!«

Aber O'Brien achtete nicht auf ihre Worte. Er sprang, bevor

die Welle sich nahte, verfehlte das Ufer und wäre fast in der Welle verschwunden, wenn die Leuchtturmwärter ihn nicht gepackt und aus dem Wasser gezogen hätten.

»Ist schon gut! Ist schon gut!« sagte er, als sie über seine durchnäßten Hosen und das aufgeschlagene Knie lachten, aus dem das Blut hervorsickerte.

»Ist alles in Ordnung, Tom?« rief Coady vom Boot her.

»Ach, geh zum Teufel, du!« erwiderte O'Brien.

»Hat schlechte Laune, der alte Knacker!« sagte Coady zu den Bootsleuten, während er sich die Jacke auszog und einen Riemen ergriff. »Und jetzt, ihr wackern Burschen, zeigt mal, wie ihr euer Boot springen laßt!« Er zog den Riemen mit aller Kraft durch. »Los, ihr wackern Burschen! Hui, da hüpft es! So muß man's springen lassen! Für jeden im Boot stift' ich was im Wirtshaus! Aufs Wohl von Frank Coady!«

Dicht vor dem Ufer drehte er den Kopf um und sah seine Frau, die ihn erwartete.

»Da steht sie, ihr Wackern! Steht und strickt und wartet auf ihren geliebten Frank!« Er warf den Riemen hin und pflanzte sich im Bug auf, bereit, an Land zu springen.

»Passen Sie auf, daß es Ihnen nicht wie O'Brien ergeht!« lachten sie.

»O'Brien ist so steifbeinig wie ein Stelzenläufer. Hopplahoh!« rief er und sprang leichtfüßig auf die Klippe, kreiselte herum und stieß das Boot vom Land ab.

In der nächsten Minute hielt er seine Frau in den Armen, und eingehakt gingen sie langsam den Sandstrand hinab; die Bootsleute hörten noch lange sein Lachen und wußten, daß er über O'Brien lachte.

Beide gingen Arm in Arm durch das eiserne Tor. Mag O'Brien stand mit dem Hund vor ihrem Haus, und Frank kam näher und erzählte ihr voller Schadenfreude, daß Tom sich sein Knie aufgeschlagen habe.

»Hat er sich verletzt?« fragte sie.

»Verletzt? Nicht die Spur! Er ist wie ein Langstreckenläufer den Fußweg hinaufstolziert. Sie brauchen sich höchstens drum sorgen, wo Sie einen passenden Flicklappen herbekommen.« Und damit nahm er Delia bei der Hand, und zusammen gingen sie zu ihrem Haus hinüber, standen eine Minute bewundernd vor der frisch geweißelten Türschwelle und zogen dann die Tür hinter sich ins Schloß.

Mag trat ins Haus und blieb ein Weilchen am Fenster sitzen, von dem aus sie auf Coadys Haus blicken konnte. Der Kopf tat ihr weh, und sie dachte, wie gedankenlos es von ihr gewesen war, daß sie ihm kein Verbandzeug und etwas Jod eingepackt hatte, mit dem er sein abgeschürftes Knie hätte behandeln können. »Man kann nicht an alles denken«, seufzte sie, legte die Hände in den Schoß und schaute zu Coadys Haus hinüber, bei denen jetzt alles stumm und still war. Dann zwang sie sich zum Aufstehen, nahm einen Stock und rief ihr Hündchen herbei. Sie ging mit ihm durchs eiserne Tor und machte sich auf den Weg zum Strand, zu der Stelle, die dem Leuchtturmfelsen am nächsten lag.

Ihre Augen schweiften prüfend über den Felsklotz und den Fußweg zum Meer hinunter. Wenn er sie doch sähe und an die Brüstung treten und ihr winken würde, wie er es früher getan hatte, dann wäre sie wieder froh! Sie setzte sich auf den grünen Abhang und wartete. Auf dem Felsen drüben regte sich nichts; nur ein oder zwei Möwen glitten in Kehren auf die See nieder. Sie erhob sich und winkte. Der Hund scharrte im Sand, sprang ungeduldig beiseite und wollte weiter. Sie winkte wieder – und noch immer kam kein Zeichen, daß er sie gesehen hatte. Sie wandte sich ab und verspürte den sanften Wind: er war jetzt sanft und müde, nachdem er sich ausgetollt hatte. Sie reckte und streckte sich ihm entgegen, aber er war zu matt, um ihr auch nur das Haar zu zerzausen. Wenn er doch kräftig gewesen und mit voller Wucht über sie hergefallen wäre – wie sie das genossen hätte! Aber er hatte keine Kraft, er war träge und leblos, so müde wie ein alter Mann. Sie blickte noch einmal zum Leuchtturmfelsen hinüber, und da sie eine schwarze Rauchfahne aufwirbeln sah, wußte sie, daß es Tom war, der sich ein tüchtiges Feuer angezündet hatte. Jetzt würde er sich ein Buch nehmen oder eine Flasche Guinness-Bier und seine Pfeife, und nachher würde er die Augen zumachen und einschlafen.

Der Hund bellte und lief den Hang hinauf hinter einem Kaninchen her. Sie folgte ihm, und als sie nach rechts blickte, sah sie das eiserne Tor und die Häusergruppe, aus der sie hierhergekommen war. Sonst war nichts da als Sonnenschein und Stille, und hinter ihr das Rauschen der kalten See.

# Edna O'Brien
## *Irische Lustbarkeit*

Mary hoffte, daß der morsche Vorderreifen nicht platzte. Der Schlauch hatte nämlich einen feinen Riß, und zweimal mußte sie absteigen und die Luftpumpe nehmen, was ärgerlich war, denn die Luftpumpe hatte kein Ansatzstück und mußte mit dem Taschentuchzipfel draufgezwängt werden. Solange sie denken konnte, hatte sie Fahrräder aufgepumpt, Torf herangekarrt, die Ställe ausgemistet, Männerarbeit verrichtet. Ihr Vater und ihre beiden älteren Brüder arbeiteten fürs Forstamt, deshalb mußten Mary und ihre Mutter all die andern Arbeiten übernehmen: drei kleine Kinder waren auch noch da, Hühner und Schweine wollten besorgt werden, dazu noch das Buttern. Sie hatten einen Bauernhof in den Bergen, und das Leben war schwer.

Aber heute war sie frei. Es war ein kalter Abend – Anfang November. Zwischen kahlen Weißdornhecken fuhr sie die Bergstraße entlang und dachte voller Freude an die Party. Es war ihre erste Party, obwohl sie schon siebzehn war. Sie hatte die Einladung erst heute vormittag erhalten. Der Briefträger hatte ausgerichtet, Mrs. Rodgers vom Commercial Hotel wolle, daß Mary heute abend käme, unbedingt. Marys Mutter war zuerst nicht dafür, daß Mary hinging; es war zuviel zu tun: Grütze mußte gemahlen werden, und einer von den Zwillingen hatte Ohrenschmerzen und würde wahrscheinlich in der Nacht schreien. (Die einjährigen Zwillinge schliefen bei Mary in deren Bett, und manchmal hatte sie Angst, sie könnte sie erdrücken oder erstikken, denn das Bett war so schmal.) Sie bat ihre Mutter, sie gehen zu lassen.

»Was soll's schon nützen?« hatte ihre Mutter gefragt. Ihr erschien jeder Ausgang als störend; man bekam nur Geschmack auf

Dinge, die man nicht haben konnte. Aber schließlich gab ihre Mutter nach, vor allem deshalb, weil Mrs. Rodgers als Besitzerin des Commercial Hotels eine wichtige Persönlichkeit war.

»Du darfst gehen, aber nur, wenn du morgen früh rechtzeitig zum Melken zurück bist! Und daß du mir nicht den Kopf verlierst und leichtsinnig wirst!« mahnte ihre Mutter. Mary sollte über Nacht bei Mrs. Rodgers im Dorf bleiben. Sie flocht sich ihr Haar, und als sie es später auskämmte, fiel es ihr in dunklen, krausen Wellen über die Schultern. Sie durfte das schwarze Spitzenkleid anziehen, das vor Jahren aus Amerika gekommen war und eigentlich niemandem gehörte. Ihre Mutter hatte sie mit Weihwasser besprengt und bis an die Landstraße gebracht und sie nochmals ermahnt, ja keinen Alkohol anzurühren.

Mary war glücklich, während sie vorsichtig die Bergstraße entlangradelte und die tiefen Löcher vermied, die mit dünnem Eis überzogen waren. Der Reif war heute liegengeblieben. Der Boden war hart gefroren. Wenn es so weiterging mit der Kälte, mußte das Vieh in den Stall gebracht werden und Heu bekommen.

Die Landstraße wand und schlängelte sich und stieg an, und Mary folgte allen Windungen und erklomm die kleinen Anhöhen und fuhr bis zur nächsten Höhe bergab, doch den *Big Hill* fuhr sie nicht hinunter, sondern stieg ab, weil die Bremse nicht mehr zuverlässig war, und aus alter Gewohnheit blickte sie noch einmal auf ihr Elternhaus zurück. Es war das einzige Haus dahinten in den Bergen, klein und weißgetüncht, umgeben von ein paar Bäumen, und auf der Rückseite war ein Viereck, das sie den Küchengarten nannten. Ein Rhabarberbeet war da und einige Sträucher, über die sie die Teeblätter ausleerten, und ein Grasfleck, wo die Küken im Sommer ihren Auslauf hatten, der jeden zweiten Tag verschoben wurde.

Sie wandte den Blick ab. Jetzt konnte sie in Ruhe an John Roland denken. Vor zwei Jahren war er in die hiesige Gegend gekommen, auf einem Motorrad, in verrücktem Tempo, so daß der Staub auf die frisch gewaschenen Milchtücher fiel, die gerade zum Trocknen ausgebreitet auf der Hecke lagen. Er hielt und fragte sie nach dem Weg. Er wohnte bei Mrs. Rodgers im Commercial Hotel, und nun wollte er sich den Bergsee hier oben ansehen, der wegen seiner Farben berühmt war. Er wechselte rasch die Farbe: innerhalb einer einzigen Stunde konnte er blau oder grün oder schwarz sein, und bei Sonnenuntergang war er oft von einem seltsamen Burgunderrot, überhaupt nicht wie ein See, sondern wie Wein.

»Da unten ist er!« hatte sie zu dem Fremden gesagt und ihm den See mit der kleinen Insel gezeigt. Er war an der falschen Stelle abgebogen.

Hügel und schmale Kornfelder fielen steil zum Wasser hin ab. Der Boden war natürlich schlecht – bei all den Steinen. Die Kornfelder vergilbten schon, es war im Hochsommer gewesen; an den Straßenrändern loderte das blutige Rot der Fuchsien; nach fünf Stunden war die Milch in den Kannen bereits sauer. Er sagte, wie fremdartig alles sei. Sie interessierte sich nicht so für eine schöne Aussicht, deshalb blickte sie einfach in den hohen blauen Himmel und sah einen Habicht, der genau über ihnen in der Bläue verhielt. Es war wie eine Pause in ihrem Dasein, über ihnen der Habicht, der so wunderbar still stand; und gerade da trat ihre Mutter aus dem Haus, um zu sehen, wer der Fremde sein könne. Er nahm den Helm ab und begrüßte Marys Mutter sehr höflich. Er stellte sich als John Roland vor: ein englischer Maler war er, der in Italien lebte.

Mary erinnerte sich nicht mehr, wie es gekommen war, aber nach einer kleinen Weile begleitete der Fremde sie in ihre Küche und setzte sich mit ihnen zum Essen.

Das war nun zwei lange Jahre her, doch nie hatte sie die Hoffnung aufgegeben. Vielleicht heute abend? Der Briefträger hatte gesagt, jemand Besonderes erwarte sie im Commercial Hotel. Sie war von solchem Glück erfüllt. Sie redete mit ihrem Fahrrad, und ihr schien, als spiegele sich ihr Glück in der Perlfarbe des kalten Himmels, in den bereiften Wiesen, die in der Dämmerung blau wurden, und in den Hüttenfenstern am Weg. Ihr Vater und ihre

Mutter waren reich und fröhlich; der Zwilling hatte keine Ohrenschmerzen, das Küchenfeuer rauchte nicht. Dann und wann mußte sie bei dem Gedanken lächeln, wie sie ihm erscheinen würde: größer und jetzt mit Busen, und in einem Kleid, dessen man sich nirgends zu schämen brauchte. Sie dachte nicht mehr an den brüchigen Reifen, stieg auf und fuhr weiter.

Die fünf Straßenlaternen brannten schon, als sie ins Dorf radelte. Heute war hier Viehmarkt gewesen, und die Hauptstraße war mit Kuhmist besudelt. Die Leute hatten ihre Fenster durch halbhohe Fensterläden oder sonst einen Behelf aus Brettern und Fässern geschützt. Manche scheuerten ihr Stück Bürgersteig mit Eimer und Bürste sauber. Kühe wanderten muhend herum, wie sie es immer tun, wenn sie in einer fremden Straße sind, und betrunkene Bauern waren mit Stöcken hinter ihnen her, um in dunklen Winkeln ihr eigenes Vieh aufzustöbern.

Hinter dem großen Ladenfenster des Commercial Hotels hörte Mary laute Unterhaltung und singende Männer. Die Fensterscheibe war aus Milchglas, deshalb konnte sie niemanden erkennen; sie sah nur, wie sich drin die Köpfe hin und her bewegten. Es war ein armseliges Hotel; die gelb getünchten Wände brauchten dringend einen neuen Anstrich: seit dem Wahlfeldzug vor fünf Jahren, als De Valera ins Dorf kam, waren sie nicht mehr gestrichen worden. De Valera war damals in den oberen Stock gegangen und hatte sich ins Wohnzimmer gesetzt; er hatte mit einer billigen Feder seinen Namen ins Gästebuch eingetragen und Mrs. Rodgers wegen des Todes ihres vor kurzem verstorbenen Mannes sein Beileid ausgesprochen.

Zuerst wollte Mary ihr Fahrrad gegen die Bierfässer unter dem Fenster lehnen und die drei Steinstufen hinaufsteigen, die zur Haustür führten; doch plötzlich klickte die Klinke der Ladentür, und entsetzt rannte sie in die kleine Gasse neben dem Laden, weil sie Angst hatte, jemand, der ihren Vater kannte, erzählte ihm vielleicht, er habe sie durch den Schankraum gehen sehn. Sie schob ihr Fahrrad in einen Schuppen und näherte sich der Hoftür. Sie stand offen, doch sie klopfte lieber erst an, ehe sie eintrat.

Zwei Mädchen aus der Ortschaft kamen angestürzt. Die eine war Doris O'Beirne, die Tochter des Sattlers. Sie sonnte sich im Ruhm, die einzige Doris im ganzen Dorf zu sein, und obendrein hatte sie zwei verschiedene Augen, ein blaues und ein dunkelbraunes. Sie lernte in der Handelsschule Stenographie und Maschineschreiben und wollte einmal in Dublin Sekretärin irgendeines berühmten Mannes bei der Regierung werden.

»Mein Gott, ich dachte, es wär' jemand Wichtiges!« rief sie, als sie Mary dastehen sah – Mary, die rot wurde und hübsch aussah und eine Flasche mit Sahne in der Hand hielt. Noch ein Mädchen! In der Gegend wimmelte es von jungen Mädchen. Die Leute meinten, es hinge mit dem kalkhaltigen Wasser zusammen, daß so viele Mädchen geboren würden, Mädchen mit rosiger Haut und schönen Augen, Mädchen wie Mary, mit langem, gewelltem Haar und guter Figur.

»Komm rein oder bleib draußen!« sagte Eithne Duggan, das andere Mädchen. Es sollte ein Scherz sein, aber keine von beiden mochte Mary leiden: sie verabscheuten die Stillen vom Bergland.

Mary trat ein und trug in der Hand die Sahne, ein Geschenk ihrer Mutter für Mrs. Rodgers. Sie stellte die Sahne auf das Küchenspind und zog sich den Mantel aus. Als sie ihr Kleid sahen, stießen sich die Mädchen mit dem Ellbogen an. In der Küche roch es nach Kuhmist und gebratenen Zwiebeln.

»Wo ist Mrs. Rodgers?« fragte Mary.

»Bedient«, antwortete Doris mit frecher Stimme, wie wenn das jeder Dummkopf wissen müßte. Am Tisch saßen zwei alte Männer und aßen.

»Ich kann nicht kauen, hab' keine Zähne mehr«, sagte der eine Mann zu Doris. »'s ist so zäh wie Leder!« sagte er und hielt ihr seinen Teller mit dem verbrannten Beefsteak hin. Er hatte wasserhelle Augen und blinzelte kindisch. Ob es stimmte, überlegte Mary, daß die Augen mit dem Alter blasser wurden – wie Waldhyazinthen in einem Glas?

»Dafür können Sie mir nichts abverlangen«, sagte der alte

Mann zu Doris. Tee und Beefsteak kosteten im Commercial Hotel fünf Schilling.

»Das Kauen tut Ihnen aber gut!« verspottete ihn Eithne Duggan.

»Mit dem Zahnfleisch kann ich nicht kauen«, wiederholte er, und die beiden Mädchen begannen zu kichern. Der alte Mann schien befriedigt, weil er sie zum Lachen gebracht hatte, und schloß den Mund und kaute ein-, zweimal auf einem Stück Brot herum, auf frischem Brot aus dem Laden. Eithne Duggan lachte so sehr, daß sie sich ein Geschirrtuch zwischen die Zähne stecken mußte.

Mary hängte ihren Mantel auf und ging in den Laden hinüber. Mrs. Rodgers trat hinter der Theke hervor, um einen Augenblick mit ihr zu sprechen.

»Mary, ich bin froh, daß du gekommen bist! Das Pärchen in der Küche nützt mir rein gar nichts – immerzu kichern sie! Zuallererst muß also oben das Zimmer ausgeräumt werden. Alles muß raus – bis auf das Klavier. Heute abend soll getanzt werden.«

Mary begriff sofort, daß sie zum Arbeiten herbestellt worden war, und vor Schreck und Enttäuschung wurde sie rot.

»Schiebe einfach alles ins hintere Schlafzimmer, den ganzen Kram!« sagte Mrs. Rodgers, während Mary an ihr gutes schwarzes Spitzenkleid dachte, und daß ihre Mutter ihr nicht einmal erlaubte, es sonntags zur Messe anzuziehen.

»Und dann muß die Gans gefüllt werden und in den Ofen!« fuhr Mrs. Rodgers fort und erklärte, die Party sei zu Ehren des hiesigen Zoll- und Steuerbeamten, der sich pensionieren ließ, weil seine Frau bei den Sweepstakes Geld gewonnen hatte. Zweitausend Pfund. Seine Frau wohnte dreißig Meilen von hier, noch weiter als Limerick, deshalb übernachtete er von Montag bis Freitag im Commercial Hotel und kehrte nur übers Wochenende heim.

»Jemand erwartet mich hier«, sagte Mary und zitterte vor Freude, weil sie nun seinen Namen von jemand anders hören würde. Sie überlegte, welches wohl sein Zimmer sein könnte und ob er etwa gerade zu Hause war. In Gedanken war sie schon die morsche Treppe hinaufgestiegen und hatte an seine Zimmertür geklopft und hörte ihn drin umhergehen.

»Wer erwartet dich hier?« fragte Mrs. Rodgers und sah einen Augenblick verdutzt aus. »Ach so, der Mann vom Steinbruch – ja, der hat sich nach dir erkundigt! Er sagt, er hätte dich mal beim Tanz gesehen. Der ist so närrisch wie zwei linke Schuhe.«

»Was für ein Mann?« flüsterte Mary und spürte, wie alle Freude aus ihrem Herzen sickerte.

»Ach, wie heißt er doch schnell?« sagte Mrs. Rodgers und wandte sich schon den Männern mit den leeren Gläsern zu, die laut nach ihr riefen. »Ja, ja, ich komme.«

Doris und Eithne halfen Mary, die schweren Möbelstücke im oberen Stock zu verschieben. Sie zerrten die Anrichte über den Flur, und die eine Fußrolle riß das Linoleum auf. Sie keuchte, weil sie das schwerere Ende hatte, und die andern beiden waren auf der gleichen Seite. Sie ahnte, daß sie es absichtlich machten; sie aßen Bonbons, ohne ihr welche anzubieten, und sie ertappte sie dabei, wie sie über ihr Kleid lachten. Auch wegen des Kleides machte sie sich Sorgen: wenn sich ein Fädchen von der Spitze in einem absplitternden Stück Holz oder an einem Bierfaß verfing, würde sie sich am nächsten Morgen nicht nach Hause getrauen. Sie trugen eine polierte Bambus-Etagere hinaus, einen kleinen Tisch, Nippsachen und einen Nachttopf ohne Henkel, in dem ein paar verwelkte Hortensien standen. Sie rochen scheußlich.

»Wieviel kostet das Hündchen im Fenster, ja, das mit dem Wackelschwanz?« sang Doris O'Beirne einem weißen Porzellanhund vor und versicherte, die ganze Bude enthielte nicht für zehn Pfund Möbel.

»Läßt du deine Lockenwickel drin, bis es losgeht, Dot?« fragte Eithne Duggan ihre Freundin.

»Ja, klar«, erwiderte Doris O'Beirne. Sie hatte lauter verschiedene Lockenwickel im Haar: weiße Pfeifenputzer, Metallclips und rosa Plastikwickel. Eithne hatte die ihren gerade herausgenommen, und nun stand ihr das blond gefärbte Haar kraus und wirr um den Kopf. Sie erinnerte Mary an eine mausernde Henne, die zu fliehen versucht. Mit ihren Schielaugen, den krummen Zähnen und dem schiefen Mund sah das unglückliche Ding weiß Gott wie verkehrt zusammengesetzt aus. So was war eben Glückssache.

»Hier, bring die weg!« sagte Doris und gab Mary ganze Bündel vergilbter Rechnungen, die auf Spießen steckten.

Tu dies! Tu das! Sie kommandierten sie herum wie ein Dienstmädchen. Sie begann Staub zu wischen und staubte das Klavier oben und an den Seiten ab, auch die schwarzen und gelben Tasten, dann die Fußleisten und die Täfelung. Der Staub, der überall lag, war infolge der Feuchtigkeit im Zimmer zu einer harten Schicht geworden. Eine Party! Sie hätte ebensogut zu Hause bleiben können, dort hatten sie wenigstens sauberen Dreck, wie er von Kälbern und Schweinen und dergleichen herrührte.

Doris und Eithne vergnügten sich auf ihre Art: sie schlugen ein paar Klaviertasten an und wanderten von einem Spiegel zum andern. Es hingen zwei Spiegel im Zimmer, und auf dem zusammenlegbaren Kaminschirm war auch ein stockfleckiger Spiegel.

»Was ist denn da los?« riefen Doris und Eithne plötzlich, als sie unten Lärm hörten. Sie stürzten auf den Flur, um zu sehen, was es war, und Mary folgte ihnen. Sie lehnten sich übers Geländer und sahen, daß ein junger Stier zur Haustür hereingekommen war und nun über den Fliesenboden schlitterte und einen Ausweg suchte.

»Ärgert ihn ja nicht!« rief der zahnlose Alte dem Jungen zu, der den schwarzen Stier hinausscheuchen wollte. Zwei andre Jungen wetteten, ob der Stier etwas auf dem Flur hinterlassen würde, als Mrs. Rodgers aus dem Schankraum trat und vor Schreck ein Glas Porter fallen ließ. Das Tier drängte rückwärts zur Haustür hinaus, wie es hereingekommen war, und schüttelte den schweren Kopf.

Eithne und Doris krümmten sich vor Lachen, doch dann stahl Doris sich fort, damit keiner von den Burschen sie mit ihren Lokkenwickeln sähe und verspottete. Mary war niedergeschlagen ins Zimmer zurückgekehrt. Müde schob sie die Stühle an die Wand und fegte den Linoleumfußboden, auf dem später getanzt werden sollte.

»Jetzt heult sie«, erzählte Eithne Duggan ihrer Freundin Doris. Sie hatten sich mit einer Flasche Apfelwein im Badezimmer eingeschlossen.

»In dem Kleid sieht sie richtig idiotisch aus«, sagte Doris. »Und wie lang es ist!«

»Es gehört ihrer Mutter«, erwiderte Eithne. Kurz davor, als Doris nicht dabei war, hatte sie das Kleid bewundert und Mary gefragt, wo sie es gekauft hätte.

»Und warum heult sie jetzt?« verwunderte sich Doris mit lauter Stimme.

»Sie hatte geglaubt, ein junger Mann wäre hier. Weißt du noch – der Mann, der vorletzten Sommer hier gewohnt hat und 'n Motorrad hatte?«

»Das war 'n Jude«, entgegnete Doris. »Man konnt's an seiner Nase sehen. Meine Güte, den hätt' sie umgebracht mit ihrem Kleid: er hätte geglaubt, sie wär' 'ne Vogelscheuche.« Sie drückte sich einen Mitesser auf dem Kinn aus, drehte einen Lockenwickel fest, der sich lösen wollte, und sagte: »Ihr Haar hat keine natürlichen Wellen, man kann sehen, daß sie's eingeflochten hatte.«

»Schwarzes Haar kann ich nicht ausstehen, es ist das reinste Zigeunerhaar«, sagte Eithne und trank den Rest Apfelwein. Sie versteckten die leere Flasche unter der angestoßenen Badewanne.

»Hier hast du 'n Cachou-Bonbon, 's nimmt den Alkoholgeruch!« sagte Doris und hauchte auf den Badezimmerspiegel. Sie fragte sich, ob sie wohl den jungen O'Toole aus dem Steinbruch erobern könnte, der auch zur Party kam.

Mary stand im Vorderzimmer und polierte Gläser. Die Tränen liefen ihr über die Wangen, deshalb schaltete sie das Licht nicht an. Sie konnte sich vorstellen, wie die Party verlaufen würde: alle würden dastehen und die Gans verspeisen, die jetzt im Torfherd briet. Die Männer würden betrunken sein, und die Mädchen würden kichern. Nach dem Essen würden sie tanzen und singen und Spukgeschichten erzählen, und morgen mußte sie früh aufstehen und rechtzeitig zu Hause sein, um zu melken. Mit einem Glas in der Hand trat sie an die dunkle Fensterscheibe, blickte auf die besudelten Straßen hinaus und erinnerte sich, wie sie einmal mit John oben auf der Bergstraße getanzt hatte, ohne irgendwelche Musik, nur mit pochenden Herzen und zu ihrer Freude.

Er war an jenem Sommertag zum Essen zu ihnen ins Haus gekommen, und weil ihr Vater es so vorgeschlagen hatte, blieb er vier Tage bei ihnen und half beim Heuen und ölte die landwirtschaftlichen Maschinen. Er verstand etwas von Maschinen. Er konnte auch Türklinken befestigen, die heruntergefallen waren. Mary machte ihm morgens das Bett, und abends trug sie einen Krug mit Wasser von der Regentonne hinauf, damit er sich waschen konnte. Sie wusch ihm das karierte Hemd, das er trug, und am selben Tag schälte sich sein nackter Rücken vom Sonnenbrand. Sie hatte Milch draufgetan. Es war sein letzter Tag bei ihnen gewesen. Nach dem Abendbrot schlug er vor, jedes von den größeren Kindern ein Stückchen auf seinem Motorrad fahren zu lassen. Sie kam als letzte an die Reihe; sie glaubte, daß er es absichtlich so eingerichtet hatte, aber es konnte auch sein, daß ihre Brüder sich vorgedrängt hatten und die ersten sein wollten. Die Fahrt würde sie nie vergessen! Vor Staunen und vor Freude wurde ihr ganz warm ums Herz. Er lobte sie, weil sie so gut das Gleichgewicht hielt, und ein paarmal nahm er die eine Hand vom Griff und tätschelte beruhigend ihre sich anklammernden Hände. Die Sonne sank, und die Ginsterblüten loderten golden. Ein langes Stück sprachen sie überhaupt nicht; sie umfing seinen Körper, behutsam und innig wie ein verliebtes Mädchen, und wie weit sie auch fahren mochten, immer war es, als führen sie in goldenen Nebel hinein. Er sah den See so herrlich, wie er selten war. Nach fünf Meilen, bei der Brücke, stiegen sie ab und setzten sich auf das mit Moos und Flechten gepolsterte Steinmäuerchen. Sie zog ihm einen Holzbock aus der Haut am Nacken und strich über die Stelle, wo der Holzbock ein Pünktchen Blut gesaugt hatte; und dann tanzten sie. Beim Gesang der Lerchen und der rieselnden Wasser. Das Heu lag grün und in Schwaden auf den Wiesen ausgebreitet, und die Luft war voll von dem süßen Geruch. Sie tanzten.

»Süße Mary!« sagte er und blickte ihr ernst in die Augen. Ihre Augen waren grünlichbraun. Er gestand ihr, daß er sie nicht lieben könne, weil er schon seine Frau und seine Kinder liebe. Und jedenfalls sagte er: »Du bist zu jung und zu unschuldig.«

Am nächsten Tag, als er fortging, fragte er, ob er ihr etwas mit der Post schicken dürfe, und elf Tage später kam es an: eine schwarzweiße Zeichnung von ihr, sehr ähnlich, nur war das Mädchen auf dem Bild häßlicher.

»So ein Unsinn«, sagte ihre Mutter, die ein goldenes Armband oder eine Brosche erwartet hatte. »Was sollst du schon damit anfangen!«

Sie hängten es in der Küche an einen Nagel, und dort hing es eine Weile, und dann fiel es eines Tages herunter, und jemand (wahrscheinlich ihre Mutter) benutzte es, um Kehricht zusammenzufegen, und seither wurde es ständig dafür benutzt. Mary hätte es gern behalten, sie hätte es in einem Kasten aufbewahrt, aber sie schämte sich. Die Bergleute waren harte Menschen, und nur, wenn jemand starb, ließen sie ihren Gefühlen freien Lauf, oder sie weinten.

»Süße Mary!« hatte er gesagt. Er schrieb nie. Zwei Sommer gingen drüber hin, der Fingerhut hatte zwei Sommer geblüht, Distelsamen segelte mit dem Wind, die Bäume in der Forstbaumschule waren einen halben Meter gewachsen. Sie hatte eine leise Hoffnung, daß er wiederkäme, und eine nagende Angst, daß er nicht käme.

»Oh, mit dem Regen ist's aus und vorbei, aus und vorbei . . .« sang Brogan, dessen Abschiedsparty es war, im oberen Zimmer des Commercial Hotels. Er knöpfte sich die braune Weste auf, lehnte sich an und sagte, es sei alles sehr schön angerichtet. Sie hatten die Gans auf einer großen Platte nach oben getragen, und nun stand sie in der Mitte des Mahagonitisches, und die Kartoffelfüllung quoll heraus. Würstchen waren auch da, die polierten Gläser waren noch umgestülpt, und jeder konnte sich Teller und Gabeln nehmen.

»Ein Gabelpicknick«, nannte es Mrs. Rodgers. Sie hatte in der Zeitung darüber gelesen; in den eleganten Familien Dublins war es jetzt große Mode, dieses Gabelpicknick, wo jeder sich sein Essen holen mußte und nur mit einer Gabel aß. Mary hatte Messer gebracht, für den Fall, daß jemand Mühe hatte.

»Wie in Amerika«, sagte Hickey und warf Torf auf das schwelende Feuer.

Die Tür zum Schankraum unten war verriegelt und die Fensterläden eingehakt, während die acht Gäste oben zuschauten, wie Mrs. Rodgers die Gans zerlegte und dann die losen Stücke mit den Fingern abriß. Immer wieder mußte sie die Finger an einem Teetuch abwischen.

»Hier, Mary, gib das mal Mr. Brogan, weil er der Ehrengast ist!« Mr. Brogan bekam eine Menge von der Brust und auch knusprige Haut.

»Vergiß die Würstchen nicht, Mary!« rief Mrs. Rodgers. Mary mußte alles machen: das Essen herumreichen, von der Füllung anbieten und die Gäste fragen, ob sie Porzellan- oder Pappteller wollten. Mrs. Rodgers hatte Pappteller gekauft, weil sie es für schick hielt.

»Ich könnt' ein ganzes Baby fressen«, rief Hickey.

Mary war erstaunt, daß die Leute hier im Ort so derb und gewöhnlich redeten. Als er ihr die Finger drückte, verzog sie keine Miene. Sie wünschte, sie wäre zu Hause. Sie wußte, was sie jetzt zu Hause machten: die Jungen saßen über den Schulaufgaben, ihre Mutter buk einen Laib Vollkornbrot, denn tagsüber war nie Zeit zum Backen, und ihr Vater drehte sich Zigaretten und hielt Selbstgespräche. John hatte ihm beigebracht, wie man Zigaretten dreht, und seither drehte er sich jeden Abend vier und rauchte vier. Er war ein guter Mensch, ihr Vater, aber streng. Eine Stunde später würden sie daheim den Rosenkranz beten und zu Bett gehen; ihr Lebensrhythmus änderte sich nie, das frische Brot war am Morgen stets ausgekühlt.

»Zehn Uhr«, sagte Doris und lauschte auf die Schläge der Standuhr draußen auf dem Gang.

Die Party hatte spät begonnen; die Männer waren vom Hunderennen in Limerick spät zurückgekehrt. Vor lauter Eifer, schnell zur Party zu kommen, hatten sie unterwegs ein Schwein überfahren. Das Schwein war auf der Landstraße herumspaziert, und der Wagen bog um die Ecke und hatte es im Nu überfahren.

»So ein Gequieke hab' ich meiner Lebtag noch nie gehört«, erzählte Hickey und langte sich einen Flügel, das leckerste Stück.

»Wir hätten's mitnehmen sollen«, sagte Michael O'Toole. O'Toole arbeitete im Steinbruch und verstand nichts von Schweinen und Landwirtschaft; er war groß und mager und knochig. Seine Augen waren grellgrün, und sein Gesicht erinnerte an einen Greyhound; sein Haar war so goldblond, daß es wie gefärbt wirkte, aber es war vom Wetter gebleicht. Keiner hatte ihm etwas zu essen angeboten.

»Feine Art, 'n Menschen zu behandeln!« sagte er.

»Meine Güte, Mary, hast du Mr. O'Toole noch nichts zu essen gegeben?« rief Mrs. Rodgers und stieß Mary in den Rücken, damit sie sich beeilte. Mary brachte ihm auf einem Pappteller eine große Portion, und er dankte ihr und sagte, daß sie später zusammen tanzen wollten. Ihm erschien Mary viel hübscher als die beiden nichtsnutzigen Dorfmädchen; sie war groß und schlank wie er auch; sie hatte lange schwarze Haare, was manche Leute vielleicht schlampig fanden, er jedoch nicht: er liebte langes, offenes Haar und einfache Mädchen; vielleicht konnte er sie nachher überreden, mit ihm in eins von den andern Zimmern zu gehen, da konnten sie's miteinander haben. Sie hatte komische Augen; wenn man richtig hineinsah, waren sie braun und tief wie ein verflixtes Moorloch.

»Wünsch dir was!« sagte er zu ihr und hielt den Wunschknochen hoch. Sie wünschte sich, in einem Flugzeug nach Amerika zu reisen, doch wenn sie's richtig überlegte, wollte sie lieber einen Haufen Geld gewinnen und ihrem Vater und ihrer Mutter ein großes Haus in der Nähe der Hauptstraße unten kaufen.

»Ist das Ihr Bruder, der in Australien Bischof ist?« erkundigte sich Eithne Duggan bei Mrs. Rodgers, obwohl sie wußte, daß das über dem Kamin hängende schlaffe Gesicht des Geistlichen dem Bruder von Mrs. Rodgers gehörte. Vorhin hatte Mary, ohne es zu wollen, ein »J« in den Staub des Glases gezogen, und jetzt schien jedermann es anzuschauen und zu wissen, wie es dort hingekommen war.

»Ja, das ist er, der arme Charlie«, erklärte Mrs. Rodgers stolz und wollte gerade mehr über ihn erzählen, aber Brogan begann plötzlich zu singen.

»Laßt ihn doch singen!« brachte O'Toole die beiden Mädchen zum Schweigen, die sich in einen Lehnstuhl teilten und sich über den Stuhl lustig machten: die Sprungfedern waren durchgesackt, und die Mädchen behaupteten, das ganze Ding könne jeden Augenblick zusammenkrachen.

Mary zitterte in ihrem Spitzenkleid. Die Luft war kalt und feucht, obwohl Hickey jetzt ein schönes Feuer brennen hatte. Seit dem Tage, an dem sich De Valera hier ins Gästebuch eintrug, hatte nie mehr ein Feuer den Raum durchwärmt.

Als Brogan sein Lied beendet hatte, fragte O'Toole, ob nicht eine von den Damen singen wolle. Es waren insgesamt fünf: Mrs. Rodgers, Mary, Doris, Eithne und Crystal O'Meara, die Friseuse des Dorfs, die eine neue rote Spülung für ihr Haar ausprobiert hatte und ständig darauf hinwies, daß das Essen eigentlich zu schwer für sie sei. Die Gans war fett und nicht gar; es grauste ihr vor dem rohen, rötlichen Fleisch. Sie liebte delikate Sächlein: kleine Happen kaltes Brathuhn mit süßsauren Gürkchen. Ihr Taufname lautete Carmel, doch seit sie das Friseurgeschäft eröffnet hatte, nannte sie sich Crystal und färbte sich ihr braunes Haar rot.

»Sicher kannst du gut singen!« wandte sich O'Toole an Mary.

»Wo die herkommt, können die Leute kaum sprechen«, sagte Doris.

Mary spürte, wie ihr das Blut in die blassen Wangen schoß. Sie wollte es ihnen nicht erzählen, daß ihres Vaters Name einmal sogar in der Zeitung erschienen war, weil er in der Forstbaumschule einen Edelmarder gesehen hatte, und daß sie zu Hause mit Messer und Gabel aßen und eine Plastikdecke auf dem Küchentisch liegen hatten, und im Schrank stand eine Büchse mit Kaffee, falls Fremde des Wegs kamen. Nein, sie würde ihnen gar nichts erzählen. Sie ließ nur den Kopf hängen und deutete damit an, daß sie nicht singen wollte.

O'Toole legte die Platte ›Im fernen Australien‹ auf – zu Ehren des Bischofs. Mrs. Rodgers hatte darum gebeten. Das Trichtergrammophon krächzte und kratzte, und Brogan sagte, da könne er es aber besser.

»Lieber Himmel, wir haben die Suppe vergessen!« rief Mrs. Rodgers plötzlich, warf ihre Gabel hin und lief zur Tür hinaus. Es war eigentlich vorgesehen, mit der Suppe anzufangen.

»Ich helfe Ihnen!« erbot sich Doris O'Beirne und setzte sich zum erstenmal an diesem Abend in Bewegung. Beide gingen in die Küche hinunter, um die Suppe mit dem dunklen Gänseklein zu holen, die den ganzen Tag hinten auf dem Herd gesimmert hatte.

»Jetzt sind von jedem Herrn zwei Pfund erwünscht«, sagte O'Toole und benutzte Mrs. Rodgers' Abwesenheit, um die heikle Geldfrage zu regeln. Die Herren hatten beschlossen, jeder zwei Pfund zu zahlen und damit die Kosten für die Getränke zu bestreiten; die Damen brauchten nichts zu zahlen, denn sie waren eingeladen worden, um der Party eine fröhliche und dekorative Note zu verleihen, und natürlich auch, um zu helfen.

O'Toole ging herum und hielt jedem die Mütze unter die Nase, und Brogan meinte, da es »seine Party« sei, sollte er wohl einen Fünfer geben.

»Ich sollte einen Fünfer geben, aber das werdet ihr ja nicht annehmen«, sagte er und gab zwei Pfund. Auch Hickey zahlte, und dann O'Toole, und schließlich Salmon, genannt der Lange John, der bisher der stummste Gast gewesen war. O'Toole überreichte

Mrs. Rodgers das Geld, als sie zurückkam, und bat sie, es gegen die Schäden zu verrechnen.

»Oh«, sagte sie, »das ist wirklich zu nett«, und sie stopfte die Scheine hinter die ausgestopfte Eule auf dem Kaminsims, unter das wachsame Auge des Bischofs.

Die Suppe war in Tassen angerichtet, und Mary wurde aufgefordert, sie herumzureichen. Auf jeder Tasse schmolz das Fett wie Klümpchen geschmolzenen Goldes.

»Auf bald, mein Kind«, sagte Hickey, als sie ihm seine Tasse gab; dann bat er sie um ein Stück Brot, weil er an Suppe ohne Brot nicht gewöhnt sei.

»Erzählen Sie doch mal, Brogan«, forderte Hickey seinen reichen Freund auf, »was wollen Sie mit all dem Geld machen, das Sie gewonnen haben?«

»Ach, ja, erzählen Sie mal!« rief Doris O'Beirne.

»Oh«, erwiderte Brogan nach kurzem Nachdenken, »wir wollen unser Haus etwas anders einrichten.« Keiner von den Anwesenden hatte jemals Brogans Haus gesehen, denn es lag dreißig Meilen entfernt, jenseits Limerick, in Adare. Auch seine Frau hatte keiner gesehen. Sie wohnte anscheinend immer dort und hielt sich Bienen.

»Wie denn, anders?« fragte jemand.

»Wir wollen den Salon neu möblieren, und dann wollen wir Blumenbeete anlegen.«

»Und was sonst noch?« fragte Crystal und dachte an all die entzückenden Kleider, die man sich von dem Geld kaufen konnte – Kleider und Schmuck.

»Ach«, sagte Brogan und dachte wieder nach, »vielleicht machen wir sogar 'ne Pilgerfahrt nach Lourdes. Es ist noch unsicher. Wir müssen mal sehen.«

»Ich gäbe meine beiden Augen drum, wenn ich nach Lourdes könnte!« rief Mrs. Rodgers.

»Und Sie bekämen sie zurück, wenn Sie in Lourdes sind«, sagte Hickey, aber niemand achtete auf ihn.

O'Toole schenkte vier Glas Whisky ein und trat dann zurück,

um zu prüfen, ob er jedem gleich viel gegeben hatte. Die Männer waren immer sehr besorgt, ob sie beim Whisky nicht benachteiligt wurden. Danach stellte O'Toole Flaschen mit dunklem Bier in kleinen Gruppen von je sechs Stück auf und zeigte jedem Herrn, welches seine Portion sei. Die Damen bekamen Gin mit Orangensaft.

»Für mich nur Orangensaft«, rief Mary, aber O'Toole sagte ihr, sie solle nicht so brav tun, und als sie ihm den Rücken drehte, schüttete er ihr etwas Gin in ihr Glas.

Sie tranken auf Brogans Wohl.

»Und auf Lourdes!« sagte Mrs. Rodgers.

»Auf Brogan!« sagte O'Toole.

»Auf mich!« sagte Hickey.

»Kannst mich gernhaben!« sagte Doris O'Beirne, die schon etwas beschwipst war, weil sie vorher den Apfelwein getrunken hatte.

»Es ist wirklich noch nicht ganz sicher wegen Lourdes«, sagte Brogan, »aber den Salon wollen wir bestimmt neu einrichten lassen, und Blumenbeete legen wir auch an.«

»Wir haben hier auch 'n Salon«, sagte Mrs. Rodgers, »aber keiner setzt je 'n Fuß in den Salon!«

»Komm mit in den Salon, mein Schatz«, sang O'Toole, zu Mary gewandt, die den Nachtisch herumreichte: Weingelee in einer großen Emailschüssel. Sie hatten keine Porzellanschüssel dafür gehabt. Es war rotes Gelee mit untergezogenem Eischnee, aber es war nicht gut geraten, weil beides sich geschieden hatte. Sie aßen es von Untertassen, und Mary wunderte sich, wie gewöhnlich alles war. Es lag auch kein gutes Tischtuch auf dem Tisch, nur eins aus Plastik, und keine Servietten. Und nun noch das große Becken mit dem Gelee! Vielleicht diente es den Leuten unten sonst als Waschschüssel.

»Kann denn keiner 'n netten Witz erzählen?« sagte Hickey, der es leid war, noch länger von Lourdes und Salons zu hören.

»Ich kann einen Witz erzählen«, meldete sich plötzlich der Lange John und gab sein Schweigen auf.

»Paßt blendend«, sagte Brogan und trank abwechselnd von seinem Whisky und von seinem Bierglas. Es war die beste Methode, falls man mit Genuß trinken wollte. Deshalb liebte er es auch, wenn er sich in den Kneipen seinen Drink selbst bestellen konnte und nicht auf die Knausrigkeit andrer Leute angewiesen war.

»Ist es eine lustige Geschichte?« fragte Hickey.

»Über meinen Bruder«, antwortete der Lange John. »Meinen Bruder Patrick!«

»O Gott, erzähl uns bloß die alte Kiste nicht noch mal«, riefen Hickey und O'Toole einstimmig.

»Doch, doch, er soll sie erzählen«, sagte Mrs. Rodgers, der die Geschichte jedenfalls noch unbekannt war.

Der Lange John begann: »Ich hatte einen Bruder namens Patrick, und er starb. Sein Herz war nicht gesund . . .«

»O je, o je, die nicht noch mal!« rief nun auch Brogan, der sich erinnerte, welche Geschichte es war.

Aber der Lange John erzählte weiter und kümmerte sich nicht um das Geschimpfe der drei Männer:

»Eines Tages stand ich im Schuppen, ungefähr einen Monat nach der Beerdigung, und da sah ich ihn aus der Mauer kommen und über den Hof gehen.«

»Huh, was würdest du wohl machen, wenn dir so was passierte?« sagte Doris zu Eithne.

»Laßt ihn doch weitererzählen!« tadelte Mrs. Rodgers. »Nur weiter, Langer John!«

»Er kam also auf mich zu, und ich dachte bei mir: ›Was mach' ich jetzt?‹ Es regnete sehr stark, deshalb sagte ich zu meinem Bruder Patrick: ›Komm da aus dem Regen raus, sonst wirst du pitschnaß!‹«

»Und dann?« fragte eins von den Mädchen furchtsam.

»Dann war er weg«, sagte der Lange John.

»O Gott, woll'n ein bißchen Musik machen!« rief Hickey, der die Geschichte, die weder Anfang noch Mitte noch Ende hatte, schon neun- oder zehnmal gehört hatte. Sie legten eine Platte auf, und O'Toole bat Mary um einen Tanz. Er erging sich in neumodischen Tanzschritten und Kapriolen, und hin und wieder stieß er ein verrücktes »Ju-huuu!« aus. Brogan und Mrs. Rodgers tanzten ebenfalls, und Crystal sagte, sie würde auch tanzen, wenn jemand sie aufforderte.

»Los, los, hoch das Bein!« sagte O'Toole zu Mary, während er durchs Zimmer sprang und Stuhlbeine wegstieß, die ihm im Wege waren. Es war ihr komisch zumute: in ihrem Kopf ging alles im Kreis herum, und in der Magengrube hatte sie ein lustiges, kitzelndes Gefühl, so daß sie sich am liebsten lang hingelegt und ausgestreckt hätte. Es war ein seltsam neues Gefühl, das ihr bange machte.

»Komm in den Salon, mein Schatz«, sang O'Toole und steuerte sie zur Tür hinaus und auf den kalten Flur, wo er sie tolpatschig küßte.

Crystal O'Meara, die am Tisch saß, hatte inzwischen zu weinen begonnen. Alkohol wirkte immer so auf sie: entweder weinte sie, oder sie sprach mit ausländischem Akzent und fragte jeden: »Warum spreche ich mit ausländischem Akzent?« Diesmal weinte sie also.

»Ach, Hickey, das Leben ist so traurig!« sagte sie und legte den Kopf in ihre auf dem Tisch ruhenden Arme, so daß ihr die Bluse aus dem Miederband rutschte.

»Was heißt hier traurig!« brummte Hickey, der soviel Alkohol hatte, wie er haben wollte, und obendrein eine Pfundnote, die er der Eule stibitzt hatte, als niemand ihn beachtete.

Doris und Eithne saßen rechts und links vom Langen John und fragten ihn, ob sie nächstes Jahr zu ihm kommen dürften, wenn die Honigpflaumen reif waren. Der Lange John lebte allein mitten auf dem Lande und hatte einen großen Obstgarten. Er war ein Einzelgänger und schweigsam von Natur; tagtäglich, ob Winter oder Sommer, schwamm er im Fluß hinter seinem Haus.

»Zwei alte Ehegäule«, sagte Brogan, legte den Arm um Mrs. Rodgers und drängte sie, Platz zu nehmen, denn er war vom Tanzen außer Atem. Er versicherte, daß er die schönsten Erinnerungen an sie alle mitnehmen würde, und dann setzte er sich und zog sie auf seinen Schoß. Sie war eine schwere Frau mit struppigem braunem Haar, das einst aschblond gewesen war.

»Ach, das Leben ist so traurig«, schluchzte Crystal. Das Grammophon kratzte, und Mary kam vom Flur ins Zimmer gerannt, auf der Flucht vor O'Toole.

»Heh«, rief O'Toole, »mir ist's ernst!« Er blinzelte.

O'Toole war der erste, der streitsüchtig wurde.

»Und jetzt, meine Damen und Herren, eine lustige Geschichte! Ist wer dagegen?« fragte er.

»Schieß los!« sagte Hickey.

»Es waren also mal drei Männer, Paddy der Ire, Paddy der Engländer und Paddy der Schotte, und jeder von ihnen brauchte ganz dringend eine . . .«

»Halt! Keine Schweinerei!« rief Mrs. Rodgers, noch ehe er ein schlimmes Wort geäußert hatte.

»Was heißt hier Schweinerei?« murrte O'Toole und war beleidigt. »Schweinerei!«

»Denken Sie doch an die Mädchen!« warnte Mrs. Rodgers.

»Mädchen?« höhnte O'Toole, nahm die Flasche mit Sahne, die sie zum Gelee benutzen wollten und vergessen hatten, und goß den Inhalt ins abgenagte Gerippe der Gans.

»Herrgott noch mal, Mann!« schalt Hickey und nahm O'Toole die Sahneflasche weg.

Mrs. Rodgers sagte, es sei höchste Zeit, daß jeder zu Bett ginge, denn die Party wäre offensichtlich zu Ende.

Die Gäste sollten im Commercial übernachten. Jedenfalls war es zu spät, jetzt noch nach Hause zu gehen, und Mrs. Rodgers wollte auch nicht, daß man sie um diese Stunde torkelnd aus ihrem Haus kommen sah. Die Polizisten beobachten sie mit Falkenaugen, sagte sie, und sie wollte keine Unannehmlichkeiten, wenigstens nicht vor Weihnachten. Das Übernachtungsproblem war schon vorher geregelt worden. Drei leere Schlafzimmer waren vorhanden. Brogan schlief in seinem Zimmer, in dem er während der Woche stets wohnte; die drei andern Männer mußten sich in das große Doppelschlafzimmer teilen, und die Mädchen sollten ins hintere Schlafzimmer gestopft werden – zusammen mit Mrs. Rodgers.

»Zu Bett, zu Bett, Schlafenszeit!« rief Mrs. Rodgers, stellte den Funkenschirm vors Feuer und holte das Geld hinter der Eule hervor.

»Noch Zucker drüber«, sagte O'Toole und leerte eine Flasche Bier ins Gänsegerippe. Der Lange John wünschte, er wäre überhaupt nicht gekommen. Er dachte ans Frühlicht und an das Schwimmen im Bergbach hinter seinem grauen Steinhaus.

»Ablution!« sagte er laut und genoß das Wort im Gedanken an die Reinwaschung im kalten Bergwasser. Er konnte ohne Menschen leben, Menschen waren Zeitverschwendung. Er dachte an die Weidenkätzchen auf der Salweide vor seinem Fenster, Kätzchen im Februar, weiß wie Schnee. Wer brauchte da Menschen?

»Crystal, rühr dich«, sagte Hickey, als er ihr die Schuhe auszog und die Waden tätschelte.

Brogan küßte die vier Mädchen und brachte sie über den Flur bis vors Schlafzimmer. Mary war froh, O'Toole zu entschlüpfen, ohne daß er es merkte; er war sehr hartnäckig, und Hickey versuchte ihn zu besänftigen.

Im Schlafzimmer stieß sie einen Seufzer aus: sie hatte die Möbel vergessen, die sie dort abgestellt hatte. Müde begann sie, alles zusammenzurücken. Das Zimmer war so vollgepfercht, daß sie sich kaum rühren konnten.

Plötzlich war Mary hellwach und erschrocken, weil sie O'Toole auf dem oberen Flur kreischen und singen hörte. In ihrem Orangensaft war Gin gewesen, sie wußte es jetzt, weil sie in ihre Handmuschel hauchte und ihren Atem riechen konnte. Sie hatte ihr Einsegnungsgelübde gebrochen, ihr Versprechen gebrochen – das brachte ihr Unglück.

Mrs. Rodgers kam herein und sagte, für fünf wäre nicht genug Platz im Bett, sie wolle die eine Nacht auf dem Sofa draußen schlafen.

»Zwei am Kopfende und zwei am Fußende«, sagte sie und ermahnte die Mädchen, keine Nippsachen zu zerbrechen und nicht die ganze Nacht hindurch zu schwatzen.

»Gute Nacht, *God bless*«, sagte sie und schloß die Tür.

»Was die sich einbildet, uns hier alle so reinzuzwängen«, sagte Doris O'Beirne. »Möcht' mal wissen, wo die schläft!«

»Leihst du mir deine Lockenwickel?« bat Crystal. Für Crystal waren die Haare das Wichtigste im Leben. Sie würde nie heiraten, weil man dann keine Lockenwickel im Bett tragen konnte. Eithne Duggan sagte, sie würde ihr Haar nicht mehr aufdrehen, und wenn man ihr fünf Millionen gäbe; sie sei vollkommen erledigt. Sie warf sich auf die Steppdecke und schleuderte die Arme von sich. Sie war ein lautes Ding und schwitzte, aber Mary konnte sie besser leiden als die beiden andern.

»Hoho, mein kleiner Zuckerhase!« sagte O'Toole und stemmte die Tür auf. Die Mädchen schrien und forderten ihn auf, sofort hinauszugehen, da sie sich auszögen.

»Komm in den Salon, mein Schatz«, grölte er und winkte Mary mit gekrümmtem Zeigefinger. Er war betrunken und konnte sie nicht erkennen, aber er wußte, daß sie irgendwo stehen mußte.

»Gehn Sie zu Bett, Sie sind ja betrunken«, schalt Doris O'Beirne, und er stand einen Augenblick kerzengerade da und sagte, sie solle sich an ihre eigene Nase fassen.

»Gehn Sie zu Bett, Michael, Sie sind müde«, bat Mary. Sie bemühte sich, ruhig zu sprechen, weil er so wild aussah.

»Komm in den Salon, sag' ich dir«, erwiderte er, haschte nach ihrem Handgelenk und zerrte sie zur Tür. Sie stieß einen Schrei aus, und Eithne Duggan drohte, sie würde ihm den Schädel einschlagen, wenn er Mary nicht in Ruhe ließe.

»Gib mir den Blumentopf her, Doris!« rief Eithne Duggan, und daraufhin begann Mary zu weinen – aus Angst, es käme zu einem Krach. Sie verabscheute jeden Streit. Einmal hatte sie mit angehört, wie ihr Vater und ein Nachbar sich wegen der Grenze gestritten hatten, und das hatte sie nie vergessen. Sie waren beide ein bißchen betrunken – es war nach einem Jahrmarkt gewesen.

»Bist du übergeschnappt, oder bist du wütend?« sagte O'Toole, als er sie weinen sah.

»Ich geb' Ihnen zwei Sekunden«, warnte Eithne mit hocherhobenem Blumentopf, bereit, ihn in O'Tooles verdutztes Gesicht zu schleudern.

»Ihr seid mir 'ne schöne Bande von hartherzigen alten Ziegen, Ziegen«, rief er. »Wollt 'nem armen Mann nicht mal 'n paar Drückers gönnen!« verwünschte er jede einzelne und ging. Sie schlossen ganz rasch die Tür und zogen die Anrichte davor, damit er sie nicht im Schlaf überraschen könne.

Sie legten sich hin, ohne die Unterwäsche auszuziehen. Mary und Eithne schliefen am Kopfende, und Crystals Füße steckten zwischen ihren Gesichtern. »Du hast schönes Haar«, flüsterte Eithne zu Mary hinüber. Es war das Netteste, das ihr in den Sinn kam. Beide beteten, gaben sich unter der Bettdecke die Hand und drehten sich zum Schlafen um.

»Hui«, rief Doris nach ein paar Sekunden, »ich war gar nicht auf'm Klo!«

»Jetzt kannst du nicht hin«, flüsterte Eithne, »die Anrichte steht ja vor der Tür.«

»Ich platze, wenn ich nicht gehe«, sagte Doris O'Beirne.

»Ich auch – nach all dem Orangensaft, den wir getrunken haben!« jammerte Crystal. Mary war entsetzt, daß sie so redeten. Zu Hause sprach man nie über so etwas, man ging einfach hinter die Hecke, und fertig. Einmal hatte ein Arbeiter sie hocken gesehen, und von dem Tage an sprach sie kein Wort mehr mit ihm und tat so, als kenne sie ihn nicht.

»Vielleicht können wir den alten Topf benutzen«, schlug Doris O'Beirne vor, und Eithne Duggan richtete sich auf und sagte, wenn jemand hier einen Topf benutzen würde, dann könnte sie nicht in dem Zimmer schlafen.

»Etwas müssen wir ja benutzen«, sagte Doris. Sie war mittlerweile aufgestanden und hatte das Licht angeschaltet. Sie hob den Topf gegen die elektrische Birne und sah, wie ihr schien, ein Loch im Topf.

»Versuch's doch!« kicherte Crystal.

Sie hörten Schritte auf dem oberen Flur, und dann Würgen und Husten; O'Toole schimpfte und fluchte und schlug mit der Faust gegen die Wand. Mary rollte sich unter der Decke zusammen und war froh, bei den Mädchen zu sein. Sie hörten auf zu sprechen.

»Ich war bei einer Party. Jetzt weiß ich, wie's auf einer Party zugeht«, sagte sie vor sich hin und zwang sich, einzuschlafen. Sie hörte ein Geräusch wie von plätscherndem Wasser, und doch schien es draußen nicht zu regnen. Später duselte sie ein, aber bei Morgengrauen hörte sie die Haustür ins Schloß fallen und fuhr heftig hoch. Sie mußte zum Melken früh zu Hause sein, deshalb stand sie auf, nahm ihre Schuhe und das Spitzenkleid und schob die Anrichte beiseite. Sie öffnete die Tür nur einen Spaltbreit und glitt hinaus.

Auf dem Flur und im Waschraum lagen überall Zeitungen verstreut, und ein schwerer Geruch hing in der Luft. Unten sah sie, daß aus dem Schankraum Bier auf den Flur geflossen war. Jemand – vermutlich O'Toole – hatte die Hähne an den fünf Porterfässern aufgedreht, und der Steinfußboden der Bar und der tiefer gelegene Gang draußen schwammen in dunklem Bier. Mrs. Rodgers würde einen furchtbaren Wutanfall bekommen. Mary stieg in ihre hochhackigen Schuhe und stelzte vorsichtig durch den Schankraum zur Tür. Sie brach auf, ohne sich auch nur eine Tasse Tee zu machen.

Draußen führte sie ihr Fahrrad aus der Seitengasse auf die Straße. Der Vorderreifen war völlig platt. Sie pumpte zehn Minuten lang, aber er blieb platt.

Der Reif lag zauberhaft auf der Straße, auf den schlafenden Fenstern und auf den Schieferdächern der engbrüstigen Häuser. Er hatte die vom Dung besudelte Straße magisch verwandelt: sie war weiß und rein. Mary fühlte sich nicht übermüdet; sie war froh, draußen zu sein, und noch halb benommen vom fehlenden Schlaf, atmete sie die Schönheit des Morgens ein. Sie schritt munter aus, und manchmal drehte sie sich um und betrachtete die

Spur, die ihre Füße und ihr Fahrrad auf der weißen Straße hinterließen.

Mrs. Rodgers wachte um acht Uhr auf und taumelte in ihrem weiten Nachthemd aus Brogans warmem Bett. Sie witterte sofort Unheil und lief hastig die Treppe hinunter, wo sie im Schankraum und im Gang den Biersee entdeckte. Dann lief sie wieder hinauf und weckte die andern.

»Alles voll Bier! Jeder Tropfen Alkohol, den ich hatte, schwimmt auf dem Fußboden, heilige Mutter Gottes, steh mir bei in meiner Trübsal! Steht auf! Steht auf!« Sie klopfte an die Tür und rief die Mädchen bei Namen.

Die Mädchen rieben sich schlaftrunken die Augen, gähnten und richteten sich auf.

»Sie ist weg«, sagte Eithne und blickte auf das Kissen, auf dem Marys Kopf gelegen hatte.

»Pffft, die Heimlichtuerin vom Lande!« höhnte Doris, warf sich ihr Taftkleid über und ging die Treppe hinunter, um sich die Überschwemmung anzusehen. »Lieber will ich sterben, eh' ich so was in meinen guten Sachen aufwische!« sagte sie. Aber Mrs. Rodgers war bereits mit Bürste und Eimer an der Arbeit. Sie öffneten die Tür zum Schankraum und fegten das Bier auf die Straße. Hunde kamen und schlappten es fort, und Hickey, der mittlerweile die Treppe hinuntergekommen war, stand dabei und sagte, es sei eine Sünde und Schande, so mit dem guten Bier umzugehen. Draußen schwemmte es etwas von dem Rauhreif weg und ließ wieder den Dung vom gestrigen Markttag sehen. Der Sünder O'Toole hatte sich in der Nacht fortgeschlichen; der Lange John war wieder zu Hause und schwamm in seinem Bergwasser, und Brogan schmiegte sich noch ein paar Minuten ins Bett, genoß die Wärme und sann über die Freuden nach, die ihm entgehen würden, sobald er das Commercial endgültig verließ.

»Und wo ist die Dame mit dem Spitzenkleid?« fragte Hickey, der sich kaum an Marys Gesicht, wohl aber an die Ärmel ihres schwarzen Kleides erinnerte, die in die Teller einstippten.

»Hat sich weggeschlichen, eh' wir wach waren«, sagte Doris. Sie waren sich alle einig, daß mit Mary nichts los war und daß man sie nicht hätte einladen sollen.

»Sie hat O'Toole verrückt gemacht und hochgebracht, und dann hat sie 'n abblitzen lassen!« sagte Doris, und Mrs. Rodgers schwor, daß O'Toole und Marys Vater oder sonst jemand ihr das vergeudete Bier teuer bezahlen müßten.

»Inzwischen wird sie wohl schon zu Hause sein«, meinte Hikkey und durchwühlte seine Tasche nach einem Zigarettenstummel. Er hatte ein neues Päckchen, aber wenn er das hervorzog, würden sie alle auf seine Kosten paffen.

Mary saß am Straßenrand. Sie hatte noch eine halbe Meile Wegs bis nach Hause.

Wenn ich nur einen Schatz hätte, dachte sie, einen festen, auf den ich mich verlassen könnte. Sie zerknackte das dünne Eis mit ihrem hohen Absatz und beobachtete das bizarre Muster, zu dem es zersplitterte. Die armen Vögel konnten kein Futter finden, denn der Boden war hartgefroren. Über ganz Irland lag der Reif, Reif wie ein unheimliches Blühen auf den Zweigen und auf dem Flußufer, von dem der Lange John – groß und nackt und behaart – ins Wasser sprang, Reif auf den Pflügen, die draußen geblieben waren, Reif auch auf den steinigen Äckern und auf allem Schleim und Schmutz der Welt.

Während sie weiterwanderte, fragte sie sich, wieviel und was sie ihrer Mutter und ihren Brüdern erzählen sollte, und ob alle Parties so scheußlich wären. Dann stand sie oben auf der Hügelkuppe und sah ihr Elternhaus – eine kleine weiße Kiste am Ende der Welt, bereit, sie aufzunehmen.

# Liam O'Flaherty
## *Die Rote Barbara*

Als das Meer sich den Fischer Feeney geholt hatte, heiratete seine Witwe, die Rote Barbara, einen Weber. Der Weber kam aus einem entlegenen Dorf, und in unserm Kirchspiel hatte er keine Verwandten. Man hielt es für eine Schande, daß Feeneys Witwe einen Weber heiratete, der keine Verwandten hatte. Obendrein murrten die Leute und sagten, daß von nun an das Dorf nach Urin stinken würde, da ihn die Weber für ihre Webstühle brauchten.

Der Weber hieß Joseph. Als er ins Dorf zog, war er ein junger Mann von dreißig Jahren. Er war kräftig und von gutem Wuchs, und er sah schmuck aus. Er hatte so starke Arme wie Stephen, der Schmied. Sein blondes Haar kräuselte sich in einer gerade abgeschnittenen Linie über der Stirn. Er trug schwarze Stiefel, Hosen mit Hosenträgern und ein großes Halstuch mit weißen Tupfen. Ein Wagen brachte seine Habe: den Webstuhl und eine schwarze Holztruhe mit gewölbtem Deckel. Die Frauen im Dorf redeten nur Gutes über ihn. Sie sagten, die Rote Barbara würde aufblühen und viele Kinder bekommen.

Joseph war viel zivilisierter als die Leute in unserm Dorf. Er hatte bisher in einem Städtchen gelebt. Er konnte lesen und schreiben. In seiner schwarzen Truhe hatte er Geld verwahrt. Sonntagmorgens briet er Speck für sich und seine Frau. Bald kamen die Leute, ehe sie zur Messe gingen, aus ihren Häusern hervor, um den Speck zu riechen – mit Neid in den Nüstern. Das Leben im Dorf wurde ganz anders.

Der Fischer Feeney war ein nachlässiger Trunkenbold gewesen. Und seine Frau, obwohl sie eine Schönheit war, hatte es nicht besser gehalten. Ihre Hütte war schmutzig, mit einem zerfetzten Strohdach und einem steinigen Garten und windschiefen Mäuerchen. Joseph aber holte sich sofort einen Maurer und ein paar Handlanger, um das kleine Anwesen in Ordnung zu bringen. Nach einem halben Jahr war es wie nagelneu und herrlich anzusehen: ein kleiner Palast inmitten des häßlichen Dorfes, ein weißes Gebäude auf einer Anhöhe, mit weißgetünchten Wänden aus Feldstein, und richtig gemörtelt. In unserm Kirchspiel ist Erde so kostbar wie Geld, weil wir auf kahlem, felsigem Gelände leben. Joseph aber stellte Arbeiter mit Karren an, die ihm vom Gemeindeanger hinter dem Dorf fruchtbare Erde ausgruben und den Mist von den Landstraßen sammelten. Beides wurde, zusammen mit Sand vom Meeresstrand, zu seinem Haus gekarrt. Damit legte er mehrere kleine Gärten an, ringsherum ums Haus, wo bisher nur Fels gewesen war. Im ganzen legte er vier Gärten an: drei hinter dem Haus und einen Vordergarten. Und denkt nur, der Vordergarten bestand aus Blumenbeeten, und dazwischen liefen kleine Wege aus Kies, bunt wie Edelstein, mit Bordsteinen aus braunem Granit, die glitzerten in der Sonne. Die Leute staunten über seinen Reichtum, seinen Fleiß und seine Begabung.

Bald blühten Blumen dort, seltsame Blumen, die keiner im Dorf je gesehen hatte, goldene Narzissen und lächelnde Stiefmütterchen. Joseph wurde ein berühmter Mann in unserm Dorf. Keiner widersprach ihm, wenn er etwas sagte.

Aus allen Gegenden kamen die Leute mit Wolle herbei, um sie zu Fries verweben zu lassen. Und die Leute merkten, daß Josephs Webstube durchaus kein übelriechender Raum, sondern voller Wunder und Herrlichkeit war. Quer vor die Giebelseite des Hauses baute er einen tiefer gelegenen Raum, der zur Küche hin offen war. Dort stellte er seinen Webstuhl auf und ging seinem Handwerk nach. Die Leute drängten sich in seine Küche, um ihm bei der Arbeit zuzuschauen und ihn mit sanfter Stimme sehr beredt von seltsamen Ländern und auch von seltsamen Gedanken sprechen zu hören, über die er mit seinem ernsten Gemüt nachsann: Gedanken über die Welt, über die Elemente und über

Gott, über Tiere, Vögel und Fische, Gedanken, wie man sie früher nie in unserm Dorf vernommen hatte. Seine Küche wurde zur Schule. Und es war wunderbar mit anzusehen, wie das gute Tuch auf seinem Webstuhl wuchs und wuchs – das reinste Wunder!

Andere Männer in Josephs Lage wären vielleicht hochmütig und prahlerisch geworden. Aber Joseph war ein bescheidener Mann, gerecht und gut in seinem Tun, und ernst sogar in seinem Verhalten, wie ein Mann von Geist. Oft las er in alten Büchern, die er auf einem Holzbord aufbewahrte.

Abends am Dorfbrunnen, wo die Frauen Wasser holten und schwatzten und auf den Fersen hockten, wurde die Rote Barbara zu einer wichtigen Persönlichkeit. Sie sagten zu ihr: »Es war keine müßige Stunde, als Gott deinen Körper so schön bildete, denn du hast das Verlangen eines großartigen und schönen Freiers erregt.« Sie senkte den Kopf und wurde rot, denn sie wußte, daß sie von ihr erwarteten, bald gesegneten Leibes zu sein.

Wie ein starkes Waldtier aus wildem Forst, das eingefangen und fortan in ungewohntem Müßiggang in einem Käfig gehalten und verpflegt wird, so war auch diese herrliche Kreatur eingeschüchtert von ihrem neuen Lebensgefährten und von dem Luxus, den er ihr ins Haus gebracht. Vor allem war sie über die seltsame Art entsetzt, wie er sie liebte. Denn sie war eine echte Tochter unseres Volkes, primitiv in Gedanken und Gewohnheiten, und doch von der Anmut und Schönheit einer Königin unter den Frauen.

Sie hatte einen kleinen Kopf, wie eine Schlange, jedoch ohne Bosheit oder Hinterlist in den großen, schläfrigen blauen Augen. Sie hatte lange goldene Wimpern und hübsche kleine Zähne wie ein junges Mädchen. Ihr Haar war goldrot. Die Gliedmaßen waren lang und geschmeidig. Sie ging mit langen, weit ausholenden Schritten, und ihr schlanker Körper schaukelte dabei wollüstig wie ein junger Baum, der im Winde schwankt. Wenn sie sich ausruhte, schien sie fast zu schlafen und ganz gedankenleer, als wüßte sie, daß sie nur für die Liebe geschaffen war und immer auf

Bewunderung und Schmeicheleien warten und sie geduldig hinnehmen mußte. Ihre Lippen standen stets halb offen; die Lider lagen schwer auf den Augäpfeln, und die kleinen Ohren, die aus dem goldroten Haar hervorschauten, schienen ständig auf bewundernde Worte zu lauschen.

Und doch flößte Joseph ihr Entsetzen ein, und nach einem Jahr hatte sie noch nicht empfangen. Mit Feeney war es anders gewesen. Sie waren noch keine neun Monate verheiratet, und in der Nacht, als sie von seinem Tode erfuhr, hatte sie eine Fehlgeburt und brachte Zwillinge zur Welt. Sie waren tot geboren. Er hatte sie manchmal grausam behandelt, doch sie verstand ihn und war glücklich als seine Frau. Wenn er sie mit aller Gewalt niederdrückte und umarmte, dann war sie zufrieden. Ein andermal konnte er sie wie ein Kind liebkosen. Oft war er betrunken und verprügelte sie. Im Städtchen wartete sie stets geduldig auf ihn und stand draußen auf der Straße vor der Schenke, während er sich mit seinen Nachbarn betrank. Das war nicht angenehm, aber es war so Brauch im Volke. Und sie war stolz auf seine rohe Kraft und Kühnheit auf dem Meer, wenn sie sah, wie er sich in seinem Boot der von Klippen zerrissenen Küste näherte und mit seiner schwarzen, nackten, vor Gischt glänzenden Brust über die schaumbestickte See glitt.

Bei Feeney hatte sie kleine Freudenschreie ausgestoßen und mit zusammengebissenen Zähnen gelacht, wenn er im Dunkel der Nacht zu ihr kam.

Jetzt aber, mit Joseph, hatte sich eine schreckliche und ernste Stille auf das Haus gesenkt, wie wenn der schimmernde Priester vorn am Altar murmelt und Engelsgeister unsichtbar in der weihrauchverschleierten Kirche schweben. Ja, wirklich, ihr neues Heim war wie eine Kirche: makellos sauber, mit reicher Kost und seltsamen Geräten und Blumen. Und Joseph war wie ein Priester: ein studierter Mann, der Bücher las und voller Autorität mit den Leuten sprechen konnte. Obwohl er hübscher war als Feeney und eine Haut hatte, hell wie eine Lilie, lag sie doch entsetzt und zitternd unter ihm, während er ihr leise Worte zuraunte, die wie Gebet klangen. Er faßte sie sanft an und überhäufte sie mit Geschenken und gab ihr einen Spiegel, in dem sie sich selbst betrachten konnte.

Bald schlug ihre Furcht in Haß um, und wenn er in der Nacht bei ihr war, riefen ihre Gedanken Feeney herbei, er solle kommen und seinen Bootshaken in den priesterlichen Wollüstling jagen. Und sie empfing nicht von ihm.

Joseph begann sich Sorgen zu machen. Ein Jahr war verstrichen, und noch waren keine Anzeichen einer Krönung seines Glücks zu bemerken. Er hatte das Anwesen so prächtig gemacht und hatte sich als Frau ein Juwel unter den Frauen gewählt, damit sein Same in Schönheit und Glück gedeihen möge. Abends erzählte er den Leuten, wie man eine neue Menschenrasse heranziehen könnte, indem man die Welt verschönte. Aber seht! Er, dessen blondes Haar sich so gerade über der Stirn kräuselte, wie bei einem starken Widder – er hatte keine Nachkommen. Die Leute begannen untereinander zu tuscheln, als sie sahen, daß die Rote Barbara noch immer so schmal wie ein Füllen war. Sie sagten: »Er hat Arme wie Stephen, der Schmied, aber seine Lenden sind unfruchtbar. Denn von Feeney, dem Fischer, hat sie empfangen.« Joseph hörte das Getuschel. Er schämte sich und wurde zornig. Denn in unsrer Gegend ohne Kinder zu sein, ist die größte Schande, die einem Mann widerfahren kann.

Doch ein weiteres Jahr verstrich, ehe eine Veränderung im Verhalten gegen seine Frau oder in seinem ernsten, ruhigen Benehmen sichtbar wurde. Sein Gewerbe blühte, und sein Heim war jetzt so schön, daß sonntags die Besucher von weither kamen, um es sich anzuschauen. Und solange er emsig dabei war, Haus und Garten immer noch mehr zu verschönen, wurde sein Geist von der Sorge abgelenkt, die sich allmählich in seinem Denken eingenistet hatte. Aber nach zwei Jahren war dann nichts mehr zu tun. Da richtete die Sorge ihr Haupt auf und empörte sich: sie wurde zu einem roten Makel und bedrohte ihn. Furchen durchzogen seine Stirne. Er ärgerte sich über seine Arbeit und verwünschte den Webstuhl. Er schleuderte Steine auf die Hühner, die in seinen Blumengarten eindrangen. Wohin auch immer seine Frau ging, er verfolgte sie mit seinen Blicken. Und wenn sie des Abends mit ihrem kleinen schlangenhaften, schönen Kopf bewegungslos am Feuer saß, sprach er wütend auf die versammelten Nachbarn ein, indes der Webstuhl ratterte und die Fäden sich in irrer Hast kreuzten und abermals kreuzten. Jetzt sprach er voll beleidigten Zorns von der Welt und sprach von einem läuternden Geist, der da käme, die Menschheit zu erlösen. Aber die Leute empfanden nicht länger Achtung vor seiner Überlegenheit noch vor seiner Weisheit noch vor seinem Wohlstand; denn seine Lenden waren unfruchtbar. Wenn sie unter sich waren, spotteten sie über ihn und sein Haus und seinen Blumengarten. Denn all das hatte den Reiz des Neuen verloren, und jetzt schien es, als seien sie von jeher dagewesen: der weise Joseph und seine Blumen und seine fremden Gedanken. Lüsterne junge Männer, deren Blut beim Anblick der Roten Barbara zu singen begann, erklärten derb lachend, es sei schade, daß sie in einem solchen Bett liegen müsse.

Dann wurde Joseph eines Nachts von einer Raserei befallen. Er packte seine Frau, schüttelte sie und schrie: »Was ist denn, Frau? Soll ich etwa kinderlos sterben?« Ein paar Augenblicke sah sie ihn betroffen an. Dann erwiderte sie: »Feeney wäre nicht kinderlos gestorben.« Da hämmerte er wie ein Verrückter auf seine Stirn ein und fluchte wild. Sie fürchtete sich, lag ganz still und empfing stumm und reglos seine heftigen Liebesbezeugungen. Das ging manchen Monat so weiter, und ohne Erfolg. In ihre Augen trat ein seltsamer Ausdruck. Sie wurde mürrisch, und ihre Lippen schlossen sich fest über den kleinen weißen Zähnen. Nun befragte Joseph eine alte Hebamme, die sich auf alte Heilmittel aus Kräutern und Meereszauber verstand. Sie riet ihm, Barbara solle während der höchsten Springflut in der Meerjungfernhöhle zwischen den Klippen hinter dem Dorf sitzen. Er sagte es Barbara, und sie gehorchte, denn sie fürchtete den merkwürdigen Ausdruck in seinen Augen.

Im dritten Sommer ihrer Ehe saß sie also jeden Tag am Meer,

auf einem runden, glatten Steinblock unter überhängenden Klippen neben einem dunklen Tümpel, wo, wie es hieß, die Meerjungfern hausten und wo man sie in Sturmesnächten singen hören konnte, wenn sie die ertrinkenden Schiffer in ihre Höhle lokken wollten. Dort ist die Seeluft so kräftig, daß sie mit der Heilkraft eines berauschenden Mittels ins Blut dringt. Die Muskeln werden steif. Das Denken verwirrt sich, und liebestrunkene Süchte, geboren aus Naturkräften, erwachen vieltausendfältig zum Leben. Die Erhabenheit der überhängenden dunklen Klippenwände und der endlose Busen der sanft lächelnden See sind so wunderkräftig, daß sogar wacklige alte Greise aus unserm Dorf sich instinktiv dort hingezogen fühlen, wenn sie den Todesengel nahen sehen. Dort werden sie von trügerischer Kraft erfüllt. Sie schreiten nackend über die sengenden Felsklippen. Raserei ergreift sie, und mit ihren verrunzelten Händen versuchen sie, riesige Blöcke zu stemmen. Dann sterben sie in Frieden.

Barbara wurde dicker. Joseph triumphierte. Im Herbst erzählten sie von ihr, sie sei gesegneten Leibes. Joseph sang bei der Arbeit. Doch als der Winter kam, wurde sie wieder schlank. Die Leute lachten. Eines Tages war Joseph vor Wut ganz von Sinnen. Er verriegelte die Tür, nahm eine Rute und schlug sie damit. Diesmal ließ sie sich's nicht gefallen. Sie hieb ihm mit der Feuerzange über den Kopf, daß er bewußtlos umfiel. Die Polizei kam, und Ärger und Verdruß stellten sich ein. Der Gemeindepfarrer wurde geholt, um den Streit zu schlichten. Joseph erkrankte und mußte den ganzen Winter im Haus bleiben.

Im Frühling dann sahen ihn die Leute, wie er blaß und hager, mit zuckender Stirn und einem hinterhältigen Ausdruck in den Augen durch seinen Blumengarten schlich. Seit dem Streit kam kein Mensch mehr abends ins Haus, denn es galt als unschicklich, ein Haus aufzusuchen, in dem Zwietracht herrschte. Aber die Rote Barbara ging umher und sprach besorgt von ihrem Mann. Und vor den Ohren der Leute rief sie ihm ständig zu und sagte ihm, er solle sich vor der heißen Sonne in acht nehmen und in seinem geschwächten Zustand nicht zu weit in die Klippen hinauswandern. Es schien, daß sie die Oberhand über ihn davongetragen hatte. Manchmal ließ sie lächelnd ihre weißen Zähne sehen, wenn sie an den jungen Männern des Dorfes vorbeiging.

Joseph setzte seine Arbeit fort und webte Tuch. Während er so allein in seinem Haus arbeitete, sprach er mit sich selbst, und seine Frau saß still am Kamin und strickte. Nachts lag er wachend im Bett und beobachtete sie. Er streckte dann wohl seine zitternde Hand aus und berührte den schönen Kopf, der da neben ihm lag – reglos in Schlaf gebannt, mit goldrotem Haar bedeckt.

Als der Sommer verging, wurde seine äußere Erscheinung wilder und ungepflegter. Er sprach nicht länger mit den Nachbarn. Kamen sie an ihm vorbei, dann starrte er sie an. Barbara nahm von den Kunden das Wollgarn in Empfang, gab ihnen das fertige Tuch und kassierte das Geld ein. Sie war jetzt Herrin im Haus. Joseph hatte kein Interesse mehr an solchen Dingen. Er sprach mit den Blumen, beugte sich nieder und küßte ihre Blütenblätter und nannte sie seine Kinder. Er nahm auch Speisereste mit, wenn er zu den Klippen ging, und streute sie aus, so daß die wilden Seevögel kamen und ihm zu Häupten flatterten. Ihre Rufe erregten ihn. Er streckte die Hände aus und sang seltsame Hymnen mit unverständlichen Worten.

In jenem Winter herrschten Frost und Schnee. Scharen von Vögeln kamen zu den Hütten und bettelten um Futter. Joseph entfernte die Tür eines kleinen Ställchens, das er einst gebaut hatte. Auf den Boden streute er Futter für die Vögel, und nun saß er ganze Tage lang dort, in dicke Kleider vermummt, und redete mit den Vögeln und forderte sie auf, hereinzukommen. Bald wurden sie zahm. Sie drängten sich in das Ställchen, Vögel von allen Arten, Stare und Drosseln und Amseln, Rotkehlchen und Spatzen und winzige Zaunkönige. Joseph war sehr glücklich in ihrer Gesellschaft. Er hielt sich den ganzen Tag im Stall auf und arbeitete dann bis spät in die Nacht hinein am Webstuhl. Er bekam hohle Wangen.

Doch als der Frühling kam, flogen die Vögel davon, um sich zu paaren. Joseph war wieder allein. In der Morgendämmerung hörte er sie singen; und bei Sonnenuntergang schwebten ihre holden Stimmen abermals durch die Lüfte. Die Welt war voller Gesang. Gegen Mittag wurde die Sonne wärmer. Sein geschwächter Körper war durchtränkt von Frühlingswonnen. Eines Tages um die Mittagszeit sagte er leise zu seiner Frau:

»Lege meine Matratze auf die Fliesen an der Südseite des Hauses! Ich will nackend in der Sonne liegen. Ich will wieder kräftig werden. Dann wirst du Kinder von mir haben.«

Barbara blickte ihn zuerst voller Verwunderung an. Seine Augen glänzten von der Krankheit und von den wilden Fieberbildern, die ein Kranker sieht. Ihre Augen wurden listig, und sie dachte:

›Er ist ein Greis geworden. Der Tod schwebt über ihm.‹

Sie sagte nichts, sondern blickte ihn schlau an, wie ein achtsamer Vogel. Joseph bemerkte den listigen Ausdruck in ihren Augen und wurde zornig. Er drohte ihr mit seiner abgezehrten Faust und rief:

»Ha! Du Dirne! Du wartest auf mein Ende! Ich aber will mich mit Riesenkräften von meinem Lager erheben. Rasch, breite es aus, ehe die Sonne schwächer scheint! Mach schnell, oder dein Rücken bekommt die Rute zu kosten!«

Da lief Barbara in den Vorgarten hinaus und weinte so laut, daß die Nachbarn sie hören konnten. Joseph folgte ihr nach draußen, brüllte und drohte ihr mit den Fäusten. Die Nachbarn hörten den Lärm und liefen zusammen. Als Barbara sah, daß die Nachbarn gekommen waren, ging sie ins Haus, während Joseph mit Steinen auf die Nachbarn warf und ihnen zuschrie, sie sollten sich fortscheren und ihm nicht den bösen Blick anhängen.

Nun breitete Barbara auf den Fliesen an der Südseite des Hauses sein Bettzeug aus. Joseph zog sich nackend aus und legte sich nieder. Barbara trat weinend zu den Nachbarn und erzählte ihnen, Joseph sei verrückt geworden und drohe, sie umzubringen. Sie fanden sich alle ein und beobachteten ihn, wie er auf dem Rücken in der Sonne lag.

Lange Zeit lag er still da, als wäre er tot, und hatte die Arme und Beine auf den weißen Leintüchern ausgestreckt; seine Wangen glühten rot, und auf seinem eingeschrumpften Körper lag die geisterhafte Blässe des Todes. Dann begann ihn die heimtückische Frühjahrssonne mit ihren Strahlen zu versengen, und er fing an zu stöhnen. Er erhob sich, torkelte, schwenkte die Arme und schrie im Fieberwahn:

»Wo ist die Hexe? Sie hat mich verzaubert!«

Danach drehte er sich zweimal um sich selbst, wurde ohnmächtig und schlug schwer hin. Die Leute stürzten herbei und hoben ihn auf. Sein Gesicht glich dem eines Leichnams. Die Lippen waren weiß, und zwischen ihnen sickerte ein Rinnsal hervor. Sie trugen ihn ins Haus, und im Dorf wurde es still.

Er lebte noch drei Wochen, und manchmal phantasierte er von einem Geist, der kommen würde, um die Welt herrlich zu machen und die Menschheit zu erlösen. Er sprach auch mit den kleinen Kindern, wenn er sie in der Nähe seines Bettes sah. Eines Nachts dann, als der Mond voll war und die See gegen die Südklippen donnerte, starb er. Das ganze Kirchspiel gab ihm das Grabgeleite und erzählte sich flüsternd von den vielen weisen Dingen, die er zu den Leuten gesagt hatte.

Danach lebte Barbara viele Monate allein in dem kleinen weißen Haus auf der Anhöhe. Im Sommer wurden die Blüten in Josephs Blumengarten von Unkräutern erstickt. Vom Webstuhl war kein Laut zu hören, denn sie nahm ihn auseinander und warf ihn in den kleinen Stall, den Joseph gebaut hatte. Als der Herbst kam, sah das Haus allmählich so verlottert aus wie damals, als Feeney, der Fischer, darin gewohnt hatte.

Später kamen drei junge Männer von einer Nachbarinsel in einem Boot übers Meer gefahren. Sie hatten eine Handharmonika bei sich, und sie spielten darauf, als das Boot sich bei Sonnenuntergang dem Strande näherte. Sie landeten an der felsigen Küste hinter dem Dorf und gingen ins Haus der Roten Barbara. Auch die Dörfler fanden sich dort ein. Mit dem Whisky, den sie mitgebracht hatten, stießen sie auf ihr rotgoldenes Haar an und auf ihre herrlichen Glieder. Sie zechten drei Tage lang und priesen ihre

Schönheit. Sie nahm den einen zum Ehemann, einen dunklen jungen Fischer, der hatte Handgelenke wie aus Stahl.

Jahre vergingen, und in Barbaras Haus waren Kinder. Und sie war wiederum eine glückliche Frau aus dem Volke. Wiederum stand sie, wilde Schreie ausstoßend, auf der höchsten Felsklippe über dem Strand, wenn ihr Mann in seinem Boot die stürmische See befuhr und mit dem Tod kämpfte. Wiederum führte sie ihn, schwankend und betrunken singend, nach Hause in ihr wildes Bett.

Joseph wurde im Dorf zu einer Legende.

# Edward Sheehy
## *Hochzeitsgesang*

I

John de Courcy verließ seinen behaglichen Platz im warmen Autobus nur ungern. Er wartete, bis alle andern Fahrgäste sich mitsamt ihrem Gepäck nach draußen begeben hatten, ehe auch er auf den Bürgersteig trat und hastig den Kragen seines schweren Tuchmantels hochstellte, um sich vor dem scharfen Ostwind zu schützen, der die Uferstraßen entlangblies. Langsam begann er den Fahrdamm zu überqueren und steuerte auf die Ecke der Westmoreland Street zu, doch hatte er erst ein paar Schritte gemacht, als er schon zauderte, wieder umkehrte und langsam zur Kaimauer zurückging, wo er stehenblieb und die Spiegelung der Neonlichter zu beobachten schien, die sich auf der zerhackten Wasserfläche des Flusses krümmten und schlängelten, und auch die von Wind und Flut hin und her gerissenen Boote, die an ihren Vertäuungen zerrten.

Es hat keinen Sinn, sich jetzt in dieser Stimmung alles auszudenken, fand er, während er den Leuten nachschaute, die über die Brücke eilten und ihre vor Kälte blauroten Gesichter von der Windrichtung abkehrten. Er brauchte einen Drink, und zwar einen steifen, um sich zusammenzurappeln. Jetzt handelte es sich nur darum, ob er zum Palace hinübergehen sollte, wo er bestimmt ein paar Bekannten in die Arme laufen würde. Die Versuchung war groß. Aber nein – es würde die reinste Katastrophe werden, wollte er sich jetzt unter Bekannte mischen, wo er doch die ganze Geschichte noch rechtzeitig hinter sich bringen mußte, um den Neun-Uhr-Bus zurück nach Ballyross zu erreichen. Lieber irgendwohin gehen, wo keiner ihn kannte! Zielbewußt überquerte er die Straße und stieß die Tür von O'Maras Kneipe auf.

Die vordere Bar war überfüllt: es waren meistens Arbeiter und ein paar Angestellte. Die warme Luft war zum Schneiden dick von all dem Bierdunst, Tabaksqualm und dem Geruch nach durchnäßter Kleidung. Er zwängte sich durch; die hintere Bar war nicht so voll. Die Kneipenden verzogen sich respektvoll von der Theke, so daß er sich einen großen Gin mit einem Spritzer Limonensaft bestellen konnte. Er liebte Gin nicht besonders, meinte aber im letzten Augenblick, es sei vielleicht weniger auffallend als Whisky. Er kippte das Glas in zwei großen Zügen hinunter, noch ehe der Barmann mit dem Kleingeld zurückkam, und dann deutete er durch ein Kopfnicken an, daß er noch mal dasselbe wollte.

»Häßlicher Abend, Sir«, sagte ein ältlicher, überarbeitet aussehender Mann, der neben ihm stand.

»Scheußlich, ganz scheußlich«, erwiderte er kurz angebunden.

Als ihm das zweite Glas gebracht wurde, ging er damit zu einem Tischchen in einer entlegenen Ecke und setzte sich so hin, daß er den Leuten an der Theke den Rücken zuwandte. Es war ihm bereits wohler zumute, ganz ausgesprochen wohler, und er mußte lächeln, weil er sich vorstellte, wie schändlich man es in Ballyross finden würde, sähe man, wie er, John de Courcy, der hochangesehene Rechtsanwalt, so hastig einen doppelten Gin hinuntergoß. Wahrscheinlich hätte man daraus geschlossen, daß er vor dem unmittelbaren Bankrott stehe. Es wäre schlimm, wenn sie wüßten, in welcher Klemme er steckte! Aber das würden sie nie erraten, auch in tausend Jahren nicht! Als ihm die Wärme in der Bar und der wärmende Drink ins Blut drangen, öffnete er seinen Mantel und setzte den Hut ab. Nein, die Schafsköpfe würden es nie erraten, auch nicht der Kanonikus O'Donoghue oder der fromme Schleicher von der Bank, der Wrigley. Er wechselte seine Stellung ein klein wenig, um sich im Reklamespiegel sehen zu können, der in vergoldeten Buchstaben Power's Whiskey anpries. Was er sah, behagte ihm: es überzeugte ihn, daß er seinem Blick mit unerschütterlicher Zuversicht begegnen konnte. Es war bestimmt nicht der Blick eines Mannes, der mißlichen Umständen preisgegeben war. Nein, Sir. Vera hatte ihm stets versichert, daß er einen vornehmen Kopf habe. Sie hatte ihm stets versichert, er sei der einzige wirklich gebildete Mann, den sie kenne: gar nicht übel für einen Anwalt vom Lande, wenn man in Betracht zog, daß sie die Schriftsteller und Künstler von halb Dublin kannte. Die gute kleine Vera, dachte er in einer jähen Anwandlung von Zärtlichkeit: sie war nicht so abgebrüht, wie sie immer tat – trotz ihrer modernen Ideen und ihrer Junggesellenwohnung. Es war in mancherlei Hinsicht ein ideales Abenteuer gewesen, bis sie anfing, sich Raupen in den Kopf zu setzen. Die gute kleine Vera! Mit diesem betrübten Abschiedstrinkspruch leerte er sein Glas.

Er drehte sich um, fing den Blick des Barmannes auf und deutete auf sein leeres Glas. Der Barmann duckte sich unter die Klappe der Theke und brachte ihm noch einen Gin. Er hatte ihn dringend nötig. Er beschloß, das dritte Glas langsamer zu trinken und sich dabei alles zurechtzulegen. Er konnte sich's nicht leisten, sich zu betrinken, doch würde der Drink ihm helfen, die erforderliche Sachlichkeit zu wahren. Das war's, was er brauchte, Sachlichkeit! Heute vormittag zum Beispiel hatte er sich ins Bockshorn jagen lassen, ein Kardinalfehler, und stets verhängnisvoll, wenn man mit Frauen zu tun hatte. Er hätte es von seiner Mutter her noch wissen sollen. Lieber Himmel, wie sehr hatte Martha doch seiner Mutter geglichen, als sie so redete! Der gleiche Tonfall, die gleiche entrüstete Strenge, die gleiche Engherzigkeit! Zwar, die alte Frau konnte man deswegen nicht tadeln – sie hatte in einer anderen Zeit gelebt. Doch von Martha hätte er dergleichen nie erwartet, und wenn sie tausendmal die Schwester des Kanonikus war. Er ging in Gedanken noch einmal das Gespräch durch, das sie beide heute früh in der Hotelhalle geführt hatten. Ob er seinen Beichtschein bei sich habe? Seinen – wie bitte? Den Beichtschein, denn ohne den könne er nicht getraut werden! Sie hatte ihn völlig aus dem Gleichgewicht gebracht, während er dastand und krampfhaft nach einem Ausweg suchte und überlegte, wie er sich wenigstens davor drücken könnte, in Ballyross zur Beichte zu gehen. Er erkannte jetzt seinen Fehler; er hätte dreist auftreten sollen, dann wäre alles gut abgelaufen. Aber er hatte sich ins Bockshorn jagen lassen, genau wie früher, als er ein kleiner Junge war und seine Mutter ihn aushorchte. Sein einziger Gedanke war's gewesen, Zeit zu gewinnen. Er hatte ihr erzählt, er müsse rasch in die Stadt fahren, um den Prozeß Collins vorzubereiten, der am Dienstag vor Gericht kommen sollte: er wolle sich die Flitterwochen von keinerlei geschäftlichen Sorgen trüben lassen. »Aber am Samstag arbeiten die Anwälte ja nicht«, mußte sie natürlich einwenden. »Oh, MacFarland ist Assisen-Richter und war die ganze Woche unterwegs. Ich habe mit ihm abgemacht, daß ich ihn draußen in seiner Wohnung an der Ailesbury Road aufsuchen würde.« Und selbstverständlich mußte sie ihm eine Strafpredigt halten: »Willst du mir wirklich allen Ernstes erzählen, John, daß du nicht vorher zur Beichte gegangen wärst? Du mußt doch gewußt haben, daß es eine Hochzeitsmesse gibt und daß ich bestimmt zum Abendmahl wollte?« Als ob er mit Leib und Seele ihr Eigentum wäre! Und das schlimmste war, daß er keine Antwort bereit hatte, nur die Miene des gehetzten Märtyrers, der sich mit tausenderlei Dingen herumschlagen muß, mit seinen Berufsgeschäften, mit den Dekorateuren im Haus und so weiter. Er mußte sich alles anhören und sie dann beruhigen: »Mach dir keine Sorgen, mein Kind, ich fahr' jetzt rasch in die Stadt, besuche MacFarland, lauf' schnell zu meinem alten Beichtvater in der Whitefriars Street und komme mit dem Neun-Uhr-Bus wieder zurück. Ist das nicht recht so?« Aber natürlich mußte sie das letzte Wort haben, und es klang eher bekümmert als ärgerlich: »Weißt du, John, ich finde wirklich, du solltest dich etwas intensiver mit diesen Dingen beschäftigen! Schließlich sind sie wichtiger als . . .«, und so weiter und so weiter, genau wie seine Mutter! Und solche Reden sollte er sich nun bis an sein Lebensende mit anhören!

Er trank sein Glas hastig leer – ein vergeblicher Versuch, dadurch die krankhafte Furcht loszuwerden, die ihn bedrückte. Er hätte wissen müssen, daß Gin niederdrückend wirkt, und er fragte sich, ob es in diesem Stadium wohl gefährlich sei, zu

Whisky überzugehen. Ohne darüber nachzudenken, ging er an die Bar und bestellte einen kleinen Whisky. Gereizt bemerkte er, daß die andern Gäste ihn neugierig betrachteten.

Das Schlimme an der Geschichte war natürlich, daß er seit dem Tode seiner Mutter die Religion vernachlässigt hatte und höchstens mal gelegentlich bei der Abendmesse erschienen war. Es wäre ihm bestimmt nie in den Sinn gekommen, daß er bei einer so gebildeten Frau wie Martha die gleiche bigotte Engherzigkeit antreffen würde, die ihm für ganz Ballyross charakteristisch schien. Fünfzehn Jahre hatte er sich so durchschlängeln können. Die biederen Schafsköpfe in Ballyross hatten keine Ahnung. Für sie war er der achtbare katholische Rechtsanwalt. Selbst die beiden Lästerhexen, die Fräulein Kavanagh, hatten in aller Öffentlichkeit erklärt, wie passend seine Verbindung mit der Schwester des Kanonikus sei. Er war ihnen nie verdächtig geworden mit seinen allwöchentlichen Ausflügen nach Dublin, wo er die Abende mit seinen Freunden verbrachte, schöngeistige kleine Soirées könnte man sie genannt haben, bei denen mäßig getrunken und viel diskutiert wurde, und wo die französischen und lateinischen Zitate den Nagel auf den Kopf trafen. Und dann Vera: die schöne, gepflegte, gebildete Vera! Wie anders war ihre Welt als die in Ballyross mit dem muffigen Aberglauben und dem ewigen Beten! *Moi, j'ai été aussi en Arcadie*, raunte er in seinen Mantelkragen hinein. Diplomatisch mußte man vorgehen, das war nötig, und außerdem den kleinen Mann in der Whitefriars Street haben. Er lachte hörbar – zum stillen Vergnügen der Kneipbrüder. Ein prachtvoller kleiner Mann, der alte Vater Sylvester – und so gänzlich ein Geschöpf seiner Phantasie, abgesehen von der Tatsache, daß ein solcher Name über einem Beichtstuhl angebracht war! Er liebte Vater Sylvester. Das ganze Städtchen hatte von seinem alten Freund, Vater Sylvester, gehört und daraus geschlossen, daß seine Seele sich in den besten Händen befand (was in einem Ort wie Ballyross, wo jedermann sich berechtigt glaubt, sich mit jedermanns Seele befassen zu dürfen, eine sehr praktische Situation war).

Der Whisky nach dem Gin war eine große Verbesserung: er bestellte noch einen. Er prahlte damit, daß der Alkohol seine Denkfähigkeit niemals umwölke und abschwäche. Im Gegenteil, ein paar Drinks verliehen seinem Denken womöglich eine noch schärfere Klarheit und Sachlichkeit. Nun hatte seine bevorstehende Ehe bis zum heutigen Vormittag jeden erdenklichen Vorteil aufgewiesen. Martha sah nicht übel aus. Sie war gebildet, hatte gute verwandtschaftliche Beziehungen, und ihr Vermögen war auch nicht zu verachten. Doch machte sie natürlich keinen schlechten Handel: sie war sozusagen kein heuriges Häschen mehr. Der Kanonikus hatte sich selber sehr um das Zustandekommen der Heirat bemüht: er hatte noch viel von einem hartschädligen Kerry-Bauern an sich, und er hatte ihm gesagt: »Du wirst eine vernünftige Frau an ihr haben, John, genau das, was du in deiner Junggesellenwohnung am Square brauchen kannst. Und sie kommt nicht mit leeren Händen, das versprech' ich dir, John. Vorausgesetzt natürlich, daß ihr Gefallen aneinander findet.« Gegen die Argumente des Kanonikus ließ sich nichts einwenden. Doch mit Vierzig heiraten war reichlich spät. Wie die Dinge lagen, würde er schon auf die Siebzig zugehen, ehe er einen Sohn hätte, der das Geschäft übernehmen könnte. Aber da war auch noch das andere Gefühl, das in den letzten paar Jahren immer wieder aufgetaucht war, besonders kurz vor Weihnachten: daß er nämlich allein war und daß sich niemand um ihn kümmerte.

Von einer übertriebenen Liebesleidenschaft konnte natürlich keine Rede sein; darüber waren sie schon ein bißchen hinaus, und überhaupt war es nicht ihre Art, sich von ihren Gefühlen überwältigen zu lassen oder bei ihm – hm – voreheliche Vertraulichkeiten zu erwecken. Irgendwie schätzte er das an ihr. Als sie seine Werbung annahm, hatte er eine Vision von all den Veränderungen, die sein Haus am Square infolge seiner Heirat erleben würde: die saubere Bettwäsche, die gut zubereiteten Mahlzeiten, die kleinen Aufmerksamkeiten und Veredelungen, die ein Mann nun mal schätzt – mit einem Wort, ein Heim. Er war nicht sentimental, aber er mußte zugeben, daß ›Heim‹ das Wort war, das genau wiedergab, worauf er sich freute. Ihre Engherzigkeit in religiösen Fragen war das einzige Haar in der Suppe. Er hätte es voraussehen müssen! Das war's, wo er ein Dummkopf gewesen war. »Meine Güte, John de Courcy«, sagte er sich, »du bist geliefert, wenn du nicht mächtig aufpaßt!« Er leerte sein Glas und bestellte noch einen Whisky. Er machte sich jetzt nichts mehr draus, daß die Männer an der Bar ihn heimlich beobachteten und sich Blicke zuwarfen. Die dachten wohl, er sei betrunken, oder? Er schüchterte sie bewußt mit seinen verächtlichen Blicken ein, ehe er sich wieder dem Überdenken seiner Lage zuwandte.

Das Schlimmste hatte er jetzt erkannt, und er war über seine philosophische Sachlichkeit angenehm erstaunt. Die Panik war von ihm gewichen. Er war tatsächlich heute abend gut in Form. Nur die Männer können vom Alkohol profitieren. ›Alkohol schädigt die Frauen und macht sie nicht philosophisch, sondern zügellos.‹ Ah, die richtige Stimmung – die rechte Aphorismenstimmung! Er hätte Schriftsteller werden sollen, Künstler! Aber im Ernst, er mußte sich jetzt an die Arbeit machen.

»Also hör mal, de Courcy, das ist alles verdammt albern. Wir wissen, daß du seit Ewigkeiten nicht zur Beichte gegangen bist, und wir wissen auch, daß du nicht zur Beichte gehen willst. Doch die besonderen Umstände, Umstände, über die du keine Gewalt hast, mein Alter, verlangen gebieterisch, daß du einen sichtbaren Beweis vorlegst, jenen Schritt vorgenommen zu haben, und zwar, bevor der Ballyross-Autobus um neun Uhr am Astons Quay abfährt. Schließlich brauchst du dir bloß eine harmlose Geschichte auszudenken und hast es bald hinter dir. Es ist eine reine Formalität und ohne die leiseste Bedeutung für einen Mann von deiner Intelligenz. Du könntest natürlich den Verrückten spielen, wie du's beinah mal getan hast, als du ein blutjunger Student warst. Du könntest nach Ballyross zurückkehren und den Kanonikus und seine Schwester zum Teufel schicken . . . Doch glaube ich nicht, daß dein Leben danach sehr vergnüglich wäre. Nein, mein Alter – und hast du nicht immer eine besondere Vorliebe für einen gewissen Machiavelli gehabt? Jetzt ist die Zeit gekommen, wo du die ganze verdammte Blase auslachen kannst. Wie wär's, wenn du dir den kleinen Alten in der Whitefriars Street zu Hilfe holtest? Nur kein falscher Heldenmut – so etwas ist geschmacklos. Schließlich kannst du nicht als Märtyrer für die Lehre gebildeter Agnostiker auftreten.«

## 2

Im Kirchenschiff waren nur ein paar Leute, aber die Bänke vor den Beichtstühlen waren überfüllt. Er bekreuzigte sich mit etwas Weihwasser, knickste und ging langsam zum Hochaltar, wobei er rechts und links die Namen über den Beichtstühlen las. Die Stille und der süße Weihrauchduft fielen ihm auf. Auf halbem Wege las er den Namen Vater Sylvesters über einem Beichtstuhl zur Linken. Er knickste abermals und glitt in eine Bank hinein. Instinktiv bekreuzigte er sich nochmals und kniete nieder. Zuerst mußte er sich etwas Glaubwürdiges ausdenken, das er beichten konnte.

Betrunken, das würde genügen. Und daß er am Sonntag nicht in die Messe ging, wenn er die Nacht durchgefeiert hatte. Und daß er morgens nicht betete. 's klang ein bißchen kindlich, wie Ungehorsam, was immer eine gute Ausflucht gewesen war, als er noch in die Schule ging. Er dachte an die sieben Todsünden. Die meisten klangen etwas unbestimmt. »Ich habe mich des Neides schuldig gemacht, Vater.« Da wären zuviel Erklärungen nötig. Unkeusche Gedanken und Gelüste? Ja. Und Vera. Großer Gott, das würde er doch wohl nicht ernst nehmen? Nein, Vera scheidet aus, sagte er sich ärgerlich. Das hieße, den Scherz zu weit treiben. Sei kein Idiot! Du mußt es so schnell wie möglich hinter dich bringen. Zuerst sagst du: »Segne mich, Vater, ich habe gesündigt.« Wie lange? Sage fünf Wochen. Und das *Confiteor*: »Ich bekenne vor Gott dem Allmächtigen . . .« Das sollte man schon gesagt haben, ehe man den Beichtstuhl betritt.

Warum sollte er übrigens warten? Die andern erledigten nur ihre üblichen Pflichten. Es würde Stunden dauern, bis die Menge vor ihm fertig war. Ein Sünder kam mit gesenktem Kopf heraus, und ein andrer ging hinein. Danach kam eine gütig aussehende Frau in Schwarz. Ihre schläfrigen grauen Augen wanderten teilnahmslos umher, während sich ihre bleichen Lippen im Gebet bewegten. Er kam näher, verbeugte sich vor ihr und flüsterte:

»Verzeihen Sie, bitte, Madam, könnte ich vielleicht vor Ihnen drankommen? Ich soll nämlich morgen früh getraut werden, und ich darf heute abend meinen Bus nicht verpassen.«

Sie lächelte verständnisvoll und sagte: »Sehr gern, Sir.«

Er kniete auf einem Knie im Seitengang, während die Frau die Mitteilung flüsternd an ihre Nachbarn weitergab. Die Wartenden blickten ihn einer um den andern an und lächelten und freuten sich, daß sie ihm den Gefallen tun konnten, weil er morgen früh getraut werden sollte und seinen Bus nicht verpassen durfte. Die Minuten schlichen träge, während er auf das unverständliche Gemurmel lauschte, das aus dem Beichtstuhl drang. Endlich erkannte er das Raunen der Absolution und den geflüsterten Reueakt des Büßers. Einen Moment drauf tauchte ein kränklich aussehender Jüngling auf, und John de Courcy glitt in die Dunkelheit und Abgeschiedenheit des Beichtstuhls.

Er kniete mit erhobenem Kopf und blickte auf das verschlossene Gitter. In dieser Stellung bekam er nicht genug Luft, und das Herz begann ihm laut und unablässig gegen die Rippen zu hämmern. Es schien erst gestern gewesen zu sein, daß er hier gekniet hatte, voller Angst wegen seiner kindlichen Sünden, und sich mit dem Gedanken getröstet hatte, daß er in wenigen Minuten wieder ins Freie hinaus durfte, froh und seiner Sündenlast ledig. Doch heute . . . Eine entsetzliche, betäubende Sehnsucht ergriff ihn. Er wollte fliehen. Er wollte aus dem Beichtstuhl stürzen. ›Sei nicht komplett verrückt!‹ ermahnte er sich. ›Reiß dich um Gottes willen zusammen!‹ Er versuchte sich abzulenken, indem er darüber nachdachte, wie Vater Sylvester wohl aussehen mochte. Der kleine Mann aus der Whitefriars Street! Nein, der Scherz verfing nicht mehr bei ihm. ›Es ist jetzt sowieso zu spät‹, wiederholte eine Stimme in seinem Kopf unaufhörlich, ›zu spät! Du verpaßt den Bus. Du mußt es hinter dich bringen.‹ Wie lange die Frau auf der andern Seite brauchte! Wohl eine von den Frauen, die auch die Sünden ihrer Nachbarn vortragen, und nicht nur ihre eigenen: er erinnerte sich an den alten Missionswitz. Er erstickte fast. Warum war ihm nur so elend und übel zumute? Wahrscheinlich der Whisky nach all dem Gin.

Wieder hörte er das Raunen der Absolution und wappnete sich für den Moment, wenn das Türchen beiseite geschoben würde. Als es soweit war, sah er sich plötzlich dem Gesicht eines sehr jungen Mannes, fast eines Knaben, gegenüber. Der Priester neigte den Kopf zum Gitter, ohne ihn anzublicken, und John de Courcy erklärte hastig, daß er am nächsten Morgen getraut werden solle und einen Beichtschein benötige.

»Ja, o ja«, sagte der Priester, »das wird erledigt. Jetzt aber deine Beichte, mein Sohn!« Geduldig hörte er sich die einleitenden Worte an, seufzte und war der Sünden Dublins müde.

»Ich war zweimal betrunken, Vater«, sprudelte John de Courcy hervor, »und an einem Sonntag bin ich mal nicht in der Messe gewesen.« Er fand, daß er betont einfach sprach.

»Betrunken, mein Sohn?« fragte der Priester.

»Ja, Vater.«

»Warst du besinnungslos betrunken?«

»Nein, Vater.«

»Hast du irgendwie die Beherrschung verloren oder etwas getan, was du nicht getan haben würdest, wenn du nicht getrunken hättest? Hast du gesündigt, meine ich?«

»Ich bin vielleicht ein bißchen leichtsinnig gewesen, Vater«, sagte er mit rührender Schelmerei.

»Ein bißchen leichtsinnig sein ist kaum eine Sünde«, erwiderte der Priester und schien zu lächeln. »Ich kann mir nicht vorstellen, daß du richtig betrunken warst, mein Sohn. Nicht in die Messe zu gehen ist natürlich ernst, sehr ernst. Sonst noch etwas?«

»Nein, Vater«, würgte er hervor. Und während er es sagte,

überfiel ihn ein Gefühl hoffnungsloser Schlechtigkeit, über das er nicht einmal Herr zu werden versuchte. Die schlichte Aufrichtigkeit im Gesicht des Priesters klagte ihn an. Er spürte, daß es unsagbar gemein und widerlich war, den Priester zu betrügen. Wenn er nur alles frei heraus bekennen könnte: Vera, seinen Abfall vom Glauben, die Vernachlässigung der Sakramente. Aber er konnte es nicht. Er konnte es nicht. Es war verrückt, wahnsinnig. Er sollte es nicht so empfinden. Der Priester seufzte und machte eine Pause. Einen Augenblick wurde John de Courcy von panischem Schrecken gepackt und war überzeugt, der Priester hätte seinen Betrug durchschaut, bis er ihn fragen hörte:

»Und morgen früh sollst du getraut werden, mein Sohn?«

»Ja, Vater.«

»Dann bedenke, mein Sohn, daß du vor einer sehr wichtigen Entscheidung stehst. Empfange das Sakrament mit reinem Herzen und reinen Absichten, und du wirst köstlichen Gewinn davontragen. Und mit Gottes Hilfe werdet ihr Kinder bekommen. Du hast Pflichten ihnen gegenüber und mußt sie in der Liebe und Furcht des Herrn erziehen. Deine Frau sollst du lieben und ehren und wert halten. Vereint sollt ihr euch nach Kräften bemühen, ein rechtes katholisches Heim zu gründen. Auf der Gründung einer Familie ruht Gottes ganz besonderer Segen . . .«

Er sprach langsam und ernst; aber John de Courcy hörte nicht zu. Er kniete dort und war erschüttert über seine Schwachheit gegenüber allem, was er seit Jahren von sich gewiesen hatte. Wo blieb jetzt sein gebildeter Agnostizismus, seine Erhabenheit über allem vulgären Aberglauben? Wenn es wirklich der Wahrheit entsprach, daß er ungläubig war, dann konnte ihm nicht so zumute sein. Und an Marthas Seite würde er sich dem Glauben nicht entziehen können. Sie würde nicht hereinfallen auf seinen ›kleinen Mann in der Whitefriars Street‹. Das Geschöpf seiner Phantasie war ohnehin tot, und an seiner Stelle saß ein Unschuldiger, der gute zehn Jahre jünger als er selbst war und ihn, ohne daß es widersinnig wirkte, ›mein Sohn‹ nannte. Er sah sich auf der Schwelle zu ewiger, gallebitterer Gefangenschaft.

»Sprich zur Buße fünf Vaterunser und fünf ›Gegrüßt seist du, Maria‹, mein Sohn. Und nun den Reueakt!« Der Priester begann die Worte der Absolution zu sprechen.

Sie würde wissen wollen, wo er seine Abende in der Stadt verbrachte. Sie würde seine Bücher sichten und höchstwahrscheinlich mit seinem Rabelais, seinem Balzac, seinem Joyce, mit allem, woran ihm wirklich lag, ein Freudenfeuer veranstalten. Warum hatte er das nicht vorher bedacht? Und kein Ausweg! Jetzt konnte er sich höchstens retten, wenn er mit einem Schiff bis ans Ende der Welt führe. Großer Gott! schoß es ihm plötzlich durch den Sinn, MacFarland hat ja ein Telefon! Wenn Martha nun im letzten Augenblick noch etwas aus der Stadt brauchte und dort anriefe und entdeckte, daß er gar nicht dagewesen war! Lieber rasch selbst bei MacFarland anrufen, sowie er hier fertig war.

»Gott segne dich, mein Sohn!« hörte er den Priester sagen.

Er erhob sich mühsam und fühlte sich matt und ausgehöhlt.

»Sagtest du nicht, du wolltest einen Beichtschein haben?« fragte der Priester.

»Ach ja, Vater«, antwortete er beschämt.

»Dann warte noch eine Sekunde, bis ich meinen Füller bereit habe . . . dein Name, mein Sohn?«

Vielleicht war ihm morgen anders zumute. Es war ein schlimmer Tag für ihn gewesen, ein elender Tag. Morgen war er sicher fähig, der Situation richtig ins Auge zu blicken. Wenn er nicht zweierlei durcheinander getrunken hätte, wäre er jetzt nicht in solchem Zustand. Das war's, was ihn so niedergeschlagen sein ließ. Ja, das war zweifellos die Ursache seines Zusammenbruchs.

# Norah Hoult
## *Neun Jahr ist eine lange Zeit*

Der Oktober war schon ziemlich weit vorgerückt, ehe sie sich darüber zu wundern begann, daß sie nichts mehr von ihm gehört hatte. Selbst dann machte sie sich noch keine Gedanken. Er war sicher auf einer Geschäftsreise. Herren in solch feiner Stellung, wie er sie hatte, gingen oft auf Reisen und mußten sich um ihr Geschäft bekümmern. Vielleicht war er nach London gefahren. Dort war er Mitglied in einem schicken Klub. Das wußte sie, denn einmal hatte er etwas von einem wichtigen Anruf gesagt, der von seinem Klub in der Stadt käme, und dann hatte er früher als erwartet nach Rotherfield zurückkehren müssen.

Aber sie ertappte sich dabei, daß sie auf den Briefträger wartete und nach dem Telegraphenboten Ausschau hielt. Gewöhnlich schickte er ein Telegramm. Die ganze Zeit wartete sie. Wenn sie im Vorderzimmer Staub wischte oder etwas aus dem Schrank holte, stand sie auf einmal am Fenster und spähte die Straße entlang. Gegen Ende des Monats mußte sie zugeben, daß er schon eine gute Spanne länger als sonst weg war.

Ihr Mann fand es auch komisch. Sie sprachen eines Abends darüber, als ihre Tochter Irene im Stenokurs war.

Sie hatte davon angefangen. Sie fragte: »Was findest *du* eigentlich, Harry – was hältst du von der Sache? Du kannst mir ganz offen sagen, was du denkst!«

Sie saßen in der Küche vor dem Feuer. Er nahm das Schüreisen und stocherte damit in den Kohlen herum, ehe er antwortete. Dann sagte er sehr bedächtig: »Er kann natürlich gestorben sein.«

Sie nickte. »Daran hab' ich auch schon gedacht!«

Und das stimmte. Aber als er es nun so deutlich aussprach,

schien es erst richtig wahr zu werden. Gerade, wie wenn man den ersten Donnerschlag hört, nachdem man sich vorher nur gefragt hat, ob's wohl Gewitter geben wird.

Er lehnte sich in den Stuhl zurück, und seine kleinen Augen blinzelten aus zufriedenen Fältchen zu ihr hinüber. »Er kann plötzlich sterben, und du hast keine Ahnung – wo du ja nicht mal seinen Namen oder seine Adresse oder sonst etwas von ihm weißt.«

»Ich will dir mal was sagen«, antwortete sie ziemlich heftig, »wenn er gestorben wäre, dann stünde wahrscheinlich mindestens eine halbe Spalte über ihn im *Rotherfield Telegraph*. Er ist dort einer der angesehensten Bürger, das ist mal sicher. Ja, ich könnte ruhig wetten, daß er Direktor von mehreren Firmen ist.«

»Na, und? Da wärst du genauso gescheit wie vorher, wo du doch nicht seinen Namen kennst. In der letzten Zeit sind verschiedene führende Geschäftsleute in Rotherfield gestorben, auch ungefähr im gleichen Alter wie er. Ich glaube, es würde dir nicht viel helfen, wenn du nach Rotherfield gingest und die Zeitungen durchblätterst. Du kannst's doch nicht herausbekommen, nicht wahr?«

Sie sah ins Feuer. »Ja, ich glaub's auch.« Sie dachte ein wenig nach und meinte dann: »Weißt du was? Ich wäre gar nicht überrascht, wenn sein Name mit ›Mac‹ anfinge. Er hatte einen richtigen schottischen Akzent. Aber geizig war er nicht.«

Nein, geizig war er nicht. Die drei Pfund waren jedesmal eine sehr willkommene Beihilfe. Wenn das aufhörte, würden sie ihr sehr fehlen. Auch Irene und Mr. Scott würden es spüren. In Gedanken nannte sie ihren Mann immer Mr. Scott.

Diesmal gab er ihr recht. »O nein, geizig ist er nicht, das muß man ihm lassen. Aber reserviert. Schotten sind natürlich so. Darum hat er nie was über sich selbst oder seinen Beruf gesagt.«

Die Glut fing an, ihr die Beine zu sengen. Sie rieb sie sich mit den Händen, immer auf und ab. Dann schlug sie ein Bein übers andere und sagte: »Ich hab' oft gedacht, ob er vielleicht beim Schiffsbau war? Was hätte er sonst so oft hier in Merseyhead zu tun gehabt? Denn er kam ja schon her, bevor er mich getroffen hatte.«

»Leicht möglich«, sagte Mr. Scott. »Ja, 's ist sehr gut möglich.« Er nahm Pfeife und Tabaksbeutel hervor und stopfte sich Tabak in den Pfeifenkopf.

Sie beobachtete sein vornübergeneigtes Gesicht mit etwas feindseligen Blicken. Er würde es schon spüren, wenn ihr Rotherfield-Freund nicht bald käme. Dann könnte er zusehen, wo er Tabak herbekäme. Alles, was sie jetzt hatte, war das eine Pfund wöchentlich von Irene und ungefähr ein Pfund Verdienst an Miss Halpin, ihrer Pensionärin, die eine gute Stelle als Direktrice bei Baileys hatte, in dem großen Stoffgeschäft. Zwei Pfund die Woche, das war sehr knapp, wenn sie alle gutes Essen und ein warmes Feuer haben wollten. Und da Mr. Scott nun mal derjenige war, der keine Stelle hatte und nichts beisteuerte, so war's nur recht und billig, wenn er ein Opfer bringen mußte.

»So – das denkst du also, daß er tot ist?« fragte sie und nahm die Unterhaltung wieder auf; doch es klang, als ob sie Streit suchte.

Er zog an der Pfeife, ehe er antwortete. So war er immer gewesen, einer, der sich Zeit läßt. Wenn man ihn nicht kannte, konnt's einen ärgern. Und wenn man ihn kannte – ärgerte man sich auch.

»Ich hab' nur gesagt, daß er tot sein könnte, wenn man bedenkt, wie wenig du weißt und ich weiß und wir überhaupt je wissen werden.«

Er machte eine Pause und sah sie an, als hoffe er, es ihr jetzt endlich klargemacht zu haben. Da er aber ganz sicher sein wollte, fügte er noch geduldig hinzu: »Weil du nämlich seinen Namen und seine Adresse nicht kennst und nichts von ihm weißt, außer, daß er in Rotherfield lebt – oder lebte. Du kannst ihn also nie finden und nie etwas über ihn herausbekommen.«

»Weiß ich. Brauchst du mir gar nicht erst zu sagen.«

»Na, dann . . .«

»Und eins will ich dir mal sagen: du wirst's verdammt unangenehm finden, wenn wir ein paar Scheinchen weniger die Woche haben.«

»Das weiß ich!« Seine Lippen preßten sich in bitterer Resignation zusammen. »Möcht' mal wissen, wie lange das noch so weitergehen soll!«

Er meinte: ehe sein Alter ins Gras beißen würde. Vor beider Augen stand das Bild eines alten, gelähmten Mannes. Saß im Sessel und klammerte sich ans Leben. Wenn er starb, würde Mr. Scott als sein einziger Sohn Geld erben. *Wenn* er starb. In der ganzen Welt schienen die Leute darauf zu warten, daß andere Leute starben und dadurch ihre finanziellen Nöte in Ordnung kamen. Und anscheinend war's so: je mehr man wartete, um so länger mußte man warten.

Mr. Scott sprach aus, was sie beide schon oft gesagt hatten:

»Man sollte meinen, wenn einer nichts zu tun hat und für niemanden lebt, müßt' er froh und gern sterben. Mir würde es jedenfalls so gehen.«

Sie nickte. Aber der Gesprächsstoff war schon zu abgedroschen. Ihre Gedanken wanderten zu ihrem eigenen Problem zurück. Warum depeschierte ihr Rotherfield-Freund nicht? Ob sie ihn überhaupt nie wiedersähe?

Nun wurde die Glut auch für ihr linkes Bein zu heiß. Also wechselte sie die Stellung und streckte beide Beine aus. Sie hatte immer schöne Beine gehabt! Jetzt waren sie nicht mehr so sehr schlank zu nennen. Im letzten Jahr hatte sie acht Pfund zugenommen. Sie wog hundertneunundvierzig Pfund.

»Findest du, daß ich in der letzten Zeit dicker geworden bin?« fragte sie ihn.

Mr. Scott betrachtete sie gleichgültig: »Ich weiß es nicht. Ja, vielleicht.«

»Meine Beine sind dicker geworden, nicht?«

»Du hast immer ganz tüchtige Waden gehabt.«

»Ja, aber meine Knöchel waren schlank. Früher konnte ich die Hand herumlegen und stieß mit Daumen und Mittelfinger zusammen. Das ist jetzt vorbei.«

Sie zeigte es ihm. Mehr als zwei Zentimeter Strumpf schauten noch von dem zusammengepreßten Fleisch hervor.

»Hm!« Er sah es sich an. Dann fragte er: »Willst wohl abmagern?«

»Die Ärzte sagen, daß es schadet. Außerdem esse ich ja nicht sehr viel. Und ich hab' auch weiß Gott genug Bewegung bei all der Hausarbeit.«

»Ich würd's nicht tun. Ich finde, es kommt nicht darauf an. Die Natur hat nun einmal zwei Sorten Frauen geschaffen, dicke und dünne. Ich für mein Teil bin mehr für die schlanke Linie.«

Das hatte sie schon bis zum Überdruß von ihm gehört. Immer, wenn er aus dem Kino kam, redete er von irgendeinem hübschen, schlanken Mädchen. Stundenlang. Der alte Narr! Er wurde eben schon kindisch. Nagelte sich in seinem Schlafzimmer Bilder von jungen Mädchen an die Wände. Mit sechzig Jahren! Da war er doch ein alter Mann! Sie konnte ihn ja fragen, warum er sie dann überhaupt geheiratet habe. Natürlich war sie damals schlanker gewesen. Aber Figur hatte sie immer gehabt.

Sie sagte: »Mein Rotherfield-Freund sagt, er habe immer gern Frauen mit Figur gehabt.«

»Manche Männer sind so«, nickte er und senkte den Kopf, so daß man sehen konnte, wie sorgfältig er sich das dünne Haar nach oben gekämmt hatte. »Ich kann mich noch gut an die Zeit erinnern, wo die meisten Männer dicke Frauen gern hatten. Die Mode wechselt bei den Frauen genauso wie bei allem andern. Ich glaube, Eduard war mehr fürs Üppige. Aber der Prinz von Wales ist mehr für Haut und Knochen.«

»Geh doch ab! Was weißt denn du, was für Frauen der Prinz von Wales gern hat!«

»Soviel wie jeder andre auch – vermutlich. Bin ja neulich erst mit einem von der Bibliothek nach Hause gegangen, der einen kannte, der gehört hatte . . .«

»Das hast du mir schon mal erzählt. Jeder kann behaupten, daß er das und das gehört hat – oder? Na, ich will jetzt lieber das Abendbrot für Irene zurechtmachen.«

Sie sprang auf. Das ganze Grübeln nützte ja doch nichts. Vielleicht bekam sie morgen Nachricht von ihm.

Aber es kam keine Nachricht. Auch am nächsten Tag nicht. Und auch am übernächsten nicht . . .

Allmählich bemächtigte sich ständige Niedergeschlagenheit ihres Gemüts. Im Garten war nicht viel los, da konnte man nichts machen, höchstens die Chrysanthemen fester binden, wegen des ewigen Windes. Bedrückend waren auch die täglichen Arbeiten im Haushalt, Mahlzeiten kochen, Kleider waschen, bügeln, Staub wischen, die Besorgungsliste für Mr. Scott machen, wenn er morgens einkaufen ging; zur Abwechslung mal mit Miss Halpin sprechen – aber die war so langweilig wie drei Tage Regenwetter. Wenn sie sich mittags nach dem Geschirrabwaschen hinlegte, konnte sie nicht einschlafen, weil ihre Gedanken und Fragen sich stumpfsinnig traurig im Kreis bewegten. Es war auch jeden Tag regnerisch, so daß sie gar keine Lust verspürte, ein bißchen spazierenzugehen oder sich Schaufenster anzusehen. Das war wirklich schade, denn es hieß ja immer, daß ein Spaziergang oder sonst eine Abwechslung einen am besten auf andre Gedanken brachte. Außerdem nahm man vom Spazierengehen ab.

Was sie am meisten vermißte, fand sie, war die Abwechslung, die ihr Rotherfield-Freund ihr immer gebracht hatte. Es war so eine Art Feiertag gewesen, wenn sein Telegramm oder sein Brief eintraf. Und Mr. Scott wußte, daß er dann zusehen konnte, wie er mit allem allein zurechtkam. Denn sie verbrachte den Rest des Vormittags im Badezimmer und zog sich nach dem Bad besonders sorgfältig an. Die Krönung vom Ganzen waren ein bis zwei Tropfen Chypre von Coty, das sie nur bei ganz besonderen Gelegenheiten benutzte, sonst war es zu teuer. Zu Mittag aß sie etwas Leichtes, nicht Beefsteak mit Zwiebeln – und dann ging sie zu Queens, wo sie sich stets trafen. Das mochte sie gern: dort in der Halle sitzen, um sie herum gut angezogene Leute, etwas zu trinken, ein bißchen plaudern, und dann noch ein Gläschen, ehe sie ins Hotel gingen. Sie konnten fast immer das gleiche Schlafzimmer bekommen – das mit den roten Vorhängen und den Alabastervasen auf dem Kamin –, so daß es ihnen ganz vertraut geworden war und sie sich heimisch fühlten. Mrs. Weston sorgte dafür, daß das Gasöfchen brannte.

Eigentlich war sie nicht so besonders verliebt in ihren Rotherfield-Freund, nicht so, wie sie in ein, zwei andre Männer – nein, im Grunde nur in einen in ihrem ganzen Leben – verliebt gewesen war. Aber schließlich wollte man ab und zu mal mit jemand schlafen. Das war doch ganz natürlich. Sie hatte sich danach immer bedeutend wohler gefühlt. Mrs. Weston schickte ihnen Tee aufs Zimmer, oder sie konnten ihn auch unten in der Halle trinken, wenn sie wollten. Man sah erstaunlich nette Leute dort Tee trinken. Wirklich erstaunlich. Mrs. Weston kannte ein paar ganz berühmte Leute vom Theater, noch von der Zeit her, als Daisy Allan bei ihr gewohnt hatte. Es war eben bequem. Und so zentral gelegen! Na, Mrs. Weston würde sich schön wundern, was wohl mit ihr passiert sei.

Fast jeden Monat – manchmal hatte er natürlich nicht kommen können –, so regelmäßig wie ein Uhrwerk!

Ja, es war eine Abwechslung gewesen. Er ging immer ziemlich bald. Meistens sagte er, er habe eine Verabredung zum Abendessen. Und sie holte dann Irene vom Bureau ab, und sie gingen zusammen ins Kino und aßen hinterher irgendwo eine Kleinigkeit. Es kam ihr oft so vor, als ob ihr die Männer, wenn sie mit Irene zu Spinetti essen ging, besonders auffällig nachsahen. Wahrhaftig, ihr sahen sie viel mehr nach als Irene, obwohl die ja hübsch und schlank und jung war. Na, jedenfalls war sie sehr mit sich zufrieden: es war ihr innerlich so schön warm und wohl zumute.

Aber wenn er nun nie wiederkam und sie ihn nie wiedersehen würde, dann würde das Leben ewig so weiterschleichen wie ein nasser Novembertag.

Sie verbrachte jetzt mehr Zeit vor dem Spiegel. Eines Morgens ging sie fort und kaufte sich leichtsinnigerweise eine besondere Mischung einer sehr teuren Hautnahrung. Irene sah die Büchse stehen, als sie aus dem Bureau kam.

»Was hast du denn da? Ist das deine Creme?«

»Ja. Ich wollte mir auch mal was Gutes antun. Mrs. Rosenbaum sagt, sie ist phantastisch gut für die Haut – sie wirkt Wunder. Sollte sie ja auch – bei dem Preis!«

»Na, ich hoffe bloß, daß du dich nicht so anmalst wie Mrs. Rosenbaum, Mutter! Das finde ich ekelhaft. Solch alte Frau!«

»Sie ist nicht alt! Erst fünfzig.«

»Ich finde, nichts ist so widerlich, wie wenn eine Frau in dem Alter versucht, jung auszusehen. Es gelingt ihr ja doch nicht. Sie sieht dann um so lächerlicher und scheußlicher aus. Warum müssen denn Frauen, wenn sie über vierzig sind, noch solch Theater machen?«

»Du möchtest wohl, daß ich weder Puder noch Lippenstift nehme, ja?«

»Na, ein bißchen Puder, da will ich ja nichts sagen, aber . . .«

Sie brach ab und zuckte die Achseln. Mit ihrer glatten Haut und den harten Augen hatte sie so verächtlich und jung dagestanden. Immer hatte sie jetzt etwas an ihr auszusetzen. Letztes Mal, als sie zusammen ausgehen wollten, hatte sie gesagt: »Mutter, du hast zuviel Rouge und Lippenstift«, und hatte es ihr abgewischt. Und dann ließ sie sie auch nicht rauchen in der Tram. Einmal, als sie sich eine Zigarette anzünden wollte, hatte sie gesagt: »Bitte nicht, Mutter – wenn eine Kollegin käme und dich sähe!«

Es war einfach so, daß sie anfing, sich etwas einzubilden und vornehm zu tun. Aber Irene war gar nicht wie andre junge Mädchen – so wie *sie* zum Beispiel mit achtzehn Jahren gewesen war. Sie sagte, daß sie Männer nicht ausstehen könne. Da hatte sie's ihr aber rundheraus gesagt: »Na, wenn nicht meine Freunde gewesen wären, dann hättest du als Kind ein Hungerleben gehabt, will ich dir nur sagen. Mußt nicht denken, daß dein Vater uns durch den Krieg gebracht hat.« Es tat ihr gut, wenn sie das mal offen gesagt bekam.

Junge Leute sind natürlich so – nicht tolerant. Immer denken sie, nur sie selbst sähen gut aus. Sie war ärgerlich geworden, neulich, und hatte entgegnet: »Na, wenn du denkst, ich will dir zuliebe liederlich aussehen . . .«

»Ich will gar nicht, daß du liederlich aussiehst. Aber wenn du dir so viel Zeug ins Gesicht schmierst, mit deinem roten Haar noch dazu – wirklich, Mutter, etwas weniger knallrote Haare würden dir besser stehen –, wenn du dich so schminkst bei deinem Haar und bei deiner vollen Figur, dann siehst du einfach aufdringlich aus, *das* mein' ich.«

»Du bist eben eifersüchtig; denn wenn wir zusammen ausgehen, sehen mir die Männer viel mehr nach als dir.«

»Ich bin überhaupt nicht eifersüchtig.« Irene sah ihre Mutter an, als wolle sie etwas Schlimmes sagen. Dann preßte sie die Lippen zusammen und ging aus dem Zimmer.

Mrs. Scott setzte sich vor den Kamin und hielt die Hautnahrung in der Hand. Es war ihr so wehmütig ums Herz. Solche Gefühle wollte sie verscheuchen. Sie erhob sich schnell und legte eine Grammophonplatte auf:

*»In London ist ein schöner See . . .*
*pom-pom-pom, pom-pom-pom«*,

summte sie trotzig – aber die Gedanken ließen sich nicht so leicht vertreiben. Irene dachte also, sie sei zu alt, um sich noch zu pflegen, und daß sie gewöhnlich aussähe, wenn sie sich ein bißchen nett zurechtmachte. Aber sie war nicht zu alt! Sie wollte sich mit einer Geschichte trösten, die ihr Rotherfield-Freund ihr erzählt hatte – doch das Lächeln wich von ihrem Gesicht, weil die Gedanken schon wieder zu ihm gewandert waren. Warum *hatte* sie auch nichts von ihm gehört?

Sie konnte nicht finden, daß sie so alt aussah. Ihr Gesicht war anziehend und schelmisch, besonders, wenn sie mit den Augen lachte. Voller Erfahrung natürlich. Na ja, warum auch nicht?

Natürlich war sie etwas rundlich. Vor allem oben herum. Aber ihre Hüften waren noch schlank, Gott sei Dank, und von hinten sah sie auch gut aus. Ihr Freund hatte immer gesagt . . .

Sie hörte Irenes Schritte im Vorflur und legte schnell den Spiegel weg. Die Haustür flog zu. Jetzt war sie weggegangen, ohne »Auf Wiedersehn« gesagt zu haben! Schlechter Laune! Konnt's nicht vertragen, daß sie sich mal was geleistet hatte. Aber nun würde sie sofort nach oben gehen und sich eine tüchtige Massage mit der neuen Hautnahrung machen.

Als sie zum Tee kam, war sie glänzender Laune. Ihre Haut fühlte sich so weich wie Samt an, und die Falten von der Nase zu den Mundwinkeln hinunter waren bedeutend weniger zu sehen. Selbst Mr. Scott bemerkte es. Er sagte: »Du siehst aber gut aus!«

Er sagte es natürlich auch, weil sie ihre beste Satinbluse angezogen hatte, und Satin hatten alle Männer gern. Satin und Samt. Doch wenn sie sich nicht ihr Gesicht massiert hätte, würde er nichts gesagt haben. Sie plauderten ganz vergnügt, und als er fragte: »Weißt du, daß Bessy Morris im Palace singt? Ich hätte Lust, hinzugehen«, hatte sie geantwortet – und war über sich selbst erstaunt dabei –: »Laß uns hingehen!«

»Aber wie steht's mit dem Essen für das gnädige Fräulein?«

»Ach, die kann auch mal kalt essen! Ich werde ihr einen schönen Salat machen und den Kaffee so hinstellen, daß er nur aufgewärmt zu werden braucht.«

»Und Irene?«

»Dem Mädchen schadet es gar nichts, wenn sie sich mal selbst was zusammensucht. Sie trägt mir die Nase zu hoch!«

»Hab' ich dir nicht gesagt, sie wird immer eingebildeter? Seit sie in das Bureau geht, ist sie vollkommen verändert. Und du hältst ihr noch die Stange.«

»Das ist vorbei! Du hast wirklich recht: sie denkt, in der ganzen Welt ist keine so wie sie!«

»Hab' ich ja immer gesagt!«

»Ich weiß schon, und ich geb' dir jetzt recht. Zufrieden?«

Froher Laune brachen sie auf. Sie ging fast nie mit ihrem Mann aus. Ihr genügte es, wenn sie ihm Geld fürs Kino geben konnte. Aber er sah gar nicht so übel aus, wenn er ordentlich angezogen war, den Hut gebürstet hatte usw. Irene würde denken, sie sei verrückt, weil sie mit ihm ausging. Geschah ihr recht, der Miss Scott. Da sah sie, daß es noch andre gab.

Sie war großzügig und steckte ihm in der Pause einen halben

Dollar zu. Sie gingen in die Bar und tranken Whisky-Soda. Er gab ihr das Kleingeld wieder. Es wärmte einen auf, und man hatte an der zweiten Hälfte der Vorführung mehr Spaß.

War es nicht komisch – sogar hier im Palace, wo er bestimmt nie hingehen würde, außer, wenn er geschäftlich verpflichtet war –, sogar hier hielt sie nach ihrem Rotherfield-Freund Ausschau. Einmal dachte sie wirklich, er wäre es: jemand sah ihm von hinten ein bißchen ähnlich, und sie hob schon die Hand und wollte Mr. Scott am Arm ziehen. Aber als der Mann sich umdrehte, sah er ihm überhaupt nicht ähnlich.

Bessy Morris sang eines ihrer bekannten Lieder. Sie sang:

*»Alt will ich nicht werden, alt will ich nicht sein,*
*Bleib' lieber so, wie ich jetzt bin«,*

und rannte wie toll auf der Bühne umher, daß die Leute sich bogen vor Lachen.

*»Ich geh' gern aus und vertreib mir die Zeit,*
*Und wenn auch die Nachbarn platzen vor Neid!«*

Sie lachte tüchtig, und sie mußte auch über die Witze des Komikers lachen, der danach auftrat. Gott sei Dank hatte sie Humor, und eine kräftige Geschichte machte ihr Spaß. Ein Mann in der Reihe vor ihnen, gut aussehend, nett angezogen, sah sich dauernd nach ihr um und warf ihr Blicke zu. Sie beachtete ihn nicht. Schließlich machte man einem Mann nicht Avancen, wenn man mit einem andern ausging – selbst wenn der Betreffende zufällig ihr Mann war und sie für ihn bezahlte.

Doch es war trotzdem ein Beweis, daß sie noch nicht so ganz zum alten Eisen gehörte, oder was Irene sonst noch denken mochte. Als sie aufstanden, um die Königshymne zu singen, starrte er sie unentwegt an. Sogar Mr. Scott fiel es auf. Er flüsterte leise: »Soll ich mich verziehen?« Aber sie schüttelte den Kopf. Nein, es war ihr nicht danach zumute, und außerdem tat sie so etwas schon lange nicht mehr.

Als sie in der Tram saßen, holte sie den Spiegel aus ihrer Handtasche und war befriedigt: in ihren grauen Augen stand ein grünes, lockendes Licht. Sie steckte ihn wieder weg und summte: »Alt will ich nicht werden, alt will ich nicht sein . . .«

Der nächste Morgen war weniger schön. Sie war felsenfest überzeugt gewesen, daß sie heute von ihrem Freund hören würde, und als bis zwölf Uhr keine Nachricht gekommen war – er war so rücksichtsvoll und hatte ihr immer vor zwölf Bescheid gegeben –, da ging's mit ihrer guten Laune – plumps – bergab. Nun war sie genauso felsenfest überzeugt, daß es aus sei und daß sie sich mit der Tatsache abfinden müsse. Sie stand am Fenster und sagte sich's in dürren Worten. Dann spähte sie die Straße entlang. Es war einer von jenen ziemlich häufigen Tagen, wo es nicht richtig regnet, aber dauernd so aussieht, als ob es gleich losgehen könnte, wenn das Wetter nicht viel zu gelangweilt und gleichgültig für ein so positives Unternehmen wäre. Eigentlich sollte es regnen. Ein Gemüsewagen fuhr vorbei. Die Frau von nebenan ging einkaufen. Mrs. Scott sandte ihr kritische Blicke nach. Daß sie *so* ausging, mit schmutzigen Schuhen und einem alten Regenmantel! Ach, es war ja egal. Ein Ausläufer fuhr auf dem Fahrrad vorüber und pfiff vergnügt. Mochte er. Was der schon vom Leben wußte!

Ja, er war wohl tot. Und wenn er tot war, dann war es eben so, und sie konnte nichts daran ändern. Oder er hatte eine andere Freundin gefunden, die jünger und hübscher war. Aber das war unwahrscheinlich. Schließlich war er ihr neun Jahre lang treu gewesen. Reich, wie er war, hätte er sich jedes andre Mädchen nehmen können. Warum sollte er sich also ausgerechnet jetzt eine andre nehmen?

Oder vielleicht hatte er sich mit seiner Frau wieder vertragen? Er mußte wohl eine Frau haben, sie ahnte das, auch wenn er kein Wort darüber verloren hatte. Vielleicht war sie in einer Irrenanstalt gewesen und als geheilt entlassen worden? Und nun blieb er bei der. So war's nun mal mit verheirateten Männern. Sie konnten noch so verbittert über ihre Frauen sein und sagen, sie hätten ihnen ihr Leben verdorben, und all solche Redensarten. Und bei der ersten besten Gelegenheit ließen sie einen fallen, als ob man nicht aus Fleisch und Blut wäre – wegen ihrer Kinder oder wegen ihres Familienlebens oder ihrer elenden Stellung oder ihres elenden Gewissens.

Immerhin, neun Jahre ist eine lange Zeit, und es hatte keinen Zweck, den Kopf hängen zu lassen. Einmal müssen sich auch die besten Freunde trennen, heißt's im Sprichwort. Sie war ja nicht richtig verliebt in ihn gewesen. Aber man gewöhnt sich doch an einen Mann.

Ach, es hatte keinen Sinn, hier herumzustehen, Mr. Scott würde sich wohl schon wundern, wann er etwas zu essen bekäme. Damit verbrachte *er* den Morgen, daß er sich aufs Mittagessen freute. Verdammter Egoist der! Aber so war er nun einmal.

Als Irene schon wieder ins Bureau gegangen war und sie noch über ihrem Kaffee saßen, sagte Mr. Scott plötzlich:

»Heute früh, als ich zurückkam, sah ich einen Telegraphenboten unsre Straße hinauffahren. Aber er bog ein paar Häuser weiter oben ein, ging zu Tilsons, scheint's.«

»Wer zum Kuckuck soll uns schon ein Telegramm schicken? Die Ziehung ist gewesen. Oder dachtest du, dein Vater sei plötzlich gestorben?«

»Sehr unwahrscheinlich!« Mr. Scott schnaufte verächtlich durch die Nase. »Nein, der stirbt nie. Ich dachte natürlich, es sei eine Nachricht von deinem Freund.«

»Darauf brauchst du nicht mehr zu rechnen. Es ist schon über drei Monate her.« Sie setzte die Tasse heftig ab und rief: »Ich werde nie wieder was von ihm hören! Nie und nie mehr! Begreifst du's jetzt?«

»Na, ich weiß nicht . . . Bald ist doch Weihnachten. Da hörst du vielleicht etwas. Warum glaubst du denn das auf einmal?«

»Ich glaub's eben – weiß auch nicht, warum. Seit heute früh weiß ich's und spür's in den Knochen. Jemand hat vielleicht geklatscht und gesagt, daß ich eine verheiratete Frau bin, und nicht eine Witwe, wie ich's ihm erzählt hatte. Mein Freund ist so anständig, mit einer verheirateten Frau geht er nicht. Er hat mir das mal gesagt, und jetzt fällt's mir wieder ein. Ist gut möglich, daß jemand uns zusammen bei Queens gesehen und erkannt hat. Oder er ist gestorben. Oder – ach, jedenfalls weiß ich ganz genau, daß es aus ist. Und nun hör auf damit!«

Mr. Scott sah sie an. Sie hatte sich in eine ordentliche Aufregung hineingeredet. Er suchte nach einem freundlichen Wort für sie: »Kein Wunder, daß es dich mitnimmt. Es muß ja jetzt, hab' ich mir gestern abend im Bett ausgerechnet, gute neun Jahre her sein, seit du das erstemal auf ihn gestoßen bist, bei den Arkaden damals, nicht? Und dann hat sich alles so nett gemacht mit ihm. Na, es hat ja keinen Zweck, darüber zu jammern. Vorbei ist vorbei.« Er wartete, ob sie etwas sagen würde. Aber da sie nicht antwortete, fuhr er vorsichtig fort: »Ich glaube, wenn du wolltest, könntest du leicht einen andern finden!«

Sie sah ihn kalt an: »Glaubst du? Ich könnte schon, wenn ich wollte. Du weißt ganz genau, daß ich nicht so kann, wie ich möchte – wegen Irene. Und dann auch, wenn man immer den einen hatte . . .« Plötzlich brach sie ab, und ihr Mund zitterte. In blitzartigem Erkennen begriff sie entsetzt, daß sie sich's angewöhnt hatte, treu zu sein. Ja, wenn der Mann da von gestern abend sie angesprochen hätte und sie allein gewesen wäre, sie hätte sich wahrhaftig wie ein dummes Baby benommen und wäre weggerannt. Sie hatte sich all das abgewöhnt! Es war ja nicht auszudenken, daß sie, Sally Scott, für den Rest ihrer Tage eine Zimperliese geworden war. Kein Mann mehr in ihrem Leben! Denn ihr eigener, der zählte ja nicht – konnte nicht mehr arbeiten und gar nichts. Sie hätte beinahe losgeheult. Das hatte sie ihrem Rotherfield-Freund zu verdanken! Das hatte man davon, wenn man so verdammt treu war. Sie zog ihr Taschentuch hervor.

»Nimm dir's nicht zu Herzen«, sagte Mr. Scott und stand auf. Es war ihm unbehaglich. »Ich kann natürlich verstehen, wie's dir zumute ist. Neun Jahr ist eine lange Zeit.«

»Oh, hör doch auf, ja? Mußt du immerzu dasselbe sagen? Halt den Mund, ja?«

Die Tränen kamen ihr. Sie konnte sie nicht mehr zurückhalten. Entsetzt über sich selbst stand sie auf, wandte sich ab und versuchte, die Beherrschung wiederzuerlangen.

Mr. Scott stand ein Weilchen da und betrachtete ihren Rücken und den gesenkten Kopf. Das Haar sah hübsch aus, wenn sich die Sonne drin fing. Es sah Mrs. Scott nicht ähnlich, weich zu werden. Bei Irene wär's etwas anderes gewesen. Was Mrs. Scott auch für Fehler haben mochte, sie war immer eine vernünftige, heitere Frau. Warum sah sie nicht ein, daß es schon ein Glück war, wenn ihr Freund so lange treu geblieben war? Ob er ihr die Schultern tätscheln sollte? Lieber nicht, sie würde ihn vielleicht bloß anschnauzen.

Mrs. Scott befreite ihn aus seinem Zwiespalt. »Setz doch lieber den Kessel fürs Spülwasser auf!«

»Ja, richtig!« sagte Mr. Scott und schlurrte schnell in die Spülküche.

Mrs. Scott steckte ihr Taschentuch wieder weg und holte die Puderquaste hervor. Sie tupfte sich Puder auf die Nase und sagte leise: »Fertig!« Dann drehte sie sich energisch um, räumte die Teller ab und trug sie in die Spülküche.

# Elizabeth Bowen
## *Das Nadelkästchen*

In einer Dämmerstunde im Frühjahr war der Wagen auf der schnurgeraden, von Gräben eingefaßten Straße zur Station gefahren, um Miss Fox abzuholen, die für eine Woche zum Nähen ins Haus kam. Frank, der jüngere Sohn des Hauses, war unvermutet aus der Stadt zurückgekommen; er freute sich, den Wagen vorzufinden, denn das hatte er nicht erwartet, und andrerseits war er entsetzt, als er sah, wie eine schwarze Gestalt – Miss Fox – auf dem Rücksitz Platz nahm. Er hatte keine Ahnung, wer sie war, und wollte es auch gar nicht wissen. Deshalb setzte er sich vorne neben den Fahrer und starrte düster aus dem linken Fenster auf die vorüberfliegenden Weiden und Gräben, während Miss Fox von ihrem Rücksitz aus genauso starr auf die Weiden und Gräben der andern Straßenseite blickte. Keiner sprach. Sie bogen beim Pförtnerhäuschen ins Tor ein, und die Bäume der Allee umfingen sie.

Als der Wagen vor dem Portal stehenblieb, stieg Frank aus und rief. Er war verlegen wegen der vorzeitigen Heimkehr, über die er keine Erklärung geben wollte. Seine Schwester Angela, die am Fenster ihres Zimmers gesessen hatte, hörte ihn, schoß die Treppe hinunter, schlang ihm die Arme um den Hals und warf ihn fast um – wie ein überlebensgroßer Hund, und als sei er nicht zwei Tage, sondern zwei Jahre fortgewesen. Die maßlose Freudenbezeugung war durchaus echt; Angela war überschwenglich, weil sie oft niedergeschlagen war. Man konnte nicht von ihr verlangen, mit Frank zart umzugehen, da sie ihn viel zu gut kannte und seine Sorgen teilte. Also behielt sie das lärmende Gehabe bei, als ob alles zum Besten stünde.

»Gut amüsiert?« fragte sie.

»Nein.«

»Sicher glänzend«, meinte sie.

»Du mußt's ja wissen«, antwortete Frank. »Wer in Gottes Namen sitzt denn da im Wagen?«

»Ach, das ist Miss Fox«, erklärte Angela, nachdem sie in den Wagen geguckt hatte, wo Miss Fox gleich einer Statue saß und darauf wartete, daß man sie hinausließe. Angela läutete wie verrückt, damit jemand käme und sich um sie bekümmere. Der Fahrer trug Franks Reisetasche und den verschnürten braunen Pappkoffer der Schneiderin die breiten Stufen hinauf. Vor ihnen ragte die Hausfront auf: wuchtig, düster und kalt. Es war eins von jenen Häusern, die leicht unbewohnt wirken und die, wenn sie tatsächlich unbewohnt sind, irgendwie verlottert aussehen. Angela hakte sich bei Frank ein, und sie gingen ins Haus, ins Billardzimmer: es war der einzige Ort, wo sie sicher sein konnten, allein zu bleiben. Über dem Raum hing ein dumpfer, muffiger Geruch, und von dem nicht angezündeten Kamin her roch es nach kaltem Anthrazit. Vier grüne Lampenschirme hingen tief über dem bespannten Tisch. Es war kein freundliches Zimmer. Frank setzte sich auf einen Kaminhocker, zog den Kopf zwischen die Schultern und stierte an seiner Schwester Angela vorbei. Wenn er jedoch lieber ganz allein gewesen wäre, hätte er sie vorhin nicht angeknurrt.

»Was hast du gemacht?« fragte Angela.

»Nichts Besonderes«, antwortete Frank.

Er war nach London gefahren, um sich mit einem Mann zu treffen, der ihm vielleicht eine Stelle verschaffen wollte, wenn ihm Franks Äußeres zusagte. Der Mann hatte sich mit Frank getroffen, um Arthur einen Gefallen zu tun, aber dummerweise glichen die beiden Brüder einander nicht. Arthur war allgemein beliebt. Und hinterher war Frank wegen eines Mädchens geblieben und hatte sogar noch länger bleiben wollen, aber das war ebenfalls ein Reinfall gewesen. Er hatte alles Geld ausgegeben, und deshalb war er wieder nach Hause gefahren.

Angela war so vernünftig, keine weiteren Fragen zu stellen.

Gegen den Tisch gelehnt stand sie da, schraubte sich den weißen Korallenring in ihrem linken Ohrläppchen fester (sie sah immer recht gut aus) und sagte: »Die Applebys waren hier. Hermione interessiert sich für Arthur. Sie möchten, daß wir Montag zum Tennis kommen. Der Tierarzt war wegen Reno da; er sagt, es ist weiter nichts – ach ja, und Mutter hat Nachricht von Arthur. Er kommt Freitag in acht Tagen und bringt seine neue Freundin mit. Darum hat Mutter Miss Fox depeschiert, damit sie schnell macht. Sie soll uns alle aufpolieren: zuerst die Bezüge im Salon, dann Mutters schwarzes Spitzenkleid. Danach muß sie für Toddy und mich Abendkleider zurechtmachen und ein paar Tennisfähnchen zusammenbauen. Sie ist unsere ganze Hoffnung für diesen Sommer. Wahrscheinlich näht sie wie der Teufel, aber schlimmer als jetzt können wir fast nicht aussehen. Findest du nicht auch, Frank? Was findest du?«

»Ja«, antwortete Frank. – »Nein, wollt' ich sagen.«

»Wir haben durch Tante Doris von ihr gehört«, schwatzte Angela weiter, »sie ist eine von den ganz Tapferen: muß ein Kind ernähren, das sie eigentlich nicht hätte haben dürfen. Irgendwo hat sie schneidern gelernt, also nehme ich an, daß sie etwas davon versteht. Seit Jahren reist sie so von einem Gut zum andern; vermutlich ist sie auf der absteigenden Ebene. Sie ist, scheint's, elend billig, also muß irgend etwas nicht ganz in Ordnung sein. Vor Jahren hat sie regelmäßig für die Fotheringhams genäht, aber für Tante Doris schneidert sie erst seit ihrem Fehltritt.«

»Erstaunlich«, sagte Frank, gähnte gleichgültig und verdrossen und hätte für sein Leben gern etwas zu trinken gehabt.

Obwohl Miss Fox' Einzug sich durchaus bescheiden abspielte, hatte er doch ziemlich viel Unruhe im Gefolge. Sie war nach oben geführt und dort irgendwo untergebracht worden, und immer noch wurden Türen geöffnet und geschlossen. Franks Mutter stand in der Halle und gab verschiedene Anweisungen, und Toddy, die ältere Schwester, rief nach Angela. Als Frank durch die Halle ging, unterbrach sich die Mutter, lächelte ihm wie immer rasch und oberflächlich zu und sagte: »Oh, schon wieder da?«

Das Haus war viel zu groß, wurde aber wegen Arthur instand gehalten, und wenn er auch meistens abwesend war, dachte er doch gerne an das Haus. Es hatte viele hohe Fenster und eine offene Wendeltreppe aus weißen Steinstufen, die höher und immer höher bis zu einem Oberlicht hinanstiegen. Für eine andere Familie, die das Haus hätte heizen lassen, wäre es ausgezeichnet zum Wohnen gewesen, und Frank und Angela wären dann gern zu Besuch gekommen. Aber so, wie es war, schien es eine düstere Ausgabe der Mansfield-Park-Häuser zu sein. Und das Land ringsumher war viel zu öde und eben.

Miss Fox sollte heute abend noch nicht arbeiten. Sie wurde in Ruhe gelassen, damit sie sich einrichten konnte. Aber Toddy war in solcher Eile, mit ihren Sachen zuerst an die Reihe zu kommen, daß sie, kaum war das Abendessen vorüber, nach oben schlüpfte. Miss Fox saß noch vor ihrem Tablett und rauchte. Sie gehörte zu jener heiklen Klasse von Angestellten, die immer auf dem Tablett serviert bekommen. Den Dienstboten fühlte sie sich überlegen, und deshalb mußte sie auf ihrem Zimmer essen. Es hatte, wie alle Schlafzimmer alter georgianischer Häuser, die im obersten Stockwerk liegen, eine sehr hohe Decke und dicht über dem Fußboden befindliche Fenster. Im Schein der zwei lose hängenden Birnen sah es recht trübe aus. Ein mächtiger Drehspiegel, der von unten heraufgebracht worden war, spiegelte Miss Fox wider. Sie saß kerzengerade vor dem Tisch. An den Wänden standen Schränke und schief aufeinandergetürmte Kleiderschachteln. Zwei Schneiderpuppen – eine dick, die andere schlanker – streckten ihren lackierten schwarzen Busen vor. Eine Nähmaschine mit Tritt erwartete den Ansturm. Im Kamin flackerte ziemlich kraftlos ein kleines Feuer. Was getan werden konnte, um Miss Fox zu akklimatisieren, war getan worden. Doch der Zweck ihres Hierseins drängte sich ihr von überallher auf, und steif saß sie vor dem Tisch, auf dem sie später zuschneiden würde. Sie hatte eine aufgeschlagene Zeitschrift gegen die Kaffeekanne gestellt, und als Toddy ins Zimmer trat, löste sie langsam den Blick von den Zeilen, machte aber keinerlei Anstalten, aufzustehen.

Unter dem trüben Licht wirkte das bescheidene, schmale, ausdruckslose Gesicht mit den schweren Augenlidern, den hohen Backenknochen, dem verschwiegenen Mund und dem stumpfen, blonden, straff zurückgekämmten Haar wie gemeißelt. Die stillen Schatten darin überraschten. Toddy dachte: ›Sie ist wer!‹ Aber das war ja Unsinn.

Toddy stieß die Tür hinter sich zu und stand stocksteif da, während von ihrem linken Arm ein Wasserfall müder Ballkleider niederhing und unter dem andern zwei Ballen Gingham für Tenniskleider schwankten. Für Toddy, die schon vierundzwanzig wurde, war Erfolg im kommenden Sommer unbedingt lebenswichtig. Es war ihr, als hielte Miss Fox ihr Schicksal in Händen. Also stand sie unbeholfen da und wußte nicht, wo sie anfangen sollte. Sie war von stillerer und feinerer Art als Angela, doch im Grunde drehte sich's bei ihr immer nur um eine Sache.

»Hoffentlich haben Sie alles, was Sie brauchen?« fragte sie ratlos.

»Doch, danke, Miss Forrester.«

»Heute abend sollen wir Sie noch nicht stören. Aber ich dachte, Sie wüßten vielleicht ganz gern, was . . .«

»Zeigen Sie's nur her«, erwiderte Miss Fox höflich und schob ihren Stuhl zurück.

»Mein rotes Tüllkleid ist am Saum ringsherum zerrissen. Ich bin an einem Splitter hängengeblieben.«

Sie unterbrach sich, denn Miss Fox sah sie so seltsam an, als ob Toddy ein Gespenst sei und als ob es ihr Wonne und Entsetzen zugleich bereite, ihr Gesicht zu betrachten. Toddys Äußeres war keineswegs auffallend, nur glich sie ihrem hübschen Bruder Arthur. Keiner, jedenfalls kein Mann, hatte sie je so hingerissen angestarrt.

»Ich bin an einem Splitter hängengeblieben«, sagte sie lauter.

Miss Fox' Augen wurden ganz ausdruckslos. »Tz, tz, tz«, machte sie und beugte sich schnell über das Kleid. Sie hatte sich, wie Toddy feststellte, bereits häuslich eingerichtet. Wandschirme verbargen ihr Bett und den Waschtisch, die Zeugen ihres eigentlichen Lebens. Ein oder zwei Dinge hatte sie jedoch auf den Kaminsims gelegt, und neben ihr auf dem Tisch stand ein schöner, großer Nähkorb. Toddy, die eine stille Vorliebe für Nähkörbe hatte und neugierig wie eine Elster war, klappte, während Miss Fox das geschundene rote Kleid untersuchte, den Dekkel des Korbes zurück und stöberte mit der unschuldigen Dreistigkeit eines Vogels in dem Inhalt herum. Alle möglichen Schätze gab es da: Maßbänder, die ›Reiseandenken‹ waren, pralle Samtbeutel mit Eisenfeilspänen, Knopfsäckchen, ein Nadelkissen in einer Muschel, Scheren aller Art in Hülsen und, oh, was für ein Nadelkästchen! »So groß wie eine Familienbibel!« rief Toddy begeistert und öffnete es. Und wie in einer Familienbibel steckte auch eine Photographie darin. »Oh, was für ein hübscher kleiner Junge!«

»Danke sehr!« rief Miss Fox und riß ihr überraschend flink das Nadelkästchen aus der Hand. Es war so blitzschnell geschehen, als ob sie überhaupt keine Bewegung gemacht hätte.

»Das war aber ein lieber kleiner Junge«, bemerkte Toddy erbarmungslos.

»Mein kleiner Neffe«, antwortete Miss Fox mit undurchdringlicher Miene.

Es war seltsam, sich vorzustellen, daß sie ein Kind hatte. Bei ihrem Nonnengesicht hatte es auch irgendwie ganz verkehrt ausgesehen, daß sie Zigaretten rauchte. An dem stumpfen Ton ihres Haares mußte übrigens das Licht schuld sein, denn jetzt, wo Toddy auf sie herabschaute, bemerkte sie, wie gut gebürstet die Haare waren. Die Finger sahen aus, als ob sie immer kalt sein müßten, und Toddy fürchtete sich schon vor der Berührung, wenn sie erst ihre rückenfreien Abendkleider anproben würde. Überhaupt fürchtete sie sich, hier mit ihr allein zu sein, ganz oben in diesem dunklen, hallenden Haus. Überall wurde mit dem Licht gespart. Auf der Treppe mußte man sich im Finstern nach oben tasten, denn das Haus schluckte Geld wie ein durstiger Brunnen. Darum hatten auch die Töchter ›keine guten Aussichten‹ und würden wahrscheinlich als alte Jungfern verblühen müssen. Jeder wußte es, und vor allem wußte es Arthur, daß er nach Geld heiraten mußte.

Toddy war es leid, sich immer nur aufzuopfern. Sie war jetzt in jemanden verliebt, aber immer wurden ihre Pläne zuschanden. Über ihrem heiteren, ziemlich breiten Gesicht lag ständig eine heimlich nagende Angst.

»Ich *muß* gut aussehen!« rief sie plötzlich.

»Ich werde mein Bestes tun«, antwortete Miss Fox, sah auf und hatte wieder diesen seltsam erinnerungsschweren Blick.

»Das sieht dir ähnlich, Toddy!« rief Angela beim Frühstück.

»Was sieht Toddy ähnlich?« fragte Frank, der mit dem Finger ein Labyrinth in die Brotkrumen auf seinem Teller zeichnete. Er hörte selten zu, wenn sich seine Schwestern etwas erzählten, und saß nur bei ihnen am Tisch, weil er nicht wußte, wo er eigentlich hingehen sollte.

»Nach oben zu schleichen und in ihren Sachen herumzuwühlen! Kannst du denn das arme alte Wurm nicht ein bißchen in Ruhe lassen?«

»So alt ist sie gar nicht«, strahlte Toddy, »und das Kind schien etwa siebenjährig zu sein.«

»Wie sah es denn aus?«

»Ich konnte nur die Locken und einen Spitzenkragen sehen, ich hab' dir doch gesagt, daß sie's mir aus der Hand gerissen hat.«

»Was für ein Kind?« fragte Frank. Er schob seine Tasse zu Angela hinüber, und sie schenkte ihm Kaffee ein, aber er war schon kalt.

»Ihr Kind«, antwortete Toddy.

»O Gott«, sagte Frank. »Ein gefallenes Mädchen?« Doch im Grunde war es ihm völlig einerlei.

»Ich habe es dir ja schon gestern abend erzählt«, rief Angela beleidigt.

Am andern Morgen mußte Miss Fox im Wohnzimmer arbeiten. Chintz war vom Ballen abgewickelt worden, und sie schnitt die neuen Bezüge für die Polstermöbel zu, nachdem sie mit Stecknadeln längs der Stuhllehnen Maß genommen hatte. Der gelackte Chintz sah schrecklich kalt aus. Frank, der mit Geld sehr kurz gehalten wurde, fand das Rosen- und Bändermuster häßlich und hielt die Bezüge für eine verrückte Verschwendung. Aber jetzt kam ja Arthurs Freundin, die aussichtsreichste Partie, und das Haus mußte um jeden Preis einen guten Eindruck machen. Wenn sie Arthur wirklich nehmen sollte, würde sie vermutlich als erstes die Bezüge entfernen. Jede junge Frau würde das tun. Frank lehnte in der Tür, so daß ein Durchzug entstand und in den knitternden Chintz fuhr, und sah Miss Fox bei ihrer undankbaren Arbeit zu. Mit ihrer Tätigkeit hielt sie seine Trägheit förmlich in Bann. Ihr Schweigen wirkte faszinierend auf ihn, denn wenn sie antworten wollte, würde sie die Nadeln ausspucken müssen.

Ein heller, windiger Aprilhimmel schaute herein, und sie kroch auf dem Fußboden umher, den Mund voller Stecknadeln.

Im Wohnzimmer standen überall kleine Tischchen mit Photographien: Arthur in jedem Alter. Frank beobachtete Miss Fox, wie sie den Tischchen aus dem Wege ging und dabei ihre Ballen Chintz auseinanderrollte. Dann hockte sie sich auf die Fersen.

»Wie schnell Sie vorankommen«, sagte Frank.

»Ich konzentriere mich auf die Arbeit!«

»Werden denn Ihre Hände nicht eisig, wenn Sie dauernd diesen kalten Stoff berühren?«

»Vielleicht. Ich achte nicht so darauf.«

Sie steckte sich wieder Nadeln in den Mund, und Frank wunderte sich, daß sie verführt worden war. Er nahm die große Schere und schnippte damit in die Luft.

»Das Haus hier ist der reinste Eiskeller«, sagte er. »Sind Sie früher schon in dieser Gegend gewesen?«

Sie kauerte jetzt hinter dem Sofa, und eine Zeitlang blieb alles stumm. Wahrscheinlich verglich sie das Muster und garnierte sich den Mund mit Nadeln. Dann kam ihre Stimme hinter der Sofalehne hervor: »Ich hatte bereits von dieser Gegend gehört. Es scheint hier sehr still zu sein.«

»Still ist . . .« fing Frank an.

Doch seine Mutter, die ihn sprechen gehört hatte, blickte mit ihrem verbindlichen Lächeln ins Zimmer und sagte: »Komm bitte her, Frank, ich möchte dich etwas fragen. Übrigens mußt du Miss Fox nicht stören.«

Am Nachmittag des gleichen Tages sank die Sonne, und harte, dunkle Wolken mit stahlhellen Rändern rollten über den Himmel. Die ganze Natur war voll ängstlicher Spannung. Frank ritt mit Angela aus. Wind kam auf, wurde immer heftiger und pfiff durch die Weiden. Die Gräben zerschnitten das Land in zitternde Streifen. Das Gras war noch fahl.

Ihre eigene Unruhe sagte ihnen, daß es Frühling wurde. Sie trabten langsam weiter, und Angela meinte, sie sähe nicht ein, wieso manches überhaupt geschehen könne, und doch geschehe es. Sie wollte gerne mehr vom wirklichen Leben sehen. Daß Miss Fox jetzt im Hause sei, sagte sie, selbst das sei schon etwas, über das man sprechen konnte, ein Ereignis. »Und außerdem brauche ich natürlich die Kleider! O Frank, der Teufel soll's holen! Wirklich!« Sie ritt ohne Hut, und der Wind stach ihr in die Wangen und rötete sie. Frank dachte verbittert, daß sie aussähe wie eins von diesen Akademiebildern, die ›Lebensmorgen‹ oder so ähnlich heißen.

»Glaubst du, Arthur wird das Mädchen heiraten?«

»Sicher wird er sich gewaltige Mühe geben!«

»Aber hör mal, du weißt doch: Arthur ›der überall Beliebte!‹ – Schrecklich, was wir von Miss Fox denken. Glaubst du, daß wir eine schmutzige Phantasie haben? Aber der Gedanke ist wirklich phantastisch!«

»Phantastisch«, bestätigte Frank und fühlte, wie ihm seine eigene Verzweiflung an die Kehle wollte. Angela preschte plötzlich davon und galoppierte quer übers Feld.

In der Nacht blies ein Wind, der geradenwegs vom Ural zu kommen schien. Das Haus begann wie ein Schiff zu knistern und zu ächzen. Die Familie saß unten und ließ so wenig Licht wie möglich brennen.

Angela stahl sich nach oben, um mit Miss Fox zu schwatzen. Der schöne Arbeitskorb war da, aber er war mit einem Vorsteckschloß versperrt. Angela wandte taktvoll die Augen ab. Sie war wirklich heraufgekommen, um zu plaudern. Sie kauerte sich auf dem Kaminvorleger nieder. Der Wind puffte hin und wieder durch den Schornstein herunter und spuckte kleine Rauchwölkchen aus, so daß ihr die Augen zu brennen begannen. Miss Fox saß am Schneidertisch und rauchte mit Bedacht ihre Zigarette weiter. Vielleicht freute sie sich, daß sie Gesellschaft hatte. Jedenfalls wies nichts darauf hin, daß sie sich nicht freute. Wieder meißelten Licht und Schatten ihren Kopf – einen der schönsten, die Angela je gesehen hatte.

»Sie müssen eine Menge seltsame Dinge sehen, wenn Sie so von Haus zu Haus ziehen?«

»Ja, das stimmt. Ich sehe mancherlei Seltsames.«

»Schwestern im Krankenhaus tun das natürlich auch. Aber Menschen, die Kleider anproben, sind sicher noch viel seltsamer. Und in manchen Familien kann man wohl sein blaues Wunder erleben. Ich wünschte, Sie erzählten mir ein bißchen darüber.«

»Oh, das gehört sich aber nicht!«

»Ach, Krankenhausschwestern sind auch nicht verschwiegen. – Wissen Sie, daß mein Bruder Frank Sie unheimlich findet?«

»Die Herren wollen ihren Spaß haben«, sagte Miss Fox mit so merkwürdiger Betonung, als ob sie ein Zitat wiederhole. Sie begegnete Angelas Blick und lächelte ihr starres, nach innen gekehrtes Lächeln. Angela dachte aufsässig an Herren, die ihren Spaß haben wollen – und, in diesem Zusammenhang, an Arthur, der seines Anteils sicher sein konnte. Sie hörte den Wind und wie er an den Ecken dieser Gruft von einem Haus nagte, das sie Arthurs wegen nicht aufgeben durften.

»Arthur ist fein heraus«, sagte sie.

»Die Photos im Wohnzimmer – sind die alle von Herrn Arthur?«

»Klar«, sagte Angela verärgert.

»Miss Toddy gleicht ihm, scheint's?«

Angela schmiegte ihr Gesicht zwischen die Knie, und Miss Fox erhielt keine Antwort auf ihre Frage. Also wanderte die kalte Hand der Näherin wieder über den Tisch, holte sich, das Päckchen schüttelnd, eine dünne Zigarette und zündete sie bedächtig an. »Ich kenne Herrn Arthur«, sagte sie . . . »O ja, ich kenne Herrn Arthur. Er war als Gast im Haus einer Dame, für die ich arbeitete. Viele junge Herren waren da, und natürlich stand es mir nicht zu, sie persönlich kennenzulernen. Es war eine ganze Schar, und immer waren sie so fröhlich und in glänzender Stimmung. Abend für Abend schwirrten sie im Haus herum und zum Nähzimmer hinein und hinaus, hinter irgendeinem Spiel her. Ich saß allein, so wie ich auch hier allein sitze, und manchmal, wenn sie durch mein Zimmer stürmten, blieben sie wohl auch stehen und sprachen ein Wörtchen mit mir, oder sie ließen sich von mir verstecken. Nett waren sie alle. Doch bei Namen kannte ich sie nicht. Keinen einzigen. Herr Arthur war ganz versessen auf eine meiner Kleiderpuppen und bat mich, sie ihm für ein Spiel zu leihen. Ich hätte es besser wissen sollen. Ich hätte bedenken müssen, wer ich war. Aber es war vor acht Jahren. Am letzten Abend ließ ich ihn die Kleiderpuppe mitnehmen. Wie sie lachten! Ich konnte es hören. Doch dann, durch ein kleines Mißgeschick, ließ Herr Arthur sie auf der Treppe hinfallen. Der Fuß brach ab, und auch ein paar Rockreifen waren verbogen. Später kam er nach oben und sagte mir, wie leid es ihm täte. Es tat ihm ehrlich leid. Er sagte, er würde es wiedergutmachen. Aber am nächsten Tag reiste er ab, und wahrscheinlich kam dann etwas dazwischen, und er vergaß es. Die Dame war sehr verärgert, da die Kleiderpuppe nach ihren eigenen Maßen angefertigt worden war, und ihre Figur war schwierig. Ich habe nie wieder bei ihr gearbeitet!«

»Das sieht ihm ähnlich!« rief seine Schwester und umklammerte empört ihre Knie.

Miss Fox war vollkommen gefaßt, blies ein Rauchwölkchen und sagte tonlos: »Er hat es nicht bös gemeint.«

Frank kam im Dunkeln die Treppe herauf, tastete sich am Geländer hoch und rief: »Angela?« Wenn jemand unversehens verschwand, bekam er es immer mit der Angst. Außerdem bearbeitete Toddy gerade das Klavier. »Hier!« rief Angela. Frank klopfte und trat ins Zimmer.

»Wie gemütlich ihr's hier habt!« sagte er beinahe vorwurfsvoll. Daß dies Zimmer bewohnt war, gab dem ganzen Haus einen neuen Brennpunkt. Bald würden sie wohl alle heraufkommen. Er kam näher, stellte sich vors Feuer und beobachtete seine Schwester, die ihre Knie umklammerte und sich hin und her wiegte. Er sah es ihrem Gesicht an, daß er ein Gespräch unterbrochen hatte. Es ärgerte ihn, überflüssig zu sein.

»Frank, Miss Fox hat Arthur schon früher einmal getroffen!«

»Du hast eine ganz lange Flohleiter in deinem Strumpf«, versetzte er mit beleidigender Gleichgültigkeit.

»Dumm«, sagte Angela obenhin.

»Halten Sie lieber die Masche fest!« riet Miss Fox.

Sie blickte von Frank zu Angela. Es entstand eine Pause. Dann legte sie sachlich ihre Zigarette ab, öffnete den Arbeitskorb, betrachtete Angelas Strumpf, verglich und zog eine Strähne Garn aus einem Zopf verschiedenfarbigen Stopfgarns. Danach ergriff sie das schwarze Nadelkästchen.

»Mr. Frank«, sagte sie. Er kam zu ihr, nahm das Kästchen und brachte es Angela. Sie kniete auf dem Kaminvorleger, Franks Hand lag auf ihrer Schulter, und er fühlte, wie sie zusammenzuckte.

»Was für eine Unmenge Nadeln«, sagte sie mechanisch.

Frank und sie starrten beide die Photographie an. Sie sahen, was auch Toddy gesehen hatte: die Locken und den Spitzenkragen des Kindes. Genau wie Arthurs Locken und Spitzenkragen auf den alten Photos unten im Salon. Und zwischen Locken und Kragen war Arthurs Gesicht und starrte Onkel und Tante an.

»Ich würde eine Nadel Nummer Fünf nehmen«, sagte Miss Fox ruhig.

»Ja«, sagte Angela, »ich habe eine«, und schloß das Kästchen.

»Flohleitern im Strumpf brechen einem das Herz«, sagte Miss Fox.

# James Stephens
## *Pferde*

Er war groß und sie war klein. Er war breit und neigte zur Korpulenz. Sie war mager, und hätte man ein wenig an ihr herumgeschabt, wäre sie knochig gewesen. Seine Miene war ernst und entschlossen, ja würdevoll; die ihre war selbstgerecht, und Selbstgerechtigkeit ist der dauerhafteste, unzerstörbarste Zug der menschlichen Natur. Wer eine selbstgerechte Frau heiratet, muß seine Geldbörse abliefern und wird auf seine alten Tage noch Briefmarkensammler, dreht Daumen und lächelt, wenn Besucher ihm Fragen stellen, und lernt allmählich, Bier zu verabscheuen und zuzugeben, ja zu behaupten, daß der Mann ins Haus gehöre.

Man könnte fragen, warum er sie geheiratet habe, und es wäre schwierig, eine Antwort auf diese Frage zu finden. Die gleiche Frage kann man fast jedem Paar vorlegen, denn wir heiraten nicht nach mathematischen Gesetzen (und es ist möglicherweise besser, daß es so ist), sondern auf Grund einer außergewöhnlichen Anziehung, die weder rein körperlich noch rein seelisch ist. Der entscheidende Faktor ist etwas anderes, bisher noch nicht von der Psychologie Klassifiziertes. Es kann sein, daß die allgegenwärtige, seltsame Hexenküche der Natur, die Granit und Zweig, Ameise und Zwiebel lenkt, auch uns gebieterischer und heimlicher dirigiert, als wir es ahnen.

Manche Leute heiraten, weil andere auch geheiratet haben. Es liegt in der Luft wie Sichbekleiden oder Kunst oder Nicht-mit-dem-Messer-Essen. Er natürlich hatte geheiratet, weil er es wollte, und das Merkwürdige an der Geschichte war, daß er sich nicht etwa mit einer sanftmütigen Frau paarte. Vielleicht hatte er sie zuerst für sanftmütig gehalten, denn vor der Hochzeit besteht auf beiden Seiten die Gewohnheit, nachzugeben, was sehr irreführend und oft verhängnisvoll ist.

Von Anbeginn seiner Ehe an hatte er seine Frau unentwegt bekriegt. Kaum waren sie verheiratet, da legte sich ihre sanfte, nachdrucksvolle Hand auf ihn, und wie ein scheuendes Pferd brach er bei dieser Berührung los und preschte in die Freiheit – das heißt, so weit es die kurz bemessenen ehelichen Zügel zuließen. Natürlich kam er zurück – die Zügel holten ihn –, und eine sichere, nie ermüdende Hand beruhigte ihn und lenkte ihn auf den Weg, auf dem sie ihn haben wollte.

Er hatte sich schon fast ergeben. Häusliche Gewohnheiten legten sich um ihn: dicht wie Spinnweb und auch ebenso zäh. Wenn er ins Haus trat, wischte er sich die Füße auf der Matte ab. Den Hut hängte er an die dafür gesetzlich vorgesehene Ausstülpung. Sein Kuß wurde zum vorgeschriebenen Zeitpunkt verabfolgt und dauerte die vom Reglement bestimmte Zeit. Der Platz vor dem Kamin forderte ihn an und schluckte ihn. Das Fenster war sein Lugaus ins Leben. Jenseits der Haustür lagen fremde Länder, von Menschen bewohnt, die nicht länger seinesgleichen waren. Katze und Kanarienvogel waren seinesgleichen, und seine Frau ersetzte ihm mit zunehmender Geschwindigkeit den Freund.

Einmal täglich brach er gewissenhaft zu dem befohlenen Spaziergang auf.

»Sei vor ein Uhr zurück«, warnte die Stimme der wohlwollenden Autorität, »denn das Essen steht dann auf dem Tisch!«

»Kannst du vor zwei Uhr zurück sein?« fragte die gleiche Stimme. »Der Rasen muß gewalzt werden.«

»Bleib nicht länger fort als bis drei Uhr«, erinnerte die Stimme, »wir wollten Tante Kate besuchen!«

Und um ein Uhr und zwei Uhr und drei Uhr marschierte er eiligst weibwärts. Er aß das Mittagessen, das pünktlich um eins auf dem Tisch stand. Er walzte den unvermeidlichen Rasen. Er trabte treulich los, um Tante Kate zu besuchen, verzagte nicht und ging wieder nach Hause. Man stieg um zehn ins Bett, man unterhielt sich freundlich bis um elf, und dann schlief man.

Eines Tages vertraute sie ihm eine größere Geldsumme an und ersuchte ihn, in die Stadt zu gehen und in bestimmten Geschäften bestimmte Rechnungen zu bezahlen, wofür ihm genauere Einzelheiten auf einem Zettelchen übermacht wurden.

»Sei vor drei Uhr zurück«, sagte die gute Dame, »denn die Fegans kommen zum Tee. Deinen Schirm brauchst du nicht mitzunehmen, es gibt keinen Regen, und deine Pfeife solltest du lieber hierlassen, es sieht nicht gut aus. Nimm meinetwegen ein paar Zigaretten mit und deinen Spazierstock, wenn du gern möchtest, und sei bestimmt um drei Uhr zurück!«

Er legte seine Pfeife in einem Gestell ab, das dafür vorgesehen war, steckte die Zigaretten in die Tasche und nahm den Spazierstock in die Hand.

»Du hast mir keinen Abschiedskuß gegeben«, mahnte sie sanft. Also kehrte er um und tat's, und dann ging er.

Es war ein köstlicher Tag. Die Sonne schien nach Herzenslust. Man sah es ihr förmlich an, wie gerne sie schien und daß sie hoffte, jeder möge sich ihres Tuns erfreuen. Wenn es irgendwo Vögel gab, so sangen sie gewiß. In diesem Vorort gab's jedoch nur ein paar Spatzen, aber sie hüpften und flatterten, flatterten und hüpften, legten den Kopf auf die Seite und tschilpten etwas Vergnügtes und möglicherweise Freches, wenn jemand vorüberging. Sie tummelten sich, so sehr es in ihren Kräften stand, spielten unschuldige Spielchen mit glücklichen kleinen Fliegen, und nicht einer unter Tausenden war deprimiert.

Auf einer mollig warmen Fensterbank lag eine Katze. Sie blinzelte schläfrig auf die Spatzen herab, und jedermann konnte sehen, daß sie alle liebte und ihnen wohlwollte.

Auf der Türschwelle hatte sich ein Hund ausgestreckt. Er lag sehr still, aber langweilen tat er sich nicht im mindesten. Er nahm ein Sonnenbad, und überdies behielt er die Katze im Auge. So sorgsam beobachtete er sie, daß man sofort begriff, er war ihr gut Freund und würde sie um jeden Preis beschützen.

Ein kleiner Junge war da, der hielt in der linken Hand eine Blechbüchse mit einer langen Schnur. Seine Rechte näherte sich dem Hund mit einschmeichelnden Gesten. Mit Tieren spielte er am liebsten, und immer zeigte er sich ihres Vertrauens würdig.

Unser Spaziergänger schritt wacker fürbaß und blickte im Gehen auf seine Füße. Zu seiner Bestürzung mußte er feststellen, daß er nicht so viel von seinen Füßen sah, wie er erwartet hatte. Zwischen ihm und seiner Vergangenheit lag eine geringfügige, aber wohlgeformte Kurve.

›Ich werde dick‹, dachte er, und dieser Gedanke versetzte ihn zurück vor den morgendlichen Spiegel.

›Ich werde auch ein bißchen kahl‹, dachte er, und eine stille Traurigkeit bemächtigte sich seiner.

Doch dann faßte er sich. Man setzt nun einmal Fett an. ›Jedermann setzt Fett an, wenn er verheiratet ist‹, dachte er. Er ließ Freunde und Bekannte an seinem Geist vorüberziehen, fand, daß es stimmte, und beugte sich dem unabänderlichen Geschick.

»Man wird kahl«, sagte er. »Jedermann wird kahl. Die klügsten Leute verlieren ihr Haar. Könige und Generäle, Reiche und Arme, sie alle werden kahl. Es ist keine Schande«, sagte er und trottete vernünftig durch den Sonnenschein.

Ein junger Mann überholte ihn. Er pfiff. Seine Rockschöße waren geteilt, die Hände in den Taschen vergraben. Die Ellbogen stießen rechts und links in die Gegend, indes er munter weitermarschierte.

›So sollte man nicht einherscharwenzeln‹, dachte unser Spaziergänger. ›Und warum zieht er überhaupt die Rockschöße so hoch? Es schickt sich nicht. Die Leute werden über ihn lachen.‹

Ein Mädchen trat aus einem Laden und kam ihnen entgegen. Sie blickte den jungen Mann im Vorübergehen an, und dann drehte sie sich noch einmal nach ihm um und warf ihm einen Blick nach, aber einen langen. Sie näherte sich unserm Wandersmann. Sie hatte keine Taschen, in die sie ihre Hände hätte vergraben können, doch auch sie schwarwenzelte einher. Ihre Schultern wiegten sich von links nach rechts, und ihre Hüften schoben sich vor und zurück. Es ging etwas sehr Eindrucksvolles und doch sehr Verschwiegenes von diesem tänzelnden Körper aus.

›Mich hat sie nicht angesehen‹, dachte unser Spaziergänger, und sein Geist faltete die Hände über dem Bäuchlein und setzte sich, während er selbst weiter durch den Sonnenschein schritt, um seine Besorgungen zu erledigen.

Dann blieb er stehen und zündete sich eine Zigarette an. Er stand ein Weilchen still und sah dem blauen Rauch nach, der davontrieb und in der Luft verging. Während er so sann, kam ein Mann auf einem Pferdewagen einher. Der Wagen war mit allerlei Sachen beladen: Pakete mit jemandes Tee, Schachteln mit jemandes Schokolade, Flaschen mit Bier und Mineralwasser, Dosen mit schwarzer Schuhwichse und Kartons mit Seife, Süßigkeiten, Büchsenfisch, Käse, Makkaroni und Marmelade.

Der Wagen näherte sich, der Mann schlug das Pferd, und der Spaziergänger betrachtete die beiden durch ein Rauchwölkchen.

»Ich möchte wohl wissen«, sagte er, »warum der Mann sein Pferd schlägt!«

Der Kutscher saß ganz gemütlich da. Er war nicht zornig. Er war nicht ungeduldig. Es war überhaupt nichts mit ihm. Und doch schlug er ständig auf das Pferd ein – nicht grob, eigentlich ganz sanft. Er schlug das Pferd ohne böse Absicht, fast ohne es zu wissen, was er tat. Es war wie eine Art Gelenkigkeitsübung. Ein schnelles, kurzes Zwicken mit der Peitsche, ein Schmitz, der immer auf die gleiche Stelle, auf den Bauch des Tieres traf. Sehr geschickt machte er es, aber bereits so fabelhaft geschickt, daß man sich fragte, warum er es noch länger übte. Und das Pferd erhob keinerlei Einwände. Nicht einmal seine Ohren protestierten. Die Hufe waren eisenbeschlagen und trabten mit braver, unbeirrbarer Regelmäßigkeit ihres Weges. Trotz der Peitschenhiebe ging es weder schneller noch langsamer; es schien sich nichts daraus zu machen.

Plötzlich wurden die Zügel angezogen, und das Pferd blieb stehen, blieb genauso geduldig und ergeben stehen, wie es erst getrabt hatte. Es hob den Kopf nicht, es bewegte den Schwanz nicht. Es zuckte nicht einmal mit den Ohren, wenn es von der Seite her Geräusche auffing. Es scharrte nicht mit den Füßen. Ein

Schwarm Fliegen summte um seinen Kopf. Sie kletterten von den Nüstern die Nase aufwärts bis zu den Ohren, doch vor allem klebten sie ihm in garstigen, schwarzen Klecksen an den Augen, und aus diesen Klecksen hervor blickten nun die Augen in seltsamer Geduld und Milde.

Ein Gedanke hatte von unserm Spaziergänger Besitz ergriffen und ließ ihn nicht mehr los. Er konnte an nichts anderes denken.

›Es gibt keine grüne Weide mehr auf der Welt‹, dachte er. ›Über Nacht kamen sie und holten all die grünen Weiden, und nun wissen die armen Pferde nicht, was sie tun sollen . . . Pferd! Pferd! kleines Pferd . . . Du glaubst mir eben nicht. Aber es gibt Menschen, die keine Peitsche haben. Es gibt Kinder, die dich gern in ihre Arme schließen oder dir den Kopf streicheln wollen . . .‹

Der Kutscher erschien und stieg auf den Bock, und das Pferd kehrte gewissenhaft um und trabte weiter.

Der Mann mit der Zigarette sah ihm ein paar Minuten lang nach. Dann kehrte auch er gewissenhaft um und wollte seine Besorgungen erledigen.

Er kam an den Bahnhof und sah auf die Uhr. Ein paar Männer in Uniform liefen eifrig hin und her. Drei oder vier Leute gingen die Treppe hinauf, die zum Schalterraum führte. Ein zerlumpter Mann hielt ihm eine Zeitung unter die Nase, blieb erwartungsvoll stehen und schlurfte dann, seine Nachrichten ausrufend, weiter. Eine Frau mit erhitztem Gesicht stürzte an ihm vorüber. Sie trug einen großen Korb und ein dickes Kind. Sie schleppte sich halbtot, und er dachte, was sie wohl eher fallen lassen würde, Korb oder Kind. Ein kleiner, untersetzter, ältlicher Herr beförderte sich mitsamt seinem Koffer absatzweise die Treppe hinauf. Er sah sehr energisch aus. Jeden Vorübergehenden funkelte er an, als sei es ein Feind. Die leblose Natur blitzte er an, als dürfe sie sich nicht unterstehen, ihm zwischen die Füße zu kommen. Ein solcher Mann würde keinesfalls je seinen Zug verpassen. Leichten Schrittes stieg eine junge Dame die Stufen hinan. Schneeweiß flatterte der Kleidersaum um ihre Beine, die sie vergeblich besser zu bedecken versuchte. Ein junger Mann sprang die Treppe hinauf. Er starrte das junge Mädchen an, aber sie hob das Kinn und sprach ihm jede Daseinsberechtigung ab. Ein kleiner Knabe wollte sich einen großen Gummiball in den Mund stopfen, doch der Mund war zu klein, und er weinte verzweifelt ob seines Unvermögens. Seine hochaufgeschossene Schwester zerrte ihn mit langem Arm hinter sich her und nach oben.

Wieder sah der Spaziergänger auf die Uhr. Es war eine Minute vor zwei. Und plötzlich widerfuhr ihm etwas. Die ganze lichte Welt wurde rot. Alle Meere brandeten auf in Sturmgetöse. Ein Ozean aus Blut brauste ihm durch den Kopf und betäubte ihn fast. Wellen rissen ihm die Füße empor, und er flog schäumend die Treppe hinauf, brauste in den Schalterraum und wurde wie ein hüpfender Kork auf einer gischenden Woge in den Zug geschwemmt. Ein Schaffner wollte ihn aufhalten, denn der Zug setzte sich bereits in Bewegung – aber wie kann ein Billettknipser wohl eine Sturmflut aufhalten? Der Zug machte sich auf die Socken und sauste aus dem Bahnhof hinaus ins Freie, ins flammende Sonnenlicht, schneller und schneller und schneller. Der Wind sprang am Wagenfenster hoch und brüllte vor Lachen. Die weiten Felder tanzten miteinander und schrien laut:

»Die Pferde kommen zurück auf die grüne Weide! Platz da, Platz da für die herrlichen, wilden Pferde!«

Und die Bäume kreiselten von Horizont zu Horizont und jauchzten die gute Nachricht von der Freiheit.

# Bryan MacMahon
## *Die Heimkehr des Landfremden*

In weiter Ferne pfiff ein Zug. Der Ton drang in konzentrischen Ringen durch den Regen vor, der auf die dunklen Felder fiel. Als der kleine Mann, der auf der Brücke stand, das Pfeifen vernahm, warf er einen raschen Blick ins Dunkel, die Schienen entlang, und eilte dann hinunter, dem Bahnhof zu. Über der eisernen Fußgängerbrücke flammten matt und kraftlos die Lampen auf, während er weiterhastete. Der Zug lief mit ihm um die Wette: ein Rattern und Kreischen und ein Aufmarschieren greller Spielkarten, so fuhr er ein und bis unter die Brücke. Am Ende des Bahnsteigs zauderte die Lokomotive, dann hustete und pustete sie, bald in schwarzen Qualm, bald in weißen Dunst gehüllt, und endlich, nachdem sie den Dampf laut abgeblasen hatte, stand sie wie gefesselt still.

Ein einziger Reisender stieg aus – ein großer Mann, der wie ein Schwergewichtsboxer wirkte. Er trug einen neuen, billigen Anzug und Mantel. Schwarze Bartstoppeln krochen ihm wüst über den finsteren Unterkiefer. Die Augen unter der Mütze blickten schwarz und wild. In der Hand hielt er ein abgewetztes Handköfferchen, das von einem Stück Schnur zusammengehalten wurde. Nachdem er die Wagentür trotzig hinter sich zugeschmettert hatte, stand er da und glotzte den Bahnsteig auf und ab.

Ein vorübergehender Gepäckträger warf ihm einen Blick zu, ließ aber von ihm ab, weil er ihn zu uninteressant fand, und dann, als erinnere er sich jetzt erst, warf er ihm einen zweiten Blick zu. Als er weiterging, konnte er den Blick noch immer nicht von ihm abwenden. Ein Droschkenkutscher, der angewidert all die geschlossenen, unrentablen Türgriffe betrachtete, lächelte beim

Anblick des langen Menschen grimmig vor sich hin. Barfüßige Jungen griffen nach den Zeitungsrollen, die aus dem Gepäckwagen hervorschossen, und kümmerten sich überhaupt nicht um den einsam dastehenden Mann.

Und gerade da eilte der kleine Mann auf den Bahnhof. Er hatte die Hosenränder über den lehmbeschmierten Stiefeln zusammengebunden und trug einen verschossenen grünen Militärmantel. Ein schweißfleckiger Hut thronte ihm schief auf dem Haarschopf. Nach kurzem Zaudern stürzte er vor, um den unentschlossenen Ankömmling zu begrüßen.

»Da bist du ja, Paddy!« schnaufte der kleine Mann strahlend, ohne jedoch dem Langen allzunah zu kommen.

Der Lange erwiderte nichts. Er setzte sich schwerfällig in Bewegung und marschierte aus dem Bahnhof. Der kleine Mann hüpfte neben ihm her und bombardierte ihn mit Fragen, auf die er keine Antwort erhielt.

»Habt ihr eine gute Überfahrt gehabt, Paddy?« – »Ist es wahr, daß die Irische See so heimtückisch wie ein Maiabend ist?« – »Es sind wohl eine Menge irische Arbeiter drüben in Birmingham, was?« Schließlich schlug er einen Ton an, der vermuten ließ, daß die nächste Frage wichtiger als die voraufgegangenen war: »Wie lange bist du drüben gewesen, Paddy? Über sechs Jahre, was?«

Paddy stampfte weiter, ohne etwas zu entgegnen. Als sie ans erste Haus des Bezirksstädtchens kamen, starrte er auf die bucklige Brücke zurück, die über den Schienenstrang hinweg ins offene Land führte. Nach ein, zwei Sekunden riß er sich von dem Anblick los und schaute die Straße an, die vom Bahnhof bergab führte.

»Woll'n eins nehmen, Timothy!« sagte der Lange mit saurer Miene.

»Ja, trinken wir eins, Paddy!« willigte der andere ein.

Das Wirtshaus glitzerte altmodisch. Die gestanzte Tapete zwischen den Regalen war lindengrün übermalt worden. Der Wirt wollte sich, als sie eintraten, gerade mit einem vollen Glas in der Hand umdrehen. Bei Paddys Anblick verhärteten sich seine Augen: er zögerte den Bruchteil einer Sekunde, ehe er das Glas vor einen Gast auf die Theke stellte.

Er wischte sich die Hände an der blauen Schürze ab, und während ihm die Gedanken blitzschnell übers Gesicht huschten, fragte er mit verstellter Munterkeit: »Wieder im Lande, Paddy?« Ein schlaffer Händedruck folgte.

Paddy knurrte etwas und schaukelte dann die Bar entlang bis ans andere Ende. Dort setzte er sich auf einen hohen Barschemel und hing dann hingekauert über der Theke. Timothy setzte sich neben ihn, aber seitlich, so daß er den langen Menschen vor dem lästigen Starren der andern Gäste beschützte. Paddy verlangte zwei große Glas Porter: er zahlte mit Münzen, die er einem altmodischen, mit englischen Banknoten vollgestopften Geldbeutel entnahm. Tim hob sein volles Glas, dessen Größe ihn noch kleiner erscheinen ließ, und wagte sich mit einem »Wohlsein!« hervor. Paddy knurrte irgendeine Erwiderung. Beide Männer stemmten die Gläser in die Höhe und kippten dreiviertel vom Inhalt in ihre Kehle. Paddy stellte sein Glas ab und starrte trübselig vor sich hin. Timothy setzte sein Glas sehr behutsam auf die Theke und kam dann mit seinem Gesicht an das Ohr des Langen.

»Hast meinen Brief bekommen, Paddy?«

»Hm!«

»Bist doch nicht wütend auf mich?«

»Wütend auf *dich?*« Das Hohngelächter des Langen erschreckte die ganze Bar.

Eine lange Pause entstand.

»Hab' deinen Brief bekommen«, stieß Paddy unversehens hervor. Er drehte sich seitwärts, und zum erstenmal blickte er seinem Begleiter voll ins Gesicht. Langsam steckte er den riesigen, zerschundenen Zeigefinger seiner rechten Hand hinter das Kragenknöpfchen des Kleinen. Während er bedächtig den Finger herumdrehte, strammte sich das Kragenband. Als es ganz straff gespannt war, zog Paddy das Gesicht des andern dicht an sich heran. So vertraulich schienen die beiden Männer nebeneinander zu sitzen, daß die andern Gäste überhaupt nicht ahnten, was sich zwischen ihnen abspielte. Timothys Gesicht wechselte die Farbe, aber er hob die Hände nicht auf, um sich zu befreien.

»Schwörst du, daß es wahr ist?« fragte Paddy grollend.

»So wahr wie die Bibel!« keuchte der Kleine.

»Schwör's!«

»Ich will auf der Stelle tot umfallen, wenn auch nur ein Wort gelogen ist. Es ist Wort für Wort die Wahrheit.«

»Warum hast du's mir nicht schon eher geschrieben?«

»Ich konnt' nicht rausbekommen, wo du gesteckt hast, Paddy. Wenn nicht Danny Greaney nach Hause gekommen wäre, hätt' ich deine Adresse nie nicht gewußt. Und du weißt ja, daß ich nicht gut mit der Feder umgehn kann.«

»Warum hast du mich nicht gelassen, wie ich war – ganz ohne eine Ahnung?«

»Wir waren immer dicke Freunde, Paddy. Ich fand, 's ist eine Schande, daß du ihr haufenweise Geld schickst, wenn sie so eine ist. Du erwürgst mich, Paddy!«

Paddy zog ihm den Kragenbund noch enger zusammen, bis das Knopfloch riß und er das Kragenknöpfchen im gekrümmten Zeigefinger hielt. Er blickte es dümmlich an. Timothy fuhr sich mit dem Y seiner Hand still an die Kehle. Paddy schleuderte den Kragenknopf hinter sich. Er flog gegen das Treppengeländer.

*»Ach!«* rief er heiser. Er trank sein Glas aus und hackte damit auf die Theke. Der Wirt kam herbei, um die Gläser zu füllen.

Timothy flüsterte: »Was willst du'n machen, Paddy?«

»Was ich machen will?« lachte Paddy. »Ich trink' mein Bier aus.« Er nahm einen Schluck. »Und dann will ich für sie baumeln!«

»Schttt!« mahnte Timothy.

Timothy blickte auf einen Reklamespiegel: da war ein Bild, ein paar kleine Männer, die kleine Fässer auf einen kleinen Lastwagen rollten, und hinter ihnen sah er das Gesicht des Wirts, dessen Blick fest auf ihn und Paddy gerichtet war. Timothy verscheuchte ihn durch einen bösen Blick. Er wandte sich rasch um: es paßte ihm nicht, daß die andern Gäste die Köpfe ein wenig zu nah zusammengesteckt hatten. Dann plötzlich drängte sich der Wirt zwischen Timothys Schutzwall.

Sein Lappen klatschte über die Theke : »Wie steht's drüben in Birmingham, Paddy?«

»Ganz ordentlich.«

»Danny Greaney hat tolle Sachen von dir erzählt. Wir haben alle geglaubt, du würdest nie mehr nach Hause kommen, weil du drüben so gut verdienst. Wie willst du dich bloß mit so einem kleinen Nest zufriedengeben, nach allem, was du erlebt hast? Aber schließlich: über das Zuhause geht nun mal nichts!«

Der Wirt kümmerte sich nicht um Timothys drohenden Blick. Paddy hob die wilden Augen und starrte den Wirt hinter der Theke an. Der klatschende Wischlappen entfernte sich rasch.

»Ich will baumeln ihretwegen«, wiederholte Paddy. Er hob die Stimme: »Kaum hab' ich ihr den Rücken gedreht . . .«

»Schttt!« mischte sich Timothy ein. Er roch an seinem fast leeren Glas, dann murmelte er fast hörbar laut: »Das verdammte Bier schmeckt nach Faß. Komm, woll'n gehen!«

Seine Worte brachten Paddy auf die Beine. Sie trafen aber auch den Stolz des Wirts. Nachdem sie gegangen waren, blickte der Wirt ihnen nach, angeblich, um die Tür hinter ihnen zu schließen. Er drehte sich um und rief seinen Gästen ein Witzwort zu. Brüllendes Gelächter war die Belohnung.

Paddy und Timothy wanderten jetzt der buckligen Brücke entgegen, die ins freie Land hinausführte. Timothy trug den zerbeulten Koffer, und Paddy hatte seinem Begleiter den Arm um die Schulter gelegt. Die frische Luft stellte die Nüchternheit der langen Beine auf die Probe.

»Nichts überstürzen!« riet Timothy. »Vor allem gehn wir an der Hütte vorbei und zu meinem Haus. Heute nacht schläfst du bei mir, Paddy. Und denk dran, daß ich den Brief aus Freundschaft zu dir geschrieben habe.«

Paddy riß die Mütze vom Kopf und ließ sich den Regen über die Stirne rieseln. »Ich will am Galgen baumeln ihretwegen!« sagte er.

»Ruhig und gefaßt, das ist mein Rat!«

»Wenn die beiden Hände hier sich um ihre Kehle legen, dann hörst du sie bis nach China quietschen!«

»Keine Überstürzung, Paddy, keine Überstürzung!«

Paddy quetschte seinen Freund gegen das Brückengeländer: »Sechs Jahre – nennst du das Überstürzung?« brüllte er.

»Um Gottes willen, Paddy, laß mich los! Ich bin der einzige Freund, der dir noch geblieben ist. Laß mich los!«

Das Paar schwankte die Böschung hinunter. Die Weißdornbüsche auf beiden Seiten des Weges ließen in der Dunkelheit ihre Regentropfen von Dorn zu Dorn auf sie niederhüpfen. Ganz in der Ferne, an der äußersten Grenze des Bezirks, schwenkte der Lichtfächer eines Leuchtturms seinen Bogen über Land und See und Himmel. Sooft eine Lücke in den Hecken auftauchte, trommelte der Wind seine Streitkräfte zusammen und versuchte vergeblich, die beiden über den Haufen zu rennen.

Paddy begann ein Lied zu grummeln, das gänzlich ohne Melodie war.

»Sei doch still, Mann, sonst weiß es die ganze Gegend, daß du wieder hier bist!« mahnte Timothy.

»Da kümmer' ich mich den Teufel nicht drum!« Paddy blieb stehen und schwankte. Nach einer kleinen Stille stammelte er: »Der andre, der – ist der schon lange weg?«

Timothy wieherte: »Eine einzige Nacht war's bloß!« Er schob seinen Hut aus der Stirn, und dann sagte er, das Gesicht ernst zum Mondgewölk erhoben: »Willst du meine echte Überzeugung wissen, Paddy? 's war weiter nichts als ein zufälliger Sündenfall: daß sie nämlich in *der* Stimmung gerade *den* Mann traf. Wahrscheinlich wird's in einer Million Jahre nicht wieder passieren. Ein dummes Zusammentreffen und weiter nichts, meiner Ansicht nach.«

»Hast du schon mal gehört, daß ich mein Wort gebrochen hab'?«

»Noch nie, Paddy.«

»Dann werd' ich für sie baumeln. Und ich erlaube dir, in den

Zeugenstand zu gehen und dort zu beschwören, daß Paddy Kinsella gesagt hat, er will für sie baumeln.«

Er fuhr mit seinem Gesang fort.

»Schttt! Wir sind ja fast vor dem Haus! Du willst doch nicht deine eigenen Kinder aufwecken, was? Deine braven, ehelich gezeugten Söhne, was, Paddy? Willst du sie wirklich aufwecken?«

Paddy unterbrach sich: »Ehelich gezeugt, das stimmt. Da hast du's!«

»Morgen ist auch ein Tag. Wir wollen's morgen mit ihr aufnehmen und zusehen, wie sie sich unverschämt verteidigt. Ich wußte doch, daß du deine Söhne nicht stören willst.«

Sie schwankten weiter durch die Dunkelheit. Als sie sich der niedrigen, strohgedeckten Hütte immer mehr näherten, drängte Timothy unentwegt weiter. Aber Paddys Stiefel waren aufsässiger als vorher. Timothy machte es Sorgen, daß sie so langsam vorankamen. Er sagte dauernd: »Morgen ist auch noch ein Tag, Paddy. Ich werd's ihr selber auf den Kopf zusagen. Aber weck jetzt nicht deine Jungen auf!«

Unmittelbar vor der Hütte blieb Paddy stehen. Er taumelte und stierte das kleine Haus mit den winzigen Fenstern grimmig an. Er richtete sich in seiner vollen Größe auf.

»Ist sie im Bett?« fragte er grollend.

»Sie ist bei den McSweeneys. Will ein bißchen Gesellschaft haben. Ein halbes Stündchen abends, wenn die Kinder im Bett sind – das wirst du ihr doch wohl gönnen, Paddy?«

»Das gönn' ich ihr.« Paddy gab nach, einen einzigen Schritt, und dann pflanzte er seine Schuhe nur noch fester in den Boden. Er taumelte.

»Und das . . . ?« fragte er.

»Es ist ein Mädchen, Paddy, ein Mädchen.«

Ein Knurren, und dann wieder ein Schritt.

»Muß bald sechs Jahre alt sein, was?«

»Stimmt, Paddy, sechs Jahre!«

Noch ein Schritt. »Wie ihre Mama . . . oder . . . der Papa?«

»Wie die Mama, Paddy. Ihr fast wie aus den Augen geschnitten. Aber komm jetzt weiter, und heut nacht wirst du unter meinem Dach fein schlafen!«

Paddy faßte die Hütte ins Auge. Er grollte verächtlich, dann spuckte er auf die Landstraße. Er machte eine kleine Andeutung, als wollte er Timothy folgen, dann stieß er dessen Hand ganz unerwartet von sich, riß sich stürmisch los und steuerte schwankend auf den Weg zu, der zur Hütte hinunter führte.

Timothy blickte furchtsam die Landstraße entlang und jammerte: »Sie kann jeden Augenblick nach Hause kommen.«

»Ich will meine ehelich gezeugten Söhne sehen!« murrte Paddy.

Als Timothy ihn eingeholt hatte, fummelte der Lange bereits am Vorhängeschloß herum. Als wäre ihm plötzlich ein Gedanke gekommen, torkelte er auf die Seite und tastete vergebens in die Ecke vom Fensterbrett.

»Sie nimmt den Schlüssel mit«, sagte Timothy. »Laß es doch um Gottes willen bis morgen früh!«

Aber Paddy stolperte bereits über den gepflasterten Gartenweg, der auf der Giebelseite ums Haus führte. Als er merkte, daß die Hoftür zugeriegelt war, trat er ärgerlich zurück. Er wollte sie schon eindrücken, doch da entdeckte Timothy, daß das nur eingehakte Küchenfenster ein wenig offen stand. Als Timothy das Fenster aufstieß, drang der Geruch vom Torffeuer nach draußen. Paddy bohrte seine Stiefelspitze in die Mauer und den Bewurf, bis er einen gewissen Halt hatte. »Hilf mir!« befahl er rauh.

Timothy verkrallte sich in Paddys Bein und schob es höher hinauf. Der lange Laban bearbeitete die Schultern des Kleinen mit Händen und Stiefeln und flog dann durchs offene Fenster. Er landete der Länge nach auf dem Küchentisch, mußte sich eine volle Minute verschnaufen und kraxelte dann mühsam über einen Korbstuhl auf den Fußboden.

»Fehlt dir was, Paddy?«

Ein Knurrlaut.

»Zieh den Riegel von der Hoftüre auf, Paddy!«

Eine lange Pause folgte. Endlich wurde der Riegel zurückgezogen. »Wo ist die Lampe, zum Kuckuck?« fragte Paddy und tappte im Dunkeln umher.

»Sie hat sie woanders hingehängt. Jetzt ist sie rechts vom Fenster.«

Paddys Streichholz zuckte wie ein Irrlicht auf. Er hielt es in die Höhe. Dann beugte er sich vor, entfernte den Lampenzylinder und legte ihn auf den Tisch. »Ist schon recht«, sagte er, hielt ein Zündholz an den Docht und setzte den Zylinder darüber. Ungeschickt schraubte er den Docht etwas höher. Er begann sich in der Küche umzuschauen.

Die Glut war unter der roten Torfasche zusammengescharrt. Zwei Korbstühle standen rechts und links vom Kamin. Das Geschirr auf der breiten Anrichte funkelte weiß und rot und grün. Das Holz an Stühlen und Tannentisch war durch häufiges Scheuern weiß geworden. Voller Ingrimm erkannte Paddy jeden einzelnen Gegenstand. Timothy stand daneben und beobachtete ihn ängstlich.

»Muß meine Jungen ansehen!« sagte Paddy und nahm die Schlafzimmertür auf der Rückseite des Hauses aufs Korn.

»Leise!« mahnte Timothy.

Mit einem hoch erhobenen brennenden Streichholz betrachteten sie die Jungen. Vier Bürschlein schliefen paarweise in zwei Metallbettstellen. Jeder einzelne hatte eine schwarze Haarmähne und dichte Augenbrauen. Der Älteste schlief bei dem Kleinsten, und die beiden Mittleren schliefen zusammen. Jeder lag anders hingeräkelt da.

Paddy war erstaunlich nüchtern geworden. »Meine Güte noch mal!« rief er. »Ich hätt' auf der Straße an ihnen vorbeilaufen können und hätt' sie nicht erkannt!«

»Das hier ist ein wilder Schlingel!« Timothy hatte einen von den mittleren beiden beim Schopf erwischt und drehte den schlaftrunkenen Kopf auf die Seite. Dann wandte er seine Aufmerksamkeit dem andern zu: »Und der hier ist dir aus dem Gesicht geschnitten, Paddy!« Er zeigte auf den Ältesten: »Und das da ist dein alter Herr, nochmals auf die Welt gekommen, mitsamt seinem Jähzorn!« Und vom Jüngsten sagte er: »Hier ist Bren – der kroch noch auf dem Fußboden rum, als du ihn das letztemal gesehen hast. Lauter kleine Räuber!«

»Lauter kleine Räuber!« kam das Echo von Paddy her. Das Streichholz sengte ihm die Finger. Und als es dunkel war, sagte er bitter: »Meine ehelich gezeugten Söhne!«

Timothy stand auf der Schwelle. »Wir müssen jetzt gehn, Paddy!« flehte er. Nach unwilligem Brummen folgte ihm Paddy.

Timothy sagte: »Einer von uns muß durchs Fenster raus. Sonst merkt sie's an dem aufgezogenen Riegel.« Paddy schwieg. »Du kannst es nicht schaffen, zweimal durchs Fenster . . .«

»Ich komm' dir nach«, erwiderte Paddy.

Timothy drehte sich unschlüssig um.

»Wo ist das . . .«, fragte Paddy. Er stand in der Küche.

»Was?«

»Na eben!«

»Sie schläft im Vorderzimmer. Du wirst ihr doch nichts . . .?« Paddy stand schon an der Tür des Vorderzimmers.

»Sie hat einen Schlaf wie 'ne Katze!« warnte ihn Timothy aufgeregt. »Wenn sie ihrer Mutter was von mir erzählt, dann ist der Teufel los!«

Paddy machte die Tür zum Vorderzimmer auf. Er atmete schwer und begann wieder mit der Streichholzschachtel herumzufummeln. Hinter den Fensterscheiben zog der bewegte Nachthimmel vorbei. Das Streichholz flackerte auf und ließ eine schön verzierte Steppdecke sehen. Dann plötzlich war dort, wo sich eben noch das Bettzeug aufgetürmt hatte, alles flach, und ein kleines Mädchen mit flachsblonden Locken und blauen Augen sprang lustig heraus, als spielte es den Kastenteufel.

»Wer ist da?« fragte sie ohne Angst.

Das Streichholz schwebte hoch über ihr. Paddy gab keine Antwort.

Das Mädchen lachte silberhell. »Du steckst in der Küche, Timothy Hannigan!« rief sie laut. »Ich kenn' dich an deiner Schniefnase!«

»Heiliger Gott!« ächzte Timothy.

»Ich hab' dich auch sprechen hören, mein Bürschchen«, rief sie begeistert, als das Streichholz in Paddys Fingern erlosch.

»Ja, ja, Maag, ich bin's«, sagte Timmy und trat, sich entschuldigend, auf die Türschwelle. »Komm weg!« tuschelte er Paddy ins Ohr.

»Ich hab's doch gleich gewußt, daß du's bist, mein Bürschchen«, lachte Maag. Sie zog die Knie an sich und legte die Arme darum, was sehr erwachsen aussah.

In Paddys Händen flammte ein neues Streichholz auf.

»Was ist das denn für einer?« fragte sie Timothy.

Timothy steckte seinen Kopf zur Tür herein. »Er ist dein . . . ist dein Onkel.«

»Was für'n Onkel?«

»Dein Onkel . . . Paddy!«

Paddy und Maag blickten sich voll ins Gesicht.

Timothy bat kläglich: »Du mußt aber deiner Mutter nicht sagen, daß ich hier war!«

»Nein, ich sag's nicht«, lachte das Mädchen. »Aber warte nur, sie ist gleich da!«

Timothy stöhnte. »Komm jetzt hier weg, zum Teufel noch mal!« rief er, nun endlich etwas temperamentvoller. Erstaunlicherweise hörte Paddy auf ihn. Sie schlossen die Tür des Vorderzimmers hinter sich.

»Geh rasch zur Hoftür raus«, rief Timothy. »Ich lösche die Lampe und spring' aus dem Fenster.«

»Geh du raus!« knurrte Paddy. Er stand so fest verwurzelt wie ein Baum.

»Meinetwegen«, kam die unsichere Antwort.

Timothy ging. Von draußen rief er: »Schieb rasch den Riegel vor, Paddy! Sie kann jede Minute nach Hause kommen.«

Paddy schob den Riegel vor.

»Puste die Lampe aus, Paddy!« Paddys Kopf und Schultern wurden vom Küchenfenster eingerahmt.

Nach einer kleinen Pause blies Paddy die Lampe aus.

»Rasch, Paddy! Heb dein Bein hoch!«

Keine Antwort.

»Mach rasch, Paddy, sag' ich dir. Was ist denn los?«

Paddy ließ ein zorniges Knurren hören. »Tut mir leid, daß ich dir nicht den Hals umgedreht hab'!«

»Mir? Ist das dein Dank?«

»In meiner Familie hat noch keiner vor 'nem Spitzel Hochachtung gehabt.«

»In deiner Familie?« schrie Timothy. »Du, mit einem Kukkuck in deinem Nest!«

»Wenn ich jetzt die Hände an deiner Kehle hätte . . .«

»Du mit deinem geplünderten Nest!«

»Scher dich fort, solange du noch alle Knochen beisammen hast. Das Bier hat mich faul gemacht. Ich zähl' bis fünf. Eins, zwei . . .«

Timothy war weg.

Paddy saß auf dem roh gezimmerten Stuhl links vom Kamin. Er tastete nach der Feuerzange. Endlich fand er sie. Er holte die glühenden Torfstückchen unter der Asche hervor und baute sie pyramidenartig auf. Die Flammen hüpften hervor.

Die Tür zum Vorderzimmer öffnete sich knarrend. Maag stand da, mit einem langen weißen Nachthemd bekleidet.

»Hast du ihn ausgeschimpft?«

»Ay!« bestätigte Paddy.

»Er muß tüchtig ausgeschimpft werden. Er bespitzelt meine Mom!«

Nach einer kleinen Pause kam das Mädchen bis mitten in die Küche.

»Sag's mal ehrlich: bist du wirklich mein Onkel?« fragte es.

»Das kommt drauf an!«

»Wieso kommt's drauf an?« Sie trat noch einen Schritt näher.

»Frierst du nicht, Kleinchen?« fragte Paddy.

»Vielleicht – vielleicht auch nicht. Sag mal, wieso du mein Onkel bist!«

Sie erhielt keine Antwort.

»Vielleicht bist du mein Pappi und bist aus England gekommen?« stieß sie listig hervor.

»Vielleicht!«

Die Stimme der Kleinen überschlug sich vor Begeisterung.

»Ich hab's ja gewußt, daß du heimkommst! Alle haben sie ›nein‹ gesagt, aber ich hab' ›ja‹ gesagt, und du würdest ganz bestimmt heimkommen.« Eine Pause entstand. Sie kam noch ein Schrittchen näher. »Was hast du mir mitgebracht?«

Ernst steckte er die Hand in die Tasche. Seine Finger fanden die Pfeife, ein Tütchen Tabak, einen sechszölligen Nagel, ein zerknülltes Taschentuch und den zerknitterten Brief von Timothy.

»Ich hab's im Abteil liegenlassen«, sagte er geknickt.

Falls sie enttäuscht war, kam sie rasch darüber hinweg. »Kannst du's nicht am Samstag in der Stadt besorgen?« fragte sie und rückte ihm noch näher.

»Richtig«, sagte er. Eine kurze Pause entstand, dann bat er: »Komm ans Feuer!«

Sie ging zu ihm und stellte sich zwischen seine Knie. Hinter ihren Ringellocken glänzte der Flammenschein. Sie duftete nach Seife. Seine Finger umspannten ihre Ärmchen. Sie hatte viel von ihrer Mutter an sich. Er spürte es an ihrem unerschrockenen, sicheren Fleisch.

Ohne zu sprechen, blickten sie sich an, bis der leichte Schritt draußen ihr prickelnd in die Glieder fuhr. »Mom bringt mich um, wenn ich nicht im Bett liege«, rief sie. Paddy nahm eine entschlossene Haltung an. Als die Kleine sich frei machen wollte und zappelte, hielt er sie fest. Plötzlich gab sie nach und lachte: »Hab' nicht dran gedacht«, flüsterte sie, »Mom tut mir nix, weil du nach Hause gekommen bist!« Sie zitterte vor unterdrücktem Lachen. »Wie dumm von mir, daß ich nicht gleich dran gedacht hab'!«

Der Schlüssel glitt ins Vorhängeschloß. Die Tür ging auf. Die Frau trat ein, und der Umhang glitt ihr von der Schulter. »Maag!« flüsterte sie. Sie sah das kleine Mädchen und den Mann, dahinter den Feuerschein.

Die Frau stellte sich schweigend an die Küchentür. Das Kind sagte nichts, sondern blickte von der Frau auf den Mann. Die Frau wartete ein Weilchen. Langsam zog sie den Umhang herunter und schloß dann hinter sich die Tür. Sie ging vorsichtig durch die Küche. Ein Geräusch wie von einer Streichholzschachtel war zu hören. Die Frau zündete die Lampe an. Als sich die Flamme über dem Docht erholte, fiel der Schein auf Paddy, der krampfhaft ins Feuer starrte.

»Bist du nach Haus gekommen, Paddy?«

»Ay!«

»Hast du eine gute Überfahrt gehabt?«

»So ziemlich.«

»Bist du hungrig?«

»Das wird sich zeigen.«

Dann folgte ein langes Schweigen. Die Frau stand mitten in der Küche, und ihre Finger waren voller Unrast.

Sie hob die Stimme: »Wenn du mir was zu sagen hast oder mir was antun willst, Paddy, dann lieber gleich. Ich bin nicht fürs Warten!«

Er sagte nichts. Er wandte den Blick nicht vom Feuer ab.

»Hast du mich gehört, Paddy? Wir wollen nicht wie Hund und Katze zusammenleben. Ich weiß, was ich gemacht hab'. Was nützt dir's noch, mir Schimpf und Schande anzuhängen, wenn's die ganze Gegend schon längst vor dir getan hat?«

Er schwieg immer noch hartnäckig.

»Damit kommen wir nicht weiter, wenn du nichts sagst, Paddy! Sei ein Mann und sag's mir ins Gesicht«

Paddy wandte sich zu ihr um: »Du hast mich gehörig im Stich gelassen«, sagte er deutlich. Er kehrte sich wieder dem Feuer zu. »Ich bin selber auch kein Engel gewesen!« murmelte er.

Ihre zitternden Lippen konnten es kaum glauben: »Dann sind wir also quitt?« wagte sie schließlich zu fragen.

»Ja, wir sind quitt!«

»Und du willst mir's nicht dauernd vorhalten?«

»Nein.«

»Bei Gott nicht?«

»Bei Gott nicht!«

Die Frau bekreuzigte sich und kniete auf den Fußboden nieder. »Vor Gottes Angesicht schwör' ich's dir, Paddy Kinsella«, sagte sie, »weil du gerecht zu mir warst, will ich besser sein als drei Frauen auf einmal. Ich hab' mein Ehegelöbnis gebrochen, aber ich will's wiedergutmachen. Ich geb' dir mein Wort, vor meinem Schöpfer geb' ich's dir!«

Maag schaute mit ernster Miene zu. Die Mutter bekreuzigte sich und stand auf.

Paddy kramte finster in seiner Jackentasche herum. Endlich fanden seine Finger, was er gesucht hatte. »Wußte doch, daß ich's irgendwo haben mußte«, sagte er und hielt einen zerdrückten Malzbonbon in die Höhe. »Den hat mir ein Kind auf dem Schiff gegeben.«

Maags Gesicht strahlte vor Freude. »Das reicht mir – bis Samstag!« sagte sie.

Sie steckte den gerillten Bonbon in den Mund. Dann riß sie sich los, den Malzbonbon in der Backentasche, und lief behende durch die Küche. Sie stieß die Tür zur Schlafkammer ihrer Brüder auf:

»Aufstehn! Alle aufstehen!« rief sie. »Unser Alter ist nach Hause gekommen!«

# John Montague
## *Anlaß zur Sünde*

Etwa fünf Meilen südlich von Dublin, nicht weit von Blackrock, liegt ein kleiner Badestrand. Man biegt in eine Seitenstraße ein, überquert eine Bahnbrücke und erblickt hinter der Ufermauer eine kleine Bucht mit einer Mole, die linker Hand ins Meer vorstößt. Das Wasser ist nicht tief, und es ist hier viel stiller und wärmer als an vielen anderen Badeplätzen der Küste. Wenn die Flut kommt, bespült sie die grünen Blöcke rechter Hand und läßt das Seegras auf ihnen wie langes Haar hochschweben. Bei höchstem Flutstand kann man von der Klippe vor dem Martello-Turm springen, der halb versteckt zwischen Mole und Ufermauer steht.

Bald nach Ostern begann Françoise O'Meara regelmäßig herzukommen. Sie war eine pausbäckige junge Frau mit offenem Blick und zufrieden mit sich und der Welt. Vor einem halben Jahr hatte sie in Frankreich geheiratet, und seitdem lebten sie hier in Dublin. Zuerst hatte sie es abscheulich gefunden: die feuchten Novembernebel schienen sich ätzend aufs Gemüt zu legen, doch ihrem Mann zuliebe duldete sie es schweigend. Und als der Winter allmählich wich und mit dem nahenden Frühling das Wetter immer milder wurde, fühlte sie, wie ihr das Herz weit wurde: so einfach war es zugegangen!

Zu Beginn des neuen Jahres hatte ihr Mann ihr einen Wagen gekauft, mit dem sie sich die Zeit vertreiben sollte, wenn er im Amt war. Es war kein großartiger Wagen, bloß ein alter 47er Austin, mit breitem Trittbrett und verrosteten Streben auf dem Dach, aber sie putzte und polierte ihn, bis er nur so strahlte. Nun konnte sie all die kleinen Dörfer rund um Dublin erforschen: Delgany, wo ihr eine Meute von Stöberhunden die Straße versperrte, Howth, wo sie stundenlang über die Felsklippen wanderte, und die Bergstraßen oberhalb von Rathfarnham. Und zu guter Letzt Seacove, wohin sie zum Baden fuhr, sobald ihr Mann es erlaubte.

»Aber um diese Jahreszeit badet kein Mensch im Meer!« sagte er verwundert, »höchstens die Verrückten bei Forty Foot!«

»Ich *will* aber!« rief sie. »Ist doch einerlei, was die andern Leute machen! Ich schmelze ja nicht!«

Als sie es sagte, breitete sie die Arme aus, und er mußte zugeben, daß sie keineswegs so aussah, als könnte sie schmelzen: ihre Brüste zeichneten sich kräftig unter der Bluse ab, um die Hüften war sie untersetzt und stämmig – dazu die großen grauen Augen – nein, er hatte noch nie jemanden gesehen, der so bejahend ins Leben schaute.

Zuerst war es herrlich gewesen, allein zu sein und beim Hineinspringen den eisigen Schock zu spüren. Es erinnerte sie an einen Herbst ihrer Kinderzeit, den sie in Etretat an der normannischen Küste verbracht hatten: da war sie den ganzen November baden gegangen und hinterher über den menschenleeren Strand gelaufen, und im scharfen Seewind trocknete das Wasser auf ihrem nackten Körper. Sie bezweifelte sehr, ob sie das hier in Seacove machen könne, doch sie fand eine Nische in der Ufermauer, die das bißchen Sonne einfing – falls sie einmal schien –, und wenn es regnete, ging sie ins Martello-Turm-Café und aß eine Schokoladestange und trank Tee. Manchmal war es so kalt, daß sie eine Gänsehaut bekam, aber sie genoß alles und fand, daß sie noch nie so durch und durch lebendig gewesen war.

Es wurde Mitte Mai, ehe sich andere Leute an der Ufermauer einstellten. Der erste Badegast war ein kleiner Dicker, der beim Entkleiden ein mit weißem Haar bedecktes Bäuchlein zeigte. Er winkte ihr jedesmal zu, ehe er vom Molenkopf ins Wasser sprang und direkt in die See hinausrollte. Wenn er zurückkam, war sein Gesicht von der Anstrengung krebsrot, und er bearbeitete sich wie wild mit seinem Handtuch. Seine Füße waren überraschend klein, fast zierlich, wie sie bemerkte, wenn er über die Steine tanzte und seinen Atem wie weißen Dampf in die kalte Luft blies. Wenn er ging, nickte er ihr stets freundlich zu, oder er rief (mit Worten, die der Wind verschluckte): »Das übertrifft Banagher!« Er gefiel ihr sehr. Die andern mochte sie nicht so. Es war ein englisches Ehepaar, das von der Pension Stella Maris an den Strand hinunterkam, um hier zu picknicken und den *Daily Express* zu lesen. Obwohl sie Seite an Seite saßen, sprachen sie selten miteinander und warfen nur hin und wieder einen vorwurfsvollen Blick gen Himmel, der, selbst wenn er noch so strahlen mochte, doch stets etwas heimlich Drohendes an sich hatte – wie eine chemische Lösung, die kurz vor dem Niederschlag steht. Und immer mehr Ortsansässige kamen, meistens auf dem Fahrrad. In kühnem Schwung fuhren sie bis dicht an die Ufermauer, entfernten die Klammern aus den Hosenbeinen und ihr Badezeug vom Gepäckhalter, und dann stampften sie zielbewußt an den Strand. Einer von ihnen, der wie ein Bankangestellter aussah (hager, bebrillt und statt des Mundes einen Schlitz im Gesicht), brachte eine Ausrüstung zum Unterwasserfischen mit: Harpune, Flossen und Maske.

Was sie verwirrte, war die Art, wie sie sich auskleideten. Dergleichen hatte sie noch nie gesehen. Zuerst breiteten sie eine Zeitung auf dem Sand aus. Sie hockten sich darauf und streiften langsam ihre Oberkleidung ab. Wenn sie nur noch Hemd und Hose am Leibe hatten, warfen sie einen raschen Blick in die Runde und vollführten dann ein krampfhaftes Gezappel, so daß die untere Hälfte der Hose lose herunterhing. Nur einen Moment blitzte es weiß auf, dann war schon ein Handtuch um die Lenden geschlungen. Allmählich und in einer Folge von krampfhaften Zuckungen befreite sich die Hose gänzlich. Noch ein Ruck, und die Badehose glitt die Oberschenkel hinauf, bis sie gegen die vorstehende Zacke des Hüftknochens stieß. Ein weiterer rascher Blick in die Runde, ein flinkes Hinwegschnellen des Handtuchs mit der linken Hand und gleichzeitig ein Hinaufzerren der Badehose mit der Rechten – und es war geschafft! Oder wenigstens beinahe: sie hievten sich auf die Füße, zogen sich die hüftlangen

Oberhemden über den Kopf und enthüllten einen bleichen Rumpf.

Am Anfang hatte sie sich über diese Prozedur amüsiert; es wirkte wie eine Reihe von Lustspielszenen, vor allem, weil es in umgekehrter Reihenfolge wiederholt werden mußte, wenn sie aus dem Wasser kamen. Doch dann begann sie sich deswegen zu beunruhigen: weshalb machten sie es so? War es deshalb, weil Frauen anwesend waren? Aber es waren keine da, ausgenommen die Frau des Engländers, die, ihr Butterbrot mümmelnd, aufs Meer hinausblickte, und dann sie selbst. Aber schon als Kind hatte sie gesehen, wie sich Männer am Strand auszogen, und hatte es kaum beachtet. Jedenfalls war die Einteilung der menschlichen Rasse in Männlein und Weiblein eine Tatsache, mit der sie sich längst abgefunden hatte, und es war nicht nötig, mittels einer so erstaunlichen Methode ihre Aufmerksamkeit darauf zu lenken.

Was sie noch stärker beunruhigte, war die Art, wie sie ihr zusahen, wenn sie sich auszog. Meistens trug sie den Badeanzug schon unter dem Kleid; wenn nicht, dann setzte sie sich auf die Kante der Ufermauer, zog den Badeanzug rasch am Körper hoch und hüpfte gleichzeitig von der Ufermauer, um sich das Kleid über den Kopf zu ziehen: daß sie es so schnell und tadellos konnte, machte ihr Spaß. Doch wenn sie sich die Träger über die Schultern streifte, spürte sie die Blicke der andern, die all ihre Bewegungen verfolgten, und sie kam sich wie ein Tier im Käfig vor. Dabei war es weder Neugier noch Bewunderung, denn wenn sie die Augen hob, blickten sie alle rasch weg. Der Mann mit der Tauchbrille war der schlimmste: sie ertappte ihn, wie er sie gierig anglotzte. Um ihre Verlegenheit zu vertuschen, lächelte sie, doch zu ihrer Verwunderung wandte er mit einem ärgerlichen Ruck den Kopf ab. Was war denn nicht recht an ihr?

Denn etwas mußte doch los sein: es war nicht in Ordnung, und sie wollte weggehen. Sie fragte ihren Mann, der zuerst lachte und dann nachdenklich wurde. »Du bist nicht sehr verständnisvoll!« warf er ihr vor. »Wir leben immerhin in einem kalten Land. Die Leute sind nicht an die Sonne gewöhnt.«

»Unsinn!« erwiderte sie. »Es ist so warm wie in der Normandie. Es muß noch etwas anderes dahinter stecken!«

»Vielleicht ist's einfach ihre Sittsamkeit?«

»Warum sehen sie mich dann so an? Sie sind so lüstern wie eine Rotte Soldaten, aber sie würden es nie zugeben.«

»Ich glaube, du verstehst sie nicht«, war alles, was er sagte.

Mitte Juni erschienen die Theologiestudenten in Seacove. Auf ihren Fahrrädern kamen sie die Seestraße von Dun Laoghaire her und glichen einem Krähenschwarm. Ihre Röcke flatterten im Meerwind, wenn sie sich auf die Pedale stellten, um einander zu überholen. Sie bogen in die Seitenstraße ein und fuhren zum Martello-Turm, wo sie ihre Fahrräder in die Gestelle hängten.

Wenn sie wiederkamen, hatten einige schon mit dem Auskleiden begonnen und im Gehen die Jacke ausgezogen und den steifen Kragen abgenommen. Die meisten trugen bereits ihre Badehose und brauchten am Strand nur noch aus der Hose zu steigen, bis ein Durcheinander aus lauter scheinbar gleichen schwarzen Kleidungsstücken entstand. Die andern begaben sich in einer Gruppe in den Schutz der Ufermauer, entkleideten sich und rannten dann ans Wasser hinunter; gemeinsam zogen sie zum Molenkopf.

Während der nächsten Viertelstunde wimmelte das Meer von ihnen, als wäre es ein Makrelenschwarm. Sie tauchten, sie spritzten sich, sie schossen Purzelbäume. Ein Ängstlicher flüchtete immer wieder ins seichte Wasser, aber zwei andre beschlichen ihn und tauchten ihn tüchtig unter, jedoch nur, um ihrerseits von hinten angegriffen zu werden. Die Wasseroberfläche bestand aus lauter Fontänen. Weit draußen blitzten die Arme der drei kräftigsten Schwimmer in einem Wettkampf zum Leuchtturm hin.

Wenn alle aus dem Wasser kamen, um sich abzutrocknen und hinzulegen, fanden sie meistens in der Nähe ihrer Kleider eine freie Stelle, da die andern Leute sich entfernt hatten, um ihnen Platz zu machen. Doch die Seminaristen schienen es gar nicht zu bemerken; es war ihnen einerlei, sie warfen sich einfach irgendwohin. Einige hatten Bücher mitgebracht, aber die meisten lagen auf dem Rücken und lachten und plauderten. Zuerst wurde Françoise durch das Geplapper beim Lesen ihres Romans gestört, doch bald sank es wie eine Litanei in ihr Bewußtsein.

»Vater Dargan sagt, ein tüchtiger Schwimmer müßte es in zehn Minuten bis zum Leuchtturm schaffen.«

»Aber Pius war immer voll besonderer Verehrung für die Jungfrau Maria. Er soll sie im Garten des Vatikans erblickt haben.«

»Wenn die Carlower Mannschaft nicht die Strafe einkassiert hätte, dann wären sie Sonntag im Endspiel!«

»Vater Conroy sagt, nach dem zweiten Jahr im Busch vergißt man beinah, daß man eine Heimat gehabt hat.«

Obwohl ihre Vitalität ihr Spaß machte, hätte Françoise wahrscheinlich nie mit ihnen gesprochen, wenn sie nicht zufällig eines Tages eingeschlafen wäre – und zwar mit einer gelben Mauriac-Ausgabe auf dem Magen. Als sie erwachte, hatten sich die Studenten um sie herum niedergelassen. Ihr eigentlicher Platz in der Nähe des Wassers war von einer Gruppe englischer Familien mitsamt ihren Kindern belegt worden, deshalb nahmen sie die nächstbeste freie Stelle. Auch wenn sie Gleichgültigkeit heuchelten, spürte sie doch die Neugier, die sie gepackt hatte, als sie Françoise so nahebei entdeckten. Hin und wieder fing sie einen scheuen Blick oder ein unterdrücktes Kichern auf, wenn einer den andern bedeutungsvoll anblickte. Es wurde ihr plötzlich bewußt, daß sie – zwischen all den langen Hosen und der weißen Haut – in ihrem fröhlichen rot und blau gestreiften Badeanzug und mit ihren schon gebräunten Armen und Beinen wie eine Fahne im Sonnenschein lodern mußte.

»Ist das Französisch, was Sie da lesen?« fragte schließlich der eine. Er war gerade zum zweitenmal aus dem Wasser gekommen, trocknete sich langsam ab und verspritzte dabei ein paar Tropfen. Er hatte ein derbes, freundliches Gesicht mit viel Pickeln und eine Fülle fuchsroter Haare, die ihm in nassen Büscheln um den Kopf standen.

Als Antwort hob sie den Band in die Höhe. *»Le Fleuve de Feu«*, las sie ihnen vor. »Es ist ein Roman von Mauriac.«

»Er ist ein katholischer Schriftsteller, nicht wahr?« fragte ein anderer mit plötzlich erwachtem Interesse. Der Rotkopf blickte ihn an, und der zweite lief ziegelrot an und wechselte die Stellung.

Gewisse Vorkommnisse im Roman fielen ihr ein, und sie antwortete: »Ja – und nein. Er ist sehr deprimierend, auf altmodische Art. ›Der feurige Strom‹ soll« – sie suchte nach Worten – »der Strom der menschlichen Leidenschaften sein.«

Ein paar Minuten schwiegen sie. Dann fragte eine wißbegierige Stimme:

»Sind Sie Französin?«

»Ja«, gab sie zu und rechtfertigte sich: »aber ich bin mit einem Iren verheiratet.«

»Wir dachten uns schon, daß Sie nicht von hier sein können!« sagte eine Stimme voller Genugtuung. Jedermann schien jetzt, da ihre Nationalität feststand, irgendwie erleichtert zu sein. Sie unterhielten sich ein paar Minuten, und dann sah der Rotkopf, der anscheinend die Aufsicht hatte, auf seine Uhr und rief, es sei Zeit, aufzubrechen. Sie zogen sich alle rasch an, und als sie nachher oben hinter der Ufermauer auf ihren Fahrrädern vorbeisegelten, winkten sie ihr zu (sie konnte aber nur ihre Köpfe sehen, die wie Zielscheiben in einer Schießbude weiterzogen).

»Auf Wiedersehen morgen!« riefen sie vergnügt.

Im Juli sahen sich die Studenten und Françoise regelmäßig jeden Tag. Wenn sie auf ihren Fahrrädern angesaust kamen, riefen sie ihr zu: »Hallo, Françoise!«, und nachdem sie gebadet hatten, kletterten sie auf die Felsblöcke und setzten sich im Halbkreis um sie herum. Meistens leitete der große Rotkopf (von seinen Kameraden ›Fuchs‹ genannt) die Unterhaltung mit einer unvermittelten Frage ein, zum Beispiel: »Aus welcher Gegend Frankreichs stammen Sie?« oder: »Gefällt's Ihnen in Irland?«, doch bald mischten sich die andern ein, während er befriedigt in Schweigen versank, wie ein Hund, der sein Kunststückchen brav vorgeführt hat. Anfangs waren die Gespräche allgemeiner Natur. Françoise kam sich wie eine Lehrerin vor, als sie ihr Fragen über das Leben in Paris stellten. Und was sie ihnen auch erzählen mochte, stets klang es unwirklich, eher wie eine Schulstunde, und nicht wie das wirkliche Leben. Sie wollten immer gern vom Louvre oder von Notre-Dame hören, doch wenn sie ihnen zu schildern versuchte, was sie am besten kannte, nämlich das Studentenleben im Quartier Latin, dann schweifte ihre Aufmerksamkeit ab. Das lag jedoch nicht an ihr, denn wenn sie sich bei ihnen nach ihrem zukünftigen Leben erkundigte, waren sie genauso zerstreut (sie sollten Missionsarbeit leisten). Es war ganz so, als sei nur die Gegenwart das Wirkliche und als sei alles andere abwegig. Normal wurde es erst, wenn man sich damit befassen mußte. Über eine derartige Stumpfheit konnte sie sich aufregen.

»Aber würden Sie denn nicht gern nach Paris gehen?« rief sie.

Sie blickten einander an. Doch, Paris würden sie sich ganz gern ansehen, und vielleicht kam's sogar mal dazu, vielleicht auf dem Rückweg von Afrika. Was sie jedoch wirklich gern wollten, das war: Französisch lernen. Sie hatten nur ein paar Stunden wöchentlich bei Vater Dundee.

Ein andermal sprachen sie über die Arbeiterpriester. Als Françoise, *une jeune fille bien pensante,* frisch aus der Klosterschule gekommen war, hatte sie sich mit Feuereifer ins soziale Hilfswerk rund um die Rue Belhomme und die Gassen um den Montmartre gestürzt. Und sie hatte mehrere Arbeiterpriester persönlich kennengelernt. Einer, den sie gut kannte, hatte sich in eine Prostituierte verliebt und mußte Kämpfe bestehen, um seiner Berufung treu zu bleiben: sie hielt ihn für einen wunderbaren Menschen. Doch ihre Worte wurden stumm aufgenommen; eine Welt, in der die Leute nicht zur Messe gingen und wo die Liebe organisiert und gefährlich war, existierte für sie nicht, höchstens als Schulbeispiel des Bösen.

»In Frankreich scheint es sehr lax zuzugehen«, war alles, was der Rotkopf sagte, dann stand er auf.

Sie hätte ihn ohrfeigen können.

Und doch hatte sie Freude an ihrer Gesellschaft und war sehr enttäuscht, wenn sie (wegen einer Prüfung oder einer kirchlichen Feier) einmal nicht auftauchten. Es war nicht etwa deswegen, weil sie den Traum jeder Frau erfüllten, von bewundernden Männern umgeben zu sein. Sie fühlten sich ihr gegenüber durchaus entspannt und bemühten sich nie, ihr zu schmeicheln oder mit ihr zu flirten. Über ein freundliches ungezwungenes Necken ging es nie hinaus. Es erinnerte sie an die langen Sommerferientage, wenn sie (als einziges Mädchen) mit ihren Brüdern gespielt hatte. Daß ihr Verhältnis andern Leuten nicht so unschuldig erscheinen könne, kam ihr nicht in den Sinn.

Eines Nachmittags lag sie nach dem Schwimmen an der Ufermauer, als ein Schatten durch ihr Gesichtsfeld glitt. Zuerst glaubte sie, es sei einer der Seminaristen, obwohl sie ihr am Tag vorher gesagt hatten, daß sie wahrscheinlich nicht kämen. Doch nein – es war der kleine Dicke, der zu den allerersten Schwimmern des Jahres gehört hatte. Sie lächelte ihm freundlich zu und legte wegen der Sonne die Hand über die Augen. Aber er lächelte nicht, sondern ließ sich nur schwerfällig neben ihr nieder, und sein sonst so heiteres Gesicht trug eine Maske feierlichen Ernstes.

»Vermissen Sie Ihre jungen Freunde?«

Sie lachte. »Ja, ein wenig«, gestand sie. »Ich habe sie wirklich gern, es sind sehr nette Jungen.«

Einen Augenblick schwieg er noch. »Ich weiß nicht, ob es richtig ist, daß Sie sich mit ihnen unterhalten«, stieß er dann hervor.

Mit einem Ruck setzte sie sich auf. »Was meinen Sie damit?«

Es war ihm offenbar unbehaglich zumute. »Eine Menge Leute hier am Strand – reden darüber!«

»Aber mein Gott – es sind die reinsten Kinder!« Sie war so entsetzt, daß sie zitterte: wenn ein so wohlmeinender Mann es glaubte, was mußten dann erst die andern denken?

»Es sind Theologiestudenten«, fuhr er eigensinnig fort. »Sie wollen Priester werden.«

»Das ist ja gerade ein Grund mehr, um sie nicht« – sie suchte nach einem Wort – »um sie nicht völlig zu isolieren!«

»So sehen wir es nicht an. Sie geben ein schlechtes Beispiel!«

»Was gebe ich?«

»Ein schlechtes Beispiel.«

Sie spürte, daß ihr Tränen in die Augen traten. »Glauben Sie das auch?« fragte sie und versuchte zu lächeln.

»Ich weiß nicht recht«, sagte er ernst. »Es geht hier vor allem um Ihr Gewissen. Aber es gehört sich nicht für ein junges Mädchen, mit Theologiestudenten herumzuschäkern!«

»Ich bin ja gar kein junges Mädchen!«

Jetzt war die Reihe an ihm, entsetzt zu sein. »Sie sind eine verheiratete Frau? Und da kommen Sie . . .«

Er beendete seinen Satz nicht, doch sie wußte, was er meinte.

»Ja, ich bin verheiratet, und mein Mann läßt mich allein an den Strand gehen und sprechen, mit wem ich will. Er vertraut mir nämlich!«

Er erhob sich langsam. »Sie müssen's wissen, mein Kind«, sagte er verblüfft und nun doch wieder freundlicher, »ich wollte Sie warnen!«

Während er schwerfällig davonschusselte, bemerkte sie, daß der ganze Strand zu ihr hinsah. Diesmal lächelte sie nicht, sondern starrte aufs Wasser hinaus. Eine Reihe von Jachten hielt auf den Hafen von Dun Laoghaire zu, und ihre weißen Segel glichen Schmetterlingen. Sie drehte sich um, verbarg ihr Gesicht an der Zementmauer und begann zu weinen.

Was konnte sie nur tun? Als sie nach Dublin zurückfuhr, war sie so geistesabwesend, daß sie beinah einen Unfall verursacht hätte, weil sie, einem Automatismus gehorchend, nicht nach links, sondern nach rechts in die Straße einbog, in der sie wohnten. Ein entgegenkommender Ford hupte laut, und sie konnte noch gerade rechtzeitig ihren Wagen auf den Bürgersteig lenken. Dann sah sie das erstaunte Gesicht ihres Mannes, der am Fenster stand. Gottlob war er zu Hause!

Sie erwähnte die Sache jedoch erst mehrere Stunden später, als sie nicht mehr so aufgeregt wie unten am Strand war. Und als sie dann darauf zurückkam, versuchte sie es so geringfügig wie möglich hinzustellen, in der Hoffnung, selber den nötigen Abstand zu gewinnen und klarer zu sehen. Doch obwohl ihr Mann anfangs ein wenig lachte, wurde sein Gesicht bald ernster, und sie spürte, wie nervös sie wieder wurde.

»Aber mit welchem Recht durfte er so etwas zu mir sagen?« schloß sie ärgerlich.

Kieran O'Meara antwortete nicht, sondern blätterte die Seiten der Abendzeitung um.

»Kein Mensch hat das Recht, jemanden so zu beschuldigen!« rief sie.

»Offensichtlich glaubte er, richtig zu handeln.«

Sie zögerte. »Aber du – du wirst doch nicht denken . . .«

Sein Gesicht wurde ein bißchen rot, als er entgegnete: »Nein, natürlich nicht. Aber ich möchte es nicht von mir weisen, daß du – unter gewissen Umständen – als Anlaß zur Sünde betrachtet werden könntest.«

Sie plumpste, das Geschirrtuch in der Hand, mit Schwung in einen Sessel und wollte vor Lachen losplatzen. Doch nachdem sie sich den Ausdruck ›Anlaß zur Sünde‹ ein paarmal wiederholt hatte, fand sie es nicht mehr lustig und hätte am liebsten geweint. Ob jeder in diesem Land die Dinge so beurteilte? Vor ein paar Abenden hatte einer von ihres Mannes Freunden ihr ernst bei einer Gesellschaft erklärt: »Sex ist die schlimmste Sünde, weil die genußreichste.« Ein anderer hatte sie, als sie einmal beide die Straße überqueren wollten, am Arm gefaßt und gewarnt: »Sie müssen vorsichtig sein!« Sie hatte gelacht: »Als ob Sie nicht auch gefährdet wären!«, doch er hatte geantwortet: »Nicht meinetwegen, sondern Ihretwegen bin ich besorgt. Ich bin im Stand der heiligmachenden Gnade!« Das Gesicht des kleinen Dicken tauchte vor ihr auf, wie er ihr voll peinlicher Selbstgerechtigkeit erklärt hatte, sie gäbe ein schlechtes Beispiel. Was hatte sie in diesem Land überhaupt zu suchen?

»Findest du auch, daß ich ein ›Anlaß zur Sünde‹ bin?« fragte sie ihn schließlich mit erstickter Stimme.

»Bei mir ist's anders«, erwiderte er ungeduldig. »Wir sind doch miteinander verheiratet!«

Er war vollkommen überrascht, als er sah, wie sie aus dem Sessel aufsprang, das Geschirrtuch auf den Tisch schleuderte und das Zimmer verließ. Bald darauf hörte er, wie die Haustür laut ins Schloß fiel und wie sie die Treppe hinunterlief.

Sie hatte die Hände in die Taschen ihres weißen Regenmantels gebohrt und lief mit langen Schritten am Ufer des Grand Canal entlang. Ein feiner Regen fiel, aber sie machte sich nichts daraus, sondern war eher froh, daß er seine feuchten Spuren auf ihrem Gesicht hinterließ. Bäume trieben auf sie zu, lösten sich aus dem Dunst; gegen einen von ihnen lehnte sich ein verliebtes Pärchen, ihre Gesichter wie eins. Mäntel trugen sie beide nicht; sie mußten bis auf die Haut durchnäßt sein, aber es war ihnen wohl gleichgültig.

Immerhin: da war jedenfalls ein Pärchen, das sich seiner Liebe freute. Aber warum mußten sie sich dafür die feuchteste Stelle in ganz Dublin aussuchen und Gefahr laufen, zu ihren übrigen Kümmernissen auch noch eine doppelseitige Lungenentzündung zu bekommen? Was war das für ein Instinkt, der sie veranlaßte, lieber Dunkelheit und Unbequemlichkeiten auf sich zu nehmen als das freundliche Tageslicht? Sie erinnerte sich an die Pärchen, die auf dem Holyhead-Dampfer, mit dem sie vom Festland herübergekommen war, an Deck gelegen hatten: man stolperte im Dunkeln fast über sie, wenn man die Gangway hinuntergehen wollte. Es war wie eine Nacht in einer bombardierten Stadt, wenn die Leute sich vor den Schlägen des Schicksals versteckten: nie war ihr so einsam zumute gewesen. Und nachdem sie dann auch noch den Lärm und die Bierflecke im Rauchsalon hingenommen und den Damenwaschraum aufgesucht hatte, war der Fußboden dort mit Toilettenpapier übersät, und jemand hatte mit Lippenstift FICK CAVAN auf den Spiegel geschmiert.

Ihr Mann hatte sich vor Lachen gebogen, als sie ihn fragte, was die beiden Worte bedeuteten. Und doch, trotz seiner Studien und Reisen war er ebenso wunderlich wie seine Landsleute. Rein äußerlich betrachtet erschien er völlig normal, besonders, wenn er morgens in seinem gepflegten Anzug ins Amt ging. Doch in ihm drin sah's anders aus: ein wahres Nest an Aberglauben und Verbohrtheit! Beinah, als lebte man mit einem Zulu zusammen! Es machte sich in allen erdenklichen Kleinigkeiten bemerkbar: er vermied es, unter Leitern hindurchzugehen, er bekreuzigte sich während eines Gewitters unaufhörlich, er verneigte sich vor jeder Kirche, an der er vorbeifuhr, ja, selbst im dichtesten Verkehr flog seine Hand rasch vom Steuer an die Stirn. Und das war nicht das Schlimmste. Eines Nachts wachte sie auf und sah ihn mit gespanntem, bleichem Gesicht kerzengerade im Bett sitzen.

»Hörst du's auch?« brachte er heraus.

Sie hörte einen leisen Schrei, wie einen Klageruf, den der Wind aus der Ferne herzutrug. Es hörte sich allerdings unheimlich an, aber vielleicht war es nur ein ausgesperrtes oder verliebtes Haustier – schwache Schreie, wie man sie in jedem Garten hören kann, nur verstärkt durch den Resonanzboden der Nachtstille.

»Es ist der Elfenruf!« flüsterte er. »Sie verfolgen unsre Familie. Tante Margaret liegt bestimmt im Sterben.«

Und seltsamerweise starb Tante Margaret tatsächlich, allerdings mehrere Wochen später, und natürlich aus Altersschwäche, denn sie war über achtzig und hätte auch ohne Elfenruf ins Grab schwanken können. Doch während der Beerdigung warf Kiernan immer wieder vorwurfsvolle Blicke auf Françoise, als wollte er sagen: »Siehst du wohl?«

Und nun begann dieser Unsinn auch nach ihr die Hand auszustrecken, so daß sie hier wie eine Heldin Mauriacs durch die Nacht wandern mußte, Schwermut im Herzen. Als sie sich der Leeson-Street-Brücke näherte, sah sie zwei Schwäne, Männchen und Weibchen, die langsam mit der Strömung flußabwärts schwammen. Hinter ihnen, und wegen der grauen Federn fast nicht zu erkennen, folgten die vier Jungen. Der Anblick beruhigte sie: es war Zeit, nach Hause zu gehen. Sie wollte nicht, daß ihr Mann sich ihretwegen Sorgen machte (obwohl er's verdient hätte). Jedenfalls war sie schon ziemlich entschlossen, was sie tun wollte.

Wichtig war vor allem, sich auch nicht mit der kleinsten Kleinigkeit anmerken zu lassen, daß sie sich darum kümmerte, was sie von ihr hielten. Sie schwenkte den Badeanzug in der Linken und sprang an den Strand hinunter. Es war schon sehr voll, aber unter der Ufermauer, wo sie meistens saß, war wie absichtlich ein Plätzchen leergeblieben. Man wollte sie also wie eine Verfemte behandeln! Aber sie würde es ihnen zeigen: im köstlichen Gefühl einer großen Zuschauermenge schwang sie sich auf die Blöcke und begann sich umzukleiden. Sie war noch nicht ganz fertig damit, als die Studenten erschienen. Sonst hätte sie es nicht weiter beachtet, aber heute sah sie, wie die Leute ihnen mit den Blicken folgten, als sie näherstapften, und dann bekam sie den Haken an ihrem Brusthalter nicht auf und mußte sie doch begrüßen, obwohl sie das Kleid schon halb ausgezogen hatte. Als ihr Badeanzug endlich richtig saß, sah sie, daß die Studenten von ihr erwarteten, sie würde mit ihnen ins Wasser gehen, denn sie waren beinahe gleichzeitig eingetroffen. Der Rotkopf breitete sein Handtuch so sorgsam auf den Sand, als wäre es eine Altardecke, und blickte aufs Meer und fragte: »Fertig?«

Mit puterrotem Gesicht ging sie mit ihm bis ans Ende der Mole. Die Flut hatte ihren höchsten Stand erreicht, und unterhalb des Martello-Turms tauchte prustend und wie absichtlich der Unterwasserjäger auf, um sie anzustarren. Etwas weiter draußen vergnügte sich schon eine Gruppe Studenten mit derben Späßen: da wollte sie auf keinen Fall mitmachen! Ohne ihrem Begleiter ein Wort zu sagen, hielt sie auf den Leuchtturm zu und durchschnitt das Wasser in schnellem Seitenschwimmen. Doch ehe sie sehr weit gekommen war, bemerkte sie den Rotkopf neben sich, und auf der andern Seite einen andern jungen Mann. Beide konnten sehr gut kraulen, und so, bald zurückbleibend, bald sie überholend, begleiteten die beiden sie bis zum Leuchtturm und wieder zurück. Wollten sie sie überhaupt nicht allein lassen?

Hinterher, als sie sich im Sand streckten, belästigten sie Françoise unaufhörlich mit Fragen. Nicht mit den üblichen, sondern dreisteren Fragen, die sie ihr ganz unschuldig vorlegten. Was war nur in sie gefahren? Der junge Mensch, der sich nach Mauriac erkundigt hatte, fing an und wollte wissen, ob sie das Buch ausgelesen hätte und ob sie Leute kennte, die so waren, und was sie von Mauriacs Ansicht über die Liebe hielt. Und dann kam aus heiterem Himmel die Frage:

»Wie ist es, wenn man verheiratet ist?«

Sie wälzte sich herum und sah ihn an. Nein, er war nicht unverschämt, er war völlig ernst und blickte sie voller Interesse an, wie übrigens auch die meisten andern. Aber wie konnte man eine solche Frage vor solchen Zuhörern beantworten?

»Für eine Frau ist es natürlich sehr wichtig«, begann sie und fühlte sich zu so vielen Banalitäten bereit wie der Verfasser einer ›Seite für die Frau‹. »Und nicht nur, weil die Leute immer unterstellen, daß eine Frau eine Niete sein muß, wenn sie nicht geheiratet hat: das ist eine gefährliche Falle! Und auch nicht bloß, weil man zusammen lebt, obwohl« – sie blickte sie an: sie waren noch immer sehr aufmerksam – »obwohl das sehr angenehm sein kann, sondern um sich selbst zu erfüllen, um sich im Geben zu finden. Es klingt paradox, aber wenn es eine echte Ehe ist, dann fühlt sie sich freier, weil sie gegeben hat.«

»Freier?«

»Ja, nach der Heirat freier als vorher. Es ist nicht wie bei einer Liebschaft, wo man, auch wenn das Gefühl ebenso stark ist, doch immer weiß, man kann sich lösen. Die Freiheit in der Ehe ist die Freiheit in der Gebundenheit – wenigstens für die Frau trifft das zu.« Ihre Worte wurden schweigend aufgenommen; es war jedoch nicht das verblüffte Schweigen, wie bei ihren ersten Begegnungen, sondern ein nachdenkliches Schweigen, wie wenn sie gern bereit wären, zu prüfen, was sie gesagt hatte, auch wenn sie nicht ganz verstanden, was sie meinte. In ihr aber nagte noch immer ein leiser Argwohn, und sie fragte: »Wieso haben Sie mich danach gefragt?«

Nicht der Fragesteller, sondern der Rotkopf, der gar nicht gut zugehört hatte, gab ihr die Antwort: »Ach, das weiß doch jeder«, sagte er scherzend und raffte seine Sachen zusammen, »daß die Französinnen nichts als Liebe im Kopf haben!«

Er sprach das Wort ›Liebe‹ gälisch aus, was sehr spöttisch klang. Noch ehe ihr eine Antwort einfiel, waren sie schon auf halbem Weg zur Ufermauer.

Sie war noch immer empört, als sie nach Hause kam, um so mehr, da sie wußte, daß sie ihrem Mann nichts davon erzählen konnte. Sie war noch immer empört, als sie zu Bett ging, und sie warf sich so oft hin und her, daß ihr Mann ärgerlich brummte. Sie war noch immer empört, als sie aufwachte, wegen eines Traums, in dem sich das Erlebnis widerspiegelte.

Sie träumte, daß sie früh am Morgen in Seacove war. Die See war ein tiefdunkles, glattes Grün, und kleine Wellen schlugen gegen den Molenkopf. Es war niemand zu sehen, deshalb zog sie sich aus und sprang ins Wasser. Auf halber Strecke zum Leuchtturm spürte sie etwas unter sich: es war der Mann mit der Taucherbrille. Seine schwarzen Flossen traten geräuschlos Wasser, während er zu ihr emporschnellte. Seine Blicke tasteten ihren nackten Körper ab, und er griff nach ihrem Bein. Sie fühlte, wie sie hinuntergezogen wurde, und schlug heftig um sich. Sie hörte, wie seine Brille zersplitterte, während sie an die Oberfläche schoß – ans Tageslicht, wo ihr Mann gerade die Rolläden hochzog, um die Morgensonne hereinzulassen.

Sie nahm sich vor, der ganzen törichten Sache ein Ende zu setzen: es war schon zu lange so weitergegangen und hatte ihr zuviel Ärger verursacht. Vielleicht hatten die Leute, die nicht einverstanden waren, doch recht? Die Tatsache, daß die Jungen jetzt frech zu ihr wurden, bewies es eigentlich. Sie spielte mit dem Gedanken, einfach nicht mehr an die Bucht zu gehen, doch das schien feige. Besser, den Studenten offen gegenüberzutreten und ihnen zu sagen, sie könne sie nicht wiedersehen.

Als sie daher am Nachmittag zur Bucht kamen, sahen sie, wie Françoise, ein Buch auf den Knien, steif vor der Ufermauer saß. Sie begrüßten sie mit gewohnter Freundlichkeit, erhielten aber kaum eine Erwiderung. Zuerst sagten sie weiter nichts, aber als sie nach dem Schwimmen im Sand lagen, fanden sie das Schweigen bedrückend und versuchten, sie mit Fragen zum Sprechen zu bewegen. Doch sie wies sie jedesmal ab und versenkte sich ostentativ in ihr Buch.

Schließlich fragte einer von ihnen: »Stimmt was nicht?«

»Gewissermaßen«, nickte sie und heftete die Blicke auf die gedruckte Seite.

»Es hat doch hoffentlich nichts mit uns zu tun?« forschte der Rotkopf plötzlich voller Interesse.

»Doch, ja!« Sie war so erleichtert, daß ihre Scheu sich verlor, und sie berichtete ihnen über ihre Unterhaltung mit dem kleinen Dicken. »Natürlich ist es im Grunde mein Fehler«, schloß sie lahm. »Ich hätt's besser wissen sollen.«

Sie erwartete ihr Urteil und blickte auf. Zu ihrer Verwunderung lächelten sie ihr herzlich zu.

»Ist das alles?«

»Genügt das etwa nicht?«

»Das haben wir schon längst gewußt!«

»Sie wußten es?« rief sie entsetzt. »Aber wie . . .«

»Jemand kam vor ein paar Tagen ins College und beklagte sich beim Dekan über uns.«

»Und was sagte der?«

»Er fragte uns, wie Sie wären.«

»Und was haben Sie ihm geantwortet?« hauchte sie.

»Wir haben gesagt« – der Ton war neckend, aber aufrichtig – »daß Sie eine bessere Französischlehrerin als Vater Dundee seien.«

Die unschuldige Harmlosigkeit seiner Bemerkung, die das Wesentliche ihrer Beziehung wieder zurechtrückte, entlockte ihr ein schallendes Gelächter. Doch als ihre Überraschung sich verflogen hatte, konnte sie es nicht lassen, noch eine mißtrauische Frage zu stellen.

»Aber was die Leute sagten – haben Sie sich nicht darüber aufgeregt?«

Die Blicke des Rotkopfs schienen einen Augenblick still auf ihr zu ruhen und dann wie ein Ball die Stufen zum Meer hinunterzuhüpfen.

»Och, manche Leute müssen hinter allem was Schlechtes wittern«, sagte er leichthin.

Und das war alles. Sie interessierten sich nicht dafür und sprachen nun über etwas anderes. Bald würden sie in die Ferien fahren (kein Wunder, daß sie so übermütig waren!) und sie nicht mehr oft sehen. Doch sie hätten sich gefreut, sie kennenzulernen; vielleicht wäre sie nächstes Jahr wieder da? Sie lehnte sich mit dem Rücken gegen die warme Ufermauer und hörte ihnen zu, neben sich ein neues Buch (es war Simone de Beauvoirs *Le Deuxième Sexe*). Unten am Wasser entstand eine Bewegung und zog ihren Blick an: jemand versuchte, auf die Klippe unter dem Martello-Turm zu klimmen. Zuerst sah man die Harpune, dann die schwarze Maske, dann die Flossen: ein Seeungeheuer, das aus der Tiefe auftauchte. Sie erinnerte sich an ihren Traum und mußte wieder lachen, mußte so sehr lachen, daß die andern sie fragend anblickten. Doch, sagte sie rasch, vielleicht wäre sie nächstes Jahr wieder in Seacove.

Aber insgeheim wußte sie, daß es nicht so sein würde.

# Seumas O'Kelly
## *Die goldene Barke*

Manchen lieben Tag war Mary auf der Halbinsel gewesen und hatte die Wolle von den Ginsterbüschen gelesen. Es waren Flokken, wie sie die Schafe vor der Schur verloren. Wenn sie soviel beisammen hatte, wie in den Korb hineinging, dann trug sie es an den Kanal und wusch es. Nach dem Waschen war es ein weiches, weißes, seidiges Wollhäufchen. Das tat sie wieder in den braunen Weidenkorb und drückte es mit ihren langen, feinen Fingern zusammen.

Einmal, als sie schon aufgestanden war und gehen wollte und den Korb auf ihre Hüfte stützte, wanderten ihre Augen die schmale Wasserader entlang, die sich da durchs Moor schlängelte. Aber sie konnte das braune Gewässer nicht sehr weit mit den Blicken verfolgen, denn das Tageslicht schwand schon. Ein Schleier hing über dem großen Moor, das sich ringsumher nach allen Seiten ausbreitete.

Aus dem Dunst an der engsten Stelle des Kanals tauchte ein Boot auf. Zuerst schien es noch sehr weit weg zu sein, und es sah aus, als käme es in einer Wolke näher. Das weiche, rosige Licht, das über den Himmel stieg, fing auch das Boot ein und ließ es aufglühen wie mattes Gold. Langsam kam es daher, von einem einzigen Pferd gezogen, und sah im Dämmerlicht aus wie eine goldene Barke. Mary legte ihren Kopf mit dem braunen Haar ein wenig auf die Seite und beobachtete, wie das Boot sachte weiterglitt. Das Pferd schritt wacker auf dem Uferpfad voran, und sein geduldiger Kopf nickte bei jedem Schritt. Ein Kranich stieg aus dem Moor auf, flog mit trägem Flügelschlag über das Kielwasser des Bootes und verlor sich im Dunst.

Die Gestalt, die dem langen Steuerruder in jeder Bewegung

folgte, war zuerst nur undeutlich zu sehen, und Mary fand, es müsse schön sein, so auf die Ruderpinne gestützt hin- und herzuschwingen und eine goldene Barke durch die Dämmerung zu steuern.

Plötzlich bemerkte sie, daß das Boot ja schon viel näher gekommen war. Sie konnte die Menschen darauf deutlich unterscheiden, vor allem den schlanken Mann am Steuerruder. Und sie konnte auch das Seil erkennen, das vom Boot zum Pferd reichte und sich abwechselnd spannte und dann erschlaffte. Einmal schlug es klatschend aufs Wasser, und ein kleiner Silberstrahl spritzte auf. Sie sah auch die Peitsche, die der Treiber unter dem Arm hielt, und bald konnte sie jeden Schritt des schweren Pferdes zählen und staunte über seine dicken, zottigen Fesseln. Doch immer wanderten ihre Augen wieder zu der Gestalt am Steuerruder.

Sie trat ein wenig zurück und ließ die goldene Barke an sich vorübergleiten. Diese kam aus einer fremden, fernen Welt und zog wieder in eine andere, unbekannte Welt. Ein Mann mit rotem Gesicht saß schläfrig im Bug. Mary lächelte und nickte ihm zu, doch er rührte sich nicht. Er sah sie wohl nicht; vielleicht schlief er. Der Treiber, der neben dem Pferd einherschritt, hielt den Kopf gesenkt und die Augen am Boden geheftet. Er blickte nicht auf, als er vorüberkam. Mary sah, wie sich seine Lippen bewegten, und hörte ihn leise vor sich hin reden; vielleicht betete er. Er hatte ein zusammengezogenes, verwachsenes Körperchen und mußte doch mit dem Pferd Schritt halten.

Und dann spürte Mary den Blick des Mannes am Steuer. Sie hob die Augen.

Das Licht war unscharf, und die Schirmmütze warf einen Schatten über sein Gesicht. Sein Körper war jugendlich und schlank. Er lächelte, als sie aufsah, und seine Zähne blitzten. Dann war das Boot vorübergefahren. Mary hatte das Lächeln nicht erwidert. Sie war einen Schritt zurückgetreten und dort still stehengeblieben. Einmal schaute er sich noch nach ihr um und griff linkisch an seine Mütze, aber sie rührte sich nicht.

Als das Boot sich etwas weiter entfernt hatte, setzte sie sich ans Ufer, neben sich den Korb mit Wolle, und blickte der goldenen Barke nach, bis sie im Dämmer verschwand. Sie blieb noch einige Zeit dort und sann ins Schweigen des Moores. Als sie sich endlich erhob, war der Kanal ihr zu Füßen klar und kühl. Sie schaute hinein. Ein blasser junger Mond lag schimmernd auf dem Wasser.

Mary stand oft vor der Tür ihrer Hütte und beobachtete die Boote, die wie schwarze Schnecken auf der schmalen Wasserstraße durch das Moor krochen. Doch jetzt waren es nicht nur lauter schwarze Schnecken, jetzt war eine goldene Barke dabei. Immer, wenn sie sie sah, lächelte sie, und ihre Augen ruhten auf der Gestalt, die am Steuerruder stand.

Eines Abends, als sie am Kanalufer entlangging, fuhr die goldene Barke vorüber. Das Licht war klar und hell. Es zeigte ihr jede teerbefleckte Planke auf dem derben Schiffsrumpf, doch dadurch büßte es in Marys Augen nichts von seiner Schönheit ein. Der kleine verkrüppelte Treiber schritt mit gesenktem Kopf flüsternd neben dem Pferd einher. Der Mann mit dem roten Gesicht lehnte sich über die Schiffswand und schwang einen am Seil befestigten Eimer über Bord, um Wasser heraufzuholen. Mit eintöniger Stimme sang er ein altes Volkslied. Ein hagerer schwarzer Mann stand neben dem Schornstein und sah versunken geradeaus. Marys Augen wanderten zum Steuer.

Verlegen trat sie zurück, als sie das Gesicht wiedersah. Sie versteckte sich halb hinter einem Weißdorn, der einsam und allein am Ufer stand. Er war blütenübersät. Weiße Blütenblättchen regneten auf sie nieder, als sie die Zweige streifte. Sie hingen wie ein Kranz in ihrem Haar. Er hob die Mütze und lächelte. Mary hatte nicht gedacht, daß sein Gesicht so knabenhaft und kühn sei. Endlich lächelte sie zaghaft. Sein Gesicht leuchtete auf, und wieder faßte er an die Mütze.

Der rotgesichtige Mann, in der Hand den Eimer, stand neben der Luke, die unter Deck führte. Er sah auf Mary und dann auf die Gestalt am Ruder.

»He! Michael!« rief er spöttisch. Der junge Mann wandte sich wieder dem Boot zu, und Mary fühlte, wie ihr die Röte in die Wangen stieg.

»Michael!« Mary wiederholte den Namen leise. Die Götter hatten eins ihrer großen Geheimnisse enthüllt.

Sie blickte der goldenen Barke nach, bis die zwei rechteckigen Schlitze im Heck wie zwei kleine japanische Augen aussahen. Dann hörte sie ein Horn blasen. Es war das Horn, mit dem die Schleusenwärter vom Nahen des Bootes verständigt wurden. Doch die nächste Schleuse lag noch eine Meile entfernt. Überdies war es ein langer, sanfter Ton, der jetzt erklang, und nicht der scharfe, kurze Kommandoruf, mit dem sie den Schleusenwärtern riefen. Mary lauschte dem langgezogenen Ton und lächelte vor sich hin. Von da an ertönte das Horn immer so, wenn das Boot an dem einsamen Weißdorn vorbeifuhr.

Eines Tages, als Mary mit ihrem Korb zum Markt im fernen Dorf unterwegs war, entdeckte sie beglückt, daß die Barke in der Schleuse lag. Ein wenig zaudernd blieb sie stehen. Michael erkannte sie, und seine Augen hießen sie willkommen.

»Willst du nach Bohermeen?« fragte das Rotgesicht.

»Ay, nach Bohermeen«, antwortete Mary.

»Wir können dich bis zur nächsten Schleuse mitnehmen«, erwiderte er, »das kürzt dir den Weg ein gutes Stück ab. Komm herüber!«

Mary zögerte, als er ihr seine große Hand entgegenstreckte, um ihr aufs Boot zu helfen. Er bemerkte ihr Zaudern und rief Michael.

»Komm her, Michael«, sagte er.

Michael kam näher und reichte ihr die Hand. Mary nahm sie und schwang sich ins Boot. Das Rotgesicht lachte ein wenig. Sie sah, daß der hagere schwarze Mann, der neben dem krummen Schornstein stand, die Augen nicht abwandte von der langen Wasserstraße. Der Treiber am Ufer redete dem Pferd zu, aufzubrechen. Das Tier nahm alle Kraft zusammen, und die Muskeln strafften sich unter dem Fell, als es den ersten Ruck tat. So glitten sie aus der Schleuse.

Von einer Schleuse bis zur nächsten war es eine halbe Meile. Michael hatte sie gebeten, neben ihm am Steuerruder zu bleiben. Einmal sah sie zu ihm auf und fand, daß sein Gesicht scheu und doch sehr kühn war, das kühnste Gesicht, das je von der weiten Welt hierher ins Moor gekommen war. Sooft Mary von nun an Zeit hatte, machte sie immer einen Abkürzer durchs Moor zur Schleuse. Sie sprang aufs Boot hinüber und reiste mit Michael auf der goldenen Barke. Als sie auch einmal durchs Moor zogen, ließ Michael etwas in ihre Hand gleiten. Es war ein seltsames Schmuckstück, das funkelte wie Gold.

»Ich habe es von einem ausländischen Matrosen bekommen«, sagte er.

Als sie ein andermal auf dem Boot waren, standen sie plötzlich in gläsernen Wänden von Regenschauern, wie sie so oft über das Moorland fegen. Der schwarze Mann und das Rotgesicht stiegen in die Luke. Mary sah sich lachend um. Aber Michael hielt seinen großen Regenmantel für sie offen. Sie schlüpfte hinein, und er wickelte sie ein. Der Regen prasselte auf sie nieder, doch sie blieben stehen, und Michael hielt sie in dem großen Mantel fest umschlungen. Sie lächelte ängstlich.

»Du wirst ganz naß«, sagte sie.

Michael antwortete nicht. Sie sah, wie sich sein kühnes Gesicht über sie senkte. Sie schmiegte sich ein wenig an ihn und spürte, wie seine starken Arme sie umschlossen. Die goldene Barke segelte durch alle leuchtenden Meere der Götter.

Nach einer Weile sagte Mary: »Michael, ist es nicht herrlich?«

»Das weite Meer ist herrlich«, antwortete Michael. »Ich muß immer an den weiten Ozean denken, wenn wir durchs Moor fahren.«

»Das weite Meer?« sagte Mary furchtsam. Sie hatte das Meer noch nie gesehen.

Der Regen ließ nach, und als die beiden Männer aus der Luke stiegen, standen Mary und Michael am Steuer.

Danach ging Mary eine Zeitlang nicht zu der Schleuse. Sie mußte beim Urbarmachen des Landes helfen. Einmal erklang das

Horn spät in der Nacht. Es tönte lange und sehr sanft und tief. Mary setzte sich im Bett hoch und lauschte; ihr Mund stand leicht offen, und sie dachte an Michael auf der goldenen Barke. Dann hörte sie, wie der Klang in der Ferne erstarb. Sie legte sich aufs Kissen zurück und nahm sich vor, zu Michael zu gehen, wenn das Boot auf der Rückfahrt war.

Die Gestalt, die auf der Rückfahrt am Steuerruder stand, war nicht Michael. Als Mary an die Schleuse trat, gab das Rotgesicht gerade das Seil aus, und dort, wo sonst Michael gewesen war, stand ein fremder kleiner Mann mit einem verkniffenen, pockennarbigen Gesicht.

Nachdem das Rotgesicht sein Seil am Schleusenpoller vertäut und das Boot zum Stehen gebracht hatte, wandte er sich an Mary.

»Michael ist fort«, sagte er.

»Fort?« wiederholte Mary.

»Ay!« bestätigte der Mann. »Im Dock, wo der Kanal aufhört, hat er immer mit den fremden Matrosen gesprochen. Und seine Augen hingen an den hohen Masten der Schiffe. Ich habe es gleich gedacht, daß er zur See gehen würde.«

Mary blieb stehen, solange die goldene Barke in der Schleuse lag. Sie sah aus wie ein Spielzeugschiff in einem Holzkästchen.

»Er geht mit einem Dreimaster«, sagte das Rotgesicht, ehe sie abfuhren. »Ich sah, wie er gestern abend nach See zu lag. Michael will das Rauschen der vollen Segel über sich hören. Es steckte ihm im Blut, die Meere zu befahren. Wildes Korsarenblut!« Und er musterte die schmale Wasserrinne, die vor ihm lag.

Mary sah, wie sich die goldene Barke mit der grotesken Gestalt am Steuerruder entfernte. Sie stand und stand, bis unter ihr ein blasser Mond erglänzte, und ihre Finger spielten mit einem kleinen Schmuckstück. Schließlich ließ sie es ins Wasser fallen. Es spritzte ein wenig, und das klare Bild des Sichelmondes zersplitterte.

# Lord Dunsany
## *Es ist zu lange her!*

Als Mr. Lintan eines schönen Sommertages auf einer Geschäftsreise war – all seine Reisen waren geschäftlicher Art –, führte ihn die Straße, über die sein Wagen glitt, an die Südküste, und als er gegen Mittag am Strand entlangfuhr, kam ihm der Wind in heftigen Stößen vom Wasser her entgegen und machte ihn erst einmal rechtschaffen hungrig, so daß er seinem Chauffeur sagte, er solle halten. Mit einem tüchtigen Butterbrotpaket versehen stieg er aus, ging ans Meer hinunter, setzte sich auf eine Bank des Verkehrsvereins und aß seinen Lunch.

Und als er seinen Hunger gestillt hatte, kam ihm dann der zweite Einfall, und vielleicht wurde er ihm übers Wasser zugeweht, oder die weiße Häuserzeile, die im hellen, südlichen Lichte schimmerte, trug ihm alte Erinnerungen zu. Und er dachte an diesen Badeort, wie er vor fünfzig Jahren ausgesehen hatte, ehe er ein modischer Kurort wurde, und an ein junges Mädchen, das damals fünfzehn Jahre alt war, und er war nicht viel älter gewesen: sie hatten beide auf einer dieser Bänke gesessen, ja genauso einer wie dieser, auf der er jetzt saß. Wie merkwürdig, daß er an sie denken mußte. Sie hatte ihn bestimmt längst vergessen!

Vermutlich war es das Meer, das sie ihm wieder in den Sinn gebracht hatte, denn das Meer hatte genau die gleiche Sprache wie damals und hatte sich überhaupt nicht verändert. Auch die Häuser hatten sich nicht sehr verändert, doch war die Stadt viel größer geworden und dehnte sich nun zu beiden Seiten so weit aus, daß er nicht erkennen konnte, wo das Fremdenheim lag, das er so gut gekannt hatte.

Das Fremdenheim hatte ihrer Mutter gehört, die wohl schon längst nicht mehr lebte. Das junge Mädchen war das einzige Kind gewesen, und sicher gehörte ihr jetzt das Haus. Er fragte sich, welches es wohl sein mochte, aber er konnte es nicht erkennen. Sie hatten aufs Meer geschaut und darüber geplaudert und überlegt, wie tief es wohl sei, und wie die fernen Küsten wohl aussähen, und ob es tatsächlich so etwas wie eine Seeschlange gäbe, und weshalb das Seewasser salzig sei. Sie hatte blondes Haar, und manchmal lag die Sonne ganz golden darauf . . .

Es war alles schon so lange her, daß sie sich wohl nicht mehr an den jungen Menschen erinnern konnte, der er damals gewesen. Jetzt war er ein sehr erfolgreicher Kaufmann und schritt langsam und gesetzt einher, falls er überhaupt zu Fuß ging – wie konnte sie in ihm wohl den jungen Stift erkennen, der bei ihnen im Familienheim gewohnt hatte! Und als sich Welle um Welle am Strand überschlug und ihm die alten Erinnerungen bis dicht vor die Füße spülte, wunderte er sich, weshalb es gerade diese aus der Vergangenheit geholt hatte. ›Sehr merkwürdig‹, dachte er, ›wirklich sehr merkwürdig!‹ Und die letzten drei Worte äußerte er sogar laut.

»Wie bitte?« fragte eine ältere Dame, die offensichtlich eine Perücke trug. Anscheinend hatte sie sich, während er in Träumereien versunken war, aufs andere Ende der Bank gesetzt, und seine Geistesabwesenheit war wohl durch die trägen kleinen Laute verursacht worden, in denen das Meer schon seit vielen, vielen Jahrtausenden sprach. Die Dame war dick und stattlich, und ihr Haar war bläulich schattiert.

»O Verzeihung«, sagte er. »Ich fragte mich nur gerade, ob eine Miss Ardner – ich weiß zwar nicht, hat sie inzwischen geheiratet oder nicht? –, sie war eine Tochter von Mrs. Ardner, der das Familienheim dort in der Häuserzeile gehörte – etwas rückwärts gelegen, in einem jener Blocks –, ob sie noch dort wohnt?«

»Noch dort wohnt?« fragte die Dame mit der Perücke.

»Ja, ich dachte bloß«, sagte Mr. Lintan. »Vielleicht kennen Sie das Stadtviertel hier?«

»Ja, ich wohne hier«, bestätigte sie.

»Dann könnten Sie mir vielleicht erzählen, was aus ihr geworden ist?« fragte Lintan.

»O ja«, nickte die alte Dame langsam. »Der Name kommt mir bekannt vor, natürlich kannte ich sie! Oh, die wohnt nicht mehr hier!«

Mr. Lintan stieß einen kleinen Seufzer aus, der in den lauten Seufzern des Meeres unterging.

»Nein, sie zog fort«, berichtete nun die alte Dame. »Sie heiratete und zog fort. Sie heiratete einen fremden Fürsten. Ein junger Prinz war es, aus einem jener Länder da unten auf dem Balkan. Er trug eine schöne hellblaue Uniform mit silbernen Schnüren. Und er fuhr in einem vierspännigen Wagen vor, vier Schimmel mit silbernem Zaumzeug, und der Kutscher hatte eine goldene Kokarde auf dem Hut und eine prachtvolle Livree an. Ich glaube, ich könnte sie Ihnen noch heutigentags beschreiben . . .«

»Aber Sie sagten, sie zog fort?« fragte Mr. Lintan.

»O ja«, erwiderte die alte Dame, »natürlich! Sie zog fort. Sie reisten in der schönen Kutsche ab, und die Pferde hatten Glöckchen am Geschirr.«

»Und sie kam nie wieder?« fragte er.

»O nein«, antwortete sie, »niemals! Sie ist jetzt eine Prinzessin in einem fremden Land. Das Haus wurde schon vor Jahren verkauft, und die jetzige Besitzerin will keine Gäste aufnehmen. Deshalb bin ich auch nie hingegangen, und auch keiner aus meiner Bekanntschaft. Sie ist berüchtigt wegen ihrer Grobheit. Doch Miss Ardner, die nun eine Prinzessin ist, reiste für immer fort, noch weiter als Wien, wie es heißt, und sie soll irgendwo in dem Lande da unten am Hofe des Königs leben.«

»Welches Königs?« fragte er.

»Des Königs auf dem Balkan«, sagte sie. »Und einen wunderbaren Park soll sie haben, mit allen möglichen Tieren drin.«

»Was für Tieren?« erkundigte er sich.

»Wölfen und Bären«, erwiderte sie.

Da war er ein Weilchen still, blickte aufs Meer oder lauschte auch nur seiner Stimme, die ihm diese alten Erinnerungen zurückgebracht hatte. Schließlich sagte sie, um das Schweigen zu brechen:

»Vielleicht kommt sie eines Tages mit ihrem Prinzen her. Der Ort wird jetzt oft von fremden Herrschaften aufgesucht. Es ist ein schöner Kurort. Kann ich ihr vielleicht eine Bestellung ausrichten?«

»Nein«, sagte er. »Sie wird sich meiner nicht mehr erinnern. Es ist zu lange her.«

»Ja, das ist es wohl«, nickte sie.

Er sah sie einen Augenblick überrascht an, doch sie fuhr fort:

»Die Zeit vergeht so schnell!«

»Ja«, erwiderte er, »allerdings!«

Und diese Worte schienen ihn daran zu erinnern, daß er ja geschäftlich zu tun hatte, und er stand auf und kehrte zu seinem Wagen zurück. Und die dicke Dame blieb auf der Bank sitzen und sah aufs Meer hinaus und hörte seine unzähligen Seufzer – Seufzer um Dinge, so schien es ihr, die geschehen waren, als es überhaupt noch keine Häuser gegeben hatte. Und in diese Stimmen aus fernster Vergangenheit mischte sich plötzlich die Stimme von Mrs. Yannock, ihrer Freundin.

»Guten Tag, Mrs. Brown«, sagte sie.

»Oh, wie nett!« rief Mrs. Brown.

Mrs. Yannock nahm Platz, und eine Weile war nur die Sprache des Meeres zu hören.

»Sie sehen aus, als hätten Sie mir etwas zu erzählen«, meinte Mrs. Yannock.

»Ja«, sagte die andre. »Er war da!«

»Doch nicht Mr. Brown?« rief die Freundin staunend.

»Nein, nein, nein«, sagte die dicke Dame.

»Mr. Lintan etwa?« fragte Mrs. Yannock.

»Ja.«

»Und er hat Sie sofort erkannt?«

»Nein, natürlich nicht.«

»Dann haben Sie ihm also gesagt, wer Sie sind! Wie reizend!«

»Nein, ich habe es *nicht* gesagt. Ich hasse es, etwas kaputtzumachen! Wissen Sie, so wie die Dienstmädchen einem immer Sachen zerbrechen, wenn sie Staub wischen. Ich finde es scheußlich! Ein schönes Porzellangefäß stoßen sie einfach mit ihrem alten Staubwedel um, und es zerbricht in tausend Stücke, und all die schönen Erinnerungen, die daran hängen, ebenfalls. Die dummen, gedankenlosen Mädchen die! Ich jedenfalls wollte nichts kaputtmachen, nicht seine Erinnerung an mich, einerlei, was aus der meinen wurde . . .«

»Und so haben Sie überhaupt nichts gesagt?« staunte Mrs. Yannock. »Kein Wort angedeutet? Warum denn nur nicht?«

Das Meer seufzte ein-, zweimal, ehe Mrs. Brown antwortete. »Damit er auch weiterhin von einem Mädchen mit goldenem Haar träumen kann«, erwiderte sie, »von einem gertenschlanken Mädchen mit flinken Füßen. Ich weiß nämlich jetzt, daß er's tut!«

# George Moore
## *Heimweh*

Er sagte dem Doktor, daß er um acht Uhr früh wieder in der Bar sein müsse. Die Bar befand sich in einer Spelunke der Bowery in New York. Er hatte sich nur dadurch halbwegs gesund erhalten können, daß er jeden Morgen um fünf aufstand und weite Spaziergänge im Central Park machte.

»Eine Seereise wäre das Beste für Sie«, erklärte der Arzt. »Warum gehen Sie nicht für zwei, drei Monate nach Irland? Sie werden wie neugeboren wiederkommen.«

»Ich würde Irland ganz gern wiedersehen.«

Und bei sich dachte er, wie es den Leuten daheim wohl ergangen sei. Ja, der Doktor hatte recht. Er dankte ihm, und drei Wochen später ging er in Cork an Land.

Als er im Eisenbahnabteil saß, versuchte er sich sein heimatliches Dörfchen vorzustellen – er konnte es sehen, und auch den See, ein Feld nach dem andern, und die Landstraße. Etwa dreihundert bis vierhundert Äcker felsigen Landes sah er, und eine Landzunge, die in den gewundenen See vorstieß. Auf diesem kleinen Vorgebirge ihre Hütten zu errichten, war den Bauern von den früheren Besitzern des Herrenhauses auf dem freundlichen grünen Hügel erlaubt worden. Die jetzigen Besitzer betrachteten das Dorf als einen Schandfleck, doch bezahlten die Dörfler für ihr Land hohen Zins, und alle Hilfskräfte, die das Herrenhaus brauchte, kamen aus dem Dorf: Gärtner, Stallburschen, Haus- und Küchenmädchen.

Bryden war dreizehn Jahre lang in Amerika gewesen, und als der Zug auf dem kleinen Bahnhof hielt, schaute er sich um, ob sich wohl etwas verändert habe. Doch es war das gleiche blaugetünchte Stationsgebäude wie vor dreizehn Jahren. Von der Station bis nach Duncannon waren es fünf Meilen auf der Landstraße. Fünf Meilen waren ihm heute doch zuviel; als er das letztemal diese Straße gegangen war, hatte er einundeinhalb Stunden dafür gebraucht.

Es tat ihm leid, daß er sich noch nicht kräftig genug fühlte, um zu laufen. Der Abend war schön, und er würde viele Leute treffen, die vom Markt nach Hause kamen, und manche von ihnen hatte er in seiner Jugend gekannt, und sie hätten ihm sagen können, wo er eine saubere Unterkunft bekommen könnte. Doch das würde ihm auch der Fuhrmann sagen. Er winkte dem Wagen, der vor dem Bahnhof hielt, und bald beantwortete er Fragen über Amerika. Aber er wollte von Leuten hören, die noch in der alten Heimat lebten, und nachdem er die Geschichte vieler Leute vernommen hatte, die ihm bereits fremd waren, erfuhr er, daß Mike Scully vom King's County zurückgekommen sei und sich ein feines Haus mit Zementfußboden gebaut habe. Und in Mike Scullys Haus war auch ein schöner Dachboden; da würde Mike ihn sicher gern als Logiergast aufnehmen.

Es fiel Bryden jetzt ein, daß Mike damals im Herrenhaus gedient hatte. Eigentlich hatte er Jockey werden wollen, doch plötzlich fing er an zu wachsen und wurde so groß und stattlich, daß er Kutscher werden mußte. Mike war einer der Helden seiner Kindheit gewesen. Auf einmal sagte der Fuhrmann: »Dort ist Mike Scully«, und zeigte mit der Peitsche auf einen großen, gutgebauten, älteren Mann.

Mike konnte sich noch viel weniger an Bryden erinnern als Bryden an ihn, und viele Tanten und Onkel mußten aufgezählt werden, ehe er endlich begriff.

»Du bist ein rechter Mann geworden, James«, sagte er und blickte auf James' Brustkorb. »Doch deine Wangen sind eingefallen, und blaß sind sie auch.«

»Es ist mir in der letzten Zeit nicht besonders gut gegangen, deshalb vor allem bin ich hergekommen. Aber ich wollte auch alle wiedersehen.«

Bryden gab dem Fuhrmann seinen Lohn und wünschte ihm

Glückauf; dann teilten er und Mike sich das Gepäck. Sie gingen um den See, denn die Ortschaft lag am andern Ende des Gutes, und während sie gingen, schlug James vor, er wolle Mike zehn Schilling die Woche für Verpflegung und Unterkunft zahlen.

Er hatte den Wald als dichten, gutgepflegten Forst in Erinnerung. Aber der Wind hatte darin gehaust, und die Abzugsgräben waren verschlammt, und die Brücke, die über den Zufluß zum See führte, drohte einzufallen. Die Landstraße war aufgerissen, und Bryden wunderte sich, wie wohl die Dorfleute mit ihren Karren hier fahren konnten. Mike erzählte, daß der Gutsherr die Straße nicht in Ordnung halten wolle, denn er fand, eine öffentliche Straße solle nicht über sein Land laufen.

Nach einer langen Reihe von Feldern kam endlich das Dorf, und es sah öde und verlassen aus, selbst an solch schönem Abend, und Bryden meinte, daß die Gegend einen weniger bewohnten Eindruck mache als früher. Es kam ihm gleichzeitig fremd und vertraut vor, daß die Hühner in der Küche waren, und da er sich wieder in die alten Sitten einfügen wollte, bat er Mrs. Scully, sie nicht hinauszujagen, und sagte, es mache ihm nichts aus. Mike erzählte seiner Frau, daß Bryden in Duncannon geboren sei, und als sie seinen Namen gehört, gab sie ihm die Hand, die sie vorher an der Schürze abgewischt hatte, und sagte, er sei herzlich willkommen, nur fürchtete sie, daß er nicht auf dem Dachboden schlafen wolle.

»Warum sollt' ich nicht auf dem Dachboden schlafen, in einem trockenen Bodenraum!« rief er. »Ihr denkt hier wunders was von Amerika, aber ich sage euch, es ist nicht alles so, wie ihr's euch vorstellt. Hier könnt ihr arbeiten, wann ihr wollt, und euch hinsetzen und ausruhen, wann ihr wollt. Aber wenn ihr so eine Blutvergiftung gehabt hättet wie ich, und wenn ihr junge Leute am Stock herumlaufen sähet, dann würdet ihr denken: es hat doch etwas für sich, im guten alten Irland zu leben.«

»Möchten Sie nicht einen Schluck Milch haben? Sicher wollen Sie nach der Reise gern etwas trinken?« meinte Mrs. Scully.

Und als er die Milch getrunken hatte, fragte Mike, ob er ins

Haus gehen oder einen kleinen Spaziergang mit ihm machen wolle.

»Vielleicht ist dir's lieber, du setzt dich ein wenig hin?«

Und sie gingen ins Haus und sprachen von den Löhnen, die man in Amerika bekommen könne, und von den vielen langen Arbeitsstunden.

Und nachdem Bryden alles von Amerika erzählt hatte, was ihm interessant schien, fragte er Mike über Irland aus. Aber Mike konnte ihm anscheinend nicht viel Interessantes erzählen. Sie waren alle sehr arm, vielleicht noch ärmer als damals bei seiner Abreise.

»Ich glaube nicht, daß außer mir noch einer fünf Pfund sein eigen nennen kann.«

Bryden bemühte sich, Mitgefühl für Mike aufzubringen. Aber schließlich gingen ihn Mikes Leben und Zukunft nicht viel an. Er war hergekommen, um sich zu erholen, und es ging ihm bereits besser; die Milch hatte ihm gutgetan, und von dem Topf mit Kohl und Speck gingen köstliche Düfte aus. Die Scullys waren sehr nett zu ihm; sie nötigten ihn, tüchtig zuzulangen; ein paar Wochen Landluft und kräftiges Essen, sagten sie, würden ihm die in der Bowery verlorene Gesundheit wiedergeben; und als Bryden sagte, er sehne sich nach etwas Rauchbarem, erwiderte Mike, das sei ein sehr gutes Zeichen. Während seiner langen Krankheit hatte er nie rauchen wollen, und dabei war er ein eingefleischter Raucher gewesen.

Es war gemütlich, vor dem freundlichen Torffeuer zu sitzen und dem Rauch aus ihren Pfeifen nachzuschauen, wie er in den Kamin schlüpfte, und Bryden wäre von Herzen gern still für sich gewesen; er wollte nicht von anderer Leute Mißgeschick hören; aber gegen neun Uhr erschien eine Anzahl Dorfleute, und es war niederdrückend, wie sie aussahen. An einen oder zwei von ihnen konnte Bryden sich erinnern, er hatte sie ganz gut gekannt, als er ein kleiner Junge war; sie redeten ebenso traurig wie sie aussahen, und er konnte kein Interesse für sie aufbringen. Es tat ihm nicht leid, als er hörte, daß der Steinmetz Higgins gestorben sei; es berührte ihn nicht, daß Mary Kelly, die immer im Herrenhaus bei der Wäsche half, sich verheiratet hatte; doch als er hörte, daß sie nach Amerika gegangen sei, da horchte er interessiert auf. Nein, er hatte sie nicht getroffen; Amerika sei groß. Dann fragte ihn einer der Bauern, ob er sich an Patsy Carabine erinnern könne, der im Herrenhaus Gärtner gewesen war. Ja, an Patsy konnte er sich noch gut erinnern. Patsy war im Armenhaus. Er hatte nicht mehr arbeiten können wegen seines Armes; sein Haus zerfiel; er hatte sein Pachtland aufgegeben und war ins Armenhaus gezogen. All dies war sehr traurig, und um nicht noch mehr unangenehme Dinge hören zu müssen, erzählte Bryden ihnen von Amerika. Und sie saßen da und hörten ihm zu; doch immer sprach nur er allein; er wurde es leid; und als er in die Runde blickte, erkannte er einen grauhaarigen, zerlumpten Buckligen; vor zwanzig Jahren war er jung und bucklig gewesen; und Bryden kehrte sich ihm zu und fragte, ob es alles recht stünde auf seinen fünf Äckern Land.

»Ach, nicht besonders; wir hatten ein schlechtes Jahr. Die Kartoffeln sind mißraten; sie waren naß, und dann sättigen sie nicht.«

Die Bauern hier waren sich alle einig, daß mit ihrem Pachtland nichts anzufangen sei. Sie bedauerten es, daß sie nicht nach Amerika ausgewandert waren, als sie noch jung gewesen; und nachdem Bryden noch mit Mühe etwas Interesse für die Tatsache aufgebracht hatte, daß O'Connor eine Stute und ein Fohlen im Werte von vierzig Pfund eingegangen waren, fing er an, sich nach seiner Spelunke in der Bowery zurückzusehnen. Als sie fortgingen, dachte er im stillen, ob wohl jeder Abend genau so verliefe. Mike häufte neuen Torf aufs Feuer und hoffte, daß es hell genug leuchtete, damit Bryden sich bei seinem Schein im Dachraum ausziehen könne.

Ein paar Gänse schnatterten auf der Straße und hielten ihn wach, und die Einsamkeit der Felder schien ihm bis in die Knochen zu dringen und das Mark zu durchkälten. Auf dem Dachboden war eine Fledermaus – in der Ferne heulte ein Hund –, und dann zog er sich die Bettdecke über den Kopf. Noch nie war er so unglücklich gewesen, und daß er unten in der Küche Mike neben seiner Frau atmen hörte, erfüllte ihn nur noch tiefer mit Angst und Schrecken. Dann schlief er ein; und er lag auf dem Rücken und träumte, er sei wach, und die Leute, die am Abend mit ihm vor dem Feuer gesessen hatten, schienen wie Gespenster aus einem Sumpf und schilfbestandenen Teich zu kommen. Er tastete mit der Hand nach seinen Sachen, denn er mußte fliehen, fort aus diesem Haus; doch dann fiel ihm die einsame Landstraße ein, die zum Bahnhof führte, und er sank zurück auf das Kissen. Die Gänse schnatterten, aber er war zu müde, als daß sie ihn noch länger wachhalten konnten. Es kam ihm vor, er habe erst wenige Minuten geschlafen, als er Mike rufen hörte. Mike war die Leiter halbwegs nach oben gestiegen und sagte ihm, daß das Frühstück fertig sei. ›Was für ein Frühstück wird er mir wohl vorsetzen‹, dachte Bryden, während er sich anzog. Es gab Tee und heiße Kuchen und frische Eier; die Küche war voll Sonne, und es machte ihm Freude, Mike zuzuhören, der vom Feld erzählte, und was er heute schaffen wollte. Mike hatte fünfzehn Acker Land gepachtet, von denen mindestens zehn Acker Weideland waren. Er hatte ein schönes Stück Wiese und holte sich die Sense; und als er den Wetzstein in den Gürtel steckte, erblickte Bryden eine zweite Sense, und er fragte Mike, ob er mit ihm kommen und ihm helfen könne, die Wiese zu mähen.

»Du hast so viele Jahre nicht mehr gemäht. Geh nur lieber am See spazieren; doch am Nachmittag kannst du mitkommen, wenn du Lust hast, und mir beim Wenden helfen.«

Bryden befürchtete, am See könne es sehr einsam sein; doch für einen Genesenden ist der Zauber wiederkehrender Gesundheit Freude genug, und der Vormittag verging ihm heiter. Das Wetter war still und sonnig. Er konnte die Enten im Schilf hören. Die Tage verträumten sich einer nach dem andern, und es wurde ihm zur Gewohnheit, jeden Morgen an den See zu gehen. Eines Vormittags traf er den Gutsherrn, und sie gingen zusammen und sprachen vom Land und wie es gewesen und welchem Verfall es entgegenglitt. James Bryden erzählte ihm, daß ihn seine schlechte Gesundheit nach Irland zurückgeführt hätte; und der Gutsherr lieh ihm sein Boot, und Bryden ruderte um die Inseln, und auf die Ruder gelehnt, betrachtete er die alten Burgen und erinnerte sich der plündernden Horden aus vorgeschichtlicher Zeit, von denen der Gutsherr gesprochen hatte. Er kam auch zu den Steinen, an denen die Seebewohner ihre Boote vertäut hatten, und diese Zeichen aus Alt-Irland machten Bryden in seiner gegenwärtigen Stimmung Freude.

Außer dem großen See war da noch ein kleinerer See im Moor, wo die Dorfleute ihren Torf stachen. Dieser See war berühmt wegen seiner Hechte, und der Gutsherr erlaubte ihm, dort zu angeln, und eines Abends, als er einen Frosch suchte, den er als Köder an die Angel stecken wollte, traf er Margaret Dirken, die die Kühe zum Melken nach Hause trieb. Margaret war die Tochter des Hirten, sie wohnte in einer Hütte in der Nähe des Herrenhauses; doch kam sie immer zum Dorf, wenn dort Tanz war, und Bryden hatte ihr schon beim Reel gegenübergestanden. Bis zu diesem Abend hatte er wenig Gelegenheit gehabt, mit ihr zu sprechen, und er war froh, mit jemand sprechen zu können, denn der Abend war einsam. Sie standen beieinander und sprachen.

»Mit deiner Gesundheit scheint es besser zu sein«, sagte sie. »Du wirst uns wohl bald wieder verlassen?«

»Es eilt mir nicht.«

»Feine Leute seid ihr dort drüben in Amerika; ich habe gehört, ein Mann bekommt für den Tag vier Dollar Arbeitslohn.«

»Und wieviel«, sagte James, »muß er für sein Essen und seine Kleider ausgeben?«

Ihre Augen glänzten, und ihre Zähne waren klein, weiß und wunderbar regelmäßig; und aus ihren weichen irischen Augen blickte ihn eine Frauenseele an. Bryden wurde unruhig und sah beiseite, und er gewahrte einen Frosch, der aus einem Grasbüschel hervorguckte, und sagte: »Ich habe einen Frosch für meine Angel gesucht.«

Der Frosch hüpfte nach rechts und links und wäre beinah in

ein Gebüsch entkommen; aber Bryden fing ihn und kam wieder und hielt ihn in der Hand.

»Es ist gerade die richtige Sorte, die ein Hecht gern hat«, sagte er. »Was für einen dicken weißen Bauch und leuchtend gelben Rücken er hat!«

Und ohne Umstände stieß er den Draht, an dem der Haken befestigt war, durch den lebendigen Leib des Frosches und zog ihn durchs Maul und steckte den Haken in die Hinterbeine und band die Angelleine an das Ende des Drahtes.

»Ich glaube, ich muß nach meinen Kühen sehen«, sagte Margaret; »es ist Zeit, daß ich sie nach Hause bringe.«

»Willst du nicht an den See kommen und zuschauen, wie ich die Angel auswerfe?«

Sie dachte einen Augenblick nach und sagte:

»Nein, ich kann dich auch von hier aus sehen.«

Er ging an den schilfbestandenen Teich, und als er näherkam, flogen mehrere Schnepfen auf und über ihn hinweg und stießen schrille Schreie aus. Seine Angel war ein langer Haselstock, und er warf den Frosch, so weit er konnte, in den See. Dabei schreckte er ein paar Wildenten hoch; ein Enterich und zwei Weibchen stiegen auf und flogen zum größeren See hinüber. Margaret sah ihnen nach; sie flogen in einer Reihe längs einer alten Burg; und sie waren noch nicht außer Sicht, als Bryden auf sie zukam, und er und sie trieben zusammen die Kühe heim.

Sie hatten sich noch nicht sehr oft so getroffen, als sie sagte:

»James, du solltest lieber nicht so häufig herkommen.«

»Möchtest du nicht, daß ich komme?«

»Doch, ich habe es sehr gern, wenn du kommst. Aber es ist hierzulande nicht Sitte, daß man zusammen geht; und ich möchte nicht, daß über mich geredet wird.«

»Hast du Angst, der Priester könne in der Kirche etwas über uns sagen?«

»Er redet darüber, wenn man mit jemand geht; doch ist es nicht deswegen, denn wenn man nur zusammen spricht, ist es nicht so schlimm.«

»Und wenn man sich heiraten will? Dann kann es doch nicht so schlimm sein, wenn man mit jemand geht?«

»Nein, nicht so sehr; aber hier bei uns kommen die Heiraten anders zustande. Langes Werben, das gibt es eigentlich nicht.«

Und am folgenden Tag wußte es das Dorf, daß James Bryden Margaret heiraten wollte.

Sein Verlangen, die andern im Tanze auszustechen, hatte einen Wirbel von Fröhlichkeit in der Gemeinde entfacht, und eine Zeitlang wurde in jedem Hause getanzt, in dem es einen geeigneten Fußboden gab; und wenn der Kätner kein Geld hatte, ein Fäßchen Bier zu bezahlen, ließ James Bryden, der Geld hatte, ihm ein Fäßchen schicken, damit Margaret zum Tanz gehen konnte. Sie erzählte ihm, daß sie manchmal in eine andere Pfarrgemeinde hinüberzögen, wo der Priester nicht so gegen das Tanzen war, und James wunderte sich. Und am andern Morgen während der Messe wunderte er sich über die schlichte Inbrunst der Leute. Einige hielten beim Beten die Hände über den Kopf, und all das war für James Bryden sehr neu und sehr alt. Doch der Gehorsam dieser Menschen ihrem Priester gegenüber erstaunte ihn. Als er ein kleiner Junge gewesen, gehorchten sie nicht in dem Maße, oder er hatte ihren Gehorsam vergessen; und in einer Mischung aus Ärger und Staunen hörte er zu, wie der Priester seine Pfarrkinder schalt und sie mit Namen nannte und sagte, er habe gehört, daß sie bei sich zu Hause tanzten. Und schlimmer als das, sagte er, habe er auch gesehen, daß Burschen und Mädchen sich auf der Straße herumtrieben, und gesprochen würde von nichts anderem als von – Liebe. Er sagte, daß Zeitungen mit Liebesgeschichten ihren Weg in die Häuser fänden, Geschichten, die weder erhebend noch veredelnd wirkten. Die Leute hörten zu und nahmen es hin, ohne des Priesters Meinung anzuzweifeln. Es war die Unterwürfigkeit primitiver Menschen, die sich an eine Autorität in Glaubensdingen klammerten, und Bryden verglich Schwäche und Unvermögen der Leute um ihn her mit der modernen Rastlosigkeit und kalten Entschlossenheit des Volkes, bei dem er bis jetzt gelebt hatte.

Eines Abends, als sie gerade tanzten, klopfte es an die Tür, und der Pfeifer hörte auf zu spielen, und die Tanzenden flüsterten: »Einer hat uns verraten: das ist der Priester!«

Und die erschrockenen Dörfler drängten sich ums Feuer und scheuten sich zu öffnen.

Der Priester sagte, wenn sie die Tür nicht aufmachten, würde er die Schulter dagegen stemmen und sie aufbrechen. Bryden ging zur Tür und sagte, er ließe sich von niemand drohen, Priester hin, Priester her, aber Margaret packte ihn am Arm und sagte, wenn er gegen den Priester spräche, würde dieser von der Kanzel herunter über sie reden, und die Nachbarn würden sie meiden. Schließlich ging Mike Scully an die Tür und ließ den Priester ein, und er kam und sagte, sie tanzten ihre Seelen in die Hölle.

»Ich habe gehört, wie ihr's treibt«, sagte er. »Das dulde ich nicht in meiner Gemeinde. Wenn ihr so etwas wollt, geht nur gleich nach Amerika.«

»Falls das auf mich gemünzt ist, Herr, so gehe ich morgen, und Margaret kann nachkommen.«

»Ich bin nicht so gegen das Tanzen wie gegen das Trinken«, sagte der Priester zu Bryden.

»Aber keiner hat unmäßig getrunken, Herr«, antwortete Bryden.

»Ihr sitzt ja die ganze Nacht auf und trinkt«, und die Augen des Priesters wanderten in die Ecke, wo die Frauen beieinander standen; und Bryden spürte, daß der Priester die Frauen für gefährlicher hielt als das Bier.

»Es ist Mitternacht vorbei«, sagte der Priester und sah auf seine Uhr.

Doch nach Brydens Uhr war es erst halb zwölf, und während sie über die Zeit diskutierten, bot Mrs. Scully dem Priester Brydens Schirm an, denn vor lauter Eile, dem Tanzen Einhalt zu gebieten, war der Priester ohne seinen Schirm fortgelaufen; und wie um Bryden zu zeigen, daß er ihm nicht übel wolle, nahm er den Schirm an, denn er dachte an die hohe Traugebühr, die Bryden ihm zahlen würde.

Kaum war der Priester aus dem Hause, da sagte Bryden: »Der Schirm wird mir morgen sehr fehlen.« Er wollte mit seinem Schwiegervater auf den Markt und lernen, wie man Vieh kauft und verkauft. Und sein Schwiegervater sagte, daß es langsam besser würde im Lande und daß ein Mann reich werden könne in Irland, wenn er ein kleines Anfangskapital habe. Bryden hatte etwas Kapital, und Margaret hatte einen Onkel am andern Ufer des Sees, der wollte ihr alles vermachen, was er besaß, nämlich fünfzig Pfund, und nie hatte ein junges Paar im Dorfe Duncannon mit so viel Aussicht auf Erfolg begonnen wie James Bryden und Margaret Dirken.

Es wurde abgemacht, daß nach Weihnachten die beste Zeit zum Heiraten sei; James Bryden sagte, daß er nicht vor dem Frühjahr sein Geld aus Amerika erhalten könne. Er schien sich über die Verzögerung zu ärgern, und er hätte anscheinend gern bald geheiratet, bis er eines Tages einen Brief aus Amerika erhielt, von einem Mann, der mit ihm in der Bar gearbeitet hatte. Dieser Freund hatte ihm geschrieben, um zu fragen, ob Bryden zurückkäme. Der Brief war nichts weiter als ein flüchtiger Wunsch, Bryden wiederzusehen. Und doch stand Bryden und starrte ihn an, so daß alle sich wunderten, was wohl in dem Brief stünde. Es schien etwas Wichtiges zu sein, und sie konnten ihm fast nicht glauben, als er sagte, der Brief sei von einem Freunde, der wissen wolle, wie es mit seiner Gesundheit bestellt sei. Er bemühte sich, den Brief zu vergessen, und sah auf das müde Land, das von Mauern lockerer Steine unterteilt war, und eine große Sehnsucht überfiel ihn.

Der Geruch der Bowery-Spelunke war über den Atlantik gekommen und hatte ihn hier im Westen auf dieser Landzunge erwischt; und eines Nachts erwachte er von einem Traum. Er hatte seinen Freund in der weißen Kellnerjacke gesehen, wie er ein Glas nach dem andern füllte, mitten im Stimmengewirr fremdartiger Dialekte; er hatte den Klang des Geldes gehört, wie es in die Schublade gewischt wurde, und er verging fast vor Sehnsucht nach der Bar. Aber wie sollte er Margaret Dirken sagen, daß er sie nicht heiraten könne? Sie hatte ihr Leben auf diese Ehe eingestellt. Er konnte ihr nicht sagen, daß er sie nicht heiraten wollte, und doch mußte er fort. Es war ihm zumute, als würde er verfolgt. Der Gedanke, daß er Margaret nicht heiraten könne, verfolgte ihn tagein, tagaus, wie ein Wiesel, das ein Kaninchen jagt. Wieder und wieder ging er zu ihr, um ihr zu sagen, daß er sie nicht liebe, daß sie nicht füreinander geschaffen seien und daß alles ein Irrtum gewesen. Margaret jedoch, als ahne sie, worüber er sprechen wolle, warf beide Arme um seinen Hals und bat ihn, ihr zu sagen, daß er sie liebe und daß sie auf der Stelle heiraten würden. Er gab zu, daß er sie liebe und daß sie auf der Stelle heiraten würden. Aber wenige Minuten, nachdem er gegangen, überfiel ihn wieder das Gefühl, er könne sie nicht heiraten und er müsse weg. Der Geruch der Bar verfolgte ihn. Wollte er wegen des Geldes zurück, das er dort verdienen konnte? Nein, es war nicht wegen des Geldes. Weshalb dann? Seine Blicke fielen auf das öde Land und auf die schmalen Felder, die durch öde Mauern unterteilt waren; die tragische Unwissenheit der Leute fiel ihm ein, und das war es, was er nicht ertragen konnte. Es war der Priester, der daherkam und ihnen das Tanzen verbot. Ja, es war der Priester. Wie er so dastand und auf die Berglinie blickte, schien die Bar ganz nahe. Er hörte, wie die Leute politisierten, und wieder ging ihm ihre Erregung ins Blut. Er mußte fort von diesem Ort hier – er mußte wieder zurück in die Bar. Er sah auf und gewahrte den kärglichen Obstgarten, und er haßte die armselige Landstraße, die ins Dorf führte, und er haßte den kleinen Hügel, auf dessen Anhöhe das Dorf begann, und vor allem haßte er das Haus, in dem er mit Margaret Dirken leben sollte – wenn er sie heiratete. Er konnte es von der Stelle aus sehen, wo er stand: dicht am See, mit zwanzig Äckern Weideland, denn der Gutsherr hatte ihnen einen Teil des zum Gut gehörenden Landes überlassen.

Er erblickte Margaret, und er rief ihr zu, über den Zauntritt zu kommen.

»Ich habe gerade einen Brief aus Amerika erhalten.«

»Wegen des Geldes?« sagte sie.

»Ja, wegen des Geldes. Aber ich muß selbst nach drüben.«

Er stand und sah sie an und suchte nach Worten, und aus seiner Verlegenheit erriet sie, daß er ihr sagen wollte, er müsse nach Amerika, bevor sie verheiratet seien.

»Meinst du, James, daß du sofort gehen mußt?«

»Ja«, sagte er, »sofort. Aber ich komme rechtzeitig zurück. Es bedeutet nur, daß wir die Hochzeit etwa einen Monat verschieben müssen.«

Plaudernd gingen sie ein wenig weiter, und bei jedem Schritt, den James machte, fühlte er sich der Bowery um einen Schritt näher. Und als sie am Tor standen, sagte Bryden:

»Ich muß mich beeilen, oder ich verpasse den Zug.«

»Aber«, sagte sie, »du gehst doch nicht jetzt – du gehst doch nicht heute?«

»Ja, heute. Es sind sieben Meilen Wegs. Ich muß mich beeilen, damit ich den Zug nicht verpasse.«

Und dann fragte sie ihn, ob er überhaupt wiederkommen würde.

»Ja«, sagte er, »ich komme wieder.«

»Wenn du wiederkommst, James, warum läßt du mich dann nicht mit dir gehen?«

»Du kannst nicht so schnell laufen. Wir könnten den Zug verpassen.«

»Einen Augenblick, James! Quäle mich nicht; sage mir die Wahrheit! Du kommst nicht zurück; deine Sachen – wo soll ich die hinschicken?«

Er hastete fort und hoffte, daß er wiederkommen würde. Er versuchte sich einzubilden, daß er das Land liebe, welches er jetzt verließ; daß es besser sei, ein Bauernhaus zu besitzen und dort mit Margaret Dirken zu wohnen, anstatt hinter der Theke in der Bowery Getränke auszuschenken. Er glaubte nicht, es sei gelogen, als er sagte, er käme wieder. Ihr Anerbieten, ihm seine Sachen nachzuschicken, griff ihm ans Herz, und am Ende der Straße blieb er stehen und fragte sich, ob er zu ihr zurückkehren solle. Wenn er noch eine Minute wartete, würde er den Zug verpassen, und er lief weiter. Und er hätte den Zug auch verpaßt, wenn nicht ein Wagen gekommen wäre. Sowie er auf dem Wagen saß, fühlte er sich sicher – das Land lag schon hinter ihm. Der Zug und der Dampfer in Cork waren eine reine Formsache; er war bereits in Amerika.

Im Augenblick, da er drüben an Land ging, durchschauerte ihn ein Gefühl, zu Hause zu sein, das er in seinem Heimatdorf nie empfunden hatte, und er wunderte sich, woher es kam, daß ihm der Geruch der Bar natürlicher schien als der Geruch der Felder, und das Gesumm der Menge willkommener als das Schweigen am Rande eines Sees. Er stieß ein Dankgebet aus, weil er entkommen war, und begann Unterhandlungen, um die Bar zu erwerben.

Er nahm sich eine Frau, sie schenkte ihm Söhne und Töchter, die Bar blühte auf, Wohlstand kam und ging; er wurde alt, seine Frau starb, er zog sich vom Geschäft zurück und erreichte das Alter, wo der Mensch fühlt, daß er nicht mehr viele Jahre vor sich hat und daß alles, was er im Leben hatte tun müssen, getan war. Seine Kinder heirateten; Einsamkeit schlich heran, wenn er abends in das Licht der Flammen blickte; unbestimmte, zarte Träume schwebten näher, und Margarets Name und ihre weichen Augen machten die Dämmerung lebendig. Seine Frau und seine Kinder schwanden aus seinem Denken, und es schien ihm, als sei sein einziger wirklicher Besitz eine Erinnerung, und der Wunsch, Margaret wiederzusehen, wuchs und wuchs. Doch sie war eine alte Frau, sie hatte geheiratet, vielleicht war sie tot. Ja, er wollte gern begraben sein in dem Dorf, wo er geboren war.

Es ist ein unwandelbares, verschwiegenes Leben in jedem von uns, um das keiner weiß als wir selbst, und sein unwandelbar verschwiegenes Leben war seine Erinnerung an Margaret Dirken. Die Bar war vergessen wie alles, was mit ihr zusammenhing; und die Dinge, die am klarsten vor ihm standen, waren die grünen Hügelhänge und der Moorsee mit dem Schilf, und der größere See in der Ferne, und dahinter die blaue Linie der wandernden Berge.

# George Bernard Shaw
## *Die Serenade*

Meinen vierzigsten Geburtstag feierte ich mit einer jener Amateurtheatervorstellungen, für die mein Haus berühmt wurde. Das Stück, wie üblich von mir selbst verfaßt, war ein Märchenspiel in drei Akten, bei dem es sich darum handelt, daß der Held, ein junger persischer Prinz, in den Besitz eines Zauberhorns kommt. Meine Stücke sind so bekannt, daß es nicht nötig ist, die Handlung bis ins einzelne zu beschreiben. Ich brauche den Leser nur daran zu erinnern, daß die wichtigste Stelle im zweiten Akt die Unterbrechung eines Festes durch den Klang des Horns ist, das der Prinz im Innern eines Magnetbergs bläst, in den ihn eine böse Fee verbannt hat. Ich hatte einen Hornisten aus der Kapelle meines Regiments gebeten, das Horn zu blasen, und zwar war abgemacht worden, daß er sich nicht auf der Bühne, sondern unten im Flur aufstellen sollte, damit die erforderliche Wirkung eines wie aus weiter Ferne klingenden Horns erzielt würde.

Die Aufführung ließ sich recht nett an. Eine begreifliche Enttäuschung machte sich bemerkbar, als bekannt wurde, daß ich nicht mitspielte; doch meine Gäste verziehen es mir voller Humor, da ich mich mit meiner Doppelrolle als Gastgeber und Regisseur entschuldigen konnte. Den besten Platz im Zuschauerraum hatte die schöne Linda Fitznightingale inne. Den Platz daneben, der eigentlich für mich bestimmt war, hatte sich (ziemlich dreist) Porcharlester vom zwölften Regiment erobert, ein junger Mann von liebenswürdigem Wesen und einer musikalischen Begabung, dank der er seinen etwas weibischen Bariton ins beste Licht rücken kann: er ist so eitel, ihn als Tenor auszugeben.

Da Lindas Liebe zur Musik an Fanatismus grenzte, verlieh Porcharlesters einzige Begabung ihm in ihren Augen einen Vorzug vor Männern mit solideren Gaben und gesetzterem Alter. Ich beschloß, ihre Unterhaltung zu unterbrechen, sobald ich frei war. Es dauerte einige Zeit, ehe es dazu kam, denn ich mache es mir zur Regel, selber darauf zu achten, daß alles, was für die Vorstellungen in meinem Hause gebraucht wird, am rechten Ort und gleich zur Hand ist. Schließlich beklagte sich die Heldin, Miss Waterloo, daß meine Besorgtheit sie nervös mache; sie bat mich, in den Saal zu gehen und mich zu entspannen. Ich fügte mich gern und eilte an Lindas Seite. Als ich kam, erhob sich Porcharlester und sagte: »Ich möchte gern mal hinter die Kulissen schauen – das heißt, falls Nichtdarsteller geduldet werden?«

»Doch, gern«, erwiderte ich und war froh, ihn loszuwerden. »Nur mischen Sie sich bitte nicht ein! Die geringste Störung . . .«

»Schon recht«, unterbrach er mich. »Ich weiß, wie pedantisch Sie sind. Ich werde meine Hände die ganze Zeit über in der Tasche behalten.«

»Sie sollten es ihm nicht erlauben, Ihnen gegenüber respektlos zu sein, Oberst Green«, sagte Linda, als er gegangen war. »Ich bin überzeugt, daß er hinter den Kulissen nichts als Unfug treiben wird.«

»Männer bleiben ewig Kinder«, erwiderte ich. »Porcharlester benimmt sich genauso wie General Johnston, der ein ziemlich alter Mann ist. – Wie kommen Sie mit Ihren Musikstudien voran?«

»Gerade jetzt bin ich ganz erfüllt von Schubert! Kennen Sie Schuberts Serenade, Oberst Green?«

»O ja, sie ist bezaubernd! Ich glaube, sie klingt ungefähr so: Dideldidum, dididdeldum, didum, dididdelda!«

»Ja, so ähnlich. Singt Mr. Porcharlester sie?«

»Er bemüht sich, sie zu singen. Aber anscheinend kann er nur populäre Musik gut wiedergeben. Wo dagegen ernstes Gefühl, Tiefe der Empfindung und ein reifes Einfühlungsvermögen verlangt wird, wie zum Beispiel bei . . .«

»Ja, ja! Ich weiß, daß Sie Mr. Porcharlester für leichtfertig halten. Gefällt Ihnen die Serenade?«

»Ach, wissen Sie – gefällt sie Ihnen denn?«

»Ich liebe sie! Ich träume von ihr! Seit drei Tagen gehe ich ganz in ihr auf!«

»Ich muß gestehen, daß sie mir als ein außergewöhnlich schönes Musikstück erschienen ist. Hoffentlich habe ich das Vergnügen, sie von Ihrer Stimme aufs schönste vorgetragen zu hören, sobald unser kleines Schauspiel endet.«

»*Ich* soll sie singen? Oh, das wage ich nie! Ach, da ist ja Mr. Porcharlester! Er muß mir fest versprechen, daß *er* sie uns vorsingt!«

»Green«, begann Porcharlester mit unangebrachter Scherzhaftigkeit, »ich möchte Sie nicht ohne Grund beunruhigen, aber der Mensch, der das Zauberhorn blasen soll, ist nicht erschienen ...«

»Gott im Himmel!« rief ich. »Ich hatte ihn auf Punkt halb acht bestellt! Wenn er nicht kommt, fällt das ganze Stück ins Wasser.«

Ich entschuldigte mich kurz bei Linda und eilte auf den Flur. Das Horn war da, auf dem Tisch. Porcharlester hatte sich eines gemeinen Tricks bedient, um mich loszuwerden. Ich war im Begriff, umzukehren und eine Erklärung zu verlangen, als es mir in den Sinn kam, daß der Hornist sein Instrument vielleicht bei der Generalprobe am Vormittag liegenlassen hatte und jetzt nicht selbst erschienen war. Doch ein Diener, den ich herbeirief, sagte mir, der Mann sei mit militärischer Pünktlichkeit um halb acht erschienen und meinen Anweisungen entsprechend in das an den Flur anstoßende Eßzimmer geführt worden, wo man ihm ein Glas Wein und ein paar Sandwiches vorgesetzt hätte. Porcharlester hatte mich gefoppt. Nachdem der Diener sich wieder an seine Pflichten begeben und mich allein und ärgerlich im Flur stehengelassen hatte, fühlte ich mich merkwürdig und unwiderstehlich von den schimmernden Messingwindungen des Instruments angezogen. Zwischen all den leblosen Dingen ringsumher schien das Horn auf eine eigene Art stumm und unbeweglich, als warte es, zum Bersten angefüllt mit furchtbaren Klängen, den Augenblick ab, in dem es sich Luft machen durfte. Ich stahl mich an den Tisch und tippte vorsichtig mit dem Zeigefinger auf eine Ventilklappe. Nach einer Sekunde wagte ich es, sie herunterzudrücken. Es klickte. Ein Geräusch im Eßzimmer ließ mich schuldbewußt zurückweichen. Dann klingelte die Glocke des Souffleurs. Es war das Zeichen für den Hornisten, sich für seinen Einsatz zu sammeln. Ich wartete etwas beschämt auf das Erscheinen des Hornisten und hoffte, er würde nicht merken, daß ich kindisch an seinem Instrument herumgefingert hatte. Er kam jedoch nicht. Meine Besorgtheit wuchs: ich hastete ins Eßzimmer. Dort saß der Soldat am oberen Ende des Eßtisches und war eingeschlafen. Vor ihm standen fünf leere Karaffen. Ich packte ihn bei der Schulter und schüttelte ihn kräftig. Er murrte, schlug in seinem Rausch nach mir und verfiel wieder in seine Abgestumpftheit.

In meinem Zorn schwor ich mir, ihn für seinen Ungehorsam erschießen zu lassen, und stürzte auf den Flur zurück. Die Glocke klingelte abermals. Dieses zweite Zeichen bedeutete, daß das Horn ertönen sollte. Auf der Bühne warteten sie darauf. In dieser äußersten Notlage sah ich nur eine Möglichkeit, das Stück vor dem Reinfall zu bewahren. Ich ergriff das Instrument, steckte das kleinere Ende in den Mund und blies kräftig hinein. Ich hatte meinen Atem vergeudet: kein Ton kam heraus! Vor Anstrengung wurde mir ganz schwach, und das blanke Messing rutschte durch meine feuchten Hände. Die Glocke zerriß wieder und dringender die unheilvolle Stille. Da umklammerte ich das Horn wie mit einem Schraubstock, sog mir die Lunge voll, preßte das Mundstück gegen meine Lippen, biß darauf, daß es sich fast einschnitt, und schnob wütend hinein. Das Ergebnis war ein gigantisches Getöse. Meine Ohren wurden von dem Schall taub, die Lampenglocken klirrten, die Hüte meiner Gäste flogen vom Haken, und ich preßte gerade meine Handflächen gegen die pochenden Schläfen, als der Soldat hervorgewankt kam. So bleich, als hätten ihn die Posaunen des Jüngsten Gerichts geweckt, starrte er die betroffene Gästeschar an, die auf den Stufen der Treppe erschien.

In den folgenden drei Monaten studierte ich unter der Anleitung eines Fachmanns die Kunst, das Waldhorn zu blasen. Er langweilte mich mit seinen spießbürgerlichen Manieren und seiner ermüdenden Gewohnheit, mir immer wieder zu erklären, das Waldhorn gleiche mehr als jedes andere Instrument der menschlichen Stimme. Doch er war tüchtig und gewissenhaft, und ich hielt durch – trotz einiger Einwände meiner Nachbarn. Schließlich wagte ich ihn zu fragen, ob er mich für so weit fortgeschritten hielte, daß ich einem Freund ein Solo vorspielen könnte.

»Oh, Herr Oberst«, erwiderte er, »wenn ich die Wahrheit sagen soll: Sie sind nicht fürs Waldhorn geboren! Und dann, verstehn Sie, blasen Sie zu toll! Glauben Sie mir, man braucht nicht soviel Kraft wie Sie dranwenden: das verdirbt bloß den Ton. Was haben Sie denn gedacht, was Sie für Ihren Freund spielen wollten?«

»Etwas, das Sie mir beibringen sollen: Schuberts Serenade!«

Er sah mich lange an und schüttelte dann den Kopf. »Die ist nicht für das Instrument geschrieben worden«, sagte er. »Die lernen Sie nie!«

»Wenn ich sie das erstemal fehlerfrei durchspiele, gebe ich Ihnen fünf Goldstücke – außer dem Stundenhonorar!«

Das besiegte seine Zweifel. Ich merkte, daß ich die Serenade selbst nach fleißigem Üben unsicher spielte und daß sie sehr schwierig war. Aber endlich gelang es mir.

»Wenn ich an Ihrer Stelle wäre, Herr Oberst«, sagte mein Lehrer, als er die fünf Goldstücke einkassierte, »dann würde ich die Serenade für mich behalten und meinem Freund was Leichteres vorspielen. Nach 'ner halben Stunde Üben können Sie sie ganz nett spielen, aber wenn ich nicht neben Ihnen stehe, werden Sie schon merken, daß es nicht so glatt geht.«

Ich nahm seinen Rat auf die leichte Schulter, wenn ich ihn auch heute in seiner vollen Klugheit begreife. Doch damals war ich versessen auf meinen lange gehegten Plan, Linda ein Ständchen zu bringen. Ihr Haus am nördlichen Ende der Park Lane war für meinen Zweck sehr günstig gelegen, und ich hatte schon einen

Diener bestochen, damit er mich in das kleine Vorgärtchen einließ, das zwischen dem Haus und der Straße lag. Gegen Ende Juni erfuhr ich von ihrer Absicht, sich einmal einen ganzen Abend von den Anstrengungen des gesellschaftlichen Lebens auszuruhen. Das war für mich der gegebene Zeitpunkt! Um neun Uhr packte ich mein Waldhorn in eine Reisetasche und fuhr zum Marble Arch, wo ich ausstieg, um zu Fuß zu Lindas Haus zu gehen. Doch die Stimme Porcharlesters, der laut: »Hallo, Oberst!« rief, hielt mich auf. Weil ich nicht ausgefragt werden wollte, hielt ich es für das beste, ihn zu fragen, wohin er wolle.

»Ich will Linda besuchen«, erwiderte er. »Gestern ließ sie mir mitteilen, daß sie heute abend allein zu Hause sei. Ich erzähle es Ihnen ganz offen, denn ich weiß, daß Sie ein Ehrenmann sind, und Sie wissen, wie anständig sie ist. Ich verehre sie glühend! Wenn ich sicher sein könnte, daß sie nicht nur meine Stimme, sondern mich selbst liebt, wäre ich der glücklichste Mensch auf Erden!«

»Bestimmt liebt sie Sie nicht wegen Ihrer Stimme«, sagte ich.

»Ich danke Ihnen!« rief er und ergriff meine Hand. »Es ist sehr freundlich von Ihnen, das zu sagen. Aber ich wage mir nicht zu schmeicheln, daß Sie recht haben. Wenn ich sie ansehe, verschlägt's mir fast den Atem. Wissen Sie, daß ich niemals den Mut hatte, die Serenade von Schubert zu singen, seit sie mir erzählt hatte, es sei eins ihrer Lieblingsstücke?«

»Warum? Hört sie's nicht gern, wenn Sie sie singen?«

»Ich sagte ja gerade, daß ich es niemals wagte, sie vor ihr zu singen, obwohl sie mich dauernd darum bittet. Ich bin beinahe eifersüchtig auf das verflixte Lied. Aber ich würde alles tun, um ihr eine Freude zu machen, und morgen bei Mrs. Locksly Hall will ich sie damit überraschen. Ich habe Stunden genommen und wie ein Roß geschuftet, damit ich's wirklich erstklassig singen kann. Wenn Sie sie treffen sollten, dürfen Sie ihr kein Wort davon verraten! Es soll eine Überraschung sein!«

»Ich bin überzeugt, daß es eine Überraschung wird«, entgegnete ich und frohlockte beim Gedanken, daß er um einen Tag zu spät kommen würde. Ich wußte, daß eine schönere Stimme als die seine nötig war, um den Vergleich mit der schwermütigen Lieblichkeit, der düsteren Drohung und der ureigenen Kraft zu bestehen, die ein geübter Spieler dem Instrument, das ich bei mir trug, entlocken konnte. Wir trennten uns, und ich sah, wie er Lindas Haus betrat. Nach ein paar Minuten stand ich im Vorgärtchen und sah von meinem Platz im Schatten zu ihnen auf, da sie am offenen Fenster saßen. Von ihrer Unterhaltung hörte ich nichts; ich glaubte schon, er würde nie gehen. Der Abend war ein wenig kalt, und die Erde war feucht. Es schlug zehn Uhr, Viertel nach zehn, halb elf – ich war fast entschlossen, nach Hause zu gehen. Wenn die Langeweile nicht durch ein paar Stücke unterbrochen worden wäre, die sie auf dem Klavier spielte, dann hätte ich nicht durchgehalten. Endlich erhoben sie sich, und jetzt konnte ich auch ihre Worte unterscheiden.

»Ja«, sagte sie, »es wird Zeit, daß Sie gehen!« Von Herzen gab ich ihr recht. »Doch Sie hätten mir die Serenade vorsingen sollen! Ich habe Ihnen drei Stücke vorgespielt!«

»Ich bin furchtbar erkältet«, entgegnete er. »Ich kann wirklich nicht! Gute Nacht!«

»Was für ein Unsinn! Man merkt Ihnen nicht die Spur einer Erkältung an. Einerlei: ich werde Sie nie wieder darum bitten! Gute Nacht, Mr. Porcharlester!«

»Seien Sie nicht böse auf mich!« bat er. »Sie werden sie vielleicht früher zu hören bekommen, als Sie glauben.«

»Oh! Sie sagen das so bedeutungsvoll! Früher als ich es glaube? Wenn Sie eine Überraschung für mich im Sinn haben, verzeihe ich Ihnen. Morgen sehe ich Sie hoffentlich bei Mrs. Locksly Hall?«

Er bestätigte es und ging rasch fort – wahrscheinlich befürchtete er, seinen Plan sonst zu verraten. Als er weg war, trat sie ans Fenster und blickte zu den Sternen auf. Ich sah sie und vergaß darüber meine Ungeduld. Meine Zähne hörten auf zu klappern. Ich nahm das Waldhorn aus der Reisetasche. Sie seufzte, schloß das Fenster und ließ den weißen Vorhang herunter. Schon der bloße Anblick ihrer Hand hätte mich angespornt, all meine voraufgegangenen Anstrengungen noch zu übertreffen. Sie setzte sich so, daß ich den Schatten ihrer Figur im Profil sehen konnte. Meine Stunde war gekommen. In der Park Lane war es beinah ruhig. Der Verkehr der Oxford Street war zu fern, um zu stören.

Ich fing an. Beim ersten Ton sah ich, wie sie zusammenzuckte und lauschte. Als die ersten Takte ihr enthüllten, was für eine Melodie ich spielte, legte sie ihr Buch beiseite. Das Mundstück des Instruments war eisig; meine Lippen waren steif und klamm, so daß ich trotz der größten Sorgfalt mehr als einmal durch ein häßliches Gurgeln unterbrochen wurde, das selbst der beste Hornist nicht immer vermeiden kann. Trotzdem, wenn man in Betracht zog, daß ich fror und sehr nervös war, ging es ganz gut. Da mein Selbstvertrauen beim Weiterspielen zunahm, machte ich die Unzulänglichkeiten zu Beginn des Spiels wieder wett, spielte die Schlußakkorde mit eindrucksvoller Klangfülle und brachte beim vorletzten Ton sogar einen leidlichen Triller zustande.

Als ich geendet hatte, bewiesen mir die aufmunternden Beifallsrufe auf der Straße, daß sich dort eine Menschenmenge eingefunden hatte und daß eine sofortige Flucht nicht mehr in Frage kam. Ich steckte das Waldhorn wieder in meine Reisetasche und hielt mich bereit heimzugehen, sowie sich die Menge zerstreut hätte. Inzwischen starrte ich auf den Schatten am Fenster. Sie schrieb jetzt. Ob sie etwa an mich schrieb, dachte ich. Sie stand auf, und der Schatten breitete sich über den ganzen Vorhang aus, so daß ich ihre Bewegungen nicht mehr unterscheiden konnte. Ich hörte eine Klingel. Eine Minute drauf wurde die Haustür geöffnet. Ich zog mich hinter einen Aloekübel zurück, doch als ich den Diener erkannte, den ich bestochen hatte, pfiff ich ihn leise heran. Mit einem Brief in der Hand kam er auf mich zu. Mein Herz hämmerte mächtig, als ich ihn sah.

»In Ordnung, sir«, flüsterte er. »Miss Linda sagte mir, ich solle Ihnen den Brief hier geben, aber Sie sollten ihn bitte erst öffnen, wenn Sie zu Hause wären.«

»Dann wußte sie also, wer ich bin?« fragte ich eifrig.

»Ich nehm's an, sir. Als ich ihr Klingeln hörte, ging ich rasch selber zu ihr hin. Da sagte sie zu mir: ›Irgendwo im Garten unten finden Sie einen Herrn. Geben Sie ihm den Brief und bitten Sie ihn, nach Hause zu gehen. Er soll ihn nicht hier lesen.‹«

»Stehn noch Leute draußen herum?«

»Sie sind alle weg, sir! Besten Dank, sir! Gute Nacht, sir!«

Ich rannte die ganze Strecke bis zum Hamilton Place, wo ich in eine Droschke stieg. Zehn Minuten später war ich im Arbeitszimmer und machte mit zitternden Händen den Brief auf. Er steckte nicht in einem Umschlag, sondern war dreimal gefaltet, und die eine Ecke war umgekniffen. Ich öffnete ihn und las.

714, Park Lane. Freitag.

»Lieber Mr. Porcharlester«,

Ich zauderte. Hoffentlich hielt sie mein Ständchen nicht etwa ihm zugute? Doch noch wichtiger war die Frage, ob ich überhaupt das Recht hatte, einen Brief zu lesen, der nicht an mich gerichtet war. Neugier und Liebe siegten über diese Bedenken. Der Brief lautete folgendermaßen:

»Ich bedaure, daß Ihnen meine Vorliebe für Schuberts Serenade nur Veranlassung bot, sie ins Lächerliche zu ziehen! Vielleicht war diese Vorliebe übertrieben, doch hätte ich sie Ihnen gegenüber nicht geäußert, wenn ich nicht angenommen hätte, daß Sie mich verstehen. Falls es Ihnen Genugtuung bereiten sollte, zu erfahren, daß Sie mich gründlich kuriert haben, dann glauben Sie mir bitte, daß ich die Serenade nie wieder ohne ein seltsames Gemisch aus Heiterkeit und Unbehagen hören werde. Ich ahnte nicht, daß die menschliche Kehle solche Töne hervorbringen kann, und als Sie mir versicherten, ich würde Ihre Stimme eher als erwartet hören, dachte ich nicht im geringsten, daß Sie eine derartige Vorführung planten. Ich habe nur noch ein Wort für Sie: leben Sie wohl! Ich werde nicht das Vergnügen haben, Sie morgen abend bei Mrs. Locksly Hall zu sehen, da meine andern Verpflichtungen mir nicht erlauben, zu ihr zu gehen. Aus dem gleichen Grund muß ich mir leider das Vergnügen versagen, Sie in dieser Saison nochmals zu empfangen. Hochachtungsvoll,

Ihre Linda Fitznightingale.«

Ich fand, daß es Mr. Porcharlester nur unnützen Kummer bereiten würde, wenn ich den Brief weiterbeförderte. Und außerdem dachte ich, daß mein Lehrer recht hatte: ich bin nicht fürs Waldhorn geboren. Daher habe ich es aufgegeben.

Linda ist jetzt meine Frau. Ich erkundige mich manchmal, weshalb sie Porcharlester unbedingt schneiden will, da er mir sein Ehrenwort als Offizier und Gentleman gegeben hat, er habe ihr seines Wissens nie den leisesten Grund gegeben, gekränkt zu sein. Sie weigert sich stets, es mir zu sagen.

# James Plunkett
## *Individualisten*

Die Forelle stand in der Mitte des Bachs an einer Stelle, wo die Sonne das Wasser durchsichtig golden aufleuchten ließ. Ein wenig weiter voraus ragte ein Stein aus dem Bach, und im Wasser, das sich an seinen beiden Seiten brach, hüpften und zappelten die Spiegelbilder der Bäume und blieben doch fest verankert. Die Berge ringsum verschwanden fast im Hitzedunst.

Die Forelle war zwischen den zwergenhaft kleinen Bergforellen der reinste Riese. Ihre Augen spähten wachsam, ihr Unterkiefer war ein gefräßiger Kinnbacken. Als Denis sie beobachtete – mit unnützer Angelrute, weil die Bäume zu dicht standen –, drehte sich die Forelle mit einer selbstsicheren Bewegung um, die sie stromab an ihren Standort unter dem Ufer brachte. Denis merkte sich die Stelle genau, ehe er sich zurückzog.

Später am Abend nahm er Helen mit in die Wirtschaft. Er spürte ihre Arme, die sich fest um ihn schlangen, während das Motorrad auf dem holprigen Karrenweg schleuderte und sprang. Nach einigen Meilen kamen sie auf die geteerte Straße und hielten dort, wo das Licht aus den beiden kleinen Fenstern der Wirtschaft Flahertys sich in die Dunkelheit von Berg und Moor ergoß.

Die Männer grüßten sie zutraulich, als sie eintraten. An dem einen Ende des Schankraums brannte ein hoch aufgeschichtetes Torffeuer – nicht, um in dieser Sommernacht Wärme zu spenden, sondern weil es eine einsame Gegend war und ein Feuer Frohsinn und Geselligkeit bedeutete. Hin und wieder entwischten kleine Rauchwölkchen ins Zimmer hinein und verbreiteten einen angenehm würzigen Geruch.

Bei den Flahertys hielt man sie für Bruder und Schwester. Flaherty hatte diesen Gedanken bei ihrem ersten Besuch geäußert.

»So, Sie wohnen oben im Glenbeigh Cottage?« hatte er gefragt. »Nur für ein paar Wochen.«

»'s ist eine sehr einsame Gegend«, hatte Flaherty gesagt und die Augen zusammengekniffen, während er die Gläser bis zum rechten Maß vollschenkte.

»Man kann aber fein schwimmen und fischen.«

Diesen Zeitvertreib schob Flaherty mit einer Handbewegung beiseite.

»Das mag einem jungen Mann wie Ihnen genügen. Aber ein bißchen Tanz und Gesellschaft wären wohl mehr nach dem Geschmack Ihrer Schwester hier!«

Flaherty beugte sich über die Petroleumlampe, die neben der Ladenkasse stand. Sie war praktisch, wenn er das Wechselgeld zählen mußte. Eine zweite Lampe hing von der Mitte der Decke herunter.

Denis überlegte, ob die Worte als Frage gemeint waren, und sagte dann nichts. Flaherty ließ es dabei bewenden.

Denis trug die Gläser zum Tisch in der Ecke, und da ihm noch immer die Forelle durch den Kopf ging, sagte er:

»Heut' habe ich die klügste Forelle gesehen!«

»Woher weißt du's?«

»Es war die größte.«

»Ist die größte immer die klügste?«

»Bei den Forellen – ja.«

»Warum?« fragte Helen. Sie hatte eine Art an sich, die Augenbrauen hochzuziehen, die all ihren Fragen einen bestimmten Ernst verlieh.

»Sie hat ein langes Leben hinter sich.«

»Sie könnte vielleicht auch listig sein, nicht?« sagte Helen. »Wahrscheinlich frißt sie auch das, was den andern zukäme.«

Denis lachte und sagte:

»Die da unten könnte zwanzig Jahre alt sein. Aber ihre Tage sind gezählt. Ich werde sie fangen.«

»Wie?«

»Das weiß ich noch nicht. Muß mir was ausdenken.«

»Du solltest nichts Lebendiges töten! Es ist nicht recht.«

»Die Forelle tötet ja auch«, entgegnete Denis weise.

»Weil sie muß«, erwiderte Helen. »Du aber nicht. Und du bist auch viel zu lieb, um es wirklich zu wollen.«

Als sie sich über ihr Glas beugte, hatte ihr Haar die gleiche Farbe wie die Flüssigkeit. Und ihre schönen und lebhaften Augen verrieten, daß sie auch im Herzen empfand, was sie sagte. Er beobachtete einen Nachtschmetterling, der dauernd gegen die Hängelampe stieß und darauf aus war, den Feuertod zu sterben.

Er mußte nachdenken über das, was sie gesagt hatte. Ja, weshalb? Er drehte sein Glas herum und grübelte über einen Grund nach. Weshalb wollte er sie töten? Der Augenblick, als er sie zum erstenmal sah, hatte sich ihm fest ins Gedächtnis gegraben. Er sah den Kranz der Berge vor sich, das von Bäumen besäumte Ufer, das sich zu beiden Seiten des Steins kräuselnde Wasser und, noch in der Mitte des Baches, den erschreckend großen Körper und die fast unmerklichen Bewegungen der Flossen.

»Sie ist der König des Bergbachs«, sagte Denis schließlich, »und jeder rechtschaffene heidnische Jäger wird dir erklären, wenn du den König einer Gattung tötest, dann geht all seine Kraft auf dich über.«

»Du Verrückter!« sagte Helen. Aber er hatte sie zum Lachen gebracht. Ja noch mehr: sein Ton hatte ihre Liebe aufgescheucht und geweckt, und plötzlich sprang das Begehren von einem zum andern. Er legte, ohne nachzudenken, seine Hand über die ihre, aber sie sagte – und ihre Stimme zitterte ein wenig:

»Nicht, Denis!«

Dann fiel es ihm wieder ein, daß sie, solange sie bei Flahertys etwas tranken, sich wie Bruder und Schwester benehmen mußten. Widerstrebend löste er seine Hand aus der Berührung. Seit Beginn der Ferien hatten sie nur einmal zusammen geschlafen. Dann war es einige Tage nicht möglich gewesen, deshalb hatten sie in getrennten Zimmern geschlafen.

»Wann?« fragte er.
»Morgen abend.«
»Sicher?«
»Natürlich«, sagte sie sanft.

Im Augenblick schien es noch lange hin. Er seufzte und wandte seine Aufmerksamkeit der Bartheke zu. Sein Körper war nach dem anstrengenden Tag angenehm müde, seine Wangen und Arme brannten von den langen Stunden in der Sonne. Ein Fremder war gekommen und setzte sich mit einer Harmonika auf den Knien ans Feuer. Sie forderten ihn auf zu spielen. Als Denis merkte, daß die Musik gleich beginnen würde, bat er um mehr zu trinken, und als die Gesellschaft bei den ersten Tönen in aufmerksames Schweigen sank, lehnte Helen sich zurück und sagte zufrieden: »Wie schön!«

Sie blieben lange, wie gebannt von der Musik und dem Zauber des warmen Feuers.

In der Nacht träumte er von dem Fisch. Er stand am Rand des Baches, die Bäume drängten sich um ihn, der Nachthimmel wölbte sich weich über ihm, lautlos floß das Flüßchen dahin, in einer Schwärze, über die hie und da ein unerklärlicher roter Schein huschte. Irgendwo in der Tiefe mußte der Fisch stehen: unaufhörlich, und ohne daß man es sah, bewegte er die Schwanzflosse. Mit weit geöffneten Augen hielt er Wache, ein Wissender. Das war alles, was durch seinen Traum zog: der Fisch, er selbst, und die Nacht.

Am nächsten Morgen grub er Köder aus; dann hörte er den Wagen. Er ließ den Spaten am Bachufer stehen und schaute nach rechts, wo die Straße über den schlanken Brückenbogen schweifte. Zuerst sah er nur das Teilstück der Bergstraße. Es war ungeteert und sandig, voll winziger Glimmerstückchen, die in der Sonne blitzten. Dann fuhr der Wagen vorüber und hielt. Denis, der den Pfad durchs Farnkraut heraufkam, erkannte Carews Rücken, noch bevor er sich umdrehte.

»Denis!« begrüßte ihn Carew mit ausgestreckter Hand.

Denis ergriff sie.

»Dein Motorrad steht ein paar Meter rückwärts«, erklärte Carew. »Ich habe es an der Nummer erkannt.«

»Du mußt in unser Häuschen hinaufkommen«, sagte Denis.

»Hast du hier ein Häuschen?« fragte Carew lächelnd.

»Helen ist bei mir«, erwiderte Denis. Er sah, wie sich der Argwohn ob des Unnennbaren ganz allmählich in Carews Gesicht festsetzte.

»Allein?«

»Ja, nur wir beide«, bestätigte Denis. Er ging voran und erzählte im Steigen von ihrer Unterkunft und vom idealen Wetter und wieviel sie im Monat zahlten, doch während er sprach, hoffte er im stillen, daß Helen wenigstens an diesem Morgen, wenn sie ihnen die Tür aufmachte, fertig angezogen war.

Sie lag jedoch im Vordergärtchen und war, was Carew offensichtlich zur Kenntnis nahm, sehr nachlässig gekleidet. Denis sagte zu Helen:

»Helen, das ist Robert Carew!«

»Ich habe schon viel von Ihnen gehört«, lächelte Helen.

»Das ist Helen!«, sagte er zu Carew.

»Aha«, sagte Carew.

Im Moment war es das beste, was er tun konnte.

»Sie kommen gerade zum Mittagessen zurecht«, sagte Helen. Denis entschuldigte sich und folgte ihr in die Küche.

»Daß so was passieren mußte!«

»Zum Kuckuck mit ihm!« nickte Helen.

»Wenn er nicht ausgerechnet seit acht Jahren mit meiner Schwester Maura verlobt wäre . . . und von der Familie wegen seiner Korrektheit bewundert würde . . .«

»Stell dir vor: an so einem Tag einen Regenschirm mitzunehmen!«

»Er wird's für seine Christenpflicht halten, ihnen von uns zu erzählen. Schade, daß du gerade . . . Ich meine, der erste Anblick . . .«

»Den hätt' ich am allerwenigsten erwartet!«

»Du sahst gar nicht überrascht aus.«

»Dafür blieb mir keine Zeit. Du hast mich buchstäblich mit ihm überfallen.«

»Na ja«, sagte Denis und fügte sich drein. Das Unheil war nun mal geschehen.

Helen machte dann den Vorschlag, daß Denis und Carew zusammen den Gipfel erklimmen sollten. Sie sagte es, nachdem sie ihn die ganze Mahlzeit über ertragen und ihm das Häuschen gezeigt hatten. Er hatte seine Nase in ihre Schlafzimmer gesteckt, in die Wandschränke geschaut und erstaunt den Blasebalg betrachtet, der in den breiten Kamin eingebaut war, wo auch der schwere Kessel wie in alter Zeit an Ketten und Stangen aufgehängt war. Carew war höflich, und doch schien seine nicht geäußerte Mißbilligung alles zu beflecken, was er anfaßte.

Zuerst war er abgeneigt, auf Helens Vorschlag einzugehen, doch plötzlich schien er es für einen guten Einfall zu halten. Sie packte ihnen etwas zu essen ein und schickte sie los, nachdem es zuerst noch ein Hin und Her wegen Carews Regenschirm gegeben hatte. Sie versicherten ihm, daß es an einem solchen Tag bestimmt nicht regnen würde, und machten ihn auf die Farbe des Himmels aufmerksam, der so still und wolkenlos war.

»Ach, ich glaube doch, ich nehme ihn lieber mit«, entschied Carew sich schließlich, nachdem er die einzelnen Gesichtspunkte sorgsam erwogen hatte.

»Wie du willst«, sagte Denis.

Während sie sich durch den Kiefernwald bergauf mühten, zog sich Carew zuerst den Rock und dann Kragen und Krawatte aus. Denis ließ ihn den Schritt angeben. Anfangs bedrückte ihn der Anblick des Regenschirms, der Hosenträger und des Hemds ohne Kragen mit dem überflüssigen Kragenknopf, der am Nacken hervorschaute. Dann vergaß er das alles, weil der Wald dichter wurde. Und die Kiefern, die an den unteren Hängen hoch und gerade wuchsen, marschierten mit ihnen bergauf und schlossen sie in ein grünes Dämmerdunkel ein.

Wieder beschäftigten sich seine Gedanken mit der Forelle. Während des Vormittags hatte er sich einen Plan zurechtgelegt. Er wollte in der Dämmerung zu der Stelle am Flüßchen gehen, die er sich so genau gemerkt hatte. Dann wollte er warten, bis alles Licht erloschen und das Geräusch seiner Schritte vergessen war. Als Köder hatte er eine Made ausgegraben, die er an einer andern Stelle des Baches gefunden hatte, eine lehmfarbene Made, die sich am Haken krümmte, sich aber wieder auseinanderrollte und ihre weiße Bauchseite zeigte, wenn sie ins Wasser geworfen wurde. Wenn er sie sachte hineinwarf, als wäre sie von einem überhängenden Ast heruntergefallen, könnte sie die Forelle anlocken. Eines Tages nämlich, als ihm seine künstlichen Fliegen auszugehen drohten, hatte er es ohne viel Hoffnung mit den Maden versucht und rein zufällig entdeckt, wie brauchbar sie waren. Er fand es seltsam, daß trotz aller Verschwendung der Natur so viele Köder untauglich waren und nur dieser eine sich als unfehlbar erwies. Man konnte ein ganzes Leben damit zubringen, die verschiedenen Lebensformen zu bestimmen, die sich in einem einzigen Acker Erde vorfanden. Er war im Begriff, zu Carew eine Bemerkung darüber zu machen, aber dann unterließ er es. Carew würde darin bestimmt die Allmacht Gottes erblicken.

Nach ein paar Stunden hatten sie sich aus dem Wald herausgearbeitet. Es geschah ganz unvermittelt. Vor einer Sekunde waren sie noch von Dunkel und Schweigen umfangen, und in der nächsten Sekunde sahen sie sich in einer Welt leuchtender Farben und übermächtigen Lichts. Inseln lockeren, verwitterten Gesteins lagen in einem Meer von Heidekraut und Ginster. Die ganze Helle brach plötzlich wie ein lauter Schrei über sie herein, so daß Denis sich einen Augenblick streckte und eher lauschte als schaute – und die Forelle vorübergehend vergaß. Weiter oben, neben einem kleinen Bach, der durch eine Zwergenschlucht purzelte, war ein kühler Grasfleck, der einladend aussah. Sie beschlossen zu rasten.

Carew öffnete seinen Regenschirm und benutzte ihn als Sonnenschutz.

»Ich wußte ja, daß es gescheit wäre, ihn mitzunehmen«, sagte er.

Noch immer hingen die nicht geäußerten Fragen zwischen ihnen in der Luft. Carew sah lächerlich aus unter seinem schwarzen Regenschirm – wie eine große Fledermaus im Sonnenschein. Denis stützte sich auf den Ellbogen und sagte:

»Von hier aus kann man unser Häuschen sehen.«

»Wo?« fragte Carew und reckte den Hals.

»Schau mal den Bach entlang und sieh dann nach links, nahe beim Talboden!« Carew sah es. Mit seinen leuchtend roten Fensterrahmen und den grellweißen Wänden schmiegte es sich, eingerahmt von dem traulichen Garten mit den kleinen Obstbäumen, an den Berghang.

»Es sieht sehr hübsch aus«, gab Carew zu, wenn auch widerwillig, da sein Gemüt sich offenbar in Aufruhr befand.

Denis fand die gezwungene Stimmung lästig und beschloß, kurzen Prozeß zu machen. Er sagte mit leisem Lächeln:

»Die Zelte der Räuber sind gar herrlich, und jene, die Gott erzürnen, sind geborgen.«

Carew glitt rasch unter seinen Schirm zurück, genau wie eine gekränkte Schnecke, die sich in ihr Haus verkriecht.

»Ich denke eben an deine Eltern«, sagte er mit großem Nachdruck.

»Was sie nicht wissen, plagt sie nicht.«

Carew nahm auch das mit sich unter den Schirm und brütete darüber nach. Er versuchte es mit einem andern Anlauf.

»Hoffentlich nimmst du's mir nicht übel, Denis, wenn ich mit dir darüber spreche? Ich gehöre gewissermaßen zur Familie.«

»Nein, nein, sprich nur«, sagte Denis.

Er konnte Carew jetzt nicht sehen. Die Sonne schien ihm zu grell in die Augen, und der große schwarze Regenschirm hatte den andern verschluckt, so daß die Stimme aus der Tiefe einer Höhle zu ihm zu sprechen schien.

»Ich bin enttäuscht über dich . . .«, begann Carew. Denis dachte nicht daran, ihm weiterzuhelfen.

»Ich will nicht unterstellen, daß etwas . . . Sündhaftes . . . zwischen dir und . . .«

Denis wartete. Mochte er nicht ›Helen‹ sagen? Er sagte es nicht.

». . . dem Mädchen ist. Aber es gibt so etwas wie ›Anlaß zur Sünde‹. Was würden dein Vater und deine Mutter sagen, wenn sie es wüßten? Dein Bruder John ist jetzt ein geweihter Priester unsrer Kirche. Bedenke doch, welchen Kummer es ihm bereiten würde, wenn er erführe, daß du in einer so abgelegenen Gegend allein mit einem Mädchen wohnst!«

Denis wahrte Stillschweigen. Er schaute dem Bach zu, seinem flinken Spiel, seiner eilfertigen Anpassung, dem Ungestüm seines Gehorsams vor Kräften, mit denen zu rechten er nie innehalten konnte.

»Und Maura! Sie und ich wollen heiraten. Wir lieben uns. Was meinst du, wie ihre Antwort lauten würde, wenn ich ihr vorschlüge, daß wir zusammen in die Ferien gingen – wie du und dieses Mädchen?«

Denis rupfte einen Grashalm aus. Hier auf dem Berg war er dünn und fein und fast von silbergrauer Farbe. Unten im Tal war jeder Halm breit und dunkelgrün. Maura und Carew waren seit acht Jahren verlobt. Wenn das noch Liebe war, konnte es nicht sehr aufregend sein.

»Möchtet ihr denn nie?« fragte Denis.

»Wie bitte?«

»Weggehen und zusammenleben?«

»Das werden wir tun«, sagte Carew gewichtig, »wenn die Umstände es erlauben und wir bereit sind, Gottes Segen für unsern Bund zu erbitten.«

Wieder lockte sein Ton Denis ein Lächeln ab. Es war, wie wenn Carew seinen Entschluß kundgab, eine Handelsgesellschaft zu gründen. Robert und Maura GmbH. Die notwendigen Schritte würden vorgenommen werden.

»Und nicht eher?«

Carew steckte den Kopf unter dem Regenschirm hervor.

»Darf ich dich daran erinnern«, sagte er, »daß du von deiner Schwester sprichst?«

»Das weiß ich«, erwiderte Denis.

»Maura ist eine gute Katholikin. Sie weiß es besser.«

»Ja«, sagte Denis. »Im Wissen seid ihr beide besser als im Lieben!«

Carew zog seine Knie bis ans Kinn und umklammerte den Regenschirm, der dazwischensteckte. Er grübelte ein Weilchen nach. Unglücklich sagte er:

»Ich bin sehr ungeschickt, wenn ich meine Gedanken ausdrücken will, und du bist sehr gewandt, Dinge zu äußern, die gut klingen, aber nicht viel zu bedeuten scheinen. Wenigstens *mir* scheinen sie nicht sehr viel zu bedeuten. Aber du mußt doch gestehen, daß ihr in Sünde lebt oder zumindest Anlaß zur Sünde gebt!«

»Das leugne ich nicht«, sagte Denis gelassen.

»Oh!« rief Carew aus.

Das Eingeständnis holte ihn unter dem Schirm hervor und ließ ihn vorschlagen, daß man jetzt essen solle. Denis wußte, daß der Vorschlag nur einen Aufschub bedeutete.

Sie kochten Tee. Carew holte Wasser und sammelte Kleinholz. Denis baute aus Holz ein Gestell für die Gamelle. Carew stützte sich auf Knie und Ellbogen und begann – die Nase dicht über dem Boden – ins Feuer zu blasen. Denis wickelte die Brote aus und legte sie bereit. Helen hatte sie zurechtgemacht. Der Gedanke erfüllte ihn mit Zärtlichkeit.

Er lehnte sich gegen den Felsblock und überließ sich dem Augenblick. Vor ihm erstreckte sich der mit Farn und Felsen bedeckte Abhang, und darüber, wo die Kiefern anfingen, floß es wie eine flinke grüne Flut zum Talboden hinunter. Er hatte nicht gewußt, daß es so vielerlei Grün gab. Das war auch so etwas, das zu klassifizieren man sein ganzes Leben dran wenden konnte: die Farbe Grün. Hinter den Bergen lag die Welt der Eltern und der

Priester, wo Vorurteil und Notwendigkeit sich verbanden, um einen Gemeinschaftswillen zu schaffen und gegen individuelle Gelüste Krieg zu führen. Die Gemeinschaft saß sogar gerade jetzt eben dicht neben ihm und fachte das Feuer unter der Gamelle an. Und fragte:

»Woher weiß man, wann das Ding kocht?«

»Halte den Löffelstiel an die Seitenwand«, antwortete Denis, »dann kannst du die Vibration spüren!«

Carew tat es. Ein Lächeln hellte sein Gesicht auf: kurz, aber zum erstenmal aufrichtig.

»Allerdings! Das ist ja erstaunlich!«

Er nahm die Gamelle vom Feuer und hob den Deckel ab. Carew meinte, im Freien schmecke das Essen anders. Vielleicht kam es daher, weil der Appetit kräftiger war. Es war ein Punkt, der *für* das Leben in der Natur sprach. Er sagte das alles hinter seinem Regenschirm, unter den er sich wieder verkrochen hatte. Denis hatte inzwischen nachgedacht.

»Willst du's ihnen erzählen?« fragte er.

»Hab' ich dein Gewissen geweckt?«

»Vielleicht ein bißchen, aber darum geht es nicht. Daß man sich beunruhigt, macht die Sache nicht ungeschehen.«

»Es könnte dich hindern, so weiterzumachen.«

»Das wird es nicht.«

»Ich kann mir nicht vorstellen, daß du ihnen Schmerz zufügen willst.«

»Das hängt von dir ab«, erklärte Denis entschlossen.

»Denis«, sagte Carew und stellte seinen Becher hin, »ich glaube, ich muß dir jetzt etwas erzählen. Du hast mich nicht gefragt, weshalb ich hier vorbeikam. Oder woher ich mir den Wagen verschafft habe.«

»Ja?«

»Es ist deshalb, weil ich meine Stelle nicht mehr habe. Meine alte Firma hat den Betrieb eingestellt. Maura und ich hatten das schon seit langem befürchtet.«

»Habt ihr deshalb beide gewartet?«

»Deshalb habe *ich* gewartet. Maura wollte es wagen.«

»Du glaubst an Gott. Aber dein Vertrauen in ihn reicht nicht sehr weit.«

»Er hat uns die Gaben der Voraussicht und Vorsicht verliehen. Wir müssen uns dieser Gaben bedienen.«

Denis empfand Gewissensbisse, wenn er an Carew und seine Schwester mit ihren acht Jahren unbelohnter Geduld dachte.

»Tut mir leid wegen deiner Stelle! Ich hatte geglaubt, du hättest ein paar Tage Urlaub.«

»Ich hatte Aussichten auf eine andere Stelle und bat einen Freund, mir seinen Wagen zu leihen. Eigentlich wollte ich heute zu der Besprechung fahren. Jetzt ist es zu spät. Ich habe sie verpaßt.«

Denis blickte ihn prüfend an und überlegte, ob er wahnsinnig sei.

»Hast du bloß deshalb hier deine Zeit vergeudet, um mit mir über Helen zu sprechen?«

»Ich hielt, um dich zu begrüßen. Doch als ich entdeckte, was du hier tust, erachtete ich es für meine erste Pflicht, mit dir zu sprechen.«

»Du hättest es tun können, ohne den ganzen Tag zu opfern.«

»Das hatte ich auch zuerst beabsichtigt. Aber dann merkte ich, daß ein paar Worte nichts nützen würden. Ich hatte gehofft, wenn ich den ganzen Tag mit dir verbringen würde . . .« Carew seufzte. Er war offensichtlich sehr bedrückt. »Gibt das, was ich dir erzählt habe, der Sache nicht ein anderes Gesicht?«

»Es stimmt mich ein bißchen traurig«, gab Denis ehrlich zu, »aber an meinem Entschluß wegen Helen kann es nichts ändern.«

»Du bist also bereit, so weiterzumachen und Gott Tag für Tag zu beleidigen?«

»Ich bin nicht wie du«, erwiderte Denis. »Ich glaube eigentlich nicht an deinen Gott. Ich glaube an das, was du ringsum siehst: an die Berge und Felsen und Flüsse. In solchen Gegenden sollte der Mensch ein friedliches Leben führen und sich die Freuden nehmen, die er vorfindet. Davor oder danach ist das Nichts. Es weiß nichts von dir, und es erwartet nichts von dir. Und du kannst es mit der selben Gleichgültigkeit behandeln.«

Was er sagte, überraschte ihn. Er hatte noch nie – bis eben jetzt – richtig darüber nachgedacht. Carew sagte nichts.

»Tut mir leid«, sagte Denis.

Carew blieb noch immer stumm. Er sah ganz verlassen aus. Sein Gesicht spiegelte Enttäuschung wider.

Denis mußte an die Forelle denken. Nicht nur an die Forelle, sondern an den ganzen Hintergrund, den Felsen und das gekräuselte Wasser, die dichten Bäume und die wachsamen Berge. Er wollte gern reichlich Zeit haben, um an den Bach zu gehen, sobald Carew abgefahren war. Nach einer Weile sagte er mit einem Gefühl von Ungeduld, die er nach Möglichkeit zu verbergen trachtete:

»Wir sollten umkehren!«

Als sie die Landstraße erreicht hatten, lehnte Carew es ab, noch einmal ins Häuschen zu gehen. Während er den Wagen wendete, sagte er:

»Übrigens wegen Maura. Sie ist ohnehin schon bekümmert.«

»Was willst du ihr erzählen, weshalb du nicht zu der Besprechung fuhrst?«

»Ich habe ihr nichts von der Besprechung gesagt. Sie regt sich über all solche Dinge furchtbar auf. Wahrscheinlich hätte ich sowieso kein Glück gehabt.«

»Es wird schon etwas auftauchen«, sagte Denis. Doch er glaubte nicht recht daran. Carews Alter sprach allmählich gegen ihn. Und seine Fähigkeiten waren, wenn auch brauchbar, so doch alltäglich. Sie lagen nicht klar auf der Hand. Man mußte ihn näher kennen.

»Mit Gottes Hilfe!« sagte Carew und fuhr weg.

Später, als Denis in seine hohen Wasserstiefel stieg, fragte Helen:

»Gehst du fischen?«

Es klang erstaunt.

»Ich will mal mein Glück bei der Forelle versuchen. Möchte zum Bach runtergehen, ehe das Licht weg ist.«

»Kannst du sie nicht in Ruhe lassen?«

Das Zimmer lag jetzt im Dämmerlicht. Sie legte ihm die Arme um die Schultern. Sie waren ein freundlich überredendes Argument. Auch in ihrer Stimme, die ihn bei einem bestimmten Tonfall beunruhigen konnte, klang Begehren mit. Doch er leistete sanften Widerstand. Die Nacht entging ihnen nicht.

»Ich habe einen Plan«, erklärte er und fuhr mit seinen Vorbereitungen fort. Sein Ton verriet ihr, daß er fest entschlossen war. Sie zog sich zurück.

Dan O'Sullivan, ihr nächster Nachbar, stand vor der Tür seiner Hütte, als Denis auf dem Weg zum Flüßchen vorüberkam. Die Hütte war klein und hatte ein Wellblechdach, das geteert worden war. Die ehemals weißen Wände waren vom Wetter gelb geworden – genau wie die steif einherstelzenden Hühner, die im Schlamm vor der Haustür herumwanderten.

»Willst du fischen?« rief Dan ihm nach.

Denis hielt die Angelrute hoch und winkte damit.

»Bald hast du kein Licht mehr!« rief Dan.

Denis legte den Kopf auf die Seite und musterte den Himmel, der hinter dem sich vertiefenden Dunkel der Wolken in Brand stand. Er spürte auch, wie der Wind auffrischte. Er blies ihm kühl über den Rücken seines Sweaters.

»Wenn nur der Regen nicht herunterkommt«, gab er höflich zur Antwort und schlug sich quer durchs Gehölz.

Es war dunkler, als er erwartet hatte. Die Bäume standen zuerst weit auseinander, mit kleinen Lichtungen dazwischen. Sie wuchsen um so dichter, je stärker der Hang abfiel, so daß er sich häufig bücken mußte, um hindurchzukommen. Aber er ging rasch, tastete sich im Halbdunkel vor und horchte auf das deutlicher werdende Gemurmel des Wassers. Er war erleichtert, als er es endlich erreicht hatte und entdeckte, daß er nur ein paar Meter von der Stelle entfernt war, die er sich gemerkt hatte. Doch sein Vordringen war laut gewesen, er hatte es nicht vermeiden können: ein paarmal war er in dem weichen Schlamm ausgerutscht, und als er nach Zweigen griff, hatten sie geknackst. Er befestigte seinen Köder, zündete sich eine Zigarette an und saß in der Stille und bei dem schwachen Licht geduckt da. Sein Herz pochte lästig, aber er sagte sich, daß er seine Ungeduld bemeistern müsse. Er mußte warten, reglos und ohne Laut. Zuerst nahm ihm ein Mückenschleier die Aussicht auf das Flüßchen. Der Rauch scheuchte sie fort.

Der Fluß klammerte sich an den letzten Rest Licht. Er sammelte Licht, wie ein Geizhals Geld anhäuft. Als sich ringsum schon alles der Finsternis ergeben hatte, spendete das Wasser aus seinem Vorrat an Licht noch Tropfen um Tropfen, Fünkchen um Fünkchen. Es war wachsam. Es war nie völlig dunkel. Würde es völlig dunkel, dann wäre es tot.

Eines Abends, als Dan O'Sullivan mit ihnen von Flahertys Wirtshaus nach Hause ging, war er schwermütig vom genossenen Alkohol; er blieb am Friedhof stehen und zeigte ihnen traurig, wo sein Vater und seine Mutter begraben lagen. Der Mond stand am Himmel, und hohes, würzig duftendes Gras streifte feucht über die Hände. Er erzählte ihnen, daß vor langer, langer Zeit sein Vater, seine Mutter und seine sechs Brüder und Schwestern in der Hütte gewohnt hatten und glücklich waren. Dann gingen die andern Geschwister eins ums andre nach Amerika, und er blieb mit Vater und Mutter allein zurück. Dann starb sein Vater. Dann seine Mutter. Er war allein. Zuerst lag er in den Nächten wach und allein und betete zu seinem Vater und zu seiner Mutter, daß sie zu ihm redeten. Nichts geschah. Er dachte, es wäre Gott, der es ihnen nicht erlaubte, deshalb betete er zu Gott, er solle einen von beiden zu ihm kommen lassen – nur für einen kurzen Augenblick. Er bat Gott, Erbarmen mit seiner großen Einsamkeit zu haben. Aber nichts geschah. Nacht für Nacht betete er, und Nacht für Nacht hörte er in der Stille zwischen seinen Gebeten nur das Ticken der Uhr und das Wispern der Asche im verlöschenden Feuer. Bis es eines Nachts so unerträglich wurde, daß er wieder aufstand und sich ankleidete. Etwas trieb ihn zum Friedhof. Er stand vor den Gräbern und flehte seinen Vater und seine Mutter an, zu ihm zu sprechen. Doch nichts geschah; nichts rührte sich auf dem kleinen Friedhof; es war überhaupt nichts da. Und während er auf das Nichts lauschte, das keine Antwort gab, einerlei, wie sehr er flehte und bat und weinte, kam ihm zum erstenmal der Gedanke, daß nichts da war, von dem man etwas erbitten konnte. Er sprach zum Nichts! Wenn Gott dagewesen wäre, hätte er sie zu ihm kommen lassen; wenn sein Vater und seine Mutter dagewesen wären, so wären sie auch gegen Gottes Willen gekommen, weil sie gehört hätten, wie sehr er litt, und sie hatten ihn ja über alles geliebt. Nicht etwa, daß er Gott anklagte: Gott war nicht da. Nicht etwa, daß er seine Eltern anklagte: sie waren nicht da. In jener Nacht auf dem Friedhof entdeckte er, daß es außer der kleinen Zeitspanne, die jedem Mann und jeder Frau gewährt war, nur Schweigen und Leere gab. Anstelle von Gott und dem Himmel waren Abwesenheit und Leere da. Das war's, was Dan O'Sullivan ihnen erzählt hatte.

Denis rauchte seine Zigarette zu Ende und war so in Gedanken versunken, daß er den Stummel beinah ins Wasser geschleudert hätte. Als er ihn vor seine Füße warf, glühte er einen Augenblick auf, zischte dann und erstarb langsam im nassen Schlamm. Trotz der Dunkelheit schimmerte der beinah lautlose Fluß, und seine Oberfläche kräuselte sich, wenn die höchsten Zweige der Bäume im zunehmenden Wind erschauerten. Eine Ratte plumpste ungeschickt ins Wasser. Er sah ihr nach, wie sie es diagonal überquerte und die kleine Schnauze gen Himmel reckte. Dann wurde er sich seiner Einsamkeit bewußt. Vor ihm lag das Flüßchen, und dahinter eine halbe Meile weit nur wirres Dornengestrüpp, dichtes Laub, Gräben und Zäune. Der Himmel in seiner Dunkelheit drückte alles nieder, und der Wind peinigte die Zweige. Es wäre besser, jetzt aufzuhören.

Er gab etwas Leine und ließ die Spitze der Rute über dem Wasser schweben, bis der Wind hinter ihm im Wald sich wieder aufmachte. Er stellte ein langsames Anschwellen fest und errechnete das Vorrücken des Windes, bis er unmittelbar über seinem Kopf in den Blättern wühlte. Als auch das Wasser im Wind erschauerte, ließ er die Leine dicht am Ufer eintauchen. Ein oder zwei Sekunden lang geschah nichts. Dann fuhr ein leichter Ruck durch die Rute, worauf fast sofort ein mächtiges Zerren folgte. Die Leine schoß ihm flink durch die Finger – und dann nicht mehr. Das Herz klopfte ihm rasend. Die Forelle – vorausgesetzt, sie war es – war nicht ausgerissen. Sie war auf den Grund getaucht. Er legte die Rute beiseite, nahm die Leine in die Hand und zog daran, bis sie sich gefährlich straffte. Er gab ein wenig an Kraft nach, behielt aber einen leichten Zug bei. Sie steckte am Grund fest, und minutenlang geschah nichts. Dann ließ die Spannung nach. Unmerklich zog Denis die Forelle aufwärts. Gerade im richtigen Augenblick, als der Kopf kaum an der Oberfläche erschien, zog er mit aller Kraft und schwenkte die kurze Leine hinter sich aufs Ufer. Die Forelle flog auf den Schlamm, lag still und warf sich dann entsetzt in die Luft. Denis hieb mächtig mit der Faust auf sie ein und trieb sie tief in den Schlamm, wobei er selbst ausgespreizt dalag. Er hatte nichts, womit er sie töten konnte, deshalb zerrte er sie, während er etwas suchte, hinter sich her. Er fand einen abgebrochenen Ast, und damit schlug er ihr auf den Kopf, wieder und immer wieder. Endlich lag sie still. Er bohrte die Finger durch die Kiemen, nahm die Rute auseinander, so gut er konnte, und kämpfte sich blindlings hinauf, bis er eine Lichtung erreicht hatte.

Dort ruhte er etwas und zitterte heftig. Rings um ihn her wogten die Baumkronen unter dem Zugriff des Windes. Dicht vor ihm krachte ein Ast, von der Gewalt des Windes losgerissen, schwer durch das wirre Laub und stürzte zu Boden. Seine Hände waren von Brombeerranken zerrissen, seine Wangen auch. An seinen beiden Händen vermischte sich sein Blut mit dem Blut und Schleim der Forelle. Die Forelle blutete noch immer aus den Kiemen und aus dem Maul. Sie sah wie ermordet aus.

Spät in der Nacht sagte Helen: »Wie gut, daß Carew beschlossen hat, den Mund zu halten!«

»Ja«, antwortete Denis. Er hatte lange Zeit geschwiegen, während er neben ihr im Dunkeln lag. Seine Hände, die er über der Brust gefaltet hatte, fühlten sich glatt und fremd an.

»Ich meine, es wäre so unangenehm gewesen.«

Was sie sagte, schien belanglos. Er horchte auf den Wind. In trostlosen Stößen fegte er über Berg und Wald, Friedhof und Haus. Über Fluß und Felsen. Und hinaus in die Leere.

»Du denkst an etwas!«

»An den Wind. Ich wünschte, er würde sich legen.«

»Morgen ist er nicht mehr da«, sagte sie.

Er lag ganz still. Schließlich sagte sie: »Dann gute Nacht, Liebling.«

Ihre Stimme klang nicht überzeugend. Er wußte, daß sie auf ihn gewartet hatte, aber er konnte nicht darauf eingehen. Zärtlich sagte er: »Gute Nacht!«

Als er die Augen schloß, begann es wieder. Die Zweige drängten sich über ihm, der Wind riß unter qualvollen Stößen das Wasser auf, das Maul der Forelle klaffte und blutete. Es war Carew und Dan. Es war Helen. Es war die Welt. Es war ein lauter Schrei. Doch nichts war zu hören. *War denn nicht einmal jemand da, den man anklagen konnte?*

Er streckte den Arm aus und berührte Helen. Sie war eingeschlafen.

# Sean O'Faolain
## *Liebe und Pilgerfahrt*

»Ich finde, sie könnten Weiß tragen«, hatte sie gesagt, als sie am Fenster stand, kleine Schlückchen Tee trank und auf den Vorstadtplatz und die Tennisspieler hinunterschaute. Und dann wandte sie sich ihm zu – mit jener raschen Drehung ihres Kopfes, die ihn immer an Elstern denken ließ: »Übrigens – Bobby – möchtest du mich nächste Woche zum Lough Derg hinauffahren?«

Aus der behaglichen Tiefe ihres Sessels erwiderte er liebenswürdig:

»Gern! Zu welchem Teil? Nach Killaloe? Aber gibt's denn dort ein gutes Hotel?«

»Ich meine den andern Lough Derg. Ich will die Pilgerfahrt machen.«

Eine Sekunde lang blickte er sie überrascht an. Dann brach er in Lachen aus. Dann suchte er forschend in ihrem Gesicht.

»Jenny! Sprichst du im Ernst?«

»Natürlich!«

»Meinst du den See mit der Insel, auf der die Leute barfuß über spitze Steine laufen und tagelang fasten müssen und die ganze Nacht hindurch aufsitzen und jammern und barmen?« Er schälte sich aus dem Sessel, trat zur Zigarettendose auf dem Bücherregal und fragte, während er ihr den Rücken zugekehrt hatte, mit kalter Stimme:

»Du wirst mir doch nicht fromm werden?«

Sie ging schnell zu ihm, drehte ihn herum, lachte ihr Lächeln, das weißer als das Weiß ihrer Augäpfel blitzte, und legte den Kopf bittend auf die Seite. Als es ohne Wirkung blieb, sagte sie:

»Bobby! Vor meinen Freundinnen rühme ich dich immer als

einen Mann, der die Dinge nimmt, wie sie gerade kommen. Das tun so wenig Menschen. Nie über den heutigen Tag hinausschauen. Alles unter der Eingebung des Augenblicks verrichten. Deswegen liebe ich dich auch so sehr. Andre Männer wägen immer ab und überlegen und besprechen. Ich habe dich gewissermaßen als einen prachtvollen, wilden, hirnlosen Kater hingestellt. Willst du mich jetzt Lügen strafen?«

Nach einem Weilchen blickte er auf seine Uhr und sagte:

»Meinetwegen dann. Ich will versuchen, mich nächste Woche ein paar Tage frei zu machen. Jetzt muß ich im Krankenhaus vorbeischauen. Aber ich warne dich, Jenny! Ich habe die frommen Anwandlungen schon manchmal an dir beobachtet. Und eines Tages könnt's mir zuviel werden!«

Sie tätschelte ihm die Wange, küßte ihn beschwichtigend und sagte: »Du bist ein lieber Mensch!« Mit liebevollem Lächeln begleitete sie ihn bis an die Tür.

Die rasche Fahrt durch den Morgen bis zum Ufer des Shannon machte ihnen Freude. Er hegte keinerlei Argwohn, als sie es in Carrick abschlug, ihm bei einem Drink Gesellschaft zu leisten. Sie hatten sich auf die Bar gestützt und wie Mann und Frau, die sich einen freien Tag mit Autofahrt leisten, mit der Bardame gescherzt. Während sie geruhsam um das nördliche Ufer des Lough Gill glitten, war ihm plötzlich so glücklich zumute gewesen, daß er ihren violetten Handschuh gestreichelt und ihr zugeblinzelt hatte. Der See lag einsam in der Mittagssonne, und seine unendliche Weite und Stille wurde nur durch einen hochschnellenden Fisch oder durch einen Wimpernsaum aus Schilf und Binsen unterbrochen. Er argwöhnte auch nichts, als sie ihn in Sligo allein zum Mittagessen schickte und sagte, sie müsse unterdessen einer alten Nonne im Kloster einen Besuch abstatten. Einstweilen hatte ihm die Reise nichts weiter als eine ihrer Stimmungen bedeutet – bis ein gelber Wegweiser, auf dem NACH BUNDORAN stand, sie daran gemahnte, daß ihr Ziel und die Trennung nahe waren, denn sie sagte:

»Was willst du bis zum Mittwoch unternehmen?«

»Darüber habe ich noch nicht nachgedacht.«

»Fahr nur nicht weg und vergiß mich ganz und gar, Liebster! Du weißt doch, daß du mich am Mittwoch gegen Mittag abholen mußt?«

Nach einer stummen Pause murrte er:

»Du hast es wirklich fertiggebracht, daß ich mir wie ein ganz nichtswürdiger Mensch vorkomme, Jenny!«

»Aber wieso denn, um Gottes willen?«

»All das Bußetun ist doch meinetwegen, nicht wahr?«

»Sei nicht komisch! Es ist einfach eine Sache, die ich mir ganz für mich allein mit Hilfe meines gescheiten, kleinen Köpfchens ausgeheckt habe.«

Er fuhr, ohne zu sprechen, mehrere Meilen weiter. Sie sah ihn amüsiert von der Seite an: sein rötliches, gesundes Hockeyspieler-Gesicht, das unter dem Schirm der karierten Reisemütze mürrisch dreinblickte. Das borstige Haar an den Schläfen wurde weiß. Alles an ihm verriet den vornehmen Dubliner Chirurgen, der eine Erholungsfahrt macht: das blaßgrüne Hemd, die etwas dunklere Krawatte, die zweireihige Weste, die Fahrhandschuhe, deren Rücken aus geflochtenem Lederband gearbeitet war. Sie schaute nachdenklich aufs Meer hinaus. Er brummte:

»Eins will ich dir jedenfalls sagen, Jenny. Wenn du meine Frau wärst, würde ich solchen Unfug nicht dulden.«

Ihre Gedanken hatten also den gleichen Weg eingeschlagen? Aber wenn sie seine Frau gewesen wäre, dann hätte sich das Problem ja gar nicht gestellt. An der jähen Beschleunigung der Geschwindigkeit merkte sie, daß er schlechter Laune war. Als er daher auf den Grasrand fuhr, ausschaltete und sich ihr zuwandte, war sie nicht erstaunt. Eine Möwe flog klagend über sie hinweg. Sie schlug die grauen Augen zu ihm auf, lächelte und erwartete seinen Angriff.

»Jenny, wenn es dir nichts ausmacht – würdest du mir sagen, was das nun eigentlich alles zu bedeuten hat? Ich meine, warum hast du dir diese Faxen gerade für diese Tage vorgenommen?«

»Ich hatte die Pilgerfahrt schon immer machen wollen. Daraus ergibt sich ganz logischerweise, daß ich es irgendwann mal tun würde, nicht wahr?«

»Vielleicht. Aber warum zum Beispiel in diesem Monat und nicht im vorigen Monat?«

»Im vorigen Monat war die Insel nicht für Pilger geöffnet!«

»Und warum bist du nicht im letzten Jahr gegangen anstatt in diesem Jahr?«

»Du weißt doch, daß wir im letzten Jahr in Österreich waren!«

»Warum nicht im vorletzten Jahr?«

»Das weiß ich nicht. Und hör bitte auf, mich zu plagen! Es ist einfach etwas, das jeder irgendwann mal machen möchte. Es ist etwas typisch Irisches, wie Lourdes oder Fatima oder Lisieux. Jeder, der davon gehört hat, fühlt sich hingezogen. Wenn du ein gläubiger Katholik wärst, würdest du es verstehen.«

»Ich verstehe es ganz gut«, erwiderte er bissig. »Ich weiß ganz genau, daß die Leute in der ganzen Welt Pilgerfahrten unternehmen. In Spanien. In Frankreich. In Mexiko. Es würde mich gar nicht wundern, wenn es so etwas auch in Rußland gäbe. Was ich gerne wissen möchte, ist folgendes: was ist aufgetaucht, das diese Sonder-Extratour gerade jetzt herbeiführt?«

»Ich sagte dir doch, daß ich es nicht weiß. Der Wunsch überfiel mich plötzlich am letzten Sonntag, als ich den Tennisspielern zuschaute. Ohne Grund. Er tauchte einfach so auf. Und da sagte ich mir: ›Gut! Dann geh' ich eben jetzt!‹ Ich dachte, wenn ich's nicht unter der Eingebung des Augenblicks tun würde, dann würde ich's überhaupt nicht tun. Verlangst du eine verstandesmäßige Erklärung? Die kann ich dir nicht geben, weil ich keine weiß. Ich bin nicht so klug und gescheit wie du, Liebster!«

»Du bist so gescheit wie ein Sack voll Katzen!«

Sie lachte ihn aus.

»Wie ich dich liebe, Bobby, wenn du schlechter Laune bist! Wie ein kleiner Junge!«

»Warum hast du nicht George gebeten, dich hinzufahren?«

Sie setzte sich aufrecht hin.

»Ich möchte nicht, daß mein Mann auch nur ein Wort hiervon erfährt! Sprich bitte nicht mit ihm darüber!«

Er schmunzelte über seinen kleinen Sieg, betrachtete nachdenklich den Schwung ihres Backenknochens und den dunklen Glanz ihres Haares und ließ den Motor wieder anspringen.

»Und trotzdem«, sagte er nach einer Meile, »muß ein Grund vorhanden sein! Oder nenne es Anlaß, wenn dir das Wort ›Grund‹ nicht gefällt. Und ich gäbe wer weiß was drum, wenn ich's herausbringen könnte.«

Nach einer weiteren Meile:

»Ich kann natürlich ebensogut zu dem alten Dolmen da drüben sprechen, anstatt eine Frau zu fragen, weshalb sie etwas tut. Und wenn sie's wüßte, würde sie's einem nicht sagen.«

Nach einer weiteren Meile:

»Weißt du, ich glaube, das alles ist nur ein Symptom für etwas ganz anderes. Du darfst nicht vergessen, mein Kind, daß ich ein Arzt bin. Ich habe meine Erfahrung im Deuten von Symptomen. Wenn eine Frau zu mir kommt und Schmerzen hat . . .«

»Ja, ja, wenn eine Frau zum Chirurgen Robert James Flannery kommt und Schmerzen hat, dann sagt er zu ihr: ›Ist nicht weiter schlimm, 's sind ja bloß Schmerzen!‹ Meine Güte! Wenn eine Frau Schmerzen hat, dann hat sie eben Schmerzen, verdammt noch mal!«

Er fragte rasch:

»Hast du Schmerzen?«

»Ach, hör schon auf! Die einzigen Schmerzen, die ich habe, die stammen aus dem Magen. Ich sterbe vor Hunger!«

»Tut mir leid! Hat's bei deiner Nonne im Kloster nichts Gutes zum Mittagessen gegeben?«

»Ich hab' nicht zu Mittag gegessen. Man muß nüchtern auf die Insel gehen.«

»Soll das etwa heißen, daß du seit dem Frühstück überhaupt noch nichts gegessen hast?«

»Ich hab' nicht gefrühstückt!«

»Was bekommst du zu essen, wenn du auf der Insel eintriffst?«

»Nichts. Oder so gut wie nichts. Auf der Insel muß jeder während der ganzen Zeit fasten. Vielleicht bekomm' ich irgendwann vor Anbruch der Nacht eine Tasse Schwarztee oder heißes Wasser mit etwas Pfeffer und Salz drin, was sie, glaub' ich, in ihrer fröhlichen Art als Suppe bezeichnen.«

Die Geschwindigkeit erhöhte sich sofort auf fünfundsechzig Meilen. Durch Bundorans Siestastunde raste er wie der Wagen der Apokalypse. Vor Ballyshannon gingen sie bis auf nette, summende fünfzig herunter.

»Jenny?«

»Ja?«

»Bist du meiner überdrüssig?«

»Fängst du noch mal mit deinen Symptomen an?«

Wieder brachte er den Wagen zum Stehen.

»Bitte beantworte meine Frage!«

Sie legte ihre violett behandschuhte Rechte auf seine geballte Faust.

»Hör mal zu, Liebster! Wir kennen uns jetzt seit sechs Jahren. Du weißt, daß ich wie jede gute Katholikin regelmäßig zu Ostern und zu Weihnachten meine Pflicht tue. Ein- oder zweimal hab' ich's dir auch gesagt. Du hast ein bißchen gemurrt und geknurrt, aber du hast mir deswegen nie Geschichten gemacht. Wieso machst du dir jetzt auf einmal Sorgen?«

»Weil das andere nur Routine war. Wie's die Franzosen und Italiener machen. Mein Gott, ich bin nicht engherzig! Es schadet nichts, wenn man hin und wieder mal in die Kirche geht. Ich tu's ja selber bei besonderen Anlässen oder wenn ich in einem Haus zu Besuch bin, wo man sich aufregen würde, wenn ich nicht hinginge. Aber diese Verrücktheit hier ist keine Routine mehr!«

Sie wandte das Gesicht rasch ab, fort von seinen zornigen Blikken. Ein Kind in einer rosa Schürze mit Rüschen an den Schultern trieb zwei schwarze Kühe durch eine Lücke in der Hecke.

»Es war nie Routine. Es ist das einzige, an das ich mich in meinem sonst sinnlosen Dasein klammern muß. Keine Kinder. Ein Mann, den ich nicht liebe. Und dich kann ich nicht heiraten.«

Sie wandte sich ihm wieder zu. Er wandte sich ab und starrte über die lange, leere Straße vor ihnen. Er wandte sich ihr zu. Er setzte zum Sprechen an. Er wandte sich wieder ungeduldig ab.

»Stimmt doch?« deutete sie seine Gedanken. »Es nützt gar nichts, nicht wahr? Es ist mein Problem, und nicht deins. Oder wenn es deins ist, dann hast du's schon vor langer Zeit gelöst, indem du sagtest, es sei nichts als blühender Unsinn.«

»Und wie hast du es denn gelöst?« fragte er höhnisch.

»Hast du irgendeinen Grund, dich über die Art zu beklagen, wie ich es gelöst habe? Oh, ich will mich nicht verteidigen. Ich bin eine Schwindlerin, eine Betrügerin. Du bist ehrlicher, als ich es bin. Du glaubst eben an gar nichts. Aber eins ist wahr, daß ich nichts habe als dich und . . .«

». . . und was?«

»Es klingt so lästerlich, daß ich's nicht aussprechen kann!«

»Sag's!«

»Ich habe nichts als dich und – Gott.«

Er holte sein Etui hervor und nahm sich eine Zigarette. Sie nahm auch eine. Als er ihr Feuer gab, trafen sich ihre Blicke. Er sagte sehr weich (und blickte dabei die leere Straße hinauf):

»Arme Jenny! Ich wünschte, du hättest mir all das schon längst mal gesagt. Es ist wirklich, wie du sagst, deine eigene Sache. Aber ich kann einfach nicht damit fertigwerden, weil das, was du jetzt vorhast, so entsetzlich ausgefallen ist. Auf eine Insel willst du, die mitten in den Bergen in einem See liegt und wo du eine Menge Betschwestern jeden Alters und Geschlechts und ohne Geschlecht antriffst und dir die Strümpfe und Schuhe ausziehst und auf bloßen Füßen über scharfe Steine humpelst und in Pfützen niederkniest und singst und betest und dir wie ein Verbrecher an die Brust schlägst und drei Tage lang nichts als Salzwasser trinkst . . . nein, Jenny, das bist doch nicht du! Das ist eine Seite an dir, die ich noch gar nicht kenne. Die einzige Erklärung dafür kann nur die sein, daß etwas in dir vorgeht, was ich vorher noch nie beobachtet habe.«

Sie hob verzweifelt die Hände. Er schleuderte die Zigarette

fort und ließ den Wagen wieder an. Sie fuhren schweigend weiter. Ein feiner Nebel besprühte die Windschutzscheibe. Sie bogen von der Hauptstraße ab, in sonnenlose Hügel hinein, die so braun wie Heu waren. Als er sie das nächste Mal ansah, machte sie gerade ihr Gesicht zurecht. Der Mund verrieb die Schminke auf den Lippen; die Augen rollten im Spiegel umher. Er meinte:

»Dir steht ein nettes Picknick bevor, wenn das Wetter sich nicht hält!«

Sie blickte besorgt hinaus.

»Ein Vergnügen wird's bestimmt nicht sein.«

Eine jähe Regenbö peitschte gegen die Windschutzscheibe. Der Himmel hatte die Schleusen geöffnet. Er sagte:

»Müßt ihr denn, sogar wenn's regnet, auf den verdammten Steinen herumlaufen?«

»Ja.«

»Da wirst du doppelseitige Lungenentzündung bekommen.«

»Sorge dich nicht, Liebster! Man nennt es Sankt Patricks Fegefeuer. Er wird sich um mich kümmern.«

Ihre Bemerkung löste einen kleinen Streit aus, der anhielt, bis sie am Seeufer vorfuhren. Andere Wagen standen schon dort und glichen gestrandeten Kähnen. Pilger standen neben der Anlegestelle und warteten auf die Fähre: sie hatten den Rücken gegen den Wind gedreht und die Schultern hochgezogen. Ihre Kleider waren wirr wie das Fell von Rindern. Sie schaute über den See mit seinen jagenden Schaumraupen.

Er blickte finster – auf die wartenden Pilger, einen grünen Autobus, zwei Taxis voller Leute, die sich vor dem Regen geflüchtet hatten. Sie waren nicht seinesgleichen, und er sagte es auch.

Sie lächelte: »Das kommt davon, wenn man Chirurg ist. Du hast nicht mit Menschen zu tun, sondern mit Organen. Hast du mir nicht mal erzählt, wenn du operierst, blicktest du dem Patienten nie ins Gesicht?«

Er brummte. Zerfetzte, struppige Wolken strichen über die Hügelkämme. Der See war zerknittert und grau, bis auf die gelben Schaumraupen, die in Parallelen darübergeweht wurden. Ein kalter Flecken Helligkeit im Süden ließ alles nur noch trübseliger erscheinen. Sie spähte zur Insel hinüber und sagte:

»Es ist ganz und gar nicht so, wie ich's mir vorgestellt hatte.«

»Was hast du denn erwartet, zum Henker? Capri?«

»Ich hatte an eine alte Insel mit ehrwürdigen grauen Ruinen gedacht, wo uralte Stechpalmen und Rhododendronbüsche bis zum Ufer hinunterwachsen – so eine Stätte, wo alte Mönche hausen könnten.«

Sie sahen hohe Gebäude, die am Rand der Insel wie moderne Hotels aufragten: eine achteckige Basilika, die für eine ganze Stadt groß genug gewesen wäre, vier oder fünf kahle, mit Schieferplatten gedeckte Häuser und einen langen, saalartigen Schuppen. Ein einziger Baum war da. Ein weiterer Bus traf ein und hielt neben ihnen. Die Leute spähten durch die halb abgewischten Scheiben.

»O Gott!« stöhnte sie. »Hoffentlich ist es nicht wie in Lourdes!«

»Und was ist denn Schlechtes in Lourdes, wo das hier in Irland ist, bitte schön?«

»Wenn's kommerziell wäre! Ich kann es einfach nicht fassen, daß die Insel im Mittelalter die berühmteste Wallfahrtsstätte gewesen ist. Am äußersten Ende der bekannten Welt. Es muß so gewesen sein, wie wenn man nach Jerusalem pilgert oder sonnverbrannt mit einer Muschel am Hut von Galiläa heimkehrt.«

Er machte eine vulgäre Yukonstimme nach:

»Da steckt Gold drin in den Hügeln! Sieht mir nach 'ner verdammt guten Kapitalsanlage aus!«

Sie starrte ihn an. Der Regenguß ließ nach. Bald hatte es fast gänzlich aufgehört. Rinnsale gurgelten. Irgendwo tropfte es hartnäckig. Sie holte eine kleine rote Handtasche vom Rücksitz, die mit T.W.A. gezeichnet war.

»Am Mittwoch gegen Mittag holst du mich ab, nicht wahr?«

Er blickte sie ergrimmt an. Sie sah keinen Tag jünger als einundvierzig aus. Die Haut an ihrem Hals war gefurcht. In zehn Jahren würde sie eine Wamme haben.

»Viel Vergnügen!« sagte er, schaltete lärmend die Gänge und fuhr fort.

Das große, plumpe Fährboot näherte sich, der Bug schlug klatschend auf die zerfurchten Wellen. An jedem Ruder standen drei Mann. Der Sprühregen setzte wieder ein. Mit etwa hundertfünfzig Männern und Frauen jeden Alters und, soweit sie sehen konnte, jeden Standes kletterte sie an Bord. Sie stießen ab, und langsam, zusammengeduckt gegen den Wind und den Regen, legten sie die Überfahrt zurück. Das Fährboot stieß in die Uferspalte hinein und leerte sich. Sie hatte eine Vorstellung von dunklem Wasser, nassem Zement, Häusern und einer großen Anzahl Menschen – und daß sie eine Tasse heißen Tee mit Gold aufgewogen hätte. Hinter den vier oder fünf weißgetünchten Häusern – sie vermutete, daß es die einzigen Gebäude auf der Insel gewesen waren, ehe Bahn und Bus die Pilgerfahrt zu einem beliebten Ziel gemacht hatten – und hinter den Zementwegen stieß sie auf die Überreste der ursprünglichen Insel: eine kleine Anhöhe, etwas karges Gras, der Baum und die Grundmauern der alten Einsiedlerzellen, auf deren zahnspitzem Felsgestein sich schon barfüßige Pilger auf die Fersen traten. Die meisten dieser Barfüßer trugen Regenmäntel. Sie stolperten nicht nur einer über des andern Fersen: sie knieten auch auf den Zehen der andern, denn die Insel war überfüllt. Sie glaubte, es müßten bestimmt zweitausend Menschen da sein. Sie waren zwischen die zwei modernen Hotels und die große Kirche gepfercht. Sie sah einen Priester in Südwester und hohen Gummistiefeln. Eine Nonne, die an der Tür der Frauenherberge auf die Neuankömmlinge wartete, nahm ihren Namen und ihre Anschrift entgegen und wies ihr die Nummer ihres Schlafplatzes zu. Sie ging nach oben, stellte ihre rote Handtasche auf die Matratze, setzte sich daneben, löste die Strumpfhalter, zog ihre Schuhe aus, streifte die Nylonstrümpfe ab und war ohne anderen Übergang zu einem weiteren namenlosen Pilger geworden. Als sie zu den schon im Regen betenden Pilgern hinaustrat, spürte sie nichts weiter als ein Gefühl der Beschämung, als ob sie ganz allein dem Mikroskop des Himmelsgewölbes preisgegeben sei. Der feuchte Boden war kalt.

Eine dicke alte Frau in Schwarz, mit üppigem Busen und grauen Haaren, nahm sie freundlich beim Arm und sagte mit ihrer warmen Kerrystimme: »Sie zittern ja, Sie armes Würmchen! Immer mutig! Wenn wir die erste Station hinter uns haben, bekommen wir 'ne feine Tasse Schwarztee!«

Und sie lachte über die komische Sehnsucht nach einer Tasse Tee. Sie zuckte zusammen, als sie auf den harschen Beton der Terrasse trat, die sich um die Basilika zog und auf Pfählen bis übers Wasser vorstieß. Ein junger Mann lächelte teilnahmsvoll, da er sah, was für ein zartes Geschöpf sich den strengen Maßnahmen unterziehen wollte. Er war wie ein Sekretär angezogen, trug drei Federhalter in seiner Brusttasche und daneben das Abzeichen der Abstinenzler.

»Die Insel der Heiligen wird sie genannt«, lächelte er. »Manche Leute finden, sie müßte Teufelsinsel heißen.«

Seine Freundlichkeit mißfiel ihr. Nie im Leben hatte sie andere um Mitleid gebeten, aber sie entdeckte bald, daß die Insel auf Mitleid gebettet war. All und jeder um sie her schien zu sagen: »Wir hier sind allesamt Sünder, elende Kreaturen und kaum der Barmherzigkeit wert.« Sie empfand die Demütigung der Verurteilten. Sie war unter Menschen, die auf alle Individualität und allen Stolz verzichtet hatten. Es war wie in einem Konzentrationslager.

Die dicke alte Frau aus Kerry erklärte ihr, wie der Tagesablauf war, und während sie zuhörte, begriff sie erst, wie lange ihr Aufenthalt eigentlich währen würde. Vorher war es ihr so kurz erschienen: man kam am Montag nachmittag an, und am Mittwoch mittag fuhr man wieder ab. Es war ihr wie ein voller Tag und zwei kurze Nächte vorgekommen. Sie hatte nicht bedacht, daß sie unmittelbar nach der Ankunft draußen im Freien bleiben mußte, bis es ganz dunkel war, um etwa fünf Stunden lang die Runden über die Steine zurückzulegen und zu knien und zu beten. Und selbst dann würde sie nicht zur Ruhe kommen, denn sie mußte die ganze Nacht hindurch in der Basilika wachen und beten. Und dann würde der zweite lange Tag beginnen, der so langsam wie die Nacht verging; und am dritten Tag mußte sie immer noch die Runden ablaufen – bis es Mittag war. Sie mußte ohne Nahrung bleiben, sogar, nachdem sie die Insel verlassen hatte, ja bis Mitternacht des dritten Tages.

»*Yerrah*, gewiß doch«, kicherte die Alte, »Fasten soll gesund für den Magen sein!«

Sie begann an ›sie‹ zu denken. ›Sie‹ hatten sich das alles ausgedacht. ›Sie‹ hatten gesehen, wieviel mit einfachen Gebeten getan werden konnte. Als sie die Zahl der Vaterunser und Ave ausrechnete, die sie sagen mußte, gab sie beim zweitausendsten den Versuch auf. Und diese ständig zu wiederholenden Gebete mußten gesprochen werden, während sie über die Steine schritt oder auf der Erde kniete oder mit ausgebreiteten Armen aufrecht dastand. Das war eine Stellung, die ihr am wenigsten behagte. Jedesmal, wenn sie soweit war und das Gesicht dem See zuwandte und die Arme ausbreitete, während die Schlange der ihr Folgenden hörte, wie sie ihre Sünden bereute, mußte sie sich zu der Stellung und zu den Worten zwingen. Als sie es das erste Mal machte, indes der Nebel ihr in die Augen trieb und ihre Arme wie am Kruzifix hingen, sagten ihre Lippen wohl die Worte, aber im Herzen verwünschte sie sich, daß sie so ahnungslos hergekommen war und daß sie überhaupt gekommen war. Ehe sie ihren ersten Rundgang vollendet hatte – viermal um jede der sechs Zellen –, bluteten der eine Knöchel und eine Zehe. Da wurde ihr gestattet, um die Tasse Schwarztee zu bitten. Sie nahm sie finster in Empfang, wie ein Gefangener Wasser und Brot entgegennimmt.

Nach dem ersten Rundgang wollte sie wieder von vorne anfangen und den zweiten machen, der aus den sechs Zellen und sieben anderen Prüfungen an anderen Punkten der Insel bestand – um damit den Tag hinter sich zu haben. Aber sie mußte entdekken, daß ›sie‹ etwas anderes erfunden hatten: sie mußte mit der ganzen namenlosen Pilgerschar verschmelzen und zur Messe in der Kirche erscheinen.

Feuchte Füße schlurften; der Regen trommelte gegen die bleigefaßten Scheiben; es roch nach Moorwasser und feuchten Kleidern; Tausende von Stimmen sprachen die Responsorien auf die Anrufung. Zu ihrer Rechten erwiderte ein siebzehnjähriges junges Mädchen aus vollstem Herzen. Der Alte zu ihrer Linken, ein Sechzigjähriger, ließ sich mit lauter Stimme vernehmen. Auf allen Seiten, vor ihr und hinter ihr, war es der gleiche leidenschaftliche Austausch an Energie, während sie selbst nichts weiter fühlte, als daß die Kruste um ihr Herz sich noch mehr verhärtete, und verzweifelt dachte sie: ›Ich habe ebensowenig Gefühl wie ein Stein!‹ Und während sie sich umschaute, mußte sie denken, daß die Vigilie heute nacht Stunde um Stunde so weitergehen würde, bis die dunklen, bleigefaßten Scheiben sich im Morgengrauen wieder aufhellten. Sie vergrub das Gesicht in den Händen und flüsterte: »O Gott, bitte erhebe mich über mich selbst!« Die Wogen der Stimmen dröhnten und murmelten in ihren Ohren wie in einer leeren Muschel.

Das allgemeine tuschelnde Gleiten nackter Füße trug sie nach draußen in die letzten Nachwehen des Tageslichts, in dem sie ihren zweiten Rundgang beginnen sollte. In der Vorhalle schreckte sie vor dem Regen zurück. Es wurde ganz offensichtlich eine scheußliche Nacht. Sie wurde von der Menge weitergestoßen und flutete unter ihrer Wucht bis zu dem eisernen Kreuz am Rande des steinigen Strands. Sie nahm ihren Platz in der Reihe der Betenden ein, und indes der Nachtwind ihr das Haar ins Gesicht klebte, hob sie die Arme und sagte sich abermals los von der Welt, dem Fleisch und dem bösen Feind. Auf dem harschen Beton machte sie vier Runden um die Kirche. Sie machte die erste Runde auf den Steinen der ersten Zelle. Sie vollendete die zweite Runde. Ihre Gebete waren mittlerweile wie erstarrt. Sie stammelte die Gebete und stolperte dabei die dritte, abschüssige Zelle hinauf und hinunter. Sie war naß wie eine ertrunkene Katze, und ihr Knie blutete. Bei der vierten Zelle sah sie *ihn*.

Er stand etwa sechs Meter von ihr entfernt und sah sie an. Er trug einen weißen Regenmantel, der bis zum Hals hinauf fest zugeknöpft war. Seine Füße waren bloß. Das Haar klebte ihm auf der Stirn, als ob er geschwommen wäre. Sie stolperte auf ihn zu und zerrte ihn am Arm zur Anlegestelle der Fähre hinunter.

»Was machst du hier?« schrie sie ihn wütend an. »Warum bist du mir nachgelaufen?«

Er blickte ruhig auf sie nieder:

»Warum soll ich denn nicht hier sein?«

»Weil du nicht daran glaubst! Du bist mir nur nachgelaufen, um mich zu verspotten und mich auszulachen! Oder aus ganz gewöhnlicher Neugierde!«

»Nein«, sagte er, ohne die Stimme zu erheben. »Ich bin hergekommen, um herauszufinden, an was du glaubst. Ich will alles über dich wissen. Ich will wissen, warum du hergekommen bist. Ich möchte nicht, daß du etwas tust oder hast, das ich nicht tun oder haben kann. Und was den Glauben betrifft – wir glauben alle an etwas.«

Die Dämmerung senkte sich auf die Insel und auf den See. Sie mußte in sein Gesicht spähen, um den Ausdruck zu erraten.

»Aber ich kenne dich seit Jahren, und du hast dir nie das leiseste anmerken lassen, daß du an etwas anderes als Mikroskope und Mikroben und Symptome glaubst. Es ist verrückt! So etwas wie das hier kann dir unmöglich ernst sein! Ich fange an, dich zu hassen!«

»Wirklich?« sagte er so leise, daß sie sich nahe an ihn lehnen mußte, um ihn beim Klatschen der Wellen gegen den Bootssteg hören zu können. Ein träger Spalt in den Wolken ließ einen Stern herniederblinzeln. Bei seinem Schimmer sah sie, daß er lächelte.

»Ja!« schrie sie so laut, daß er die eine Hand hob und ihren Arm packte. Dann nahm er ihren andern Arm und sagte sanft:

»Ich finde, du hättest nicht herkommen sollen, Jenny. Du zermürbst dich nur. Es gibt gewisse Orte, zu denen sollten manche Menschen nie hingehen, und sie sollten auch nie versuchen, gewisse Dinge zu tun – so gut sie für andere sein mögen. Ich weiß, weshalb du herkamst. Du findest, du solltest dich von mir lossagen, aber du hast nicht die Kraft, es zu tun, darum bist du hier in die Berge hinaufgegangen, damit deine Götter es mit Zauberkraft bewerkstelligen. Gut! Ich werde sie bitten, daß sie dir helfen.«

Er lachte und ließ sie los, wobei er ihr einen sanften Stoß von sich fort versetzte.

»Bitten? Du willst bitten? Willst du mir etwa erzählen, daß du auch nur ein einziges Gebet auf dieser Insel gesprochen hast?«

»Ja«, sagte er obenhin, »das habe ich.«

Sie blickte ihn verächtlich an.

»Willst du mir etwa weismachen, Bobby, daß du die Pilgerfahrt vorhast?«

»Ich habe nicht gefastet. Ich wußte nichts davon. Und ich mag's wohl auch nicht. Jedenfalls habe ich mir die Taschen mit zwei Pfund von den besten Pralinés vollgestopft, die ich in Bundoran bekam. Ich glaube auch nicht, daß ich die ganze Nacht aufbleiben werde, wie ihr andern alle. Es ist hier so überfüllt, daß es vermutlich nicht auffallen wird, wenn ich mich im Bootshaus in einer Ecke zusammenrolle. Aber man kann ja nie wissen – vielleicht – vielleicht bleibe ich doch auf. Wenn ich es tue, dann wird es mich daran erinnern, wie ich mit meinem Vater zur Mitternachtsmesse ging, als ich noch ein kleiner Junge war. Oder wie wir zu den Exerzitien gingen und alle eine brennende Kerze hochhielten und uns vom bösen Feind lossagten. – Es war ein eigentümliches Gefühl, da am See zu stehen und all die Worte wieder zu sagen. Ich dachte nämlich, ich hätte sie vollkommen vergessen.«

»Nächstens wirst du mir noch erzählen, daß du an den Teufel glaubst! Du Schwindler!«

»Oh, es ist gar nicht so schwierig, an den alten Knaben zu glauben. In der ganzen Welt gibt es keinen Doktor, der es nicht tut, wenn er ihm auch einen andern Namen gibt. Und in einer feuchten Nacht und an einem Ort wie diesem hier kann man an alles mögliche glauben. Nein, mein Kind, viel schwieriger ist es, an die Schlechtigkeit von Welt und Fleisch zu glauben. Das sind gute Dinge. Meinst du, ich würde jemals glauben, daß dein Körper und mein Körper etwas Böses sind? Und du glaubst es auch nicht. Und bestimmt wirst du dich nie von der Welt lossagen, denn du hängst mit Händen und Füßen an ihr!«

»Das ist nicht wahr!«

Seine Stimme traf sie wie ein Peitschenhieb:

»Warum lebst du dann immer weiter bei deinem Mann?«

Sie stammelte etwas. Wieder hieb er zu:

»Du tust es, weil er reich ist und weil du Luxus und Behagen liebst und weil du gerne ›jemand‹ bist!«

Mit hochgeworfenem Kopf fegte sie an ihm vorbei. Sie sah ihn in dieser ersten Nacht nicht mehr.

Die Nachtwelt veränderte sich unmerklich. In der Kirche warfen die Stimmen Stunde um Stunde hartnäckig die Antworten zurück. Unter dem Summen des Gebetsrades, unter der Sehnsucht nach Schlaf und ihrer eigenen Verzweiflung sank sie nieder. War er in der Menschenmenge? Oder lag er schlafend in einer Ecke vom Bootsschuppen? Sie sah seine Finger mit den flachen Kuppen, eine Chirurgenhand, so stark und so feinfühlig. Sie ächzte, weil sie ein so sinnliches Bild heraufbeschworen hatte. Der Mond überhauchte ein schwarzes Fenster mit Farbe. Nach einer Ewigkeit schlich er sich weiter, zum nächsten Fenster. Köpfe nickten. Nachbarn weckten einander mit freundschaftlichem Rippenstoß. Viele hatten sich von den Bänken erhoben, um sich wachzuhalten, und zogen nun in lockerer Prozession mit schlurrenden Füßen durch die Schiffe, im Weiterschreiten respondierend. Die Erschöpfung gewann die Oberhand über ihren Geist. Gegenstände begannen sich aufzulösen, wurden mit ihren Umrissen aus dem Ganzen herausgerissen – bald war es die Kanzel, bald eine Statue, bald ein Kruzifix. Jeder Gegenstand wurde so lebendig wie eine Halluzination. Das Kruzifix löste sich von der Wand und neigte sich ihr entgegen, und lange Zeit sah sie nichts als den schweren, hängenden Körper, die starrenden Augen, so daß, als der alte Mann neben ihr seinen Kopf auf ihre Schulter sinken ließ und dann zusammenzuckend aufwachte, sie ihn ebensowenig spürte, als wenn sie zwei Fische im Meer wären, die sich berührt hatten. Allmählich zogen die Anrufungen sie in ihren Bann; Laute drangen aus ihrem Mund; Gebete fluteten zwischen ihr und den kummervollen Augen, die sie fixierten, hin und her. Sie schwebte in einer Verzückung, die so köstlich war wie manch einer von den herrlichen Tänzen ihrer Jugendzeit, als sie im Wirbel der Musik dahinflog, im Schwung der Körper, im Kreiseln der Lichter, ihrem sterblichen Körper entschwebend, allein in den Armen, die sie umfingen.

Plötzlich brach alles auseinander. Die Gebete waren durch eine der vier nächtlichen Pausen unterbrochen worden. Die dicht zusammengedrängten Pilger entspannten sich. Sie blickte sich trüben Auges um – nun nicht länger aus dem Ganzen herausgerissen. In ihren Eingeweiden rumorte es. Sie schaute auf den alten Mann neben sich. Sie lächelte ihn an – und er sie.

»Meine armen alten Knie sind zermartert«, sagte er und griente.

»Seien Sie froh, daß Sie keine Röcke tragen«, gab sie lächelnd zur Antwort.

Sie gingen alle ins Freie, um sich in der kühlen und jetzt trokkenen Luft zu recken oder rasch zu rauchen. Die bernsteingelben Fenster der Kirche zitterten in einer Wasserpfütze. Eine junge Frau mit herzhafter Stimme, die sich aufs Geländer lehnte, bot ihr Feuer an. Das Streichholz verzischte im unsichtbaren See, der unter ihnen gegen die Bohlen plätscherte.

»So ein Zigarettchen ist ein großer Tröster«, sagte die junge Frau und machte einen tiefen Zug, »'s ist ebensogut wie ein Mann!«

»Was wohl Sankt Patrick denken würde, wenn er sehen könnte, daß Frauen auf seiner Insel rauchen?«

»Er würde uns gehörig durchbleuen!«

Sie lachte laut. Das mußte sie ihm erzählen! Auf der Suche nach ihm begann sie durch die dunkle Menge zu wandern. Er hatte etwas gesagt, das nicht der Wahrheit entsprach, und sie mußte ihm antworten. Sie ging durch die Menge zur Anlegestelle hinunter. Da stand er und blickte ins Dunkel hinaus, als ob er sich nicht gerührt hätte, seit sie ihn vor Mitternacht dort gesehen hatte! Einen Augenblick betrachtete sie ihn, erschreckt von der Gewalt der Liebe, die in ihr emporschlug. Dann trat sie näher.

»Hallo, du Weltweiser! Genießt du dein Bootshaus-Lager?«

»Ich mache bei den Vigilien mit«, sagte er selbstgefällig.

»Du scheinst sehr mit dir zufrieden zu sein!«

Jetzt entgegnete er eifrig:

»Jenny, wir dürfen uns nicht streiten. Wir müssen einander verstehen. Und die Insel hier verstehen. Ich fange gerade damit an. Eine Insel . . . in einem fernen See gelegen . . . zwischen den Bergen . . . in der Nacht . . . kein Schlaf . . . Hunger. Die Bedingungen der Wüste. Ich hatte recht mit dem, was ich dir sagte. Begreifst du nicht, wieso die alten Einsiedler, die hier hausten, in einer Trance entschwebten, in der nichts existierte, als sie selbst und ihre Visionen? Es ist wirklich so: der Mensch kann sich lossagen von dem, den er den Teufel nennt, aber nicht vom Fleisch, nicht von der Welt. Sie glaubten gleich dir, daß sie das Fleisch und die Welt von sich werfen könnten, aber sie benutzten das Fleisch, um eins der seltensten Erlebnisse zu erlangen. Begreifst du?«

»Erlebnisse! Nächstens wirst du wieder von Symptomen sprechen!«

»Aber du mußt es doch sicher auch beobachtet haben?« Er blickte angestrengt auf das Leuchtzifferblatt seiner Uhr. »Ich vermute, daß wir wahrscheinlich gegen vier Uhr morgens anfangen werden, ein ausgesprochenes Gefühl der Auflösung zu erleben. Danach eine regelrechte Entäußerung . . .«

Sie wandte sich wütend von ihm ab. Dann kam sie wieder und sagte:

»Mir wäre es bedeutend lieber, Bobby, wenn du soviel Anstand besäßest, um gegen Morgen fortzugehen. Ich kann auch ohne dich nach Hause finden. Ich hoffe nur, daß wir uns nicht wieder auf der Insel hier begegnen. Auch nicht anderswo!«

»Wirkt der Zauber schon?« lachte er.

Von da an bemühte sie sich ganz bewußt, jedes einzelne Wort der Gebete mit voller Überzeugung zu sprechen und zu empfinden – was sehr töricht ist, da Gebete nicht Gedichte sind, die man lesen oder auch nur verstehen soll; sie sind ein Drang, und zu tanzen wäre ebenso weise. Sie glaubte, wenn sie nicht empfinden könnte, was sie sagte, dann könnte sie es auch nicht so meinen, und daher versuchte sie, jedes Wort zu würdigen und auszukosten, und weil sie jedes Wort mit Überzeugtheit zu sprechen versuchte, blieb sie hinter den andern zurück, versank in ihr Sinnen und hörte auf zu beten. Nach der zweiten Ruhepause betete sie nur noch, um sich wachzuhalten. Als das erste kalte Morgengrauen zu den Fenstern hereinfiel, wuchs ihr der Mut. Aber die Berge im Osten waren hoch, und der Morgen säumte eigensinnig lange. Es ist die schlimmste Stunde der Vigilie, wenn die Körperkraft versickert, die Gebete zu einem bloßen Summen werden und die Nacht wie von neuem zu beginnen scheint.

Als sie bei der letzten Ruhepause nach draußen ging, lag es auf den Bergen wie blaßblaues Gezelt. Träge Haufenwolken warfen einen Lichtschimmer auf das Wasser. Kein Laut war zu hören. Kein Vogel sang. Um diese Stunde sind die Pilger zu ergriffen oder zu erschöpft, um noch sprechen zu können, so daß die Insel trotz all der Menschen zurücksinkt in ihr uraltes Schweigen.

Gegen Ende der letzten Runde war sie so still wie der morgendliche See. Sie sehnte sich nach der einen Tasse Tee. Sie spürte nichts mehr von ihren Gefährten. Sie dachte nicht an ihn. Sie spürte nichts mehr von sich selber. Sie dachte an Gott nicht anders, als ein Sklave an seinen Herrn denkt, und nachdem sie die Tasse leergetrunken hatte, saß sie in der Morgensonne vor dem Frauen-Gästehaus wie eine blinde Alte, die vom Leben nichts anderes mehr erwartet als den Schlaf.

Der lange Tag verstrich so ungreifbar wie der Dunst, der von der Oberfläche des Sees aufstieg. Die Hitze wurde unerträglich. An diesem zweiten Tag steht es einem frei, zu plaudern, zu denken, zu schreiben, zu lesen – alles mögliche zu tun, wonach einem der Sinn steht, nur nicht das eine, das jeder will, nämlich zu schlafen. Sie tat nichts anderes, als den Wolken zuzuschauen oder auf das sanfte Murmeln der Wellen des Sees zu lauschen. Noch vor dem Mittag, als die großen Fährboote abstießen, hörte sie, daß abfahrende Pilger eine Hymne sangen. Sie hörte es ohne Sehnsucht: sie sehnte sich nicht einmal danach, etwas zu essen. Als sie ihm begegnete, war sie nicht länger erbittert.

»Noch hier?« sagte sie, und als er nickte, fragte sie:

»Müde?«

»Müde!«

»Hast wohl zuviel Pralinés gegessen.«

»Ich hab' sie nicht gegessen. Ich hab' sie eins ums andre aus der Tasche geholt, als ich mich hier übers Geländer lehnte, und hab' zu erraten versucht, was drin war, Mokka, Nuß, Marshmallow, Crèmefüllung, und dann warf ich sie mit einem kleinen Plumps den heiligen Fischen vor.«

Sie blickte ernst zu ihm auf.

»Versuchst du wirklich, an der Pilgerfahrt teilzunehmen?«

»Recht und schlecht. Bin noch im Rückstand mit meinen Runden. Bis morgen muß ich noch fünf schaffen. Vielleicht bring' ich's nicht mehr fertig. Immerhin: etwas ist besser als gar nichts.«

»Du lieber Dummerjan!«

Hätte er sich da nicht abgewandt, so hätte sie es tun müssen: solch eine Welle von Zärtlichkeit überflutete sie bei dem Gedanken daran, was er tat und warum er es tat – so dummerlich, genau wie ein Mann, so kritisch, genau wie ein Mann, aus allen möglichen verdammt dummen Verstandesgründen, genau wie ein Mann, und ganz und gar nicht aus dem einzigen Grund, der, wie *sie* sehr wohl wußte, sein wahrer Grund war: nämlich, weil sie es tat. Und das bedeutete, daß er sie liebte. Sie setzte sich und lehnte sich an; sie schloß die Augen, und Kummertränen sickerten ihr zwischen den Lidern hervor, als sie spürte, wie ihr Schoß voller Begehren nach ihm verlangte.

Als sie sich wieder begegneten, war es spät am Nachmittag.

»Vier Runden erledigt«, verkündete er so strahlend, daß sie sich über ihn ärgerte.

»Es sind keine Golf-Runden, verdammt noch mal, Bobby!«

»Davon bin ich verflixt gut überzeugt. Ich kann dir verraten, daß meine Füße in solchem Zustand sind, daß ich eine Woche lang nicht Golf spielen kann. Schau her!«

Sie schaute nicht hin. Sie nahm ihn beim Arm und führte ihn zum stillsten Winkel, den sie finden konnte.

»Bobby, ich muß dir etwas gestehen. Ich habe den ganzen Tag nachgedacht, um mir darüber klarzuwerden. Ich weiß jetzt, weshalb ich herkam. Ich kam her, weil ich zutiefst weiß, daß eines schönen Tages unser Apfel vom Baum fallen muß. Ich bin vierzig. Du bist beinahe fünfzig. Es muß einmal dahin kommen. Ich kam her, weil ich es für richtig hielt, schon jetzt zu erklären, daß ich bereit bin, eines Tages auf dich zu verzichten, falls es sein müßte!«

Er begann zu lachen, daß es ihn nur so schüttelte.

»Zum Kuckuck, worüber lachst du denn?« ächzte sie.

»Wenn Frauen nachdenken! Mir ist so, als hätte es mal einen Mann gegeben, der betete: ›O Gott, bitte, mach mich keusch, aber nicht jetzt gleich!‹«

»Und was ich sage, ist ›jetzt gleich‹, wenn es so sein soll, wenn es sein kann, wenn ich's fertigbringen kann!« entgegnete sie wild. »Wahrscheinlich bitte ich im Grunde um ein Wunder – daß mein Mann stirbt, oder daß du stirbst, oder etwas dergleichen, das alles in Ordnung bringt.«

Er brach in solch ein schallendes Gelächter aus, daß sie sich furchtsam umschaute. Ein paar Leute in ihrer Nähe lachten zufällig auch gerade über etwas und blickten sie nachsichtig an.

»Bist du dir auch darüber klar, Bobby, daß ich, wenn ich hier zur Beichte gehe, alles über uns erzählen und versprechen muß, auf dich zu verzichten?«

»Ja, Schätzchen, und dabei weißt du ganz genau, daß du es überhaupt nicht tun wirst.«

»Aber ich will es jedesmal!«

Er starrte sie an, als schiebe er einen Vorhang vor ihrem Herzen beiseite.

»Jedesmal! Soll das etwa bedeuten, daß du es seit sechs Jahren versprochen hast?«

»Ich will es, wenn ich es verspreche. Nachher werde ich schwach. Ich kann nicht anders, Bobby. Das weißt du doch!« Sie las die Verachtung in seinem Blick und begann hastig weiterzureden, wobei sie ihren Trauring zornig am Finger herumdrehte. Er fuhr fort, ihr wie ein Mann in die Augen zu starren, der eine lange Eisenbahntrasse hinunterblickt und darauf wartet, daß die Lokomotive in Sicht kommt. »Nun siehst du, weshalb es keinen Sinn hatte, daß du mich gestern fragtest, warum ich jetzt herkommen müßte und nicht ebensogut ein andermal, denn bei mir gibt's kein ›andermal‹, bei mir ist's immer jetzt, ich begegne dir jetzt, und ich liebe dich jetzt, und ich finde jetzt, daß es nicht recht ist, und denke darum, ›nein, nicht jetzt‹, und verspreche, daß ich jetzt auf dich verzichten will, und ich meine es auch so, jedesmal, bis wir uns wiedersehen und alles wieder von vorne anfängt, und nie hört es auf, bis ich eines Tages sagen kann, ›Ja, ich habe ihn mal gekannt, aber jetzt sehe ich ihn nicht mehr‹, und dann ist es ein ›Jetzt‹, neben dem es nie mehr noch ein anderes ›Jetzt‹ gibt, weil es dann nicht mehr lebenswert ist.«

Die Tränen rannen ihr übers Gesicht. Er seufzte:

»Lieber Himmel! Da bist du ja in was Schönes hineingeraten, wie?«

»O Gott, die Versprechen, all die Versprechen! Ich wünschte, heute abend ginge die Welt unter und wir würden beide zusammen sterben!«

Er reichte ihr sein großes feuchtes Taschentuch. Sie trocknete sich die Tränen und putzte die Nase und fragte:

»Du willst wohl nicht zur Beichte gehen, nicht wahr?«

Er kicherte grimmig.

»Und ein Versprechen ablegen? Ich muß jetzt gehen und eine fromme Runde Golf ablaufen. Ich fürchte, mein Kindchen, du willst mich in die gleiche Zwickmühle hineinmanövrieren, in der du selber steckst. Nein, danke! Du mußt deine Probleme auf deine Art lösen, und ich tu's auf meine Art.«

Es war das letzte Mal, daß sie an jenem Tag mit ihm sprach.

Sie kehrte an das Geländer zurück, wo sie in der ersten Morgenfrühe mit der munteren jungen Frau gesprochen hatte. Da war sie wieder. Sie trug ein rotes Barett. Sie rauchte schon wieder. Sie begann zu plaudern, und die Worte flossen unaufhaltsam und ohne Pause über ihre Lippen. Sie hatte schöne, kräftige Schultern, einen großen, lebhaften Mund und ein Paar wilde Ziegenaugen. Nach einem Weilchen kam es heraus, daß die Frau vor Angst außer sich war. Sie stieß es alles plötzlich unter Rauchwolken hervor.

»Wissen Sie, warum ich mich hier so herumdrücke? Weil ich zur Beichte gehen muß und mich davor fürchte. Er wird kein gutes Haar an mir lassen. Er wird mich umbringen. 's ist nicht so einfach für ein Ding wie mich, das kann ich Ihnen sagen!«

»Haben Sie denn so schreckliche Sünden zu beichten?« lächelte sie beruhigend.

»Er wird mich in Grund und Boden verdammen, sag' ich Ihnen doch!«

»Was ist's denn? Freunde?«

Die beiden Ziegenaugen weiteten sich vor Furcht und Vergnügen. Ihre Hände flogen wie die eines Betrunkenen.

»Ich kann ihnen nicht aus dem Wege gehen. Ich wünschte weiß Gott, ich wär' nie hergekommen.«

»Aber wie töricht! Das ist doch nur menschlich! Ich bin überzeugt, daß die Hälfte von all den Leuten hier das gleiche zu beichten hat. Das ist doch eine uralte Geschichte, Kind, die den Priestern längst zum Halse heraushängt!«

»Ach, reden Sie bloß nicht! Lassen Sie mich in Ruhe! Ich bin eine Verbrecherin, sag' ich Ihnen doch! Und es gibt Sachen, die kann man dem Priester einfach nicht sagen. Man kann sie kaum dem Doktor sagen.«

»Sind Sie verheiratet?« – mit einem Blick auf den Ring.

»Der arme Tom. Ich hab' ihn kaputtgemacht. Mal ist er mit mir zum Doktor gegangen, weil er wissen wollte, ob er mich davon kurieren könnte. Der alte Esel hat meine Temperatur gemessen und mir ein Heft gegeben, sah aus wie ein Bus-Fahrplan, da stand drin, wann man sich ungestraft mit jemand ins Bett legen kann und wann nicht, der alte Idiot! Vor Weihnachten war ich schon wieder schwanger! Sechs Jahre verheiratet und sechs Kinder, solch Tempo kann ja kein Mensch aushalten! Und dabei bin ich erst vierundzwanzig. Soll ich etwa mein Leben lang jedes Jahr ein Kind in die Welt setzen? Ach, ich könnt' meine rechte Hand herschenken, wenn mir jemand sofort einen doppelten Whisky gäbe!«

»Aber, Sie Arme, wir sitzen doch alle im gleichen Boot! Was soll ich denn da von mir sagen!«

»Von Ihnen?«

»Bei mir sind's nicht die Männer – da ist's was Schlimmeres!«

»Was Schlimmeres? Um Gottes willen, was kann's denn Schlimmeres geben als Männer?«

Die Frau sah sie von oben bis unten an und den Arm entlang bis zur Hand und zum Ringfinger.

»Ein Mann!«

Die lohfarbenen Augen huschten zum Gesicht zurück und begriffen sofort.

»Haben Sie ihn sehr lieb?« fragte sie sanft, nahm die stumme Antwort entgegen und fuhr noch mitleidiger fort: »Können Sie nicht von ihm lassen?«

»Es geht jetzt schon sechs Jahre so, und ich kann immer noch nicht von ihm lassen.«

Die Augen der jungen Frau wanderten traurig über den See, als flögen sie über einen See menschlichen Leids. Dann warf sie den Zigarettenstummel ins Wasser, und das rote Barett verschwand im aufgesperrten Rachen des Kirchenportals.

Sie sah ihn noch zweimal, bevor sich das Zwielicht verdichtete und der Tag durch den frühen Sonnenuntergang wieder kalt wurde. Er saß ihr genau gegenüber vor der Männer-Herberge, rauchte und blickte auf den Boden zwischen seinen Beinen. Sie saßen einander gegenüber, waren durch ihre Wesenheiten getrennt, aber vereint durch ihre Liebe. Danach erhaschte sie nur noch einmal einen Blick auf ihn, um die Stunde, wenn Himmel und Berge verschmelzen; da war er nur noch eine Silhouette vor dem Seespiegel. Bald darauf erhielt sie Erlaubnis, ihre Zelle aufzusuchen. Sowie sie sich hingelegt hatte, kreiselte sie auf den Grund eines tiefen Schlafsees nieder.

Sie erwachte gestärkt und ohne Sorgen. Sie hatte die Gabe der Insel empfangen: das Gefühl der Weltabgeschiedenheit, fast ein Erlebnis wie vom Sterben der Welt. Darin liegt die Freundlichkeit jener Insel. Keiner ist bloß ein Ding, arm, um von reich ausgebeutet zu werden, schwach, um von stark ausgebeutet zu werden; in gegenseitiger Freigebigkeit erkennt jeder den andern als Form einer Seele; es ist ein kurzes, gestrenges Utopien allgemeiner nackter Gleichheit. Die nackten Füße sind das Symbol einer Nacktheit, die in der Welt, welche sie verlassen haben, unbekannt ist.

Das Glücksgefühl, mit dem sie erwachte, erlitt eine kleine Trübung durch das Gespräch, das sie beim Frühstück – Schwarztee, wie üblich, und eine Scheibe Haferbrot – mit einem Engländer hatte. Er war ein Mann aus der City, der am Tag davor angekommen und die ganze Nacht aufgewesen war, während sie geschlafen hatte. Er hatte sich noch nicht rasiert; er war etwa zwei- oder dreiundsechzig; klein, dickbäuchig, mit Augen, die hinter den Gläsern seines Zwickers ständig blicklos aufgerissen waren.

»Stimmt«, sagte er als Antwort auf ihre Frage. »Ich komme aus England. Aus Liverpool. Ich nehme den Nachtdampfer und treffe am Nachmittag drauf hier ein. Wirklich recht praktisch so. Bin jedes Jahr hergekommen, seit zweiundzwanzig Jahren, von den Kriegsjahren abgesehen. Komme wegen meiner Frau her.«

»Ist sie krank?«

»Starb vor zweiundzwanzig Jahren. Nein, was Sie annehmen, stimmt nicht, ich bete nicht für ihr Seelenheil. Sie war eine gute Frau, aber, hm, ich war nicht sehr gut zu ihr. Was nicht heißen soll, daß ich mit ihr gestritten oder daß ich getrunken habe oder ihr untreu war. Ich hab' nie gespielt. Und nie im Leben hab' ich geraucht.« Seine Hände machten eine leichte Gebärde, die ein ganzes Leben andeuten sollte, alle Verwirrung und allen Kummer seiner Seele. »Ich war eben einfach nicht gut zu ihr. Hab' sie nicht glücklich gemacht.«

»Ist das nicht«, fragte sie, um ihn zu trösten, »ein sehr persönliches Gefühl? Ich meine, es steht nicht in den Zehn Geboten, daß man seine Frau glücklich machen soll.«

Er lächelte nicht. Er machte die gleiche leise Gebärde mit den Fingern.

»Oh, ich weiß nicht! Was ist denn die Liebe, wenn nicht das? Ich meine, es ist etwas Göttliches, einen andern Menschen zu lieben, nicht wahr? Ich meine, was anders kann ›göttlich‹ bedeuten, wenn es nicht bedeutet, für einen andern Menschen auf alles zu verzichten? Zu lieben – das ist ja nicht menschlich. Es ist töricht, es ist eine Torheit, eine göttliche Torheit. Es ist jenseits aller Vernunft und Grenzen. Ich konnte mich nicht dazu erheben«, schloß er traurig.

Sie blickte ihn an und dachte: ›Ein dicker kleiner Mann, sein Leben lang Angestellter in irgendeinem Büro in Liverpool, verheiratet mit einer griesegrauen kleinen Frau, und hegt Gedanken über die Liebe, als ob er eine Art griechischer Mystiker wäre.‹

»Oft ist es schwieriger«, entgegnete sie lahm, »den eigenen Mann oder, je nachdem, die eigene Frau zu lieben – als seinen Nächsten.«

Und dabei überfiel sie der Gedanke, daß wir in unserm Innern keinen Raum ohne Geheimtür haben – kein handfestes Selbst ohne ein Gespenst in seinem Innern, das entfliehen möchte. Wenn ich Bobby aufgebe, habe ich noch George. Wenn ich George aufgebe, habe ich noch mich selbst und was etwa ich in mir selbst sehen mag. Sie tätschelte die Hand des kleinen Mannes und ging weg, da sie fürchtete, wenn sie ihn weiterreden ließe, könnte sich bei ihm selbst das kleine bißchen Aufrichtigkeit als Hirngespinst erweisen, und sie würde in dem Raum, den er hinter seinem eigenen Raum entdeckt hatte, weitere Türen finden, die zu weiteren fixen Ideen führten. Er hatte ihr etwas Wahres über ihre eigene Unvollkommenheit und über das Wesen der Liebe gesagt, und sie wollte davon weiterschenken, solange es noch Wahrheit war. Aber sie konnte *ihn* nicht finden, und sie hatte noch eine Runde zu machen, ehe das Fährboot die Insel verließ. Sie begegnete den Ziegenaugen. Die Jüngere umklammerte ihren Arm, und Tränen vergrößerten ihre gelbgrüne Iris, während sie fröhlich hervorstieß:

»Ein Lämmchen von einem Priester hab' ich gefunden! Einen richtigen Heiligen! So sanft war er! ›Wieviel verdient dein Mann?‹ sagt er. ›Vier Pfund zehn die Woche‹, sag' ich. ›Und sechs Kinder?‹ sagt er. ›Du arme Frau‹, sagt er, ›du brauchst überhaupt nicht herzukommen. Du hast dein Fegefeuer schon daheim.‹ Alle Schuld schob er dem armen Tom in die Schuhe. Und Gott verzeih mir, ich hab's zugelassen. ›Bring ihn mir her‹, sagt er, ›und ich werd' ihn dir abkühlen.‹ Gott segne den armen unschuldigen Priester, ich wünschte, ich wüßt' so wenig von der Ehe wie der! Aber«, und nun brach sie in ein Gejammer aus, »jetzt hat er mich erst recht erledigt! Jetzt hab' ich den armen Tommy so lieb, daß ich gar nicht rasch genug nach Hause kommen kann, um mich mit ihm ins Bett zu legen.« Und unter wahren Tränenfluten der Freude, der Erleichterung und neuen Kummers rief sie: »Ich wünscht', ich wär ein elendes Nönnchen!«

Erst als sie alle wartend auf der Fähre standen, erblickte sie ihn. Es gelang ihr, sich im Boot neben ihn zu setzen. Er berührte ihre Hand und blinzelte ihr zu. Sie lächelte ihn an. Der Signalbläser stieß ins Horn. Ein säumiger Pilger kam aus der Männer-Herberge hervorgestürzt. Die Bootsladung begrüßte ihn laut, der Hornbläser half ihm mit dem Scherz ins Boot, daß manche Leute auch nie genug vom Beten bekommen könnten, und es entstand ein allgemeines Geplauder über Leute, die viel zu beten hätten, und dann stimmte jemand die Abschiedshymne an, und die Ruderer begannen sich mit den schweren Rudern abzustoßen, und singend wurden sie langsam über den sommerlichen See in die Welt zurückgerudert.

Auf der gleichen Straße, die sie gekommen waren, verließen sie die Berge wieder. Beide waren schweigsam. Schließlich konnte sie ihre Frage nicht länger unterdrücken:

»Bist du hingegangen, Bobby?«

Was bedeuten sollte: hatte er nach all den Jahren voller Schweigen, voller Auflehnung und voller Unglauben jetzt um den Preis eines Bündnisses gegen sie seinen Frieden mit Gott gemacht? Er erwiderte sanft:

»Habe ich in all den Jahren deine Geheimnisse ergründen wollen?«

Sie nahm den Verweis demütig hin, und mehrere Meilen fuhren sie schweigend weiter. Sie waren sich nahe, ihre Schultern berührten sich, aber zwischen ihnen stand die undurchdringliche Mauer der Persönlichkeit, die jedes menschliche Lebewesen in einer eigenen Welt seines Selbst isoliert. Sie spürte es und begriff endlich, daß nur an Stätten wie der Insel im See die Schranken des Selbst niedersinken. Der dickbäuchige kleine Angestellte aus Liverpool hatte recht gehabt. Nur wenn die Liebe nichts anderes begehrt als Verzicht und völlige Entsagung, ist das Selbst dem Selbst überlegen. Jedermann, der die Insel betrat, ließ den Bereich des Selbst für einige Stunden hinter sich und vertauschte es gegen das, was der kleine Mann eine göttliche Torheit genannt hatte. Nur ein paar Stunden lang war es möglich – es sei denn, man hatte den Mut – oder die Torheit –, ganz und gar auf die Welt zu verzichten. Dann kam ihr ein anderer Gedanke. Auch in der Welt mochte es ein Entrinnen aus der Welt geben.

»Glaubst du, Bobby, wenn Menschen sich lieben, daß sie dann alles um des anderen willen aufgeben können?«

»Nein«, entgegnete er knapp. »Höchstens vielleicht in der ersten Hingerissenheit.«

»Wenn ich ein Kind hätte, könnte ich, glaube ich, alles für das Kind opfern. Sogar mein Leben.«

»Ja«, gab er zu. »Dergleichen ist schon vorgekommen.«

Und sie blickte ihn traurig an und wußte, daß sie sich niemals heiraten konnten, und selbst wenn sie es tat, würde sie nie Kinder bekommen. Und doch, wenn sie heiraten könnten, wäre immer noch die Insel da . . .

»Weißt du, was ich mir gerade ausdenke?« fragte er munter.

Sie fragte ohne Anteilnahme, was es sei.

»Ich denke mir die Mahlzeit aus, die wir heute abend nach Mitternacht in Galway einnehmen wollen.«

»Nach Mitternacht? Dann ist die Pilgerfahrt also noch nicht beendet? Meinst du das?«

»Willst du es denn nicht? Es war von Anfang an deine Idee!«

»Gut. Und was wollen wir bis Mitternacht treiben? Noch nie ist mir die Zeit so langsam vergangen.«

»Ich will den Tag mit Angeln verbringen – hinter Glencar. Damit wird der hungrige Tag totgeschlagen. Und danach können wir bis Mitternacht die längste Straße durch Connemara wählen, die man sich nur vorstellen kann. Und dann hast du hoffentlich nichts einzuwenden gegen in Milch gesottene Bergforelle und gefüllten Lammbraten mit jungen Erbsen und Schalenkartoffeln und Apfelkuchen mit Schlagsahne, dazu einen kühlen Pouilly-Fuissé, einen angenehmen Rotwein 1929, West-Irland Pont l'Evêque, und als Abschluß gälischen Kaffee und zwei Otards? Wie ich dich kenne, liegt dir so etwas sehr viel mehr als all dein dummer alter Schwarztee und das heiße Salzwasser.«

»Ich geb's zu, daß ich fleischlichen Dingen nicht abgeneigt bin.«

»Sie sind dein Lebenszweck!«

Er hatte es so sanft, so zärtlich gesagt, daß ihr – halb betroffen, halb belustigt – unwillkürlich die Ziegenäugige einfiel, wie sie, so rasch der Autobus sie nur fahren konnte, nach Hause eilte, um sich mit ihrem Tommy ins Bett zu legen. Von da an sprachen sie kaum noch, und dann nur über nebensächliche Dinge wie ein

Schloß an der Landstraße, die Sonne auf der sie begleitenden See, den Planwagen eines Kesselflickers oder eine schöne Aussicht. Es war früher Nachmittag, als sie hinter Glencar in das tiefe Tal einbogen, und im zweiten Gang suchte er nach einem verlockenden Stückchen Bach, fand eins und begann voller Eifer, seine Angelrute zusammenzusetzen. Allmählich wanderte er das blendende, flirrende Wasser hinauf, und nach einer Stunde war er nicht mehr zu sehen. Sie streckte sich am Ufer auf einer Reisedecke aus und sank in einen festen Schlaf.

Es war fast vier Uhr, als sie steif und durstig erwachte. Sie trank aus einer kleinen Bucht im Bach, und eine Stunde lang saß sie allein neben der Bucht, blickte in die torfbraune Tiefe und war so lässig zufrieden wie eine Zigeunerfrau, dem Augenblick zu leben und es der Zeit zu überlassen, alles aufzuspulen und abzuspulen. Es war fünf Uhr, als sie ihn näher kommen sah: er schlappte schwerfällig in seinen klatschenden Wasserstiefeln einher und trug vier Forellen an einer Binsenschlaufe. Er warf ihr die Fische vor die Füße und sich selbst daneben.

»Hätt' sie am liebsten roh gegessen«, sagte er.

»Woll'n sie braten und essen«, rief sie wild.

Er sah sie einen Augenblick an, dann stand er auf und begann trockne Äste zu sammeln, fand im Wagen die Zeitung vom Montag – sie kam ihm wie eine uralte Zeitung vor –, und zündete ein Feuer an. Sie schaute ihm zu, wie er es unterhielt. Als es weit genug heruntergebrannt war, um eine schöne Glut zu versprechen, briet er zwei von den Forellen in der Öse seines Fischhakens, und sie sog den Duft des sich bräunenden Fleisches ein und seufzte. Schließlich legte er sie braun und knusprig dicht neben ihrer Hand ins Gras. Sie hob eine an ihrem verkrusteten Schwanz in die Höhe, roch daran, blickte ihn an und warf sie wütend mitten ins Feuer. Er schnaufte halb lächelnd und tat das gleiche mit der anderen Forelle.

»Nachmacher!« sagte sie.

»Laß uns zum Teufel hier fort!« rief er und sprang auf. »Nimm du die Sachen!«

Sie stand auf, sammelte das Gerät ein und folgte ihm, wobei sie ihm nachrief:

»Ich komme mir wie eine Beduinenfrau vor ›Nimm die Sachen! Geh hierhin! Geh dorthin!‹«

Der Wagen kletterte aus den Tälern und gelangte zum flachen Hochmoor der Easky-Halbinsel. Das Abendlicht, ein kaltes Okkergelb, gleißte über die grüngestreifte Heide wie in allen Tönungen eines Strandes bei Ebbe. In Ballina schlug sie vor, Tee zu trinken.

»Das wäre eine erfreuliche Abwechslung unserer Diät!« sagte er.

Als sie ein Café gefunden hatten und nachdem sie den Tee bestellt hatte, sagte er zur Bedienung:

»Und bitte eine Menge heißen Buttertoast!«

»Eine neue Art zu verführen«, sagte sie, während sie ihm Tee eingoß und die Milchkanne fragend hochhielt. »Milch?«

»Nimmst du Milch?«

»Nein.«

»Ich dann auch nicht.«

»Schönen heißen Buttertoast?«

»Nimmst du Toast?« fragte er.

»Warum zum Teufel soll ich denn alles entscheiden?«

»Ich habe dir eine höfliche Frage gestellt«, entgegnete er schroff.

»Nein.«

»Nein!«

Während sie ihren schwarzen Tee schlürften, blickten sie sich wie zwei Menschen an, die einander Hals über Kopf zu hassen beginnen.

»Könntest du mir zufällig erklären«, fragte er bald darauf, »weshalb ich mich mit einer dummen Frau wie dir abplage?«

»Ich nehme an, Bobby, es ist einfach deshalb, weil wir ineinander verliebt sind.«

»Nehme ich auch an«, knurrte er. »Komm weiter!«

Sie begaben sich auf den längsten Umweg, den er auf der Karte heraustifteln konnte: nach Westen in die Grafschaft Mayo hinein, zwischen den Seen bei Pontoon hindurch und über das ebene Heidemoor nach Castlebar. Hier schlossen die Berge die Ebene mit kobaltblauer Luft ein, und im verblassenden Licht lösten sich alle festen Formen auf. Wolken wie Seifenschaum zogen und flogen über die Kämme der Berge, bis sie glühten, als ob hinter den Gebirgsketten feurige Kohlenglut steckte. In Castlebar fuhr er bei der Post vor und telefonierte mit dem Hotel in Salthill, um zwei Zimmer und das Abendessen zu bestellen. Als er aus dem Gebäude trat, sah er in einem Schaufenster ein Plakat und sagte:

»Warum gehen wir nicht ins Kino? Damit bringen wir ein paar Stunden um!«

»Von Rechts wegen«, sagte sie, »solltest du mich nach Dublin fahren.«

»Wenn du es wünschst, werde ich's tun.«

»Würdest du es tun, wenn ich dich darum bäte?«

»Möchtest du es?«

»Vermutlich ist es schon ziemlich spät, nicht?«

»Durchaus nicht. Wenn ich schnell fahre, könnten wir gegen ein Uhr zu Hause sein. Wollen wir?«

»Das würde uns auch nichts nützen. George ist nicht da. Ich müßte dich ins Haus bitten und dir etwas zu essen geben und ... Ach, laß uns in das elende Kino gehen!«

Der Film, der gespielt wurde, war *Charleys Tante.* Mißmutig ließen sie die Narrenspossen über sich ergehen. Als sie nach neun wieder ins Freie traten, hing ein letzter Lichtschimmer am Himmel. Sie fuhren weiter und weiter, immer noch gen Westen, die Fahrt ausdehnend und die Nacht mit ihrer Entscheidung hinauszögernd. Vor Killary hielten sie neben dem schwarzen Gesicht eines Sees, stiegen aus und standen vor seiner von Felsen umfangenen Schönheit. Längs seiner steinigen Ufer war nichts als ein paar windzerfetzte Binsen.

»Ich könnte dich fressen«, sagte er.

Sie erwiderte, daß nur Verliebte und Kannibalen so redeten.

Sie bummelten den sich weit hinstreckenden Fjord von Killary entlang, wo junge Leute, die Ferien hatten, draußen vor dem Hotel saßen, ihren Drink auf kleinen Klapptischen vor sich. In Clifden war die Straße leer, und wie das Licht in den oberen Fenstern zeigte, stiegen die Leute bereits ins Bett. Sie bogen in eine lange Küstenstraße ein, an der die vereinzelten weißgetünchten Hütten weißer als der Wellenschaum glommen, der die Anwesenheit des Meeres eben nur andeutete. Sie hielten an einem anderen, dunkleren Strand, und dort sahen sie überhaupt keinen Schaum, sondern konnten das Meer nur an seinem unsichtbaren Wispern erraten oder wenn ein Stern auf eine Welle fiel. Bis Mitternacht war jetzt nur noch eine Stunde.

Ihre Scheinwerfer störten Felsen und Kaninchen auf. Die Heide hüpfte gleich Känguruhs an ihnen vorbei. Es war längst elf Uhr gewesen, als sie das einsame Land an der Galway-Bucht entlangsummten. Seit einer Stunde hatte keiner von ihnen gesprochen. Als sie nach Salthill hineinfuhren, war niemand draußen. Galway lag in Dunkel gehüllt. Nur das Licht auf der Hotelveranda bewies, daß drinnen noch Leben war. Als er den Motor abstellte, war zuerst nichts anderes zu hören als das Knistern sich zusammenziehenden Metalls, weil die Maschine sich abkühlte. Dann hörten sie rechter Hand das Flüstern der Bucht. Der Knopf am Schaltbrett beleuchtete das Zifferblatt der Uhr.

»Viertel vor«, sagte er und lehnte sich an. Sie sprach nicht und rührte sich nicht. »Jenny!« rief er scharf.

Sie wandte langsam den Kopf, und das Licht am Schaltbrett zeigte ihm ihr blasses Lächeln.

»Ja, Liebling?«

»Übermüdet?« fragte er und tätschelte ihr Knie.

Sie reckte den ganzen Körper, so daß der Sitz zitterte, streckte die Arme über den Kopf, senkte sie und ließ ihren Kopf auf seine Schulter fallen; sie seufzte glücklich und sagte:

»Jetzt möchte ich nichts weiter als irgend etwas zu trinken – bloß keinen Tee!«

In jedem Hotel in ganz West-Irland kennt man die Zwölf-Uhr-Heimkehrer vom Lough Derg. Schwelgerei ist der Lohn ihrer Bußübungen. Der Portier begrüßte sie wie Helden, die aus dem Krieg zurückkehrten. Während er sie zu ihren Zimmern führte, belobigte er sie, bemitleidete sie, wickelte sie in Watte und versicherte ihnen, daß der vorschriftsmäßige Grill bereits über dem Feuer brutzelte; er offerierte ihnen ein heißes Bad und erklärte ihnen, wo die Bar zu finden sei. »Sie werden's schon finden«, wiederholte er ein ums andere Mal. ›Suchen und finden‹ war der richtige Ausdruck, denn das heitere Leben in der Bar hatte sich hinter abgeblendetem Licht und zugezogenen Gardinen und verschlossenen Türen versteckt. Er mußte in dem überheizten Zimmer die Jacke ausziehen und die Krawatte lockern. Sie eroberten sich eine Ecke an der Bartheke, und seine Bestellung lautete auf zwei Whiskysoda mit Eis. Innerhalb von zwei Minuten fühlten sie sich in der Menge wie zu Hause. Es war, als hätte es nie eine Insel gegeben, wenn ihnen die Bardame, die wußte, wo sie herkamen, nicht zugelacht hätte: »Sie werden wohl heute abend wie die Löwen essen, nicht?«

Nach dem Abendessen taten sie sich nochmals in der Bar gütlich, tranken aber diesmal langsam und fühlten sich so gestärkt, daß sie die Fahrt ohne Widerwillen oder Bedauern hätten fortsetzen können. Während sie kleine Schlückchen nahmen, fiel ihnen allmählich ein sanftes Klingen und Geigen ganz in der Nähe auf, und sie erfuhren, daß im Hotel nebenan Tanz war. Er sah sie mit hochgezogenen Augenbrauen an. Sie lachte und nickte.

Um drei Uhr gaben sie es auf und traten in die linde Kühle des frühen Sommermorgens hinaus. Leicht beschwipst und leicht ermüdet wanderten sie zur kleinen Promenade am Meer. Sie stützten sich aufs Geländer, und er legte ihr den Arm um die Taille, und sie legte ihren Arm um ihn, und sie blickten auf den Mond, der sich lautlos einen Pfad übers Meer bis hin zu den Aran-Inseln harkte. Sie spürte es, daß der entscheidende Augenblick gekommen war. Er sagte:

»Heute haben sie eine schöne Nacht auf der Insel!«

»Eine bessere Nacht, als wir sie hatten«, sagte sie zitternd.

Nach einer weiteren Pause voll Wellenschlag und Stille sagte er:

»Weißt du, was ich gerade dachte, Jenny? Ich dachte, es würde mir gar nichts ausmachen, nächstes Jahr wieder hinzufahren. Vielleicht kann ich's das nächste Mal richtig machen?«

»Das nächste Mal?« flüsterte sie, und ihr ganzer Körper begann zu schmelzen, so daß sie die Augen schloß und sich bei ihm anlehnte. Auch er schloß die Augen, und am ganzen Leib wurde er so starr wie ein Stahlträger, der vom Sturm umbraust wird. Langsam öffneten sie ihre liebestrunkenen Augen und blickten lange über den Glanz und die Schwärze des Meeres. Dann sagte er sanft, ach, so sanft, mit einer Sanftheit, die sie erschreckte:

»Wollen wir hineingehen, mein Lieb?«

Sie rührte sich nicht. Sie sprach nicht. Langsam wandte sie sich ihm zu und hob flehend die Augen zu ihm auf.

»Nein, Bobby, bitte noch nicht!«

»Noch nicht?«

»Nicht heute nacht!«

Er blickte auf sie herunter und schloß sie in die Arme. Sie küßten sich leidenschaftlich. Sie wußte, was der Kuß bedeutete. Ihre Lippen lösten sich voneinander. Hand in Hand gingen sie langsam zum Hotel zurück, jeder in sein Zimmer.

# *Nachweis*

## Frank O'Connor (1903–1966)

Im Diogenes Verlag erschienen: *Und freitags Fisch*. Erzählungen 1958. *Die lange Straße nach Ummera*. Erzählungen 1959. *Die Reise nach Dublin*. Roman 1961. *Einziges Kind*. Autobiographie I 1964. *Geschichten von Frank O'Connor* 1967. *Meines Vaters Sohn*. Autobiographie II 1970. *Ausgewählte Erzählungen* 1971. Die gesammelten Erzählungen in sechs Einzelbänden: *Und freitags Fisch* 1975; *Mein Ödipus-Komplex, Don Juans Versuchungen, Eine unmögliche Ehe, Eine selbständige Frau, Brautnacht* (alle 1977).
Die Erzählung *Die Zukunft vor Augen (Expectations of Life)* wurde dem Band *Don Juans Versuchungen* entnommen.

## Maurice Kennedy (*1924)

Erzählungen in deutscher Sprache erschienen bisher noch nicht in einem Sammelband, nur in Anthologien.
Die Erzählung *Wladiwostok (Vladivostok)* stammt aus der Anthologie *Irish Short Stories*. Copyright Maurice Kennedy, Dublin.

## Julia O'Faolain (*1932)

Die Erzählung *Mein kleines Kapital (A Pot of Soothing Herbs)* stammt aus dem Band *We Might See Sights!* Copyright Messrs. Curtis Brown, New York.

## Brian Cleeve (*1921)

Die Erzählung *Cait und ich (The Salmon of Knowledge)* stammt aus dem Band *The Horse Thieves of Ballysaggert.* Copyright Messrs. John Farquharson, London.

## Brian Friel (*1929)

Im Diogenes Verlag erschien 1970 ein Band mit Erzählungen *Das Strohwitwen-System,* deutsch von Elisabeth Schnack. Daraus stammt auch die vorliegende Erzählung *Margo ist wunderbar (Among the Ruins).*

## Michael McLaverty (*1907)

Erzählungen in deutscher Sprache erschienen in verschiedenen Anthologien.
Die Erzählung *Sechs Wochen fort und zwei an Land (Six Weeks On and Two Ashore)* stammt aus dem Band *The Game Cock.* Copyright Messrs. Jonathan Cape, London.

## Edna O'Brien (*1932)

Im Diogenes Verlag erschienen: *Das Mädchen mit den grünen Augen.* Roman 1972. *X, Y & Zee.* Drehbuch 1972. *Das Liebesobjekt.* Erzählungen 1972. *Plötzlich im schönsten Frieden.* Roman 1974.
Die Erzählung *Irische Lustbarkeit (Irish Revels)* stammt aus dem Band *Das Liebesobjekt.*

## Liam O'Flaherty (*1897)

Im Diogenes Verlag erschienen: *Armut und Reichtum.* Erzählungen 1961. *Hungersnot.* Roman 1965. *Ich ging nach Rußland.* Ein politischer Reisebericht 1971.
Tiergeschichten 1979.
Die Erzählung *Die Rote Barbara (Red Barbara)* stammt aus dem Band *The Stories of Liam O'Flaherty.* Copyright Messrs. A. D. Peters, London.

## Edward Sheehy (1906–1956)

Erzählungen in deutscher Sprache erschienen in Anthologien. Die Erzählung *Hochzeitsgesang (Prothalamion)* stammt aus der Anthologie *Irish Short Stories.* Copyright Mrs. Anna Sheehy, Enniskerry.

## Norah Hoult (*1901)

Die Erzählung *Neun Jahr ist eine lange Zeit* stammt aus dem Band *Nine Years Is a Long Time.* Copyright Messrs. Heinemann, London.

## Elizabeth bowen (*1899)

Deutsche Erzählungsbände: *Ein Abschied.* Nymphenburger Verlagshandlung 1958. *Der dämonische Liebhaber.* Schaffrath Verlag 1947. Romane: *Das Haus in Paris.* Hera-Verlag 1947. *Gen Norden.* Schaffrath Verlag 1947. *Eine Welt der Liebe.* Kiepenheuer und Witsch 1958. *Die kleinen Mädchen.* Kiepenheuer und Witsch 1965. *Seine einzige Tochter.* Walter 1973.
Die Erzählung *Das Nadelkästchen (The Needle Case)* stammt aus dem Band *The Cat Jumps.* Copyright Messrs. Curtis Brown, London.

## James Stephens (1882–1950)

Romane: *Vagabunden, Engel und Dämonen.* Gute Schriften 1964. *Die Halbgötter.* Zürich 1949.
Die Erzählung *Pferde (The Horses)* stammt aus dem Band *Here are Ladies.* Copyright The Society of Authors, London.

## Bryan MacMahon (*1909)

Erzählungen in deutscher Sprache sind in verschiedenen Anthologien erschienen. Roman: *Kinder der Morgenröte.* C. Bertelsmann 1956.
Die Erzählung *Die Heimkehr des Landfremden (Exile's Return)* stammt aus dem Band *The Lion Tamer.* Copyright Messrs. A. P. Watt and Son, London.

## John Montague (*1929)

Die Erzählung *Anlaß zur Sünde (An Occasion of Sin)* stammt aus dem gleichnamigen Band, der 1969 im Diogenes Verlag erschienen ist.

## Seumas O'Kelly (1880–1917)

Novelle: *Das Grab des Webers.* Suhrkamp Verlag 1966.
Die Erzählung *Die goldene Barke* stammt unter dem Titel *The Golden Barque* aus dem gleichnamigen Band.

## Lord Dunsany (1878–1957)

Erzählungsbände: *Jorkens borgt sich einen Whisky.* Diogenes Verlag 1957 und 1978. *Smetters erzählt Mordgeschichten.* Diogenes Verlag 1958 und 1978.
Die Erzählung *Es ist zu lange her (It's a Long Time Ago)* stammt aus einer Manuskriptsammlung. Copyright Messrs. Curtis Brown, London.

## George Moore (1852–1933)

Erzählungsband: *Stadt und Land.* Diogenes Verlag 1964.
Die Erzählung Heimweh *(Homesickness)* stammt aus dem Band *The Untilled Field.* Copyright Messrs. Field Roscoe, London.

## George Bernard Shaw (1856–1950)

Die Erzählung *Serenade (The Serenade)* stammt aus dem Band *The Black Girl in Search of God.* Copyright The Society of Authors, London.

## James Plunkett (*1920)

Erzählungen in deutscher Sprache erschienen in Anthologien.
Die Erzählung *Individualisten (The Trout)* wurde nach dem englischen Manuskript übersetzt. Copyright Messrs. A. D. Peters, London.

Sean O'Faolain (*1900)

Im Diogenes Verlag erschienen: *Sünder und Sänger.* Erzählungen 1960. *Der Einzelgänger.* Roman 1963. *Ein Nest voll kleiner Leute.* Roman 1966. *Dividenden.* Erzählungen 1969.
Die Erzählung *Liebe und Pilgerfahrt (Lovers of the Lake)* stammt aus dem Band *Sünder und Sänger.*

Allen Copyright-Inhabern, Autoren, Verlegern und Agenten sei für die Abdruckerlaubnis herzlich gedankt.

E. Sch.

# *Liebesgeschichten und -gedichte im Diogenes Verlag*

*Deutsche Liebesgedichte*
von Walther von der Vogelweide bis Gottfried Keller. mini-detebe 79031. Auch als Diogenes Evergreen, mit Illustrationen von Ludwig Richter

*Moderne deutsche Liebesgedichte*
von Stefan George bis zur Gegenwart
Herausgegeben von Rainer Brambach
detebe 20777

*Liebesgeschichten aus Amerika*
von Mark Twain bis Carson McCullers
Herausgegeben von John G. Machaffy
Diogenes Sonderband

*Liebesgeschichten aus Deutschland*
von J. W. von Goethe bis Alfred Andersch. Herausgegeben von Christian Strich und Fritz Eicken. detebe 21122

*Liebesgeschichten aus England*
von Joseph Conrad bis Muriel Spark
Herausgegeben von William Matheson
detebe 21204

*Liebesgeschichten aus Frankreich*
von Marquis de Sade bis Georges Simenon. Herausgegeben von Anne Schmucke und Gerda Lheureux. Diogenes Evergreens

*Liebesgeschichten aus Irland*
von G. B. Shaw bis Frank O'Connor
Herausgegeben von Elisabeth Schnack
detebe 20629

*Liebesgeschichten aus Italien*
von Giovanni Boccaccio bis Alberto Moravia. Herausgegeben von William Matheson
detebe 21202

*Liebesgeschichten aus Österreich*
von Adalbert Stifter bis Heimito von Doderer. Herausgegeben von Maria und Herbert Eisenreich. detebe 21123

*Liebesgeschichten aus Rußland*
von Alexander Puschkin bis Anton Čechov. Herausgegeben von Johannes von Guenther
detebe 21013

*Liebesgeschichten aus der Schweiz*
von Jeremias Gotthelf bis Max Frisch
Herausgegeben von Christian Strich und Tobias Inderbitzin. detebe 21124

*Liebesgeschichten aus Spanien*
von Miguel Cervantes bis Ana Maria Matute. Herausgegeben von Christine Haffmans. detebe 21203

# *Klassiker und moderne Klassiker der angelsächsischen Literatur im Diogenes Verlag*

## ● Eric Ambler

*Die Maske des Dimitrios.* Roman. Aus dem Englischen von Mary Brand und Walter Hertenstein. detebe 20137
*Der Fall Deltschev.* Roman. Deutsch von Mary Brand und Walter Hertenstein detebe 20178
*Eine Art von Zorn.* Roman. Deutsch von Susanne Feigl und Walter Hertenstein detebe 20179
*Schirmers Erbschaft.* Roman. Deutsch von Harry Reuß-Löwenstein, Th. A. Knust und Rudolf Barmettler. detebe 20180
*Die Angst reist mit.* Deutsch von Walter Hertenstein. detebe 20181
*Der Levantiner.* Roman. Deutsch von Tom Knoth. detebe 20223
*Waffenschmuggel.* Roman. Deutsch von Tom Knoth. detebe 20364
*Topkapi.* Roman. Deutsch von Elsbeth Herlin. detebe 20536
*Schmutzige Geschichte.* Roman. Deutsch von Günter Eichel. detebe 20537
*Das Intercom-Komplott.* Roman. Deutsch von Dietrich Stössel. detebe 20538
*Besuch bei Nacht.* Roman. Deutsch von Wulf Teichmann. detebe 20539
*Der dunkle Grenzbezirk.* Roman. Deutsch von Walter Hertenstein und Ute Haffmans detebe 20602
*Ungewöhnliche Gefahr.* Roman. Deutsch von Walter Hertenstein und Werner Morlang. detebe 20603
*Anlaß zur Unruhe.* Roman. Deutsch von Franz Cavigelli. detebe 20604
*Nachruf auf einen Spion.* Roman. Deutsch von Peter Fischer. detebe 20605
*Doktor Frigo.* Roman. Deutsch von Tom Knoth und Judith Claassen. detebe 20606
*Bitte keine Rosen mehr.* Roman. Deutsch von Tom Knoth. detebe 20887
*Mit der Zeit.* Roman. Deutsch von Hans Hermann. detebe 21054
Als Ergänzungsband liegt vor:
*Über Eric Ambler.* Herausgegeben von Gerd Haffmans. detebe 20607

## ● Sherwood Anderson

*Ich möchte wissen warum.* Ausgewählte Erzählungen. Aus dem Amerikanischen von Karl Lerbs und Helene Henze. detebe 20514

## ● Ambrose Bierce

*Die Spottdrossel.* Erzählungen und Fabeln. Auswahl und Vorwort von Mary Hottinger. Aus dem Amerikanischen von Joachim Uhlmann, Günter Eichel und Maria von Schweinitz. Zeichnungen von Tomi Ungerer detebe 20234

## ● James Boswell

*Dr. Samuel Johnson.* Leben und Meinungen. Mit dem Tagebuch einer Reise nach den Hebriden. Herausgegeben und aus dem Englischen von Fritz Güttinger. detebe 20786

## ● Ray Bradbury

*Die Mars-Chroniken.* Roman in Erzählungen. Aus dem Amerikanischen von Thomas Schlück. detebe 20863
*Der illustrierte Mann.* Erzählungen. Deutsch von Peter Naujack. detebe 20365
*Fahrenheit 451.* Roman. Deutsch von Fritz Güttinger. detebe 20862
*Die goldenen Äpfel der Sonne.* Erzählungen. Deutsch von Margarete Bormann detebe 20864
*Medizin für Melancholie.* Erzählungen Deutsch von Margarete Bormann detebe 20865
*Das Böse kommt auf leisen Sohlen.* Roman. Deutsch von Norbert Wölfl. detebe 20866
*Löwenzahnwein.* Roman. Deutsch von Alexander Schmitz. detebe 21045
*Das Kind von morgen.* Erzählungen Deutsch von Hans-Joachim Hartstein detebe 21205

## ● John Buchan

*Die neununddreißig Stufen.* Aus dem Englischen von Marta Hackel. Mit Zeichnungen von Edward Gorey. detebe 20210
*Grünmantel.* Roman. Deutsch von Marta Hackel. Mit Zeichnungen von Topor detebe 20771
*Mr. Standfast oder Im Westen was Neues* Roman. Deutsch von Marta Hackel. Mit Zeichnungen von Topor. detebe 20772
*Die drei Geiseln.* Roman. Deutsch von Marta Hackel. Mit Zeichnungen von Tatjana Hauptmann. detebe 20773

● **W. R. Burnett**

*Little Caesar.* Roman. Aus dem Amerikanischen von Georg Kahn-Ackermann detebe 21061
*High Sierra.* Roman. Deutsch von Armgard Seegers und Hellmuth Karasek. detebe 21208

● **Erskine Caldwell**

*Wo die Mädchen anders waren.* Ausgewählte Geschichten. Aus dem Amerikanischen von M. Artl, Elisabeth Schnack und Joachim Marten. detebe 21186

● **Raymond Chandler**

*Die besten Detektivstories.* Aus dem Amerikanischen von Hans Wollschläger Diogenes Evergreens
*Der große Schlaf.* Roman. Deutsch von Gunar Ortlepp. detebe 20132
*Die kleine Schwester.* Roman. Deutsch von Walter E. Richartz. detebe 20206
*Das hohe Fenster.* Roman. Deutsch von Urs Widmer. detebe 20208
*Der lange Abschied.* Roman. Deutsch von Hans Wollschläger. detebe 20207
*Die simple Kunst des Mordes.* Essays, Briefe, eine Geschichte und ein Romanfragment Herausgegeben von Dorothy Gardiner und Kathrine Sorley Walker. Deutsch von Hans Wollschläger. detebe 20209
*Die Tote im See.* Roman. Deutsch von Hellmuth Karasek. detebe 20311
*Lebwohl, mein Liebling.* Roman. Deutsch von Wulf Teichmann. detebe 20312
*Playback.* Roman. Deutsch von Wulf Teichmann. detebe 20313
*Mord im Regen.* Frühe Stories. Vorwort von Philip Durham. Deutsch von Hans Wollschläger. detebe 20314
*Erpresser schießen nicht.* Detektivstories I detebe 20751
*Der König in Gelb.* Detektivstories II detebe 20752
*Gefahr ist mein Geschäft.* Detektivstories III detebe 20753
Alle drei deutsch von Hans Wollschläger.
*Englischer Sommer.* 3 Stories und Essays. Vorwort von Patricia Highsmith. Deutsch von Hans Wollschläger, Wulf Teichmann u.a. detebe 20754
Als Ergänzungsband liegt vor:
*Raymond Chandler.* Sein Leben und Werk Biographie. Aus dem Amerikanischen von Wulf Teichmann. detebe 20960

● **G. K. Chesterton**

*Pater Brown und Das blaue Kreuz.* Erzählungen. detebe 20731
*Pater Brown und Der Fehler in der Maschine.* Erzählungen. detebe 20732
*Pater Brown und Das schlimmste Verbrechen der Welt.* Erzählungen. detebe 20733
Eine Trilogie der besten Pater-Brown-Geschichten. Aus dem Englischen von Heinrich Fischer, Dora Sophie Kellner, Alfred P. Zeller u.a.

● **Joseph Conrad**

*Lord Jim.* Roman. Aus dem Englischen von Fritz Lorch. detebe 20128
*Der Geheimagent.* Roman. Deutsch von G. Danehl. detebe 20212
*Herz der Finsternis.* Erzählung. Deutsch von Fritz Lorch. detebe 20363

● **Stephen Crane**

*Das blaue Hotel.* Erzählungen. Herausgegeben, aus dem Amerikanischen übersetzt und mit einem Nachwort von Walter E. Richartz. detebe 20789

● **Walter de la Mare**

*Sankt Valentinstag.* Erzählungen. Aus dem Englischen von Elizabeth Gilbert detebe 21197

● **Charles Dickens**

*David Copperfield.* Roman. Aus dem Englischen von Gustav Meyrink. Mit einem Essay von W. Somerset Maugham. detebe 21034
*Oliver Twist.* Roman. Deutsch von Gustav Meyrink. detebe 21035
*Nikolas Nickleby.* Roman. Deutsch von Gustav Meyrink. detebe 20998
*Bleakhaus.* Roman. Deutsch von Gustav Meyrink. detebe 21166
*Ein Weihnachtslied in Prosa.* Erzählung. Deutsch von Richard Zoozmann. Mit 16 Zeichnungen von Tatjana Hauptmann Diogenes Evergreens

● **Arthur Conan Doyle**

*Sherlock Holmes Geschichten.* Aus dem Englischen von Margarete Nedem. detebe 21211

● **Ralph Waldo Emerson**

*Natur.* Essay. Aus dem Amerikanischen von Harald Kiczka. Kleine Diogenes Evergreens
*Essays.* Herausgegeben und übersetzt von Harald Kiczka. Mit zahlreichen Anmerkungen und einem ausführlichen Index detebe 21071

● **William Faulkner**

*Brandstifter.* Gesammelte Erzählungen I. Aus dem Amerikanischen von Elisabeth Schnack. detebe 20040

*Eine Rose für Emily.* Gesammelte Erzählungen II. Deutsch von Elisabeth Schnack
detebe 20041
*Rotes Laub.* Gesammelte Erzählungen III. Deutsch von Elisabeth Schnack
detebe 20042
*Sieg im Gebirge.* Gesammelte Erzählungen IV. Deutsch von Elisabeth Schnack
detebe 20043
*Schwarze Musik.* Gesammelte Erzählungen V. Deutsch von Elisabeth Schnack
detebe 20044
*Die Unbesiegten.* Roman. Deutsch von Erich Franzen. detebe 20075
*Sartoris.* Roman. Deutsch von Hermann Stresau. detebe 20076
*Als ich im Sterben lag.* Roman. Deutsch von Albert Hess und Peter Schünemann
detebe 20077
*Schall und Wahn.* Roman. Revidierte Übersetzung von Helmut M. Braem und Elisabeth Kaiser. detebe 20096
*Absalom, Absalom!* Roman. Deutsch von Hermann Stresau. detebe 20148
*Go down, Moses.* Chronik amilie. Deutsch von Hermann Stresau und Elisabeth Schnack. detebe 20149
*Der große Wald.* Jagdgeschichten. Deutsch von Elisabeth Schnack. detebe 20150
*Griff in den Staub.* Roman. Deutsch von Harry Kahn. detebe 20151
*Der Springer greift an.* Kriminalgeschichten. Deutsch von Elisabeth Schnack
detebe 20152
*Soldatenlohn.* Roman. Deutsch von Susanna Rademacher. detebe 20512
*Moskitos.* Roman. Deutsch von Richard K. Flesch. detebe 20512
*Wendemarke.* Roman. Deutsch von Georg Goyert. detebe 20513
*Die Freistatt.* Roman. Deutsch von Hans Wollschläger. detebe 20802
*Licht im August.* Roman. Deutsch von Franz Fein. detebe 20803
*Wilde Palmen und Der Strom.* Doppelroman. Deutsch von Helmut M. Braem und Elisabeth Kaiser. detebe 20988
*Die Spitzbuben.* Roman. Deutsch von Elisabeth Schnack. detebe 20989
*Eine Legende.* Roman. Deutsch von Kurt Heinrich Hansen. detebe 20990
*Requiem für eine Nonne.* Roman in Szenen. Deutsch von Robert Schnorr. detebe 20991
*Das Dorf.* Roman. Erster Teil der *Snopes-Trilogie.* Deutsch von Helmut M. Braem und Elisabeth Kaiser. detebe 20992
*Die Stadt.* Roman. Zweiter Teil der *Snopes-Trilogie.* Deutsch von Elisabeth Schnack
detebe 20993
*Das Haus.* Roman. Dritter Teil der *Snopes-Trilogie.* Deutsch von Elisabeth Schnack
detebe 20994
*New Orleans.* Skizzen und Erzählungen. Deutsch von Arno Schmidt. detebe 20995
*Briefe.* Herausgegeben und übersetzt von Elisabeth Schnack und Fritz Senn
detebe 20958

Als Ergänzungsband liegt vor:
*Über William Faulkner.* Essays, Rezensionen, ein Interview, Zeichnungen, Chronik und Bibliographie. Herausgegeben von Gerd Haffmans. detebe 20098

## ● F. Scott Fitzgerald
*Zärtlich ist die Nacht.* Roman. Neu aus dem Amerikanischen von Walter E. Richartz und Hanna Neves. Vorwort von Malcolm Cowley. Diogenes Evergreens
Auch als detebe 21119
*Der große Gatsby.* Roman. Revidierte Übersetzung von Walter Schürenberg
detebe 20183
*Der letzte Taikun.* Roman. Deutsch von Walter Schürenberg. detebe 20395
*Pat Hobby's Hollywood-Stories.* Übersetzt und mit Anmerkungen versehen von Harry Rowohlt. detebe 20510
*Der Rest von Glück.* Erzählungen 1920
detebe 20744
*Ein Diamant – so groß wie das Ritz.* Erzählungen 1922–1926. detebe 20745
*Der gefangene Schatten.* Erzählungen 1926 bis 1928. detebe 20746
*Die letzte Schöne des Südens.* Erzählungen 1928–1930. detebe 20747
*Wiedersehen mit Babylon.* Erzählungen 1930 bis 1940. detebe 20748
Alle Erzählungen in der Übersetzung von Walter Schürenberg und Walter E. Richartz
*Das Liebesschiff.* Erzählungen. Deutsch von Alexander Schmitz. detebe 21187

## ● Ford Madox Ford
*Die allertraurigste Geschichte.* Roman
Aus dem Englischen von Fritz Lorch und Helene Henze. detebe 20532

## ● Henry Rider Haggard
*Sie.* Roman. Aus dem Englischen von Helmut Degner. detebe 20236
*König Salomons Schatzkammern.* Roman. Deutsch von V. H. Schmied. detebe 20920

## Dashiell Hammett

*Der Malteser Falke.* Roman. Aus dem Amerikanischen von Peter Naujack. detebe 20131
*Rote Ernte.* Roman. Deutsch von Gunar Ortlepp. detebe 20292
*Der Fluch des Hauses Dain.* Roman. Deutsch von Wulf Teichmann. detebe 20293
*Der gläserne Schlüssel.* Roman. Deutsch von Hans Wollschläger. detebe 20294
*Der dünne Mann.* Roman. Deutsch von Tom Knoth. detebe 20295
*Fliegenpapier.* Detektivstories I. Deutsch von Harry Rowohlt, Helmut Kossodo, Helmut Degner, Peter Naujack und Elizabeth Gilbert. Vorwort von Lillian Hellman detebe 20911
*Fracht für China.* Detektivstories II. Deutsch von Elizabeth Gilbert, Antje Friedrichs und Walter E. Richartz. detebe 20912
*Das große Umlegen.* Detektivstories III. Deutsch von Walter E. Richartz, Hellmuth Karasek und Wulf Teichmann. detebe 20913
*Das Haus in der Turk Street.* Detektivstories IV. Deutsch von Wulf Teichmann detebe 20914
*Das Dingsbums Küken.* Detektivstories V. Deutsch von Wulf Teichmann. Nachwort von Steven Marcus. detebe 20915

## O. Henry

*Die klügere Jungfrau.* Geschichten aus den Zyklen ›Die vier Millionen‹ und ›Die klügere Jungfrau‹. Mit einem Essay von Cesare Pavese. detebe 20871
*Das Herz des Westens.* Geschichten aus den Zyklen ›Das Herz des Westens‹ und ›Die Stimme der Stadt‹. detebe 20872
*Der edle Gauner.* Geschichten aus den Zyklen ›Der edle Gauner‹ und ›Zur Wahl‹ detebe 20873
*Wege des Schicksals.* Geschichten aus den Zyklen ›Wege des Schicksals‹ und ›Wirbel‹ detebe 20874
*Streng geschäftlich.* Geschichten aus den Zyklen ›Streng geschäftlich‹ und ›Sechser und Siebner‹. detebe 20875
*Rollende Steine.* Geschichten aus den Zyklen ›Rollende Steine‹ und ›Strandgut‹. Mit einem Nachwort von Heinrich Böll. detebe 20876
Aus dem Amerikanischen von Annemarie und Heinrich Böll, Hans Wollschläger, Thomas Eichstätt, Wilhelm Höck, Theo Schumacher, Wolfgang Kreiter

## Patricia Highsmith

*Leute, die an die Tür klopfen.* Roman Aus dem Amerikanischen von Anne Uhde. Leinen
*Die besten Geschichten von Patricia Highsmith.* Herausgegeben von Franz Sutter Diogenes Evergreens
*Der Stümper.* Roman. Deutsch von Barbara Bortfeldt. detebe 20136
*Zwei Fremde im Zug.* Roman. Deutsch von Anne Uhde. detebe 20173
*Der Geschichtenerzähler.* Roman. Deutsch von Anne Uhde. detebe 20174
*Der süße Wahn.* Roman. Deutsch von Christian Spiel. detebe 20175
*Die zwei Gesichter des Januars.* Roman. Deutsch von Anne Uhde. detebe 20176
*Der Schrei der Eule.* Roman. Deutsch von Gisela Stege. detebe 20341
*Tiefe Wasser.* Roman. Deutsch von Eva Gärtner und Anne Uhde. detebe 20342
*Die gläserne Zelle.* Roman. Deutsch von Gisela Stege und Anne Uhde. detebe 20343
*Das Zittern des Fälschers.* Roman. Deutsch von Anne Uhde. detebe 20344
*Lösegeld für einen Hund.* Roman. Deutsch von Anne Uhde. detebe 20345
*Der talentierte Mr. Ripley.* Roman. Deutsch von Barbara Bortfeldt. detebe 20481
*Ripley Under Ground.* Roman. Deutsch von Anne Uhde. detebe 20482
*Ripley's Game.* Roman. Deutsch von Anne Uhde. detebe 20346
*Der Schneckenforscher.* Gesammelte Geschichten. Vorwort von Graham Greene. Deutsch von Anne Uhde. detebe 20347
*Ein Spiel für die Lebenden.* Roman. Deutsch von Anne Uhde. detebe 20348
*Kleine Geschichten für Weiberfeinde* Deutsch von Walter E. Richartz. Zeichnungen von Roland Topor. detebe 20349
*Kleine Mordgeschichten für Tierfreunde* Deutsch von Anne Uhde. detebe 20483
*Venedig kann sehr kalt sein.* Roman. Deutsch von Anne Uhde. detebe 20484
*Ediths Tagebuch.* Roman. Deutsch von Anne Uhde. detebe 20485
*Der Junge, der Ripley folgte.* Roman Deutsch von Anne Uhde. detebe 20649
*Leise, leise im Wind.* Geschichten. Deutsch von Anne Uhde. detebe 21012
*Keiner von uns.* Erzählungen. Deutsch von Anne Uhde. detebe 21179
Als Ergänzungsband liegt vor:
*Über Patricia Highsmith.* Essays und Zeugnisse von Graham Greene bis Peter Handke. Mit Bibliographie, Filmographie und zahlreichen Fotos. Herausgegeben von Fritz Senn und Franz Cavigelli. detebe 20818

## James Joyce

*Das James Joyce Lesebuch.* Auswahl aus ›Dubliner‹, ›Porträt des Künstlers‹ und

›Ulysses‹. Aus dem Englischen von Dieter E. Zimmer, Klaus Reichert und Hans Wollschläger. Nachwort von Fritz Senn detebe 20486

## ● Ring Lardner

*Geschichten aus dem Jazz-Zeitalter.* Auswahl, Nachwort und Übersetzung von Fritz Güttinger. detebe 20153

## ● D. H. Lawrence

*Der preußische Offizier.* Sämtliche Erzählungen I. detebe 20184
*England, mein England.* Sämtliche Erzählungen II. detebe 20185
*Die Frau, die davonritt.* Sämtliche Erzählungen III. detebe 20186
*Der Mann, der Inseln liebte.* Sämtliche Erzählungen IV. detebe 20187
*Der Fremdenlegionär.* Autobiographisches und frühe Erzählungen, Fragmente. Sämtliche Erzählungen V. detebe 20188
*Der Fuchs / Der Marienkäfer / Die Hauptmanns-Puppe.* Sämtliche Kurzromane I detebe 20189
*Der Hengst St. Mawr.* Sämtliche Kurzromane II. detebe 20190
*Liebe im Heu / Das Mädchen und der Zigeuner / Der Mann, der gestorben war.* Sämtliche Kurzromane III. detebe 20191
Aus dem Englischen von Martin Beheim-Schwarzbach, Georg Goyert, Marta Hackel, Karl Lerbs, Elisabeth Schnack und Gerda von Uslar. Im Anhang des letzten Bandes Nachweis der Erstdrucke, Anmerkungen und Literaturhinweise
*Liebe, Sex und Emanzipation.* Essays Deutsch von Elisabeth Schnack detebe 20955
*John Thomas & Lady Jane.* Roman. Deutsch von Susanna Rademacher. detebe 20299
*Briefe.* Deutsch von Elisabeth Schnack, Einleitung von Aldous Huxley, Nachwort von Elisabeth Schnack, Personenverzeichnis, Chronik und Bibliographie. detebe 20954

## ● Doris Lessing

*Hunger.* Erzählung. Aus dem Englischen von Lore Krüger. detebe 20255
*Der Zauber ist nicht verkäuflich.* Afrikanische Geschichten. Deutsch von Lore Krüger, Marta Hackel und Elisabeth Schnack detebe 20886

## ● Jack London

*Seefahrer- & Goldgräber-Geschichten.* Aus dem Englischen von Erwin Magnus. Vorwort von Herbert Eisenreich. Diogenes Evergreens

## ● Carson McCullers

*Wunderkind.* Erzählungen I. Aus dem Amerikanischen von Elisabeth Schnack detebe 20140
*Madame Zilensky und der König von Finnland.* Erzählungen II. Deutsch von Elisabeth Schnack. detebe 20141
*Die Ballade vom traurigen Café.* Novelle. Deutsch von Elisabeth Schnack. Diogenes Evergreens. Auch als detebe 20142
*Das Herz ist ein einsamer Jäger.* Roman Deutsch von Susanna Rademacher detebe 20143
*Spiegelbild im goldnen Auge.* Roman Deutsch von Richard Moering detebe 20144
*Frankie.* Roman. Deutsch von Richard Moering. detebe 20145
*Uhr ohne Zeiger.* Roman. Deutsch von Elisabeth Schnack. detebe 20146

Als Ergänzungsband liegt vor:
*Über Carson McCullers.* Essays von und über Carson McCullers. Deutsch von Elisabeth Schnack und Elizabeth Gilbert. Mit Chronik und Bibliographie. Herausgegeben von Gerd Haffmans. detebe 20147

## ● A.E.W. Mason

*Die vier Federn.* Roman. Aus dem Englischen von Thomas Schlück. detebe 21167

## ● W. Somerset Maugham

*Honolulu.* Gesammelte Erzählungen I detebe 20331
*Das glückliche Paar.* Gesammelte Erzählungen II. detebe 20332
*Vor der Party.* Gesammelte Erzählungen III detebe 20333
*Die Macht der Umstände.* Gesammelte Erzählungen IV. detebe 20334
*Lord Mountdrago.* Gesammelte Erzählungen V. detebe 20335
*Fußspuren im Dschungel.* Gesammelte Erzählungen VI. detebe 20336
*Ashenden oder Der britische Geheimagent.* Gesammelte Erzählungen VII. detebe 20337
*Entlegene Welten.* Gesammelte Erzählungen VIII. detebe 20338
*Winter-Kreuzfahrt.* Gesammelte Erzählungen IX. detebe 20339
*Fata Morgana.* Gesammelte Erzählungen X detebe 20340
Aus dem Englischen von Felix Gasbarra, Marta Hackel, Ilse Krämer, Claudia und Wolfgang Mertz, Wulf Teichmann, Friedrich Torberg, Kurt Wagenseil, Mimi Zoff. u.a.

*Rosie und die Künstler.* Roman. Deutsch von Hans Kauders und Claudia Schmölders detebe 20086
*Silbermond und Kupfermünze.* Roman Deutsch von Susanne Feigl. detebe 20087
*Auf Messers Schneide.* Roman. Deutsch von N. O. Scarpi. detebe 20088
*Theater.* Roman. Deutsch von Renate Seiller und Ute Haffmans. detebe 20163
*Damals und heute.* Roman. Deutsch von Hans Flesch und Ann Mottier detebe 20164
*Der Magier.* Roman. Deutsch von Melanie Steinmetz und Ute Haffmans. detebe 20165
*Oben in der Villa.* Roman. Deutsch von William G. Frank und Ann Mottier detebe 20166
*Mrs. Craddock.* Roman. Deutsch von Elisabeth Schnack. detebe 20167
*Der Menschen Hörigkeit.* Roman in 2 Bänden. Deutsch von Mimi Zoff und Susanne Feigl. Diogenes Evergreens. Auch als detebe 20298
*Südsee-Romanze.* Roman. Deutsch von Mimi Zoff. detebe 21003
*Meistererzählungen.* Ausgewählt von Gerd Haffmans. Diogenes Evergreens

## ● Herman Melville

*Moby-Dick.* Roman. Aus dem Amerikanischen von Thesi Mutzenbecher und Ernst Schnabel. detebe 20385
*Billy Budd.* Erzählung. Deutsch von Richard Moering. detebe 20787

## ● Thomas Morus

*Utopia.* Aus dem Lateinischen von Alfred Hartmann, Nachwort von Erasmus von Rotterdam. detebe 20420

## ● Sean O'Casey

*Purpurstaub.* Komödie. Aus dem Englischen von Helmut Baierl und Georg Simmgen detebe 20002
*Dubliner Trilogie.* Tragödien. Deutsch von Maik Hamburger, Adolf Dresen, Volker Canaris und Dieter Hildebrandt detebe 20034
*Ich klopfe an.* Autobiographie I. Deutsch von Georg Goyert. detebe 20394
*Bilder in der Vorhalle.* Autobiographie II Deutsch von Georg Goyert. detebe 20761
*Trommeln unter den Fenstern.* Autobiographie III. Deutsch von Werner Beyer detebe 20762
*Irland, leb wohl!* Autobiographie IV. Deutsch von Werner Beyer. detebe 20763
*Rose und Krone.* Autobiographie V. Deutsch von Werner Beyer. detebe 20764
*Dämmerung und Abendstern.* Autobiographie VI. Deutsch von Werner Beyer detebe 20765
*Das Sean O'Casey Lesebuch.* Eine Auswahl aus den Stücken, der Autobiographie und den Essays. Mit einem Vorwort von Heinrich Böll und einem Nachwort von Klaus Völker. Herausgegeben mit Anmerkungen, einer Chronik und Daten zur irischen Geschichte von Urs Widmer. detebe 21126

## ● Frank O'Connor

*Und freitags Fisch.* Gesammelte Erzählungen I. detebe 20170
*Mein Ödipus-Komplex.* Gesammelte Erzählungen II. detebe 20352
*Don Juans Versuchung.* Gesammelte Erzählungen III. detebe 20353
*Eine unmögliche Ehe.* Gesammelte Erzählungen IV. detebe 20354
*Eine selbständige Frau.* Gesammelte Erzählungen V. detebe 20355
*Brautnacht.* Gesammelte Erzählungen VI detebe 20356
*Die Reise nach Dublin.* Roman. Leinen
*Einziges Kind.* Biographie I. detebe 21021
*Meines Vaters Sohn.* Biographie II detebe 21022
Alle Bände dem Englischen übersetzt von Elisabeth Schnack

## ● Sean O'Faolain

*Sünder und Sänger.* Ausgewählte Erzählungen I. Aus dem Englischen von Elisabeth Schnack. detebe 20231
*Trinker und Träumer.* Ausgewählte Erzählungen II. Deutsch von Elisabeth Schnack detebe 20741
*Lügner und Liebhaber.* Ausgewählte Erzählungen III. Deutsch von Elisabeth Schnack detebe 20742

## Liam O'Flaherty

*Zornige grüne Insel.* Roman. Aus dem Englischen von Hubert Roch Diogenes Evergreens
*Armut und Reichtum.* Ausgewählte Erzählungen. Deutsch von Elisabeth Schnack detebe 20232
*Ich ging nach Rußland.* Reisebericht Deutsch von Heinrich Hauser detebe 20016
*Der Denunziant.* Roman. Deutsch von H. Hauser. detebe 21191

## ● George Orwell

*Erledigt in Paris und London.* Bericht. Aus dem Englischen von Alexander Schmitz detebe 20533
*Tage in Burma.* Roman. Deutsch von Susanna Rademacher. detebe 20308
*Eine Pfarrerstochter.* Roman. Deutsch von Hanna Neves. detebe 21088
*Die Wonnen der Aspidistra.* Roman. Deutsch von Nikolaus Stingl. detebe 21086
*Der Weg nach Wigan Pier.* Sozialreportage. Deutsch von Manfred Papst. detebe 21000
*Mein Katalonien.* Bericht über den Spanischen Bürgerkrieg. Deutsch von Wolfgang Rieger. detebe 20214
*Auftauchen, um Luft zu holen.* Roman Deutsch von Helmut M. Braem detebe 20804
*Farm der Tiere.* Ein Märchen. Neu aus dem Englischen übersetzt von Michael Walter. Mit Zeichnungen von F. K. Waechter und einem neuentdeckten Nachwort des Autors ›Die Pressefreiheit‹. Diogenes Evergreens Auch als detebe 20118
*1984.* Roman. Deutsch von Kurt Wagenseil. detebe 21089
*Im Innern des Wals.* Ausgewählte Essays I. Deutsch von Felix Gasbarra und Peter Naujack. detebe 20213
*Rache ist sauer.* Ausgewählte Essays II. Deutsch von Felix Gasbarra, Peter Naujack und Claudia Schmölders. detebe 20250
*Das George Orwell Lesebuch.* Herausgegeben und mit einem Nachwort von Fritz Senn. Deutsch von Tina Richter. detebe 20788
*Denken mit Orwell.* Sätze für Zeitgenossen, zusammengestellt von Fritz Senn. Deutsch von Felix Gasbarra und Tina Richter. Mit 8 Zeichnungen von Tomi Ungerer. Kleine Diogenes Evergreens

## ● Edgar Allan Poe

*Die schwarze Katze* und andere Verbrechergeschichten. detebe 21183
*Die Maske des roten Todes* und andere phantastische Fahrten. detebe 21184
*Der Teufel im Glockenstuhl* und andere Scherz- und Spottgeschichten. detebe 21185
*Der Untergang des Hauses Usher* und andere Geschichten von Schönheit, Liebe und Wiederkunft. detebe 21182
Alle Bände herausgegeben von Theodor Etzel. Aus dem Amerikanischen von Gisela Etzel, Wolf Durian u.a.

## ● Saki

*Die offene Tür.* Ausgewählte Erzählungen. Aus dem Englischen von Günter Eichel Illustrationen von Edward Gorey detebe 20115

## ● Olive Schreiner

*Geschichte einer afrikanischen Farm.* Roman. Aus dem Englischen von Elisabeth Schnack detebe 20885

## ● William Shakespeare

*Dramatische Werke in 10 Bänden*
In der Übersetzung von Schlegel/Tieck. Als Vorlage diente die Edition von Hans Matter. Jeder Band mit einer editorischen Notiz des Herausgebers und Illustrationen von Heinrich Füßli aus der Ausgabe von 1805.
*Romeo und Julia / Hamlet / Othello* detebe 20631
*König Lear / Macbeth / Timon von Athen* detebe 20632
*Julius Cäsar / Antonius und Cleopatra Coriolanus.* detebe 20633
*Verlorene Liebesmüh / Die Komödie der Irrungen / Die beiden Veroneser / Der Widerspenstigen Zähmung.* detebe 20634
*Ein Sommernachtstraum / Der Kaufmann von Venedig / Viel Lärm um nichts / Wie es euch gefällt / Die lustigen Weiber von Windsor.* detebe 20635
*Ende gut, alles gut / Was ihr wollt / Troilus und Cressida / Maß für Maß.* detebe 20636
*Cymbeline / Das Wintermärchen / Der Sturm.* detebe 20637
*Heinrich der Sechste / Richard der Dritte* detebe 20638
*Richard der Zweite / König Johann Heinrich der Vierte.* detebe 20639
*Heinrich der Fünfte / Heinrich der Achte Titus Andronicus.* detebe 20640
*Shakespeare's Sonette.* Deutsch und englisch, Nachdichtung von Karl Kraus. Statt eines Nachworts ein Essay von Karl Kraus aus der *Fackel:* »Sakrileg an George oder Sühne an Shakespeare?« detebe 20381

## ● Alan Sillitoe

*Der Mann, der Geschichten erzählte.* Roman. Deutsch von Hanna Neves. Leinen
*Die Flamme des Lebens.* Roman. Aus dem Englischen von Hanna Neves. Leinen
*Der Sohn des Witwers.* Roman. Deutsch von Peter Naujack. Leinen
*Samstagnacht und Sonntagmorgen.* Roman. Deutsch von Gerda von Uslar. detebe 20230

*Ein Start ins Leben.* Roman. Deutsch von Günter Eichel und Anna von Cramer-Klett detebe 20545
*Der Tod des William Posters.* Roman Deutsch von Peter Naujack. detebe 20952
*Der brennende Baum.* Roman. Deutsch von Peter Naujack. detebe 20953
*Die Einsamkeit des Langstreckenläufers* Erzählungen I. Deutsch von Günther Klotz detebe 20413
*Fußball.* Erzählungen II. Deutsch von Hedwig Jolenberg und Günther Klotz detebe 20414
*Die Lumpensammlerstochter.* Erzählungen III. Deutsch von Wulf Teichmann detebe 20415
*Mimikry.* Erzählungen IV. Deutsch von Wulf Teichmann und Anna von Cramer-Klett detebe 20416
*Männer, Frauen und Kinder.* Erzählungen V. Deutsch von Wulf Teichmann. detebe 20417

## ● Muriel Spark

*Memento Mori.* Aus dem Englischen von Peter Naujack. detebe 20892
*Junggesellen.* Roman. Deutsch von Elisabeth Schnack. detebe 20893
*Portobello Road.* Erzählungen. Deutsch von Peter Naujack und Elisabeth Schnack detebe 20894
*Die Blütezeit der Miss Jean Brodie.* Roman Deutsch von Peter Naujack. detebe 21055
*Die Ballade von Peckham Rye.* Roman Deutsch von Elisabeth Schnack detebe 20119
*Robinson.* Roman. Deutsch von Elizabeth Gilbert. detebe 21090
*Die Tröster.* Roman. Deutsch von Peter Naujack. detebe 21089
*Vorsätzlich Herumlungern.* Roman. Deutsch von Hanna Neves. detebe 21195

## ● Laurence Sterne

*Tristram Shandy.* Roman. Aus dem Englischen von Rudolf Kassner. Anmerkungen von Walther Martin. detebe 20950

## ● R. L. Stevenson

*Werke in 12 Bänden.* Nach der Edition und Übersetzung aus dem Englischen von Curt und Marguerite Thesing
*Die Schatzinsel.* Roman. detebe 20701
*Der Junker von Ballantrae.* Roman detebe 20703
*Die Entführung.* Roman. detebe 20704
*Catriona.* Roman. detebe 20705
*Die Herren von Hermiston.* Roman (Fragment). detebe 20702
*Der Pavillon auf den Dünen / Der seltsame Fall von Dr. Jekyll und Mr. Hyde* Zwei Novellen. detebe 20706
*Der Selbstmörderklub / Der Diamant des Rajahs.* Zwei Geschichtensammlungen detebe 20707
*Die tollen Männer* und andere Geschichten detebe 20708
*Der Flaschenteufel* und andere Geschichten detebe 20709
*Der Leichenräuber* und andere Geschichten detebe 20710
*In der Südsee.* Ein Reiseabenteuer in zwei Bänden mit einer Karte. detebe 2071-20712

## ● Henry David Thoreau

*Walden oder Leben in den Wäldern.* Aus dem Amerikanischen von Emma Emmerich und Tatjana Fischer. Mit Anmerkungen, Chronik und Register und mit einem Vorwort von W. E. Richartz. detebe 20019
*Über die Pflicht zum Ungehorsam gegen den Staat* und andere Essays. Auswahl, Übersetzung und Nachwort von W. E. Richartz detebe 20063

## ● Mark Twain

*Die besten Geschichten von Mark Twain* Herausgegeben von Christian Strich Diogenes Evergreens
*Die Million-Pfund-Note.* Erzählungen. Aus dem Amerikanischen von N. O. Scarpi, Marie-Louise Bischof und Ruth Binde detebe 20918
*Menschenfresserei in der Eisenbahn.* Erzählungen. Deutsch von Marie-Louise Bischof und Ruth Binde. detebe 20919

## ● Evelyn Waugh

*Auf der schiefen Ebene.* Roman. Aus dem Englischen von Hermen von Kleeborn detebe 21173
*Der Knüller.* Roman. Deutsch von Elisabeth Schnack. detebe 21176
*Lust und Laster.* Roman. Deutsch von Hermen von Kleeborn. detebe 21174
*Tod in Hollywood.* Roman. Deutsch von Peter Gan. detebe 21175

## ● H. G. Wells

*Der Krieg der Welten.* Roman. Aus dem Englischen von G. A. Crüwell und Claudia Schmölders. detebe 20171
*Die Zeitmaschine.* Roman. Deutsch von Peter Naujack. detebe 20172

## ● Nathanael West

*Schreiben Sie Miss Lonelyhearts.* Roman. Aus dem Amerikanischen von Fritz Güttinger. Einleitung von Alan Ross. detebe 20058

*Tag der Heuschrecke.* Roman. Deutsch von Fritz Güttinger. detebe 20059

*Eine glatte Million oder Die Demontage des Mister Lemuel Pitkin.* Roman. Übersetzung, Anmerkungen und Nachwort von Dieter E. Zimmer. detebe 20249

## ● Oscar Wilde

*Der Sozialismus und die Seele des Menschen.* Ein Essay. Aus dem Englischen von Gustav Landauer und Hedwig Lachmann
detebe 20003

*Sämtliche Erzählungen.* Mit Zeichnungen von Aubrey Beardsley. Herausgegeben und mit einem Nachwort von Gerd Haffmans
detebe 20985

## ● P. G. Wodehouse

*Promenadenmischung.* Geschichten. Aus dem Englischen von Günter Eichel
detebe 21056

# *Die erfolgreichen Diogenes Anthologien*

*Gespenster*
Geschichten von Daniel Defoe bis Algernon Blackwood. Herausgegeben von Mary Hottinger. Diogenes Evergreens
Auch als detebe 20497

*Mehr Gespenster*
Geschichten von Rudyard Kipling bis Brian Moore. Herausgegeben von Mary Hottinger. Diogenes Evergreens
Auch als detebe 21027

*Noch mehr Gespenster*
Geschichten aus aller Welt von Honoré de Balzac bis Anton Čechov. Herausgegeben von Dolly Dolittle

*Horror*
Klassische und moderne Gruselgeschichten von Edgar Allan Poe bis Ernest Hemingway. Herausgegeben von Mary Hottinger. Mit Zeichnungen von Paul Flora
Diogenes Evergreens

*Hundegeschichten*
von Jack London bis Friedrich Dürrenmatt
Mit ganzseitigen Illustrationen von Grandville bis Sempé. Diogenes Evergreens

*Katzengeschichten*
von Guy de Maupassant bis Alfred Andersch. Mit ganzseitigen Illustrationen von Aubrey Beardsley bis Maurice Sendak
Diogenes Evergreens

*Pferdegeschichten*
von Mark Twain bis D. H. Lawrence. Mit ganzseitigen Illustrationen von Henri de Toulouse-Lautrec bis Roland Topor
Diogenes Evergreens

*Kriegsgeschichten*
von Balzac bis Andersch. Herausgegeben von Franz Sutter. Diogenes Evergreens

*Russische Kriminalgeschichten*
von Turgenjew bis Dostojewskij. Herausgegeben von Johannes von Guenther
detebe 21127

*Liebesgeschichten aus Amerika*
von Nathaniel Hawthorne bis Carson McCullers. Herausgegeben von John G. Machaffy

*Liebesgeschichten aus Deutschland*
von J. W. von Goethe bis Alfred Andersch. Herausgegeben von Christian Strich und Fritz Eicken. detebe 21122

*Liebesgeschichten aus England*
von Joseph Conrad bis Muriel Spark
Herausgegeben von William Matheson
detebe 21204

*Liebesgeschichten aus Frankreich*
von Marquis de Sade bis Georges Simenon. Herausgegeben von Anne Schmucke und Gerda L'heureux. Diogenes Evergreens

*Liebesgeschichten aus Irland*
von G. B. Shaw bis Frank O'Connor
Herausgegeben von Elisabeth Schnack
detebe 20629

*Liebesgeschichten aus Italien*
von Giovanni Boccaccio bis Alberto Moravia
Herausgegeben von William Matheson
detebe 21202

*Liebesgeschichten aus Österreich*
von Adalbert Stifter bis Heimito von Doderer. Herausgegeben von Maria und Herbert Eisenreich. detebe 21123

*Liebesgeschichten aus Rußland*
von Alexander Puschkin bis Anton Tschechow. Herausgegeben von Johannes von Guenther. detebe 21013

*Liebesgeschichten aus der Schweiz*
von Jeremias Gotthelf bis Max Frisch
Herausgegeben von Christian Strich und Tobias Inderbitzin. detebe 21124

*Liebesgeschichten aus Spanien*
von Miguel Cervantes bis Ana Maria Matute
Herausgegeben von Christine Haffmans
detebe 21203

*Mord*
Herausgegeben von Mary Hottinger
Mit Vignetten von Paul Flora. Diogenes Evergreens. Auch als detebe 20030

*Mehr Morde*
Herausgegeben von Mary Hottinger
Mit Vignetten von Paul Flora. Diogenes Evergreens. Auch als detebe 20031

*Noch mehr Morde*
Herausgegeben von Mary Hottinger
Mit Vignetten von Paul Flora. Diogenes Evergreens. Auch als detebe 20032

*Science-Fiction-Geschichten des Golden Age*
von Ray Bradbury bis Isaac Asimov. Herausgegeben von Peter Naujack. Mit Vignetten von Peter Neugebauer. detebe 21048

*Klassische Science-Fiction-Geschichten*
von Voltaire bis Conan Doyle. Herausgegeben von William Matheson. detebe 21049

*Spionagegeschichten*
und -affären von Goethe bis Eric Ambler
Herausgegeben von Graham Greene, Hugh Greene und Martin Beheim-Schwarzbach. Mit fünfzig Zeichnungen von Paul Flora
Diogenes Evergreens. Auch als detebe 20699

*Mehr Spionagegeschichten*
von John Buchan bis Ian Fleming. Herausgegeben von Eric Ambler. Deutsch von Peter de Mendelssohn. Diogenes Evergreens

*Weihnachtsgeschichten*
von Charles Dickens bis Georges Simenon
Herausgegeben von Christian Strich
Diogenes Evergreens